DQP CHENGGUO DAOXIANG
ZAI GAOZHI JIAOYU GAIGE ZHONG DE YINGYONG

DQP成果导向在高职教育改革中的应用

刘丹青　殷　明　翟树芹　编著

华中师范大学出版社

新出图证（鄂）字 10 号

图书在版编目（CIP）数据

DQP 成果导向在高职教育改革中的应用/刘丹青，殷明，翟树芹编著．—武汉：华中师范大学出版社，2021.4

ISBN 978-7-5622-9381-1

Ⅰ.①D…　Ⅱ.①刘…　②殷…　③翟…　Ⅲ.①高等职业教育—教育改革—研究—中国　Ⅳ.①G719.21

中国版本图书馆 CIP 数据核字（2021）第 062646 号

DQP 成果导向在高职教育改革中的应用

 刘丹青　殷　明　翟树芹　编著

责任编辑：张　华	**责任校对：**肖　阳
封面设计：胡　灿	**编辑室：**高等教育分社
出版发行：华中师范大学出版社有限责任公司	**社址：**湖北省武汉市洪山区珞喻路 152 号
电话：027-67861549（发行部）	**传真：**027-67867353
网址：http://press.ccnu.edu.cn	**电子邮箱：**press@mail.ccnu.edu.cn
印刷：广东虎彩云印刷有限公司	**督印：**刘　敏
字数：360 千字	
开本：787mm×1092mm　1/16	**印张：**17.25
版次：2021 年 4 月第 1 版	**印次：**2021 年 4 月第 1 次印刷
定价：78.00 元	

欢迎上网查询、购书

前　言

高等职业技术教育作为高等教育的一个重要类型，已经撑起我国高等教育的半壁江山，为国家经济建设、社会发展和高等教育大众化做出了重要的贡献。相较于普通高等教育，我国高等职业技术教育的历史还很短，其教学改革的探索依然在路上。在当今世界百年未有之大变局中，实现中华民族伟大复兴的中国梦，必然需要高等职业技术教育的强盛，这就需要学习和借鉴世界发达国家的经验。例如在如何构建现代职业教育学分制教学体系、搭建职业教育“立交桥”、把“职业人”培养与“社会人和公民”的培养有机结合起来、适应当今“云物大智”时代学生自适应发展与多样化成才的需要等方面，开展探索和取得突破。

本书是广东岭南职业技术学院历时六年多开展DQP成果导向学分制改革探索实践的成果。该校于2014年承担广东省教育综合改革试点项目——“基于美国DQP体系的高职学分制教学改革”，借鉴美国学历学位框架(Degree Qualifications Profile，DQP)，建立的基于学习成果的学分制新体系，在我国高职教育学分制改革、在职业教育中开展“工学结合、成果导向”的改革探索方面，开创出了一条新路，破解了上述难题，在国内产生了广泛影响，并于2019年获得广东省教育教学成果（高职教育）二等奖。

DQP体系是美国露明纳基金会（Lumina Foundation）借鉴欧盟的欧洲学历框架（European Qualifications Framework，EQF）开发出来的，给高等教育院校在设计学位课程体系中使用的一套“参考标杆”体系。它基于成果导向教育理论和布鲁姆教育目标分类学构建，并经美国独立院校委员会（the Council of Independent Colleges，CIC）推荐其800多所成员院校试行，取得了良好的经验与效果。DQP体系侧重于通过说明不同学位（副学士、学士、硕士）学生毕业时应该知道什么和能够做什么（可衡量的“学习成果”），描述学生适应就业、成为合格公民及全面发展所具备的能力及其熟练程度，并将这些能力归纳为五个学习领域：专业知识、广泛和融合的知识、智力技能、应用和协作学习、公民和全球学习。

传统的基于学时（时间）概念下的学分制改革难以取得突破，究其原因：一是对学分概念的认识较为片面；二是没有建立起科学共通的框架。广东岭南职业技术学院在深入研究 DQP 和高职教育规律的基础上，创造性地将 DQP 应用于高职教育中。先从“依成果定义学分”这一核心理念开始，让学分制改革建立在科学的基础上，并利用 DQP 作为职业能力的表达工具，更直接有效地以成果表达毕业生在知识、能力和态度、伦理上的要求。学院依此建立起从专业规范到课程规范、教学设计规范严格匹配的学习成果体系，为课程开发、教学实施、教学评价和教学质量保证建立了贯通的路径，取得了丰硕的实践成果。

因此，本书对于职业院校的教师、管理者和教学研究人员而言，有很好的参考价值。例如，在课程体系层面和课堂教学层面，教师和学生可以将 DQP 体系作为参考来达到教与学成果的共识。在适应我国职业教育转型发展方面，DQP 体系注重职业通用能力、核心能力培养，并能将其融合在学习成果当中。在实践教学方面，学生在认知实习、跟岗实习或顶岗实习中，都可以参照 DQP 体系，对学习成果进行学分认定。在各个院校学分互换方面，也可以将 DQP 体系作为参考，来达成学分转换或互换的共识。在建立国家学分银行和学历学位资格框架方面，DQP 体系更是直接可以借鉴的参考标准。

正值教师节来临之际，在此刻终于完稿，本人心潮澎湃。从本人开始从事成人高等教育、高职教育度过的第一个教师节至今，三十六年弹指一挥间，我国职业教育发展已经日新月异。本人希望此书的出版，不仅是对本校教学改革探索的总结，而且给有志于探索成果导向职业教育改革的同仁们作为引玉之砖，共同铺就高职教育改革创新的强盛之路。书中有不当或错漏之处，敬请读者斧正。

广东岭南职业技术学院

刘丹青

2020 年 9 月

目　录

第一章 DQP的产生及其主要内容

第一节 国外学历资格框架的发展概况

20世纪80年代，欧美国家开始研究和建立国家资格框架。其中，以英国、澳大利亚的国家资格证书制度最具代表性。在20世纪70年代，英国失业率居高不下，根源之一是劳动力的技能短缺。为应对技能短缺的问题，英国、澳大利亚等国积极探索技术与技能的积累方式，创造性地整合职业资格证书制度与教育资格证书制度，大力发展职业教育与培训，通过职业资格与教育资格等值互认的方式，提高职业教育与培训的社会地位，并实现与更高层次上的教育与培训的衔接，以提高人力资源的技能资本。

1997年，英国国家资格和课程署将学历证书与职业资格证书进行了融合，正式建立起英国国家资格框架（National Qualification Framework，NQF）。随后，英国国家资格框架在经历了资格与学分框架（Qualifications and Credit Framework，QCF）之后，发展到现在实施的规范资格框架（Regulated Qualification Framework，RQF）。

随后2007年11月欧盟委员会在葡萄牙里斯本举行的教育工作会议上正式启动实施欧洲资格框架（European Qualifications Framework，EQF），目的是实现各成员国资格制度间的转换。欧洲资格框架的核心是八级资格水平。每一级资格水平均从知识、技能和能力三个维度进行描述，是对与该级资格水平相关的学习结果的界定。在欧洲资格框架中，知识是指理论的或事实性知识；技能是指认知技能（含运用逻辑的、直觉的和创造性思维）和实用技能（含动手灵敏性和方法、材料、工具和器具的运用）；对能力的要求则侧重于责任心和自主性。欧洲资格框架资格层级及基本标准描述、对应的资格证书见表1-1。

表 1-1　欧洲资格框架资格层级及基本描述

资格层级	对应的证书或文凭	知识	技能	能力
1		普通基本知识	能从事简单工作的技能	需在有组织的条件下或在别人监督下才能工作学习
2	中等学校证书	具有特定工作或学习方面的事实性知识	能运用相关信息完成任务或运用简单规章和工具解决日常问题的基本认知技能和实践技能	在他人监督下能够一定程度地自主工作或学习
3	A-level 职业 A-level 证书	具有某个工作或学习领域的事实、原则、程序性知识和一般概念	具备选择和运用基本方法、工具、材料和信息以完成任务或解决问题的一系列认知和实践技能	对工作或学习任务的完成负全部责任；解决问题过程中能够根据情况调整自己的行为
4	高中后培训证书	学习或工作领域更广范围内的实施和理论知识	形成工作或学习领域特定问题解决方法的一系列认知和实践技能	能够在可预见的工作或学习情景下的自我管理；监督他人的日常工作，对工作学习的评估和改善负某种责任
5	高等教育文凭证书	学习或工作领域内广泛、专门的理论和实践知识，并能意识到知识的边界	形成解决抽象问题创新性方法的一系列认知和实践技能	能够在不可预见的工作或学习情景下的管理；发挥自己和他人的特长
6	荣誉学士学位证书；德国国家注册工程师	学习或工作领域内的高阶知识，包括对理论或原则的批判性理解	解决工作或学习领域内不可预见、复杂问题的高级技能	能够管理复杂或专业的活动或项目，对不可预见性的工作或学习情景负有决策责任；能够对专业团队或个人的职业发展负责
7	硕士学位证书	高度专业的知识，在工作或学习领域前沿具有原创性的思考或研究；对一个或不同领域知识强烈的敏感性	通过研究或创新获得的，能够创造新的知识和程序以及实现不同领域知识融合的高度专业化的解决问题的技能	能够管理和转变需要新的战略性方法才能控制的复杂而不可预见的情景；能够对职业知识和技能的贡献以及团队绩效表现负责
8	博士学位证书	具有工作或学习领域最前沿的知识，以及不同领域的交叉知识	最前沿和专业的技能，以解决研究或创新中的困难问题，并且能够对现有知识或实践进行重新定义	在探索和发展工作或学习的前沿领域中，表现出实质性的权威、创新力、自制力以及学术和职业公正

从欧洲资格框架中我们可以看到，在欧盟的 EQF 体系中涵盖了职业教育这种类型，并且这种类型不只局限于某个低层次，例如中职、高职，而是各层级递进、互通的，甚至有学士、硕士。显然这对于我国建立职业教育“立交桥”是具有借鉴意义的，这也是下文将介绍的美国学历学位框架曾借鉴参考的基础。

第二节 美国学历学位框架（DQP）的形成与应用

一、美国学历学位框架（DQP）的形成

在美国全球化与信息化的快速升级、竞争加剧、对人才要求不断提高的社会与经济环境下，在人们已经意识到高等教育获得率目标不断提高的背景下，如何有效把控高等教育质量，成为一个重要问题。美国露明纳基金会①（Lumina Foundation）在研究和借鉴欧盟的欧洲资格框架（European Qualifications Framework，EQF）并结合美国教育特点的基础上，于 2011 年提出学历资格框架（Degree Qualifications Profile，DQP，Beta 版），以此作为美国高等教育改革的一项工具。学历资格框架（DQP）得到了美国独立学院理事会（the Council of Independent Colleges，CIC）、美国高等院校协会（Association of American Colleges & Universities，AAC & U）、国家学习成果评核中心（National Institute for Learning Outcomes Assessment，NILOA）等机构的积极支持，在全美国高等院校进行试点推广。至今，已经有超过 800 所美国高等院校应用了 DQP，在通识教育课程完善、通识教育与专业教育的融合、专业培养方案完善以及学生学习成果评核等领域，取得了良好成效。2014 年，露明纳基金会参考各高等院校应用反馈的结果，对 DQP 进行了修订，发布了 DQP2.0 版（本书就是据此版本的应用探索），2021 年发布 3.0 版。

二、在美国学历学位框架（DQP）的应用实践

2011 年起，在美国独立学院理事会、美国高等院校协会、国家学习成果评核中心等机构的积极支持下，DQP 在全美高等院校进行试点推广。目前，已经有超过 800 所美国高等院校应用了 DQP，丰富了成果导向和学历资格的贯通实践。鉴于美国的教育体制，不可能颁布一个国家通用的学历资格框架统一全美的学历资格体系，所以这些应用也都只限于各州、各院校联盟之间开展。下面列举几个典型应用案例。

在加利福尼亚州与华盛顿州拥有 26 个校区的布莱德曼大学（Brandman University）于 2011—2012 年在对通识教育的改革中，引入了 DQP。改革内容包括参考 DQP 的学历

① 美国露明纳基金会是全美最大的专注于提升美国高等教育成效的私人基金会。

层次与各学习领域学习成果的要求，对其副学士与学士的不同的能力素质要求进行修订；各专业进一步完善培养能力素质的课程体系；将该校现行的通识教育与各专业领域进行匹配与融合；开发嵌入课程的能力素质的评核体系。该校认为 DQP 协助其开发了一套创新性与综合性的本科学历教育体系，以保证其本科毕业生更好地面向 21 世纪，尤其是即使对于转校生，也可以通过高年级课程中对能力素质的整合培养，使他们达到学历资格要求。

西弗吉尼亚州的马歇尔大学（Marshall University）于 2011—2013 年开展了 DQP 的试点。项目实施中，该校所有本科专业被要求将各专业的预期学习成果与 DQP 进行匹配分析，然后各课程的预期学习成果还要与专业预期学习成果相匹配。该校认为，在完成 DQP 项目后，所有学生都应知道他们从学校毕业时被期望知道些什么，以及能够做些什么，也应明白他们在大学的每一项经验（课内与课外）是否以及如何有助于他们达成取得学历所要求的学习成果。

加利福尼亚州的拿撒勒大学（Point Luma Nazarene University）于 2012—2013 年开展了 DQP 的试点，并在本科各专业高年级的极点体验（culminating experiences）课程中应用。经过实践，该校认为 DQP 的根本意义在于学生如何展示学习成果，以及如何评核这些展示的学习成果，尤其是在专门知识领域以及智力技能领域。另外，在推进 DQP 过程中，各院系及专业之间加强了交流与经验分享，取得了明显进步。

在 DQP 相关网站上，还有更多案例，在此不一一列举。

第三节　DQP 依据的主要理论及其借鉴价值

一、成果导向教育（OBE）理念

成果导向教育（outcome-based education，OBE）理论是 20 世纪 90 年代在美国发展起来的一种教育理念，其核心为以学生为中心的结果导向思维（results-oriented thinking），而非以教师为中心的输入导向教育（input-based education）。基于成果导向的教学的一个主要特征是在课程整体设计与教学过程中，以学生的预期学习成果（intended learning outcomes，ILOs）为目标导向并以此衡量学生在完成学习后所展示的“应知、应会、应做”。成果导向，并不是简单地在现有课程基础上增加一些学习成果来锦上添花，而是对现有教育理念与模式的转变（a transformational way of doing business in education）（Spady，1993）。

成果导向教育不是以学生必须“学什么”为出发点，而是以“学习成果”作为出发点的教学模式，以学生通过学习后能够掌握什么、能够做什么为教学活动基础。其要旨包括精熟学习、能力本位、标准参照评价和绩效责任。精熟学习，包括确定目标所必需的先决知识和技能，获得目标的灵活时间框架，使用不同的媒介和教学材料以丰富教学内容，使用形成性评价来提供教学反馈以改进教学，而教学评价目的在于促进每位学生都能精熟学习内容。能力本位，是根据特定职业所应具备的具体能力，以及所要达到的学习成果而提供的相应教育和取得学习成果。标准参照评价，不考虑学生在团体中的相对位置，而是测验学生的实际水平，即学生掌握了什么，能做什么。教育绩效责任，就是学校必须对所有学生的学习成效负责，并提出具体证据。

Spady在1994年提出了成果导向教育金字塔（OBE pyramid），如图1-1所示。此金字塔为一个执行范例、二个关键目的、三个关键前提、四个执行原则、五个通用领域实践，这几个因素相互协调作用，促进学生学习进步与获得成功。

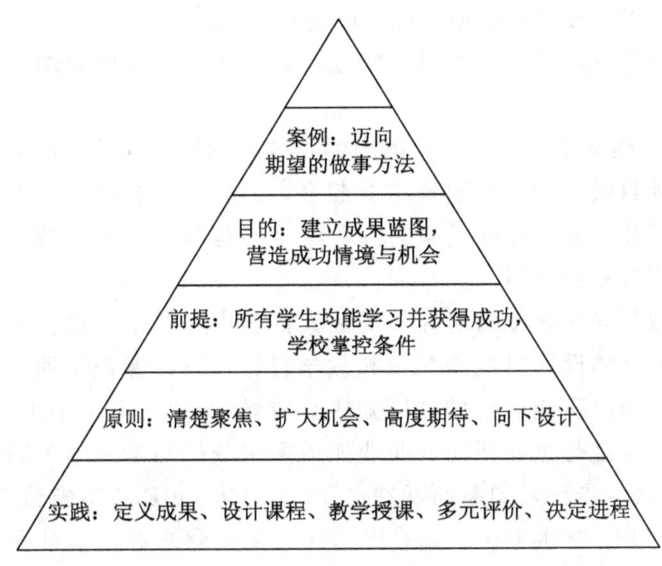

图1-1　Spady成果导向教育金字塔

Spady指出成果导向教育有五个要领：

（1）定义成果：实施成果导向教育必须清楚、明确地定义成果目标，成果包括核心成果和具体成果；

（2）设计课程：成果导向教育将成果目标、教学活动、评价予以整合，强调与生活情境相结合的跨科目领域；

（3）教学活动：成果导向教育教学强调学生学到了什么、做出了什么，注重能力发展，鼓励思考、评价、反馈；

（4）多元评价：成果导向教育强调多元评价，评价结果强调达成最高表现的成就标准，而不是强调学生之间成果比较；

（5）决定进程：成果导向教育强调所有学生均拥有成功学习及教师指导的机会，给学生设定若干阶段成果层次目标，让学生逐步获得成功。

成果导向教育理念在美国教育领域得到广泛的应用与推广，并在英国、澳大利亚、南非、中国香港等国家和地区的高等院校作为教育改革的工具。在中国香港，大学教育资助委员会亦认为着重引导学生取得预期的学习成果已成为全球高等教育的发展趋势，并于 2005 年倡导本地大学在全日制学士学位课程教学中采取相应安排，推行以成果为本的学习模式。实践证明“成果导向”教育模式是一种为学校、学习者和学习提供支持的良好方式。

为提高学生的学习质量，采用以成果为本的学生学习方式，涉及四个重要工作范畴：

（1）作为起始点，清楚地定义了学生在完成其学习课程时应能做什么（预期学习成果）；

（2）设计课程、教学、学习和评估，使学生能够实现预期的学习成果（内部一致性）；

（3）收集学生学习成绩的数据（成果评估）；

（4）利用成果评估数据，为学习方案或主题的进一步发展和加强提供信息（持续改进）。

OBE 教育模式强调学生适应就业能力的培养与训练，这符合高职教育的特点，可与任务教学法和项目教学法等有机地结合起来，因而也适合在高职院校推广。与填鸭式的传统教学法相比，成果导向教学对高职学生课程学习行为有着更积极的影响，进而对提高教学效果有积极作用。

我国当前对成果导向教育的研究与实践大都集中在两个方面：一是如何设计预期学习成果，在课程整体设计时就需要依托教学目标，设计课程预期学习成果，即期望学生在课程学习结束时所能展示的“应知应会应做”，党占平于 2010 年提出在设计预期学习成果时，需要进行企业调研、职业能力需求分析与学生学习需求分析；二是基于 OBE 的教学模式或步骤，如赵丽丽在 2014 年提出 OBE 的实施通常遵循成效确定、课程设计、教学实践、学生考核、成效评估这五个步骤来进行设计和操作，番禺职业技术学院则开发出了基于成果导向的 TKPACD（task，knowledge，prepare，action，check，display）六步教学法。

这些研究，在我国引入成果导向教育理念的初期是合适的。但随着实践的不断深入，问题的焦点转变为“在课程整体设计中编制好预期学习成果后，如何在具体的课程教学设计与实施过程中贯彻成果导向教育理念”，如何有效地指导学生顺利地完成课程预期学习成果。这对于学生学习成效以及教师教学成效同样具有重要意义。本书通过对成果导向教育理论的应用实践，探索如何有效地基于预期学习成果进行课程教学设计与实施。

二、布鲁姆教育目标分类学及其借鉴

（一）教育目标分类理论的发展

教育过程是以教学目标为依据和归宿的，教学目标的异同决定了教育过程中策略、模式、媒体等的选取，明确、恰当的教学目标有利于教学效果的体现及教学过程的顺利进行。建立教育目标分类学的尝试，是由出席 1948 年在波士顿召开的美国心理学大会的大学考试专家们提出的。专家们一致认为，教育目标能为课程编制和测试评价等提供基础，这也是许多教育研究的出发点。在此研究的基础上，布鲁姆（B. S. Bloom）从认知心理学出发，将教学目标分为认知领域、情感领域和动作技能领域三个方面，并为这三个领域中的每一领域提供了目标分类的框架，每一领域由多个亚类别组成，子类间具有层次性。学习过程由下层向上层发展，下层目标是上层目标的支撑，从而形成一个完整的教育目标分类体系。

认知领域（the cognitive domain）是关于学生知识与智力技能的发展；情感领域（the affective domain）是关于学生在行为方式中兴趣、态度和价值等方面的变化，以及其鉴赏和令人满意的顺应的形成；动作技能领域（the psychomotor domain）是关于学生身体运动、协调和运动技能的运用。但是，布鲁姆特别强调，教育目标分为三个领域，并不意味着在这三个领域间存在一种本质上的分离，而主要是为了便于分析。实际上，这三个领域的目标是互相联系的，并不存在达到某一领域的目标时，完全不涉及其他领域，如图 1-2 所示。

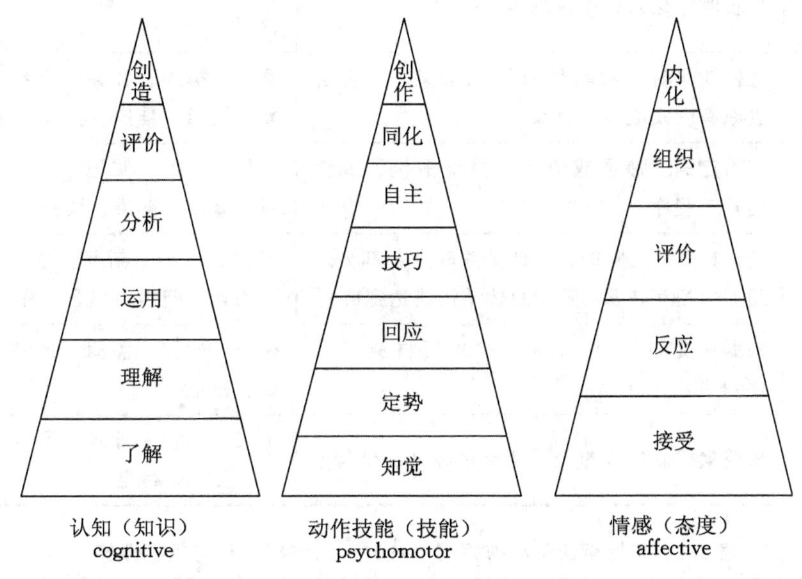

图 1-2 布鲁姆教育目标分类学三个领域层级图

1956 年，由布鲁姆主编的《教育目标分类学 第一分册：认知领域》出版，这奠定了教育目标分类理论的基础。1964 年，由克拉斯沃尔和布鲁姆等人编著的《教育目标分类学 第二分册：情感领域》出版。1972 年，伊丽莎白·辛普森（E. J. Simpson）以职业教育为“视角”，编制了动作技能领域的目标分类。2001 年，安德森（L. W. Anderson）等人对布鲁姆的认知领域教育目标分类进行了修订。

（二）教育目标分类理论中的行为动词

教育目标分类是基于学习成果的对学生的行为表现进行的分类。分类的可行性源于两个基础，一个是学生的学习过程具有从简单到复杂、从易到难的发展规律；二是学生的行为表现是可观察、可测量的。因此教育目标实际上是从三个不同领域以及每个领域的不同学习层次水平，以具有特定含义的行为动词作为目标对应物来进行分类的。在实施成果导向教学中，有效设计预期学习成果的难点就在于如何选择恰当的行为动词来指引学生的行为表现及水平层次。对此，美国的很多高校将布鲁姆教育目标分类学作为一个辅助工具。

本书在应用教育目标分类设计课程预期学习成果的过程中，参考了美国部分高校的做法，同时突出职业教育的特点，在认知、情感、动作技能这三个领域，分别以安德森（2001）、克拉斯沃尔和布鲁姆（1964）、辛普森（1972）的教育目标分类版本为工具。表1-2、表1-3、表1-4分别显示了这三个领域的教育目标分类中的目标特定含义与关键行为动词。

表1-2　安德森（2001）认知领域教育目标分类（修订版）

目标类别水平	目标含义	目标对应的关键行为动词
1.0记忆	从长时记忆系统中提取有关信息	再认、识别、回忆、提取、默写、背诵
2.0理解	把握知识材料的具体意思或意义，并整合进原有图式或认知框架中	解释、描述、释义、诠释、举例、分类、概括、推论、比较、匹配、说明
3.0应用	在给定的（熟悉或陌生）情境中执行或使用某一程序	执行、贯彻、实施、使用、应用、运用、修改、解决、调查
4.0分析	把材料分解为它的组成部分并确定各部分之间如何相互联系以形成总体结构或达到目的	解构、区分、辨别、选择、列提纲、结构化、归因、整合、完善
5.0评价	根据一定的准则或标准对知识材料进行评判	核查、检测、监测、评判、判断、评论、论证
6.0创造	将要素重新组织整合成为新的模式或结构	生成、假设、计划、设计、产生、建构、创造、编制

表1-3　克拉斯沃尔和布鲁姆（1964）情感领域教育目标分类①

目标类别水平	目标含义	目标对应的关键行为动词
1.0接受	觉察到、愿意听讲、选择性注意	选择、指出、描述、分辨、跟随、定位、把握
2.0反应	积极地注意，参与或致力于某一活动并从中得到满足	回答、协助、汇报、选择、讲述、实施、参加、做出反应、共鸣

① 根据［美］D. R. 克拉斯沃尔，B. S. 布鲁姆等编，施良方，张云高译. 教育目标分类学　第二分册：情感领域［M］. 上海：华东师范大学出版社，1989：101-195；美国印第安纳大学与普渡大学印第安纳波利斯联合分校Jennifer Beasley，instructional design consultant IUPUI Center for Teaching and Learning，April 18，2012等文献整理。

续表

目标类别水平	目标含义	目标对应的关键行为动词
3.0 价值评价	以自己对主体，对某一事物、现象或行为进行价值评价	贯彻、展示、区分、解释、汇报、参加、分享、选择、判断、邀请、启发、跟随
4.0 组织化	对各个价值评价进行比较、关联、整合，形成自己的价值（观）体系	依附、改变、安排、结合、比较、建构、组织、整合、概括、实施、保护、捍卫、识别
5.0 品格内化	由价值或价值体系形成的内在品格化，控制着个体的行为	行动、实施、调整、修改、服务、评论、质疑、解决、影响、完善

表 1-4　辛普森（1972）动作技能领域教育目标分类①

目标类别水平	目标含义	目标对应的关键行为动词
1.0 知觉	运用感官获得信息以指导动作，主要了解某动作技能的有关知识、性质、功用等	觉察、（敏感）反应、描述、识别、共鸣、辨别、解释
2.0 定势	为某种特定的行动或经验而作出的预备性调整或准备状态	选择、准备、预备、运动、渴望
3.0 指导下的反应	个体在教师指导下或根据自我评价表现出来的外显的行为	回应、模仿、尝试
4.0 机制	反复练习，使所学的动作熟练，进而成为习惯	演示、展示、操作、执行、应用、使用、衡量
5.0 复杂的外显反应	能够表现或从事复杂的动作和行为	更精通、更复杂地：演示、展示、操作、执行、应用、使用、强化、扩展、完善
6.0 适应	修正自己的动作模式以符合新的问题情境或满足具体情境的要求	适应、修订、（在新环境或采用新方式）应用、调整、改变并寻求建设性反馈
7.0 创作	根据在动作技能领域中形成的理解和技能，创造新的动作行动或操作材料的方式	生成、建构、设计、创作、变革、创新、发明、完成、实施、提议、规划

在DQP五大学习领域的毕业生学习成果参照点的表述中，采用的就是基于教育目标分类学中的行为动词体系。例如：

在DQP专业知识学习领域的副学士毕业生学习成果参照点1.1："用专业领域的相关术语来描述专业领域的核心理论和实践，并且提供至少一个与专业领域相关的案例"。该参照点表述中采用了动词"描述"，对应布鲁姆教育目标分类认知领域中的

① 根据E. J. 辛普森著，施良方译. 教育目标分类学提纲动作技能领域［J］. 华东师范大学学报（教育科学版），1988（10）：8-10；美国明尼苏达州卡佩拉大学 Framework for the Doctoral Transformation：Application of a Taxonomy of Educational Objectives 整理。

"理解"水平层次。

在 DQP 专业知识学习领域的副学士毕业生学习成果参照点 1.3："基本上无差错地做出相关专业领域的产品、模型、数据、展示或表演"。该参照点表述中采用了动词"做出"，虽然是一个广义的动词，但如果是"做出表演"，则较明显其是对应布鲁姆教育目标分类动作技能领域中的"机制"水平层次。

在 DQP 专业知识学习领域的副学士毕业生学习成果参照点 2.4："从科学、艺术、社会、人类服务、经济寿命或科技的问题中，同时采用至少两个领域的知识，描述如何定义、界定与解释选定问题对社会的重要意义，并对此做出评述"。该参照点表述中采用了动词"评述"，较明显其是对应布鲁姆教育目标分类认知领域中的"评价"水平层次。

在 DQP 专业知识学习领域的副学士毕业生学习成果参照点 5.2："描述对民主价值观或实践的不同观点，包括历史和现实的观点，并对涉及一个或几个这些价值观或实践的某一个问题提出自己的观点"。该参照点表述中采用了动词"描述"与"提出"，对应布鲁姆教育目标分类情感领域中的"价值评价"水平层次。

凡此种种，在此不一一列举，后文有具体的翻译以供参考。

三、DQP 的借鉴价值概述

DQP 提出了分别针对副学士、学士、硕士的独特的学历资格要求（学习成果标杆），为国家高等教育质量的评价与提升构建了一个框架平台。

DQP 的提出借鉴了欧盟的欧洲学历框架，但 DQP 相比欧洲学历框架更为具体、更具参考性（对五个基本学习领域的学习成果参照点的具体描述）。同时，DQP 的学习成果参照点一方面，在每个学历层次上采用了抽象性的描述，以求覆盖众多不同学科专业的普适性；另一方面，在描述上考虑了副学士、学士、硕士这三个不同学历层次之间的关联与递进关系。另外，DQP 淡化了不同类型高等院校对五个基本学习领域中某一学习领域的侧重要求，主要强调将五个学习领域间的融合视为一个共同的目标。因此，DQP 体系设计可为国家层面的高等教育质量的评价与提升提供一个有着共同框架的平台。

DQP 强调为适应复杂多变的社会、经济环境需求，高等教育应对大学生所掌握知识和技能的广泛性、融合性、应用性有更高的要求，这更有利于学生毕业后适应工作、适应社会、适应环境，以及后续不断的自我学习。DQP 的借鉴价值具体包括以下几点：

第一，DQP 列出了五个基本学习领域，除了强调在学历所需的专业的知识与技能外，还强调了广泛与融合知识的重要性。这显著改变了传统上对专业知识与广泛知识的区分，转而强调两者之间在理论、方法、实践和应用上的融合。同时，智力技能领域（部分对应德国职教体系强调的方法能力与社会能力）也不再被视为一个单独的学习领域，而是融合入专门知识与广泛知识，以促进对这两类知识的学习、融合与应用。

第二，DQP 融合了以能力为本位的教育理念，但不止于此。DQP 提出了一个新的概念“融会贯通（proficiency）”——其含义摆脱了单单某一个领域或某一个方面的“能力（competence）”的局限，而强调在某一学历层次横截面上的“能力总和”以及“能力的广泛与融合”。学习成果参照点所表达的学业要求就并非针对学生的各项单独能力，而是对于不同学历毕业生的融会贯通要求。由此，DQP 对高等教育提出了一个新的改革思路：大学生的某些“能力”不是用一门课来教、来评价的，而是通过多门课程协同培养、综合评价。一些美国高等院校在 DQP 应用实践中，就是以“极点体验”这类综合性、应用性课程作为试点，取得良好的成效。

第三，学生在第一学期就通过“学历专业规范”对其职业能力、培养计划有清晰的理解，同时通过“课程规范”对每门课（包括跨专业课程）在专业规范中的功能定位以及与职业能力的关系有清晰的理解，得以对其学习进行自我构建，从而实现学生在提高学习自由度的同时，有效地规划其学业、选择学习课程，学生的学习动机与兴趣得到进一步增强。

DQP 强调以学习成果来体现对学历资格的要求以及学生对所学的掌握，在操作层面上能为三个学历的递进、五个学习领域的融合以及社会各界（也包括教师与学生）对高等教育质量的理解与评价，构筑了可以沟通与交流的基础平台。

DQP 采用成效为本教育理念（outcome-based education，OBE），列出了三个学历层次、五个基本学习领域的具体学习成果参照点（学生取得相应学历时被期望知道些什么、能做些什么），并借助行为动词要求学生通过可分离、可观察、可直接衡量的活动，展示其“所知道与所能做”的内容。在这一“以学生为中心”的教育模式下，学生可以对学习（包括目前学历与后续学历）进行自我构建，增强学习自主性与积极性；教师也可以与学生建立一个“教与学的契约”，实现教学过程与质量的自我约束与监控；高等院校可以对“学校使命—专业设置与调整—专业培养方案—课程体系—课程”这一教育链进行匹配调优；其他主体，如政府、用人单位、家长，则可以通过学生所展示的学习成果证据，对学生个体以及高等院校进行科学的总体评价。

第四节 DQP 五大学习领域的内容解析

学历资格框架（DQP）的核心是围绕“大学生获取不同层次学历时被期望应知道些什么以及能够做些什么”，即大学生在毕业取得某一层次学历时，应具备的学业资格、知识、技能及其融合应用，以更好地适应以后工作、生活、社会等。为清晰地阐述这些学历的学业资格要求（知道些什么以及能做些什么），DQP 注意到了以下几点：(1) 规划了五个独立且相融的基本学习领域（专门知识、广泛和融合的知识、智力技能、应用与协作学习、公民与全球学习）作为资格框架的主体结构，且该五大学习领域没有学科界限；(2) 对每个学习领域按学生学习过程的成长性与累积性规律，设置了学业要求的一个或多个参照条款，且不同学历（副学士、学士、硕士三个层级）的参照条款是不同的；（3）对参照条款的表述是按照学习成果（learning outcomes）模式，并强调使用布鲁姆教育目标分类（Bloom's taxonomy）中的行为动词。其基本框架如图 1-3 所示。

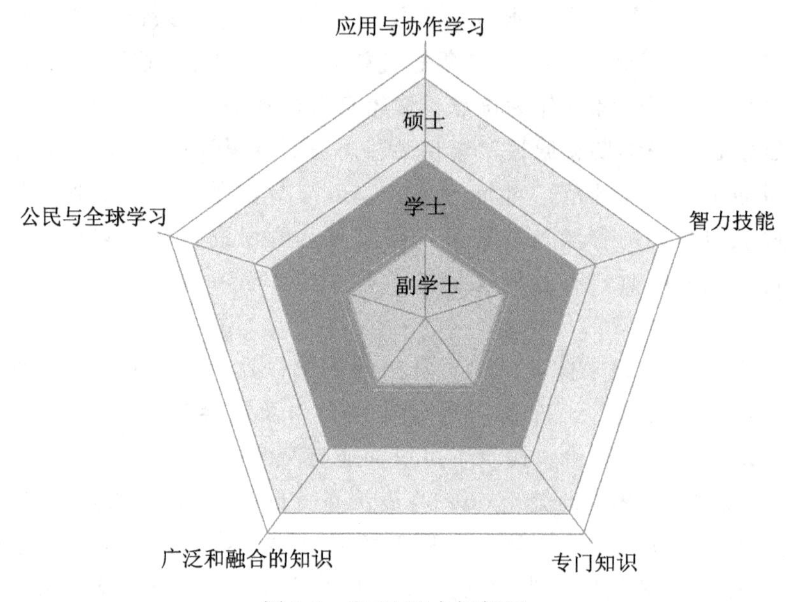

图 1-3　DQP 基本框架图

一、学历资格框架（DQP）五大学习领域

一是专门知识（specialized knowledge），专门知识是学生攻读某一专业学历所涉及的专业领域学问。学生要想取得学历，必须在所攻读专业的领域掌握社会各界（如高等院校、用人单位等）期望其所能达到的专业知识与技能要求。

二是广泛和融合的知识（broad and integrative knowledge），美国高等教育明确其教育重点在于学生广泛的学习。为了让学生在其专业领域的具体工作环境或更为广泛的社会环境中面对复杂的问题与挑战，学生要能够通过探索、联系和应用跨领域的概念与方法来整合其广泛的知识。也就是说，教育重点不再是专业与职业能力，而是综合能力素质。当然，也并没有弱化对专业能力的要求，而是通过融合与应用，来突出学生在以后真实而复杂的环境中对专业知识与技能的灵活应用与持续学习能力。

三是智力技能（intellectual skills），智力技能是良好认知能力与操作能力的表现。DQP 试用两年多来，参考美国各高等院校应用实践的反馈，归纳了六项在高等教育阶段需要培养的智力技能，包括解析探究（analytic inquiry）、信息资源利用（use of information resources）、多元化视角（engaging diverse perspectives）、伦理考量（ethical reasoning）、定量表达与分析（quantitative fluency）、沟通技巧（communicative fluency）。这六项智力技能没有学科界限，并与其余四个学习领域交融。学生需要这些智力技能以习得并应用其专门知识与广泛的知识，并作为今后持续学习的基石。

四是应用和协作学习（applied and collaborative learning），美国高等教育认为其最关键的一项学习成果是强调应用学习。应用学习注重培养学生应对非常规问题的能力、权衡竞争态势的能力、在模糊环境下进行决策的能力，也包括主动学习与创新能力。

五是公民和全球学习（civic and global learning），在美国，毕业生要学会承担公民责任是被广泛承认的高等教育目的之一。美国高等教育正在尝试新的方法来培养学生有效的公民和全球意识——将经验式学习或者职场实地学习作为一种手段，提高学生对相关公民与全球背景之环境的参与程度。

DQP 强调，上述五大学习领域交叉互融，没有学科界限，适用于不同类型的高等院校。当然不同类型的高等院校在这五大学习领域的侧重点可能有所不同。另外，为增强其适应性，DQP 也提出各高等院校可以根据自己的特点设置第六个学习领域（institution-specific areas）。

二、学历资格框架（DQP）三个学历层次的关系

学历资格框架（DQP）体系涵盖了副学士、学士与硕士三个学历层次。不同学历层次之间的差异主要体现五大学习领域学习成果要求的参照点的递进关系——所有学士层次的学习成果要求中应包括副学士的学习成果，所有硕士的学习成果要求中也应包括学士、副学士的学习成果。每一层次的学习成果要求展示了学生从一个学历走向下一个更高学历，所需进一步对应的挑战与掌握的技能。

三、学历资格框架（DQP）的参照点

学历资格框架（DQP）以学习成果的方式清晰描述了毕业生取得所修专业学历时需要在五大学习领域所达成的要求——以下给出的仅是参照点，而并非标准。如表 1-5 所示。

表 1-5　DQP 五大学习领域参照点的要求

学习领域	副学士	学士	硕士
1. 专门知识	毕业生应能够：	毕业生应能够：	毕业生应能够：
参照点 1.1	用专业领域的相关术语来描述专业领域的核心理论和实践，并且提供至少一个与专业领域相关的案例	使用本专业领域的相关工具、技术、方法和专业术语，来定义和解释所学领域中涉及的理论体系、学术流派和实践	阐述本研究领域的主要理论、研究方法，以及它们的来源、它们的应用、与应用相关研究领域的关系
参照点 1.2	应用相关专业领域的工具、技术和方法去解决专业领域内给定的提问和难题	通过对所学专业领域的相关观点、概念、设计和技术等进行组合与编排以及重构，来处理一个本专业领域较常见但相对复杂的难题	对本研究领域中的主要人物和组织的贡献进行评价，描述其主要方法和实践，并通过项目、论文、展览或表演加以说明

续表

学习领域	副学士	学士	硕士
参照点1.3	基本上无差错地做出相关专业领域的产品、模型、数据、展示或表演	框定、梳理及评价一个同时涉及所学专业领域及另一个选定领域的复杂挑战，运用该两个领域的理论、工具、方法、文献等，独立或与他人协同开展应对该挑战的活动	阐述在本研究领域实践中所涉及的重大挑战，通过位于传统边界之外的项目，证明了其前沿性，并探讨当前理论、知识和实践的局限性
参照点1.4		借鉴、吸收所学领域的现有研究、学术著作以及技术，构建并完成一个总结性的项目、论文、表演或应用型成果	
2. 广泛和融合的知识	毕业生应能够：	毕业生应能够：	毕业生应能够：
参照点2.1	描述所学习的每一项核心领域的现有知识或现有实践的研究进展	对在科学、艺术、社会、人类服务、经济寿命或科技方面的某一选定问题，描述在不同的学习领域（至少两个）是如何定义、界定与解释该选定问题对社会的重要意义，并对此做出评述	阐述所研究领域是如何与其他主要调查和实践领域相联系的
参照点2.2	就所学习的每一项核心领域描述一个关键性的争议问题，解释该争议问题的意义，并且应用该领域的概念来阐述自己对该争议问题的见解	基于至少两个所学核心领域的相关具体（或独特的）理论、工具和方法，实施一个调查性、创造性、创新性或实践性的工作	设计和执行一项应用的、调查的或创造性的工作，借鉴其他研究领域的观点和方法，并评估包括所借鉴的观点和方法在内的由此带来的优势和挑战
参照点2.3	在实施分析性、实操性或创造性的任务中，使用所学习的多项核心领域的公认方法，包括依据的收集与评估	定义并框定一个主修领域中的重要问题，辨析该问题在更广泛社会背景下的意义，解释可以运用哪些方法（来自基础学习领域以及一个或多个核心学习领域）来应对该问题，（借鉴主修领域和核心领域的知识）开发一种方法来解决该问题	从社会或全球范围内的挑战和趋势出发，阐述和提出主要研究领域工作的意义和影响

续表

学习领域	副学士	学士	硕士
参照点 2.4	从科学、艺术、社会、人类服务、经济寿命或科技的问题中，同时采用至少两个领域的知识，描述如何定义、界定与解释选定问题对社会的重要意义，并对此做出评述		
3. 智力技能	毕业生应能够：	毕业生应能够：	毕业生应能够：
3.1 解析探究 参照点 3.1	在选定的学习领域界定一个知识主题（主要的重点与难点），并能明确地讲出该主题中涉及的一些观点、概念、理论以及实践方法	就应对某一复杂问题所运用到的（来自选定学习领域以及至少一个其他学习领域的）多种理论与方法，进行辨析与评价	在进行一篇论文或项目时，在研究领域的前沿对主要思想、技术或方法进行分解、重新制定和调整
3.2 利用信息资源 参照点 3.2.1	在一个专门领域或一个相对上是普遍的艺术和科学领域内，做一个项目、写一篇文章或方案、进行一个表演时，有效地找到所需要的信息，对收集的信息进行分类，对信息的有效性进行评估，并将有效的信息合适地引用或应用到项目、文章或方案、表演中	在做一个项目、写一篇文章或方案、进行一个表演时，能够： (1) 有效地找到所需要的信息，这些信息应是来自各种不同的媒体以及来自不同语言的国家； (2) 对信息的有效性进行评估； (3) 对各种信息先进行整合； (4) 将有效的信息合适地引用或应用到项目、文章或方案、表演中	提供证据（通过论文、项目、笔记、计算机档案或目录），帮助、扩大、评估或完善研究领域内的信息库
3.2 利用信息资源 参照点 3.2.2		对于一些重要的信息资源，明确地阐述其特点与局限性，明确地阐述怎样进入该信息资源并能有效利用的策略	

续表

学习领域	副学士	学士	硕士
3.2 利用信息资源 参照点 3.2.3		在做一个项目，写一篇文章、方案或进行一个表演时，能够通过自己独立探究或与他人合作探究，自主开发一些有用的信息（即一手信息和自己的调研数据），并将之使用到项目、文章、方案或表演中	
3.3 多元化视角 参照点 3.3.1	对于社会、政治、经济、艺术乃至全球关系等方面的突出性或重大问题，明确地阐述不同文化视角（或不同文化背景的知识）会怎样影响人们对上述问题的理解	写一篇文章，做一个实验，办一个展览或设计一项社区服务，来展示（表达）非所处地域环境下的文化、政治、科技的视角，同时能借此清晰地表述其所想体现的与所处的之间的比较和区别	从不同的时间点或不同的文化、语言、政治秩序或技术角度，通过项目、论文或绩效，解决研究领域的核心问题、背景，并解释这一观点如何产生偏离当前规范、主流文化的假设或技术的结果
3.3 多元化视角 参照点 3.3.2	对于文化上、社会上、政治上、艺术上或国际关系上的选定问题，提出自己的见解，并与其他人的见解进行理性的比较	框定一个争议点或问题点（至少涉及两个政治、文化、历史或技术力量的），探讨并评价针对该争议或问题的对立性观点，以口头或书面的方式，进行理性分析（要能体现出对相关对立性观点的综合考虑）	
3.4 伦理考量 参照点 3.4.1	界定一个当前社会、经济、文化等方面的突出问题，该问题很明显涉及道德因素（要能明晰地阐述），还要能够分析并梳理清楚在决策过程中，道德准则或框架是如何产生影响或作用	举出一个案例（近期的发现、科学争论、技术），分析其中针锋相对的诉求以及由此会对利益相关者带来的收益或损失；剖析在这紧张的利害关系中是否存在有内在的道德两难（困境）；运用道德准则来化解这一道德困境	通过项目、论文或绩效，提出和审查相关的伦理观点，阐明并挑战研究领域内的传统、假设或普遍做法

续表

学习领域	副学士	学士	硕士
3.4 伦理考量参照点 3.4.2		识别一个社会或文化方面的重要道德或伦理议题并进行详细解说，（运用至少两种不同的道德视角）分析不同的道德视角会如何影响该议题的决策；能够提出一种最可能高效处理该议题的方法，并进行论证	区分受伦理推理约束的人类活动和判断，与不受伦理推理约束的活动和判断
3.5 数字应用参照点 3.5.1	对于政治上、经济上、健康上或技术上的问题，对其中使用到的量化信息（即数字）进行准确的诠释；并能够介绍如何在论述时有效地利用量化信息（数字与符号）	将用文字表述的问题转换为用数学算法来表述，（使用公认的数学推理产生有效的论据来支撑）构建有效的论点；展示在公开信息（论文、项目或多媒体文稿）中披露的结论性计算、估算、风险分析或定量评估	采用逻辑、数学或统计方法处理主要领域中的主题或问题（适用于非以定量为基础的专业的学生）；阐明并承担定量方法、概念和理论在研究领域的多种适当应用（适用于以定量为基础的专业的学生）
3.5 数字应用参照点 3.5.2	创建图表或其他视觉效果更好的方式，来诠释趋势（或走势）、关联（相关或因果关系等）或是状态上变化	对通常是采用非定量化表述的复杂问题，构建数学表达式（模型）来表述该问题	识别、选择和维护适合社会科学或应用科学问题的数学模型
3.6 沟通表达参照点 3.6.1	在与普通大众或某一个特定对象进行书面沟通过程中，基本无笔误、错漏，条理清晰，论证令人信服	在与普通大众或某一个特定对象沟通某一议题、问题或技术议题及工艺流程时，（采用书面形式以及至少一种其他形式媒介）构建持续且连贯的评论、叙述或解释	用两种或两种以上的媒体或语言为一般和专门的受众创建持续的、连贯的论点或解释，总结自己的工作或合作者的工作
3.6 沟通表达参照点 3.6.2	与普通大众或某一个特定对象有效进行正式场合下的口头言语交流	就所学领域中涉及的相关信息、状态环境、技术或实践，查询外文资源，进行探究	
3.6 沟通表达参照点 3.6.3	就某一具体工作任务的行动计划进行谈判，并对谈判结果进行书面或口头的总结陈述性沟通	在提出（或推进）某一口头辩论，或阐明某一方法来解决某一社会、个人、道德困境时，能够与一个或多个合作者进行协商	

续表

学习领域	副学士	学士	硕士
4. 应用和协作学习	毕业生应能够：	毕业生应能够：	毕业生应能够：
参照点 4.1	书面汇报至少一个案例：说明自己是怎样将所学的学术性知识与技术技能，应用于“实地（实践）挑战”；并提出证据或案例，用来证明自己在应用过程中学到新的知识或有其他的收获	准备或提出一个项目、论文、展览、表演等，展示出如何将一个或多个学习领域所学的知识结合到在工作、社区、研究活动中所需的知识及技能，解释这些知识点之间的内在关系，采用适当的引证来证明上述成果（的结论）与该领域文献（中的结论）之间的关系	创建一个项目、论文、展览、绩效或其他适当的演示，以反映在实践、工作、社区或研究活动中获得的知识与知识的整合；在课程的不同部分，从至少两个研究领域收集技能，并阐述这两种知识来源对结果的影响方式
参照点 4.2	用课外知识来分析专业领域中的至少一个重要概念或方法	协商一个小组研究或小组表演的策略（或方案），并撰写（书面）文件以便于小组成员们的理解；实施该策略（或方案），对实施结果进行交流	在课外环境中设计和实现一个项目或性能，要求应用在研究领域获得的先进知识来应对实际的挑战，以书面或另一种媒介阐述从这一经验中获得的见解，并评估（适当引用）方法、学术辩论或专业业绩标准能适应挑战
参照点 4.3	对于一个超出课上所学内容的实践问题，对问题准确定位，收集相关线索与信息，进行组织与分析，并提出多种解决方案	以科学、技术、经济、商业、卫生、教育或通信等作为背景，撰写一个设计、评论或一个（对某个分析或案例学习的）应用说明	
参照点 4.4		完成一个总结性的项目来评价所学领域中的一个重要问题，分析项目实施过程中从课外学习获得的成果以及在项目实施过程中所使用的实践技能	

续表

学习领域	副学士	学士	硕士
5. 公民和全球学习	毕业生应能够：	毕业生应能够：	毕业生应能够：
参照点5.1	清晰地介绍自己的个人背景与文化背景，包括发源与发展、信仰与价值观	就某个有争议性的公共问题，解释不同立场（下的观点），包括不同立场下的文化、经济、地域的利益；综合考虑不同的立场与利益，并引用新闻报刊和学术著作中的有关证据，来评价该公共问题	评估和发展在研究领域具有重要意义的公共政策问题的立场（其中应考虑到有关利益集团的奖学金和发表的或以电子方式发表的立场和言论）
参照点5.2	描述对民主价值观或实践的不同观点，包括历史和现实的观点，并对涉及一个或几个这些价值观或实践的某一个问题提出自己的观点	就某个公共问题，确立、阐述自己的立场并为之辩护；并将上述立场与社区或政策环境中的其他观点相关联	向一个非政府组织提出一个正式的建议，无论是真实的还是假设的，以解决学生认为尚未得到充分解决的研究领域的全球性挑战
参照点5.3	参与一个社区（或社团）项目，就其过程做出口头或书面的总结（报告），重点突出这次经历中遇到的公民问题，以及这次经历中个人的感悟	就某一公民问题，与他人合作制定与实施处理方法，评估该方法的优势与不足之处，（如条件许可）描述该方法的实施结果	提出一条解决研究领域中因国家利益相互竞争或美国以外的其他国家的利益而变得复杂的问题的途径
参照点5.4	指出一个跨国、跨洲或跨文化、跨经济的（环境的或公共卫生的）挑战，提供挑战的证据，并表明对此挑战的立场	识别一个影响至少两个国家或两个大洲的重要议题或挑战，采用图表形式提出定量分析的证据，评估非政府组织或政府合作计划在解决该挑战中的活动	

第二章
博雅教育与 DQP 的融合

第一节　博雅教育起源与发展

回顾博雅教育理念的起源和发展，对于理解现代大学理念、大学教育的本质问题，很有借鉴意义。高职教育作为大学教育的一种类型，也有必要审视这些理念的价值。教育史学家通常将博雅教育发展分为古典时期、近代时期和现代时期三个阶段。

一、古典时期

即从古希腊到文艺复兴这段时间。博雅教育（Liberal Arts，其拉丁文为 Artes Liberales）的提法可以追溯到古希腊时期。那是面向“自由民”（free person，即公民，以区别于奴隶与外邦人）的教育，其目的是培养有美德、知识渊博、能言善辩的好公民。学习的主要科目有语法、修辞与逻辑三科，能被用于公开辩论、法庭上的辩护，或者担任陪审员等公民活动之中。到古罗马时期，思想家西塞罗认为教育不仅要重视知识的传授，也要培养受教育者独立的人格。这时的博雅教育增加了音乐、算术、几何与天文（这里的天文并非观察星空，而是探讨人与宇宙的关系）四科。这样加上之前的，合称为“七艺”。这就是古典时期人们追求智慧、学识与人文精神的博雅教育，也成为学习其他专门技能的基础。

但在罗马帝国后期，尤其是在进入基督教统治的中世纪后，神性压抑人性，追求智慧、理性的博雅教育被“经院教育”所取代。直到 14 世纪，在意大利开始了文艺复兴运动。在复兴古希腊罗马文化的名义下，资产阶级鼓动人们摆脱宗教的桎梏和权威的压抑，追求独立、自由的生活，博雅教育又得以复兴。如意大利人文主义教育思想家韦杰里乌斯根据古代文献撰写的《论绅士风度和博雅教育》，要求实施符合自由民的价值的教育，使受教育者获得身心的良好发展。到了 16 世纪，许多“新教育”的论著都提出，要培养的不再是神职人员，而是社会、政治、文艺、商业方面的活动家和冒险家，博雅教育从此在欧美国家的大学盛行。

二、近代时期

即 16 世纪后期到 19 世纪现代大学兴起的这个阶段。这一时期大学博雅教育经历过一段盛衰起伏。尤其是进入 19 世纪，博雅教育却日渐式微。在这一时期，它主要受到了三个方面的挑战：一是德国大学模式的影响；二是一大批赠地学院的成立；三是实用科学备受推崇。

19 世纪德国人洪堡（Wilhelm von Humboldt）创建的柏林大学（University of Berlin，1949 年更名为 Humboldt University of Berlin）实行教学与科研统一的改革影响深远。同时，随着科学技术的发展和工业的进步，培训各种专门人才的工科大学开始发展起来。这些工科大学区别于传统大学，建立在自然科学，特别是数学和物理的基础上。这些新型大学成就了德国 19 世纪 30 年代到 20 世纪初在世界科学中心的地位。受其影响，在 1869—1909 年，时任哈佛大学校长艾略特（Charles William Eliot）在任期间率先在美国大学实施选修课制度，并着重发展研究生院和专业学院，把哈佛大学转型为德国模式的现代研究型大学。艾略特制定了哈佛大学的座右铭，并下令将其镌刻在校园大门的横梁上。人们进门前可看到“ENTER TO GROW IN WISDOM（入门以增长智慧)”，在出门前可看到“DEPART TO SERVE BETTER THY COUNTRY AND THY KIND（离开后更好地服务于国家和人民)”。到 1862 年，美国国会通过了《莫雷尔法案》(*Morrill Act*)，也称《赠地法案》，规定联邦政府在每个州至少资助一所从事农业和机械工程教育的高等院校以及要有相应的保障措施，随后在 1890 年通过了第二个《莫雷尔法案》。第一个法案规定了赠送土地，第二个法案规定了给予这些新型技术学院的兴建与运作帮助。联邦政府着重优先发展农业高等职业教育，先后有 69 所赠地学院成立，美国高等教育的结构随之发生了变化。赠地学院的出现，强调高等教育的经济功能为社会服务，重视专门技术，培养实用人才。这成为当时美国高等教育的显著特点。大学直接为社会“服务”被正式确定为继“教学”与“科研”之后的第三项主要社会职能的标志。从此之后，大学不仅为社区普及农业科学知识，也提供许多有关卫生、经济、管理与教育等方面的咨询。在这种竞争的背景下，学校为了得到联邦政府的资助，不得不改变以实行博雅教育为主的课程，而开设更多的实用性更强的专门技术课程，使高等教育面向工农业生产第一线，培养各种职业的专门技术人才。在课程设置上，欧洲古典课程逐渐被实用性课程所取代。

在那个自然科学与实用技术日益受到青睐，大学中的古典学科受到批评和削弱，向实用教育一边倒的年代，也有一些坚守传统的美国学校。例如，耶鲁大学校长杰里迈亚·戴（Reverend Jeremiah Day）于 1828 年发表的《1828 耶鲁报告》（*The Yale*

Report of 1828）就反对大学本科教育的专业化，提倡博雅教育。这份报告指出大学的目标应该是为优良的教育奠定基础，完整的教育的基础必须是广博、深入和坚实的，能从思想文化中获得的最重要的两点是：思维的训练与知识的教养，即增加心智的力量与知识的储备。而在这两者之间，思维的训练更为重要。这份报告强调，学校给本科生所设计的课程，并不包含职业技能的学习；耶鲁大学的教育目的并不是传授某一特定的职业技能，而是传授所有职业都需要的基础课程；本科教育是专业技能学习的准备阶段，本科教育的最主要的目标在于使学生的思维能力平衡发展，使学生具备开放与全面的视野以及均衡发展的人格；大学课程设置体系的目的，不是进行仅仅包括几门科目的片面教育，更不是进行包含对所有学科浅尝辄止的肤浅的教育，也不是为完成某一职业的实用教育，而是在有限的时间内，尽可能地开始一个全面的教育课程。

在欧洲，这种博雅教育的传统则更加根深蒂固一些。如纽曼（John Henry Newman）1851 年创建爱尔兰都柏林大学期间，发表了多场关于大学教育的演讲和著述，后于 1873 年整理成《大学的理念》一书，这是关于高等教育的经典著作。该书倡导大学要实行博雅教育。纽曼所提倡的博雅教育理念的核心是培养学生“思考的能力”。这样，尽管学生没有受过专业教育，但他们的水平足以胜任任何一种职业。在纽曼看来，大学是传授普遍知识（universal knowledge）的场所，他强调大学的教学职能，认为大学是为传授知识而设，而非为科学研究而设。如果把学生局限于某种专业或者职业，学生就不可能彻底掌握真理；相反，不把学生局限于某种专业或者职业，对学生传授所有领域的知识，发展学生的智力，才是对未来的最好准备。纽曼并不认为只有教师才对学生的博雅教育负责，他赞同住宿学院制度，认为学生之间互相学习、交往，也是大学教育的一个重要部分。

三、现代时期

即从 20 世纪至今。随着 20 世纪的到来，美国的一些大学也在反思究竟大学如何平衡博雅教育与专业教育的关系。例如，美国哥伦比亚大学建校之初确立的培养目标是“扩展思维，加深理解，打造全人（enlarge the mind，improving the understanding，polish the whole man）”，它把“西方文明”与“人文经典”的核心课程贯穿本科学习的前两年，通过听课、阅读、讨论和辩论等方法来学习和理解西方文明以及在不同时期所产生的最有代表性的、最具智慧的经典著作。教学方式则是小班制和师生间的充分研讨、交流，强调培养学生的批判性思维，重视学生基本能力的磨练而非知识的灌输，学生直到第三学年才开始选择专业，进入专业学院学习。与此类似，1929 年哈钦斯担任芝加哥大学校长，他对这所当时最典型的高度专业化的研究型大学进行改革，他学习哥伦比亚大学本科前两年的博雅教育经验，并把它扩大到芝加哥大学整个本科 4 年，即前 3 年的课是人文科学 3 门，社会科学 3 门，自然科学 3 门，数学 1 门，在第四年则称为“整合”课。哈钦斯批判当时的美国高等教育已经完全走入歧途，充满了功利主义、实用主义、专业主义、唯科学主义、唯技术主义、唯市场取向的庸俗化方向。他在 1936 年发表的《高等教育在美国》（*Higher Learning in America*）中指出，美国教育从中学到大学，已经混乱不堪，完全失去了教育的自主方向。他认为大学应该为不同系科、不同专业的学生提供共同的精神文化基础，这就要求不同系科、不同专业的学生接受一种共同的教育。他提倡大学生在进入专业研究之前，应研究西方经典。哈钦斯的以西方经典阅读为核心的 4 年制本科生院方案引起轩然大波，多次被否决，直到 1942 年，他的本科生院方案才最终获得通过，芝加哥大学由此建立了强化博雅教育的本科教育体制。

劳威尔在 1909—1934 年担任哈佛大学校长期间，其理念则接近哈钦斯，他反对哈佛前校长艾略特实行的自由选修课制度，而且反对把重心放在研究生院，他把选课制度改革成为主修与分类选修（concentration and distribution），走回了强调本科生院和本科必修课的博雅教育模式。科南特于 1934—1954 年在哈佛任校长，他 1945 年出版了著名的"哈佛红皮书"——《自由社会中的通识教育》（*General Education in a Free Society*），提出教育不仅是知识的传授，更是心灵的陶冶，包括有效的思考、有效的沟通能力、作出适当判断的能力和价值判别的能力，并总结为沟通是基础，有效的思考是核心，价值判别涉及广泛的应用，最终将所学用于实践，培养好公民。这本"哈佛红皮书"一共花费了两年半的时间成稿。科南特组织了 12 位教授，进行了大量的讨论和调研。他解释用"通识教育"（general education）代替"博雅教育"（liberal education）作为书名时表示，如果只是对哈佛的本科教育来说，那么显然博雅教育更为适合，但这一报告不只对此，它研究美国当前的教育体系，希望涵盖美国的所有教育阶段，所以使用了"通识教育"这一词语。这份报告指出，高等教育不仅是让学生获得信息，或获得特殊技能和才能，而且必须通过通识教育为其社会成员提供共同的知识体系，因为如果没有这样的共同基础，美国社会就会分崩离析。"哈佛红皮书"规定大学毕业要完成的最低限的 16 门科目中，主修仍为 6 科，博雅教育课程占 6 科，且必须在人文、社会科学、自然科学 3 大领域选择，其中人文领域中至少要读"文学经典名著" 1 科，此外，可以选读文学、哲学、美术、音乐方面的科目；社会科学领域中至少要读"西方思想与制度" 1 科，此外可以选读美国的民主，以及人际关系方面的科目；自然科学领域中可以选读自然科学概论、数学、物理、生物等方面的科目。担任这些课程的教师都是人文、社会、自然各科系推选出的有名望的教授，因而任教本身就是一种荣誉。哈佛 1945 年的《自由社会中的通识教育》一书以及 1947 年总统高等教育委员会发表的题为《为美国民主社会服务的高等教育》（*Higher Education for American Democracy*）的报告，掀起了美国通识教育运动的高潮。

回顾历史我们可以发现，博雅教育与专业教育的主要区别在于教育的价值取向不同：博雅教育更关注受教育者的内在身心发展需求，是由内而外的，认为受教育者内在身心发展了，要适应外在社会发展需要就没有问题；专业教育更注重教育的外在从业服务要求，是由外而内，要求在适应社会的教育中去发展受教育者的内在身心。因此，博雅教育与中国儒家的教育强调做人第一、修业第二的思想是一致的，儒家强调先“修身、齐家”，而后才能“治国、平天下”。在当前我国高等职业技术教育蓬勃发展，承担复兴中国梦伟大使命的新时代，强调立德树人、知行合一，注重学生内在人格、品德和素质的教育，是与千百年来这种倡导博雅教育的理念一脉相承的。职业教育的本质是“职业性”。高等职业技术教育在注重专业教育与服务行业、企业需求的同时，如何处理好其与内在身心发展（即“博雅”或“通识”）的关系问题，仍然是高职教育改革的一项重要课题。而在这个方面，DQP 提供了有益参考和借鉴。

第二节　DQP 中的博雅教育理念

我们知道，“职业教育”与“职业培训”的本质不同，职业教育的目标是给人们一只“思考的手”，而职业培训仅仅满足功能性的学习目标，不符合人格发展和促进功能以外的能力的发展要求。当然，总体上职业教育与培训的共同核心都是以外在的“职业性”要求来培养人的。

那么，我们要问“高等职业技术教育”之“高等”的实质是什么？首先，国内现已形成的官方和学界共识是，高等职业教育它是一种“类型”教育，而不是一个“层次”概念（当然在一些人的头脑中，依然认为高职高专就是专科层次的）。参照发达国家和地区经验，高等职业教育从层次上来说，它既可有专科，也有学士、硕士甚至博士层次。因此，要回答“高等性”问题，就必须回到千百年来人们对大学教育本质的看法，也就是对于博雅教育的认识的变迁。从上一小节的介绍，我们知道：在欧美国家的大学传统中，博雅教育一直作为对人格塑造、思维培养追求的目标。虽然后来大学改革走出“象牙塔”开始重视科学研究和服务社会功能，甚至还为经济、社会发展培养专门人才，但是这种对人的内在发展追求却始终没有改变。于是，从早期的“博雅教育”到后来的“通识教育”，在今天欧美的大学中（我国经过学习“苏联模式”的专业化教育阶段，到后来转而学习欧美通识教育），在大学（尤其是本科阶段）提倡：不仅传授知识，更要陶冶心灵，塑造健全人格，培养思考力、判断力和沟通能力，为其成为合格的公民，具有不断学习的能力和适应未来任何一种职业而奠定基础。因此，作为高等教育的一种类型，“高等职业教育”的内在追求依然在“人的博雅”，而不仅仅是追求在专业上、技术上的高深。

DQP 既然是总结了美国近十年来高等教育经验而制定的“学历学位框架”，自然也打上美国高等教育思想的烙印。DQP 是基于学生需求提出的，是以学生为中心的。但同时，它也不回避高等教育为国家和社会培养高素质公民的责任。DQP 所定义的高等教育人才基准，不是要培养那种不食人间烟火的“自由人”，而是要为准备工作、承担公民责任、面向全球化和未来生活的学生所准备的。DQP 强调以“智力技能”（核心能力素养）为基础，不仅要求毕业生成为具有专业知识的人，更要求他们能跨出专业去

“广泛与融合”“应用与协作”，成为具有公民责任、全球视野的人。在当今社会和职场无处不看证书的时代，DQP 通过定义学位所代表的学习成果，在所有高等教育学习系统、继续教育和各种证书之间架起桥梁。下面从 DQP 对各学习领域的要求和它的解释说明（见表 2-1），就可见一斑。

表 2-1　DQP 各学习领域的要求解释说明

学习领域	要求	解释说明
专业知识	该领域要求任何专业或主要研究领域的学生，用以证明其获得相应学位达到专业化的熟练程度，对其学习成果、知识领域和成就所提出的要求	这是大多数获得学位或机构颁证的标志，须达到专业熟练程度，并且都对在术语、理论、方法、工具、文献、复杂的问题或应用，以及对限制的认识方面，有明确的要求
广泛与融合的知识	该领域要求所有三个学位的学生，巩固来自不同的广泛学习领域的学习（例如人文、艺术、自然科学和社会科学）并发现和探索那些概念与问题，弥补这些必不可少的学习领域	美国高等教育强调学生的特长，要在广泛的人文、艺术、自然科学和社会科学领域去学习。而 DQP 建立在对自由主义的承诺之上和致力于高等教育中的通识教育，DQP 进一步要求学生整合他们的广泛学习，通过探索、联系和应用概念和方法，跨越多个研究领域的复杂问题（包括学生的专业领域、工作领域或其他领域）。虽然很多高等教育机构和大多数州的要求，降低了头两年的本科一般性知识要求。但是，DQP 的“广泛和融合的知识”领域，要求所有学位应该为学生的专业累积更大的背景和应用学习的经验（包括他们与公民的接触，对整个国家的、跨文化的、全球性的科学问题和学术问题的回应）
智力技能	该领域包括传统和非传统的认知技能：解析探究、利用信息资源、了解不同观点、伦理判断、定量表达和沟通技巧。在整个 DQP 中，强调学生应该从不同的角度（例如文化、技术、政治的角度），去面对和解释思想和论点	这六种智力技能是超越特定研究领域边界的熟练程度（或者说是通用的核心能力）。它们与其他学习领域是横切的关系，交叉重叠，并在 DQP 的其他主要学习领域中得以运用
应用和协作学习	该领域强调学生可以用他们所知道的知识做什么，要求学生证明他们在学术研究、工作和课堂以外的其他环境中，通过解决实际问题来学习。此领域涉及个人和团体协作的研究和创造性活动，也可能包括对应用专业知识至关重要的实用技能	这里所描述的熟练程度主要指向学术和非学术环境的互动、理论与实践的结合和在课程中与他人一起学习的应用项目。不同种类和难度的研究，校内外、线上线下和正式基于实地的经验（如实习、社区和其他服务学习）都是应用学习的案例

续表

学习领域	要求	解释说明
公民与全球学习	该领域承认高等教育对民主和全球社会的责任。学生们必须通过参与和回应公民、社会、地方、国家和全球各级的环境和经济挑战，展示他们的知识和技能的整合	美国高等教育肩负着对民主社会和公民义务的责任，DQP 重申并升级了这一点承诺。但是，DQP 进一步认识到毕业生面对一个瞬息万变的社会、经济全球化、环境变化的挑战，需要知识和经验使他们真正解决具有互动性和生产力的问题。因此，DQP 设想“公民和全球学习”领域所概述熟练程度，在公民和全球调查和互动中都需要。要证明该领域的熟练程度，主要依赖于在高等教育机构的认知活动的类型（描述、检查、阐明、证明），但也包括公民活动的证据和大学以外的学习成果。这些活动当然可以采取服务学习、社区参与的形式，提示其反思和解释，同时也需要进行分析性探究和理解不同的观点

透过 DQP 五大学习领域的这些要求，我们可以窥见当今美国的高等教育已经把博雅教育的“自由”“人本”的理想，融合到公民责任、社会、国家乃至全球担当的实践中，去陶冶心灵、塑造人格、培养思考力、判断力和核心能力，以适应瞬息万变的全球化时代的对大学毕业生的要求。这些要求的关键词包括专业化、广泛与融合（包括跨界）、智力技能（核心能力）、应用与协作、公民担当和全球视野。这些对于我国高等教育，尤其是高等职业教育这一蓬勃发展的类型，乃至进而发展高职教育本科、硕士层次，都具有很好的参考价值。

第三章 DQP 在职业能力表达与分析中的应用

第一节　职业能力、核心能力的概念

一、职业能力的概念

能力是一个重要的心理学概念，它是与活动联系在一起的、顺利完成某种活动所需的心理特征。依据《中国大百科全书·心理学卷》定义，能力是“作为掌握和运用知识技能的条件并决定活动效率的一种个性心理特征”。对于能力的表述，由于涉及其具体活动的类型、特征，还有经济、社会、文化背景的差异，因此，学界也是多种多样的说法。

职业能力是目前已经公认的职业教育主要目标。职业能力的概念——作为能力概念在职业活动的具体化——必然会随着社会经济和职业教育发展不断变化，并打上时代的印记。最近十几年来，随着与德国职业教育广泛而深入的交流，我国职教界也普遍接受德国职业教育把“职业能力”表述为的“职业行动能力”的概念。

在德国职业教育学中，强调职业能力必须通过“以职业形式进行的行动”表现出来，因此是一种“职业的行动能力”。从 1996 年开始，德国文教部长联席会议颁布的职业学校《框架教学计划》提出，行动能力是“个人在特定职业、社会和私人情境中，进行缜密而恰当的思考并对个人和社会负责任行事的意愿和本领”。它是指一个人在其职业生涯乃至一生中如何获取和发展以及运用相关的能力、方法、知识、观点、价值观的“完整的行动能力”。在德国，通常将职业行动能力从专业能力、社会能力和方法能力三个方面来表述。

专业能力是指具备从事职业活动所需要的专门技能及专业知识。其核心是工作的方式方法、对劳动生产工具的认识及其使用和对劳动材料的认识等。它强调掌握技能、掌握知识，以获得合理的知能结构。

方法能力是指具备从事职业活动所需要的工作方法及学习方法。其核心是解决问题的目标针对性、计划性和获得成果的程序性，尤其是在面对新情况、新环境时，获取新知识、新技能的能力以及自我控制、管理和评价的能力。它强调学会学习、学会工作，以养成科学的思维习惯。

社会能力是指具备从事职业活动所需要的行为规范及价值观念。其核心是工作中的人际交流、人际关系、社会责任感和协作意识等。它强调学会共处、学会做人，以确立积极的人生态度。

职业能力这三个方面的整合状态，决定了个体在动态变化的职业生涯中的综合能力和个体职业能力的高低水平。

二、职业能力、职业技能、职业资格的区别和联系

在我国职教界，职业能力、职业技能和职业资格的概念，经常被使用，却又常常被混淆，且没有引起足够的重视。为此，要从这些概念的起源来辨别。能力的概念是从教育学和心理学源起的，而技能和资格的概念则来自管理学的需求。在国际上，20 世纪 60 年代以来，随着英语国家以能力为本的教育（competency-based education，CBE）方案和 DACUM（developing a curriculum）课程开发方法的推广盛行，在职业教育领域，传统教育学的“能力”概念被“技能”概念所遮蔽，很多人把技能当作能力来对待。事实上，CBE 方案和 DACUM 课程开发更加倾向基于以职业的技术、设备方面的“功能性”能力分析来确定学习目标，侧重于人的“可客观化”心理特征，强调在个体、职业和社会领域范围内“可用性”表现形态，这就形成了所谓“职业技能”概念。在这里，技能是可利用的学习成果，它一般不关注人在认知和精神运动领域的内在目标。

与“职业技能”密切关联的是“职业资格”的概念。在职业描述中，职业资格一般是通过技能等级的方式来确定和描述的，因此职业资格的核心是“可观察的职业技能”。资格通常可以用明确的语言表述，或者也可以用一个行动的结果表达，这其中可能还包含着无法用语言明确描述的隐性知识。

那么“职业能力”和“职业技能”怎样区别呢？从教育的角度看，如果一个人能够满足职业的要求，这就意味着他不仅具备职业技能，即能够完成本职业的工作任务甚至解决专业难题，而且意味着他能够承担起职业角色，能在职业环境中坚持自己的价值理念和理想追求——即所谓精神领域的自觉和自主。换句话说，“技能”只能反映出外在表现出来的心理特征，却不能表达内在的价值和自觉。因此，从教育学和心理学角度来看，“能力”是对自身及其在个体、职业和社会领域中具有自我承担责任的才能的学习成果，它比“技能”仅仅关注于功能性、可客观化的外在目标，更有深刻性、

内在性。凯兴斯·泰纳（Kerschens Teiner）曾经形象地比喻，职业教育的目标是给人们一只“思考的手”，而CBE和DACUM提供的“手”太短，因为人们不可能准确描述所有的职业能力，仅仅从功能性的能力分析中确定的学习目标，不符合生产过程人性化和民主化的要求。职业教育的任务要“远远超越了提供应用技能培训中的技术手段”，促进功能以外的能力的发展具有重要的意义，它是构建和发展职业行动能力的重要前提。

总之，职业能力、职业技能和职业资格概念在价值取向上的差异，最终会反映在对待“职业教育”与“职业培训”的本质的理解上，这对于教育工作者而言是非常重要的。

三、关键能力、核心能力概念的形成与其含义

进入20世纪中叶，随着科学技术的发展，社会劳动的水平分工逐渐弱化，职业和岗位间的界限越来越模糊，职业的更替日益加速，对岗位工作行为进行分析、描述和评价也变得越来越复杂，对未来职业资格要求做出明确的预测也更加困难。面对行业、企业迅速变化的技能要求，职业教育显得力不从心，职业教育中专业教育的重要性正在降低，那些非专业的、跨专业的和社会的基本能力，如抽象逻辑和计划性思考的能力、注意和精确性的能力、交流能力、团队合作的能力、创造力和解决问题的能力等，却日益显得重要并发挥持续的作用。

德国社会学家梅腾斯在对劳动市场与劳动者的职业适应性进行研究时，率先提出了“关键能力”的概念——即与具体工作任务和专门技能或知识无关的，但对现代生产和社会顺利运行起着关键作用，能够“打开通向未来的大门”的能力。他将关键能力分为四类，即“基本技能”（如逻辑性的、创造性和批评性的思维等），“水平技能”（如获取、理解和加工信息的能力），“宽度元素”（如基本计算方式和劳动保护等）以及“与年龄无关的因素”。关键能力不仅是指完成某些特殊任务时所需的能力，也是长期解决普遍性问题所需的能力。提出关键能力的概念，试图解决传统教育无法解决的问题，即职业领域知识快速增加和分化，人们无法掌握全部的海量知识。面对日益复杂和不可预测的世界，通过“掌握可迁移知识”这一更高层次的目标，开发学习者应对多种复杂情况的能力，以应对变化了的情况并弥补专业培训的不足。这正是提出关键能力概念的意义，也是在强调职业教育与职业培训的区别——即职业教育不仅仅要关注学习的专业内容，更重要的是通过建立一种范式，发展学生的个性并提高其素质。

德国西门子公司在“以项目和迁移为导向的教育”中提出了系统培养从事复杂工作的技术人员关键能力的一揽子方案，它把关键能力分为“组织与完成生产、练习任务”“信息交流与合作”“应用科学的学习和工作方法”“独立性与责任心”以及“承受力”五大类，并针对不同关键能力的发展提出了多种教学组织和评价方法。

1979 年，英国政府也提出类似“关键能力”的“核心能力”概念，它包括读写能力、计算能力、制图能力、问题解决能力、研究能力、处理事务的能力、动手能力、个性的和道德的素养、物理环境和技术环境共 11 项。1992 年，英国国家职业资格中把六项关键能力分为两类：一类为强制性能力，包括通信能力、计算能力、信息技术；另一类为选择性能力，包括问题解决能力、个人能力、现代外语能力等。

20 世纪末，美国培训与开发学会也提出工作者成功就业所需要的条件，包括基础、基本能力技能、沟通技能、适应性技能、开发技能、群体效果技能和影响技能七类共 17 项技能（能力）。由此可见，虽然各国对“关键能力”的确切内涵还众说纷纭，但是大家的共识是把培养“关键能力”或“核心能力”作为职业教育应对未来挑战的主要教育目标。

1998 年，我国劳动和社会保障部在《国家技能振兴战略》中明确使用“职业核心能力”概念，并将其分为八项，称为“八项核心能力”，即与人交流、数字应用、信息处理、与人合作、解决问题、自我学习、创新革新、外语应用能力。

按照前述职业能力的概念，我们还可把职业核心能力纳入职业方法能力和职业社会能力两大类之中。

职业方法能力是劳动者的基本发展能力，是在职业生涯中不断获取新的知识、信息、技能和掌握新方法的重要手段，它主要指独立学习、获取新知识技能、处理信息的能力。职业方法能力包括“自我学习”“信息处理”“数字应用”等能力。

职业社会能力是指与他人交往、合作、共同生活和工作的能力。它既是基本生存能力，又是基本发展能力。它是劳动者在职业活动中，特别是在一个开放的社会生活中必须具备的基本素质。职业社会能力包括“与人交流”“与人合作”“解决问题”“革新创新”“外语应用”等能力。

在我国的职业分类体系中将职业能力分成 3 个层次，即职业特定能力、行业通用能力和职业核心能力。职业特定能力是每一种职业自身特有的能力，它只适用于这个职业特定的工作岗位，适应面很窄，但凡有一个职业就有一种特定的能力。1999 年，我国编制的《国家职业分类大典》细分有 1 838 个职业。目前，新的职业还在不断产生，所以特定职业能力的总量是很大的。行业通用能力是以社会各大类行业为基础，从一般职业活动中抽象出来的行业通用能力和通用的基本能力，它的适应面比较宽，可适用于这个行业内的各个职业或工种，而按行业或专业性质不同来分类，通用能力的总量显然比特定能力小。而职业核心能力则是跨职业、跨行业的更基本和“潜藏在水平面以下的冰山部分”，发挥更基础和持续的作用的那些能力。如图 3-1 所示。

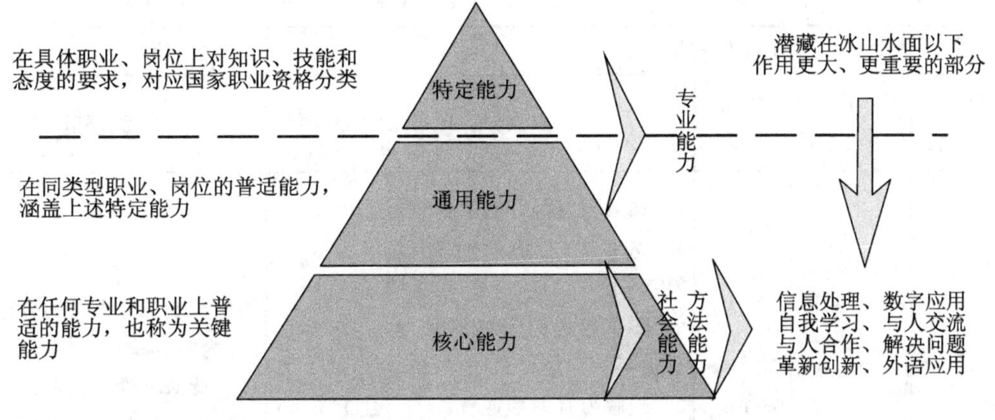

图 3-1　职业能力体系之图解

第二节　用 DQP 表达职业能力的价值与方法

一、对基于职业—工作分析的课程开发的再认识

从职业教育学来看，根据姜大源教授在《职业教育学研究新论》中的阐述，课程开发通常包括四个要素：其一是课程的教学目标设定，其二是课程内容的选择，其三是课程内容的排序和组织，其四是对课程教学目标的评价。在职业教育领域中，毋庸置疑，课程的教学目标就是培养职业行动能力，而评价能力目标达成主要依据职业行动的结果来考核，于是课程内容如何选择、课程内容如何排序和组织，就成为课程开发的关键。为此，先需要认清职业教育课程与学科体系课程的本质区别。

课程内容一般涉及两大类：一类是事实、概念以及其理解和原理方面的“陈述性知识”（也称“显性知识”），另一类是经验以及策略方面的“过程性知识”（也称“隐性知识”）。“陈述性知识”主要解决是什么、为什么的问题，是依据学科的逻辑组织起来的；而“过程性知识”主要解决怎样做、怎样做才更好的问题，要根据工作过程的逻辑进行组织。要培养科学型人才必须用学科的逻辑，而职业型人才更注重隐性的知识，必须用工作过程的逻辑来培养。因此，在职业教育中，课程内容的排序和组织是基于工作过程的逻辑对知识（包括陈述性和过程性知识）重新序化的串行结构——即所谓基于知识应用的工作过程系统化。在这个过程中，相应的学科知识的总量并无减少，只是它们被打散了重新组装在各个过程之中，服务于工作过程的需要。

为了实现对职业教育课程目标定义和内容的重新组织，就必须开展职业—工作分析。“职业—工作分析”是实现将“工作领域”的要求转化成“学习领域”目标的一种方法。下面以案例说明，如表 3-1 所示（由于篇幅太长，仅摘录其中典型片段）。

表3-1　国内某校数控技术专业课程开发分析表

工作领域				学习领域	
工作项目/岗位职责	工作任务/工作过程	职业能力	知识点	课程/项目	单元/环节
05 查看和制定工艺	05-1 会看工艺程序	05-1-1 能够判断工艺参数的合理性	1. 理解刀具的参数，对X、Y、Z的加工步骤设置很熟悉； 2. 知道刀具的切削值和寿命值； 3. 理解刀具的顺逆铣； 4. 切削参数的概念； 5. 刀具寿命与切削量的关系； 6. 车削和铣削各种刀路特点及使用方法； 7. 切削参数的选用原则； 8. 常用刀具加工不同材料的经验参数； 9. 顺铣和逆铣的概念及其使用方法	金工实训/典型零件加工（车削加工、铣削加工）	1. 目标： 能够判断工艺参数的合理性 2. 内容： (1) 读懂零件工艺图； (2) 选刀具与磨刀训练； (3) 装夹、对刀与调校； (4) 不同切削量车外圆对比； (5) 顺铣与逆铣端面对比； (6) 不同材料加工对比； (7) 反思与总结 3. 安排： 第四学期，共计54学时
	……	……	……	……	……
	05-2 确定加工顺序，填写工艺评审单	05-2-2 确定2D图纸与3D图纸是否相符	1. 机械制图、三视图等知识； 2. 三视图空间表达； 3. 使用软件对3D尺寸分析，比对2D尺寸； 4. 三视图概念； 5. 三视图的关系表达与观察方式； 6. 机械制图各元素所表达的含义； 7. 三视图的空间表达含义； 8. 三视图与实物间的关系； 9. 软件的3D尺寸分析结果判断； 10. 对3D图形的调整与修改方法	机械制图/零件识图和绘图	1. 目标： 确定2D图纸与3D图纸是否相符 2. 内容： (1) 测量零件手工绘制2D图； (2) 测量零件用AutoCAD绘制2D/3D图； (3) 典型零件工艺图的审读训练； (4) 反思与总结 3. 安排： 第三学期，共计36学时

分析该表可知，其“职业—工作分析”是基于数控技术工作的典型工作项目或职责所要完成的工作任务，即将职业行动或工作领域的要求作为职业能力目标，拆散原属于学科知识（表中涉及金属切削原理与刀具、机械加工工艺学、机械制图与计算机辅助设计等）重组到课程“金工实训”和“工艺识图与绘图”的“典型零件加工”“零件识图与绘图”项目中，也即所谓学习领域（一个由学习目标描述的主题学习单元）。显然，采用这种职业—工作分析方法，对于现有工作职责范围明确和操作规范的工作岗位来说，是设定其学习领域、开发出职业教育与培训课程最有效率的培养途径，很适合开发培养技术工人的课程。

国家职业资格制度就是依此方式建立起社会各行各业特定职业的准入标准的。例如，我国在经过分批清理后，2017 年 9 月，经国务院批准，人力资源社会保障部公布最新的国家职业资格目录清单，列入了职业资格 151 项（其中专业技术人员职业资格 58 项，技能人员职业资格 93 项），这些职业资格标准可以作为职业院校专业人才培养的衔接目标。同时，在当今倡导职业院校与标杆企业校企深度合作的时代，职业院校基于与其合作企业的“职业—工作分析”，也会建立类似上述案例的具体明确的培养目标体系。所有上述这些依据职业—岗位分析建立的能力目标，主要瞄准的是“职业特定能力”和“职业技能”，即完成职业岗位职责、岗位行动的要求。就如本章第一小节图 3-1 所示，处于冰山水面外的那部分。这样做对于克服我国职业院校发展的早期沿袭学科体系课程的弊端，不断契合行业企业发展实际需要，依然具有重要的价值。

但是，在世界范围内，如今正在发生着以人工智能、大数据、云计算和物联网等为代表的新的技术革命，带来产业转型升级和生产方式、生活方式、经济模式的深刻变革。职业技术教育尤其是高等职业技术教育，其人才培养规格，无论是对标国家职业资格也好，还是依据与合作企业的“职业—工作分析”也好，一旦以此作为课程开发的起点，被职业资格或企业规范所制定，经验性的从业能力就被固化，尤其是那些依据传统的职业资格的制定，并没有考虑动态的职业工作过程，以及适应变化着的工作世界——这从当今行业、企业的迅速变化来看是不可思议的。因此，职业院校如何在注重职业特定能力培养的同时，更加注重培养和发展职业通用能力、核心能力就显得日益紧迫和重要。也就是说，图 3-1 中那些潜藏在水平面以下的冰山的能力部分发挥日益重要的作用，更要注重培养。

二、用 DQP 学习成果表达特定职业能力案例

正如前文所述，学历学位框架（DQP）是在五大学习领域用行为动词刻画毕业生预期学习成果的框架体系。事实上，它不仅蕴含了特定职业—岗位的“职业人”要求，而且还拓展了要成为获得高等教育学历学位的“社会人、全球公民”的更广泛和更深层的要求。用 DQP 框架的学习成果表达职业行动能力，更符合当下注重关键能力、核心能力培养和应对职业迅速变迁的时代需要。

下面仍然以数控技术专业为例，介绍广东岭南职业技术学院的人才培养方案是如何用 DQP 学习成果表达该专业人才培养规格（职业岗位能力要求）的，如图 3-2 所示。

数控技术专业人才培养规格的 DQP 表述

1. 数控技术专业的就业面向和岗位要求

根据职业岗位分析，数控技术专业主要面向制造类相关企业的数控编程、工艺制定、机床操作、设备应用维护与维修、产品设计、生产管理、数控设备营销与技术支持等部门，从事数控编程、数控加工工艺编制、数控机床操作、数控设备安装调试及应用、数控设备维护与维修、产品设计、CAD/CAM 软件应用、车间生产组织与管理、数控设备营销与技术服务等工作，如下表所示。

序号	职业类别	岗位群	主要工作内容
1	数控机床操作工	1 数控程序编制 2 数控机床操作 3 零件检测	1 编制工件的数控加工程序； 2 操作数控机床（数控车床、数控铣床、数控镗床、数控磨床、加工中心、线切割机床等）加工工件； 3 使用常用的检测设备对零件进行检测
2	工艺编制员	1 加工工艺制定 2 文件控制与管理 3 标准制定	1 制定零件的数控加工工艺； 2 管理生产工艺文件； 3 制定标准与规范
3	产品设计与开发人员	1 产品造型设计 2 产品结构设计 3 产品反求	1 利用 CAD 软件进行产品的造型设计； 2 分析产品结构的工艺性能，对产品数字模型进行结构分析，并提出相应改进措施； 3 采用逆向工程技术，进行产品的反求设计
4	生产管理员	1 质量监控 2 生产组织与调度 3 物料管理	1 对生产的质量进行跟踪与控制； 2 编制车间的生产作业计划，组织协调车间生产； 3 管理仓储的物料，保证物资设备及时供应

2. 人才培养规格要求

2.1 培养目标

本专业致力于培养德、智、体、美、劳全面发展，立足粤港澳大湾区，适应区域经济发展转型升级的需求，具有数控编程、工艺编制、数控设备操作和生产技术管理能力，具备初级的项目管理执行能力，具备国际视野、创新意识、创业能力，满足生产、建设、服务、管理第一线需要的高素质技术技能型人才。

2.2 专业毕业预期学习成果

学院学历资格轮廓中参照美国 DQP 的副学士标准，确定毕业生学历资格的五大学习领域（专业知识、广泛和融合的知识、智力技能、应用和协作学习、公民和全球学习）的预期学习成果，以此来体现对本专业毕业生的职业能力、方法能力、社会能力及专业核心领域知识的融合与应用能力等方面的要求，即毕业要求。本专业毕业生在各学习领域中的“专业预期学习成果”（program outcome，简称 POC）描述如下（各条款中行为动词标示为粗体字）：

图 3-2 数控技术专业人才培养规格的 DQP 表述

2.2.1 专业知识领域POC1：(specialized knowledge)

在专业知识方面，本专业的毕业生应该能够：

POC1.1.1在数控编程与加工领域，能够根据零件的技术要求编制零件的数控加工工艺；能够使用CAD/CAM软件编制零件的数控加工程序；能够操作常用的数控铣床、加工中心、数控车床加工零件。

POC1.2.1能够运用所学的加工工艺知识、制造技术、CAD/CAM软件、数控加工设备，对产品的模具进行分模、拆分镶件与滑块、拆分电极，制作工程图纸；能对模具的成形零件、电极编制数控加工程序；能操作数控机床加工模具的成形零件、电极。

POC1.3.1能够基本上无差错地编制零件的加工工艺；能够应用CAD/CAM软件编制数控加工程序；能够选用恰当的工艺参数；能够对加工方案、工艺文件、加工刀路等使用多媒体方式展示与说明。

2.2.2 广泛和融合的知识领域POC2：(broad and integrative knowledge)

在广泛和融合的知识方面，本专业的毕业生应该能够：

POC2.1.1描述所学习的每一项核心领域（如数控机床结构及主要参数、机床技术、不同加工工艺与方案、CAD/CAM技术的应用、思政与博雅教育领域）的现有知识或现有实践的研究进展（包括怎样向前推进、怎样验证和怎样更新）。

POC2.2.1就所学习的数控技术领域描述一个关键性的争议问题（如从工艺、CAD/CAM技术、产品质量、应用维护成本等角度描述生产设备的选型问题），解释该争议问题的意义，并且应用该领域的概念来阐述自己对该争议问题的见解。

POC2.3.1在实施分析性、实操性或创造性的任务（如实施零件的批量生产）中，使用所学习的多项核心领域的公认方法（如应用QC七大手法等质量管理的方法），包括依据的收集与评估。

POC2.4.1从科学、艺术、社会、人类服务、经济或科技的问题（如数控加工对人们生活质量、生活方式的影响问题）中，采用至少两个领域的知识，描述如何定义、界定与解释选定问题对社会的重要意义，并对此做出评述。

2.2.3 智力技能领域POC3：(intellectual skills)

在解析探究（analytic inquiry）方面，本专业的毕业生应该能够：

POC3.1.1界定一个知识主题（如降低零件的加工不良率），并能明确地讲出该主题中涉及的一些观点、概念、理论以及实践方法。

在利用信息资源（use of information resources）方面，本专业的毕业生应该能够：

POC3.2.1在一个专门领域（如数控技术领域）或一个较为普遍的艺术和科学领域内，做一个项目（如CAD/CAM软件选型）、写一篇文章或方案、进行一个表演时，有效地找到所需要的信息（如行业设计标准、设计规范），对收集的信息进行分类，对信息的有效性进行评估，并将有用的信息合适地引用或应用到项目、文章或方案、表演中。

在了解多种观点（engaging diverse perspectives）方面，本专业的毕业生应该能够：

POC3.3.1描述来自不同文化观点的知识是如何影响人们对于政治、社会、艺术和国际关系中突出问题的理解的。

POC3.3.2对于自己在文化、社会、政治、艺术或国际关系方面问题上的观点的根源，做出描述、解释和评估，并与其他观点做比较。

续图3-2

在伦理判断（ethical reasoning）方面，本专业的毕业生应该能够：

POC3.4.1 描述政治、经济、医疗、技术或艺术方面突出问题中的伦理道德问题，并说明这些伦理道德原则是如何影响人们对于这些问题的决策的。

在定量表达（quantitative fluency）方面，本专业的毕业生应该能够：

POC3.5.1 对于政治上、经济上、健康上或技术上的问题，对其中使用到的量化信息（即数字）进行准确的诠释；并能够介绍如何在论述时有效地利用量化信息（数字与符号）。

POC3.5.2 创建并解释关于趋势、关联或状态变化的图表与其他视像表述。

在沟通技巧（communicative fluency）方面，本专业的毕业生应该能够：

POC3.6.1 在与普通大众或某一个特定对象（如客户人员）进行书面沟通（如策划方案的写作、与客户沟通生产某产品的报价方案与合同）过程中，基本无笔误、错漏，条理清晰，论证令人信服。

POC3.6.2 与普通大众或某一个特定对象（如与客户谈判项目的合作方案）有效进行正式场合下的口头言语交流。

POC3.6.3 就某一具体工作任务的行动计划进行谈判（如与采购供应商进行谈判），并对谈判结果进行书面或口头的总结陈述性沟通。

POC3.6.4 使用英语进行日常基本的交流，翻译所学专业领域的一篇简单的文章。

在创新思维（innovative thinking）方面（注：该 2 个条款是根据学校要求增添的，不是 DQP 原有的条款），本专业的毕业生应该能够：

POC3.7.1 就一个创新创业的实践案例（如运用电子商务平台销售数控加工的零件），分析或阐述该案例中涉及的创新、创业特征及关键要素，并给出自己的评判。

POC3.7.2 运用一个或多个领域的知识与技能，就社会、经济、技术、文化等领域的某一方面的实践活动，或提出疑问，或指出其存在的问题，或提出一个新思路、新方法（如《中国制造 2025》将高档数控机床和机器人列为 10 大重点发展领域之一给数控行业带来的机遇与挑战）。

2.2.4 应用和协作学习领域 POC4：(applied and collaborative learning)

在应用和协作学习方面，本专业的毕业生应该能够：

POC4.1.1 书面汇报至少一个案例（如产品的成本降低或结构改良设计）中自己是怎样将所学的学术性知识与技术技能，应用于实地（实践）挑战；并提出证据或案例，用来证明自己在应用过程中学到新的知识或有其他的收获。

POC4.2.1 分享或教会同学们至少一个自己在课堂外学来的重要概念（如羊群效应）或方法（如 SWOT 分析）。

POC4.3.1 对于一个超出课堂所学内容的实践问题（如对某商品设计并开展促销活动），对问题准确定位，收集相关线索与信息，进行组织与分析，并提出多种解决方案。

POC4.4.1 参与一个创新创业性活动或项目，展示或讲解其实践成果，并就其过程做出书面的总结（至少能重点突出这次经历中个人对创新创业精神与创新创业管理的感悟，进而能阐明其应用前景或价值)。(注：该条款是根据学校要求增添的，不是 DQP 原有的条款）

2.2.5 公民和全球学习领域 POC5：(civic and global learning)

在公民素养和全球学习方面，本专业的毕业生应该能够：

POC5.1.1 清晰地介绍自己的个人背景、文化背景及职业发展规划。

续图 3-2

POC5.2.1 阐述对优良传统精神及社会主义核心价值观的理解，并列举自己的践行实例及个人感悟。（注：该条款是对原来DQP条款进行了修改的）

POC5.3.1 运用至少三个方法或技能，锻炼与改善身体及心理素质。

POC5.4.1 参与一个社区（或社团）项目，就其过程做出口头或书面的总结（报告），重点突出这次经历中自己主动性和责任心的体现，以及这次经历中个人的感悟。

POC5.5.1 指出一个跨国、跨洲或跨文化的，经济的、环境的或公共卫生的挑战，提供挑战的证据，并表明自己对此挑战的立场。

续图 3-2

从上述案例的表述可见，该专业用DQP副学士标准，专业知识领域中的全部条款（POC1.1/1.2/1.3）和广泛与融合知识领域的部分条款（POC2.1/2.2/2.3）以及应用和协作学习领域的部分条款（POC4.1）等，都将职业工作岗位的要求（工作领域）具体表达成毕业预期学习成果（学习领域）。这些学习成果涵盖了该专业所面向的职业岗位群的主要工作，即职业特定能力的要求，并可用一门课程或项目的学习成果去具体细化。

同时，其他POC条款（诸如广泛与融合知识领域的POC2.4、智力技能的全部条款、应用和协作学习的POC4.2/4.3/4.4、公民和全球学习的全部条款）又不局限于该专业这些特定职业岗位能力的要求，而是拓展了学生的能从其他学科（专业）的角度，以及在更深层的智力技能、精神层面，去结合本专业实现学习成果。这正是DQP能够克服职业教育过于“功利化、工具化”倾向的优势，体现了面向关键能力、核心能力的要求。这也是下一节要重点介绍的。

三、DQP学习成果所蕴含的职业通用能力和核心能力

从成果导向出发，DQP究竟能给职业院校一个怎样的视角或框架，让我们不仅关注“冰山的水面以上”显性的“职业特定能力”，而且更加注重“冰山的水面以下”隐性的“职业通用能力”和“核心能力”呢？如果我们仔细地分析DQP的各条款，自然就会发现：DQP不仅给出了一个从更广阔的学历学位视角来看待“职业人”培养的框架——融合了“职业特定能力”“职业通用能力”的要求，而且DQP还能从更深入的层面来看待未来的“社会人”“全球人”的培养，它更加重视对“核心能力”的培养，甚至还包含了高于能力层次的“精神与价值观”层面条款。更不必说，DQP还包括相互衔接贯通的“副学士、学士、硕士”层次学历学位要求，更加关注人的全面发展需要。下面根据DQP对其五大学习领域的解释，并选其中“副学士”学位的毕业预期学习成果条款（POC），把它与职业教育中所关注的职业能力（即前文所述的职业特定能力、职业通用能力和核心能力、专业能力、方法能力、社会能力）进行对应分析，如表3-2所示。

表 3-2　DQP 各领域副学士学习成果条款与职业能力范畴分析

（注：表中的“*斜体字*”为涉及的*领域范畴*，有“下划线”的为学习成果的内容，有“底色”的为学习成果要求的行为动词）

DQP 学习领域及解释		DQP 副学士学习成果条款 POC	对应的职业能力范畴分析
1. 专业知识	这是作为获得高等教育学历的专业的主要领域，确定这个领域的熟练程度是由专业本身定义，大多数获得学位的人都会满足所需的各种从业标准。这些标准都明确地要求涉及术语、理论、方法、工具、文献、复杂的问题或应用，以及对限制的认识	POC1.1 用*专业领域*的相关术语来描述专业领域的核心理论和实践，并且提供至少一个与专业领域相关的案例	回答本专业要学哪些专业基础、专业课，包含哪些基本理论（术语），有哪些主要的工作实践。属于专业能力范畴，可归为职业特定能力层次。可由此设计职业分析问卷进行调研
		POC1.2 应用相关*专业领域*的工具、技术和方法去解决专业领域内给定的提问和难题	回答本专业要掌握哪些工具、技术和方法，需要解决本领域哪些典型问题。属于专业能力范畴，可归为职业特定能力层次。可由此设计职业分析问卷进行调研
		POC1.3 基本上无差错地做出相关*专业领域*的产品、模型、数据、展示或表演	回答本专业能做出哪些看得见的成果。属于专业能力范畴，可归为职业特定能力层次。可由此设计职业分析问卷进行调研
2. 广泛和融合的知识	这里要求学生跳出专业领域，从多个学习领域学习广泛的知识，以及发现和探索跨越多个研究领域的概念和问题。DQP 建议进行广泛而综合的学习，包括参与科学、社会、人文、艺术的核心领域的调查、实践，通过探索全球、跨文化、科学和经济主题，为公民参与做好准备，为他们的专业兴趣创造更广阔的背景	POC2.1 描述所学习的每一项*核心领域*的现有知识或实践是如何向前推进、验证和修正的。例如自然科学、社会科学、人文艺术学科的专业和跨专业课程	本专业从事的职业（工作）涉及的知识及实践，在过去、现在和未来的发展趋势。侧重于专业能力范畴，可归为职业通用能力层次。可由此设计职业分析问卷进行调研
		POC2.2 就所学习的每一项*核心领域*描述一个关键性的争议问题，解释该争议问题的意义，并且应用该领域的概念来阐述自己对该争议问题的见解	本专业从事的职业（工作）涉及哪些关键问题需要处理。属于专业能力范畴，可归为职业通用能力层次。由此设计职业分析问卷进行调研
		POC2.3 在实施分析性、实操性或创造性的任务中，使用所学习的*多项核心领域*的公认方法，包括依据的收集与评估	本专业从事的职业（工作）涉及哪些非典型任务，需要跨专业（职业）的方法去处理（一般在职责变更情况下），属于方法能力范畴，可归为职业通用能力层次。可由此设计职业分析问卷进行调研
		POC2.4 从*科学*、*艺术*、*社会*、*人类服务*、*经济或科技*的问题中，采用至少*两个领域*的知识，描述如何定义、界定与解释选定问题对社会的重要意义，并对此做出评述	从通识的跨专业角度，关注普遍性问题并给出自己的说法。属于方法能力范畴，可归为职业通用能力层次

续表

DQP 学习领域及解释		DQP 副学士学习成果条款 POC	对应的职业能力范畴分析
3. 智力技能 解释： 智力技能是超越特定研究领域边界的熟练程度。它是作为影响职业生涯和学习、终身生活的核心能力（包括方法能力、社会能力），它涉及本专业甚至跨专业领域，是毕业生所应具备的关键能力和职业迁移的基础。它蕴含在其他几个学习领域中，既相互重叠，又相互渗透。DQP 描述了一系列基于证据的基本能力，包括解析探究、使用信息资源、了解不同的观点、伦理判断、定量表达和流畅沟通，并且这些证据甚至可以是来自文化、技术、政治的想法和论点	1. 解析探究	POC3.1 在*选定的学习领域*提出并界定一个问题，并能厘清涉及该问题的各种观点、概念、理论及其解决方法	属于核心能力之方法能力
	2. 利用信息资源	POC3.2 对于多种资源进行辨识、分类、评估和引用，来做出在*某一个领域*或在文理科*一般性课题*上的项目、论文或表演	属于核心能力之方法能力
	3. 了解多种观点	POC3.3.1 描述来自*不同文化观点*的知识如何影响人们对于政治、社会、艺术和国际关系中突出问题的理解； POC3.3.2 对于自己*在文化、社会、政治、艺术或国际关系方面问题*上的观点的根源，做出描述、解释和评估，并与其他观点做比较	POC3.3.1 属于核心能力之方法能力、部分社会能力； POC3.3.2 属于核心能力之社会能力； POC3.3.2 属于核心能力之社会能力
	4. 伦理判断	POC3.4 描述*政治、经济、医疗、技术或艺术方面*突出问题中的伦理道德问题，并说明这些伦理道德原则是如何影响对于这些问题的决策的	属于核心能力之社会能力
	5. 定量表达	POC3.5.1 对于*政治上、经济上、健康上或技术上*的问题，对其中使用到的量化信息（即数字）进行准确的诠释；并能够介绍如何在论述时有效地利用量化信息（数字与符号）； POC3.5.2 创建并解释关于趋势、关联或状态变化的*图表与其他视像表述*	POC3.5.1 属于核心能力之方法能力； POC3.5.2 属于核心能力之方法能力

续表

<table>
<tr><th colspan="2">DQP学习领域及解释</th><th>DQP副学士学习成果条款POC</th><th>对应的职业能力范畴分析</th></tr>
<tr><td rowspan="2"></td><td>6. 沟通技巧</td><td>POC3.6.1在与一般和特定对象沟通中，写出令人信服的、流畅的、基本无笔误的文章；
POC3.6.2与普通大众或某一个特定对象有效进行正式场合下的口头言语交流；
POC3.6.3就某一具体工作任务的行动计划进行商谈，并对商谈结果进行书面或口头的总结陈述性沟通；
POC3.6.4使用一门外语进行日常基本的交流，翻译所学专业领域的一篇简单的文章</td><td>POC3.6.1属于核心能力之社会能力；
POC3.6.2属于核心能力之社会能力；
POC3.6.3属于核心能力之社会能力、部分方法能力；
POC3.6.4属于核心能力之社会能力、部分方法能力</td></tr>
<tr><td>7. 创新思维
（注：此为学校新增的条款）</td><td>POC3.7.1就一个创新创业的实践案例，分析或阐述该案例中涉及的创新创业特征及关键要素，并给出自己的评判；
POC3.7.2运用一个或多个领域的知识与技能，就社会、经济、技术、文化等领域的某一方面的实践活动，或提出疑问，或指出其存在的问题，或提出一个新思路、新方法</td><td>POC3.7.1属于核心能力之方法能力；
POC3.7.2属于核心能力之社会能力、部分方法能力</td></tr>
<tr><td rowspan="2">4. 应用和协作学习</td><td rowspan="2">这里侧重于学生可以用什么做什么（包括具体的对应用专业知识至关重要的实用技能），通过创新和流畅的方式来证明自己能够解决问题，不仅包括课堂上的常规和非脚本问题，而且包括超越课堂的工作上的问题。这些问题的解决不仅</td><td>POC4.1书面汇报至少一个案例：说明自己是怎样将所学的学术性知识与技术技能，应用于“实地（实践）挑战”；并提出证据或案例，用来证明自己在应用过程中学到新的知识或有其他的收获</td><td>在从事解决本专业领域的职业（工作）和社会实践的挑战性问题中，能够应用所学（包括自学的）或从中有新收获，实质上是一种核心能力——学习领悟能力的要求（属于核心能力之方法能力）</td></tr>
<tr><td>POC4.2分享或教会同学们至少一个自己在课堂外学来的重要概念或方法</td><td>在从事解决本专业领域的职业（工作）和社会实践的挑战性问题中，能够应用所学（包括自学的）或从中有新收获，实质上是一种核心能力——学习领悟能力的要求（属于核心能力之方法能力）</td></tr>
</table>

续表

DQP 学习领域及解释		DQP 副学士学习成果条款 POC	对应的职业能力范畴分析
	靠个人，且更需团体的努力（协作）。DQP 在这里描述的熟练程度专注于学术和非学术环境中的互动及理论与实践的相应整合，以及在课程中与他人一起学习的项目，包括研究项目、实习、社区和其他服务学习等，都是应用学习的案例	POC4.3 对于一个*超出课上所学内容*的实践难题，独立或与他人协作，对难题准确定位，收集相关线索与信息，进行组织与分析，并提出多种解决方案	在从事解决本专业领域的职业（工作）和社会实践中的挑战性问题中，要求独立或与他人协作解决问题，属于核心能力——包括与人协作和解决问题能力的要求（属于核心能力之社会能力、部分方法能力）
		POC4.4 参与一个*创新创业性活动或项目*，展示或讲解其实践成果，并就其过程做出书面的总结（至少能重点突出这次经历中个人对创新创业精神与创新创业管理的感悟，进而能阐明其应用前景或价值）（注：此为学校新增的条款）	在从事解决本专业领域的职业（工作）和面向市场的实践项目中，要求与人协作并有创新（甚至创业，包括在岗位创业）的实践经历和总结，属于核心能力——创新能力的要求（属于核心能力之方法能力、部分社会能力）
5. 公民素养和全球学习	这里促进学生将知识和技能整合，为成为合格公民做好准备。要求有公民的义务、责任和信念价值，要求提供参与校内外的社会实践、社区参与、服务学习的证据，来回应和反思政治、经济、环境，社会、国家乃至全球的各种挑战	POC5.1 清晰地介绍*自己的*个人背景、文化背景及职业发展规划	在入学、学习和就业、创业过程中，以及与人沟通交流中，推介自己，属于核心能力——与人沟通能力的要求（属于核心能力之社会能力、部分方法能力）
		POC5.2 阐述对优良传统精神及社会主义核心价值观的理解，并列举*自己的践行实例*及个人感悟（注：此为学校结合国情适当修改的条款）	在学习、生活和工作实践中树立正确的人生观、世界观和价值观，属于精神和价值层面，高于核心能力、职业通用能力和职业特定能力要求
		POC5.3 运用至少三项方法或技能，锻炼与改善*身体及心理素质*（注：此为学校新增的条款）	在学习、生活和工作实践中不断保持和改善身体和心理健康，属于身体和精神层面，高于核心能力、职业通用能力和职业特定能力要求
		POC5.4 参与一个*社区（或社团）项目*，就其过程做出口头或书面的总结（报告），重点突出这次经历中自己主动性和责任心的体现，以及这次经历中个人的感悟	在社会实践和社团活动中，不断改善和提高自己的主动性和责任意识，为将来职业生涯培养担当精神。属于态度和价值层面，高于核心能力、职业通用能力和职业特定能力要求

续表

DQP 学习领域及解释		DQP 副学士学习成果条款 POC	对应的职业能力范畴分析
		POC5.5 指出一个*跨国、跨洲或跨文化的，经济的、环境的或公共卫生的*挑战，提供挑战的证据，并表明自己对此挑战的立场	在学习、社会实践和国际交流中，具有国际视野和多元文化的理解能力，清晰自己的定位。属于态度和价值层面，高于核心能力、职业通用能力和职业特定能力要求
6. 学院专门重点领域	若某专业有对上述领域所未涵盖的特殊能力要求，可以单独设立此条款	用动词来描述以上五个领域未能涵盖但是学院专门重点领域的能力（不限于一项）	属于职业特定能力范畴

我们根据上表的分析，将副学士的学习成果条款 POC 的分布做成了图 3-3。

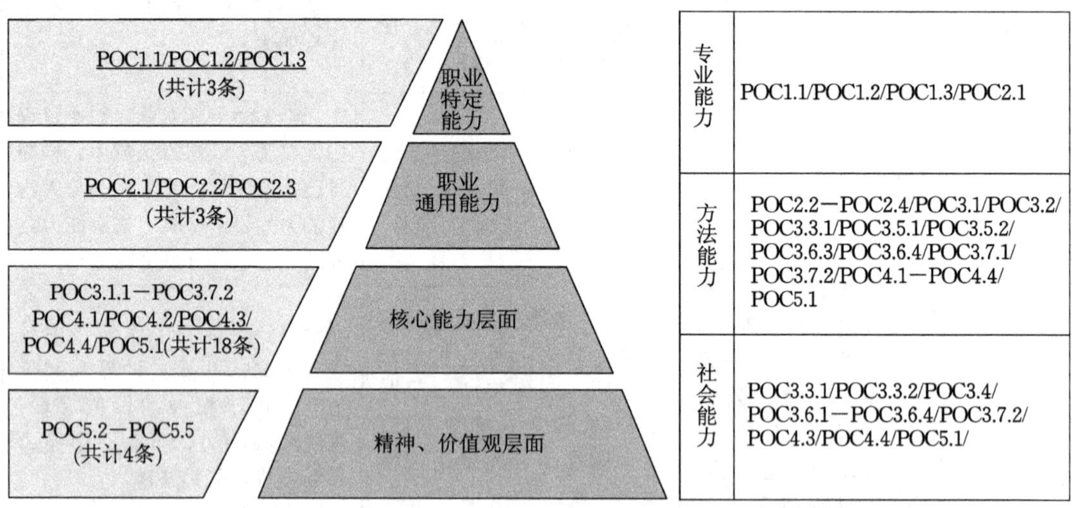

图 3-3　DQP 副学士学习成果条款与各类能力的对应和分布关系

综上所述，从 DQP 的角度来看：高等职业技术教育作为职业教育的类型，不仅要关注“职业人”的培养，更应当关注培养“社会人”“合格公民”，切不可过于功利化或工具化，只看重具体职业岗位的特定职业能力培养——弱化成职业培训的功能。尤其在当今科学技术正在改变一切的时代，新技术、新业态、新经济、新劳动和生产方式不断涌现，职业更替变迁频繁，培养有理想、有担当、有视野，具备较强的核心能力、职业通用能力的人才，成为当今高等教育包括高职教育改革的关键。DQP 总结了近代美国高等教育的经验，把这些要求都融入其毕业预期学习成果的条款中，对于我国高等职业教育具有很好的借鉴价值。

第三节 用 DQP 进行职业岗位分析的价值与方法

一、职业岗位分析的基本要点

职业岗位分析是当前职业教育进行专业划分和课程开发的基本方法，它是将职业行动体系归纳为教育“载体”的方法，所归纳出来的“载体”可以是“专业”和“课程”。这里的“专业”不同于学科门类或学科专业，它不是学术性的分类，也不按照学科的逻辑；另一方面，职业教育的“专业”也不等同于社会的职业或工作岗位（它们并非一一对应关系）。这种“载体”是对社会职业的岗位群、职业群所需职业行动能力（包括知识、技能和态度）的一种重新编码——即按照工作过程的逻辑把这些学科专业的知识系统化，并与完成工作任务的所有内在心理特征相配合。

通过职业岗位分析进行课程开发，一般应邀请职业（企业）岗位、职业院校的专家进行问卷调研、头脑风暴等，进行客观的分析论证。其基本要点和程序如图 3-4 所示。

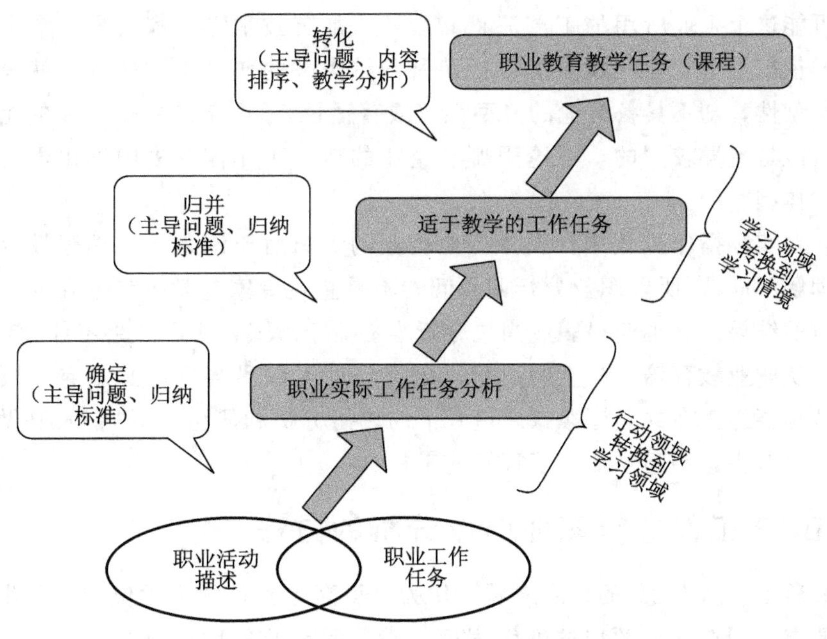

图 3-4 基于工作过程的课程开发程序

（1）确定实际的典型工作任务。根据职业（企业）岗位的工作职责（任务）、操作规程（活动）、技术手段和劳动组织方式等，提出主导问题进行问卷调查，引导专家从各自角度回答，并通过头脑风暴等方法，归纳出典型的工作任务有哪些，进行排序和确定权重。

（2）归并适于教学的工作任务。在上述基础上，进一步商讨和归并，明确有哪些典型工作任务适合于在学校场景（如实训），或在职业现场（如实习），或在模拟环境（如安全风险或成本很高的工作）等，能进行教与学的工作任务，实现将行动领域转换到学习领域。

（3）转化成职业教育教学任务（课程）。即进行教学分析，以典型工作任务为基础，按照工作岗位、工作对象、工具器材、工作方法、劳动组织、工作要求、与其他工作任务的区分点这几个方面，并依据“定向与概括性知识”“关联性知识”“具体与功能性知识”“学科系统性知识”4 个学习范围予以归类，编制课程，数量 10～20 个，构建工作过程系统化课程。

（4）进行课程实施情境设计。最后，按照工作过程展开的主题导向，设置课程实施的情境，例如项目、任务、案例、实验、现场等，并依此编制教材或组织教学资源，实现将学习领域转换到学习情境。这样职业岗位分析开发课程的分析结果可参考第二节的案例“某校数控技术专业课程开发分析表”。

以上职业岗位分析的方法，侧重于从职业行动领域去确定、归并典型工作任务，转换到学习领域。这里的“典型”工作任务，显然会因调研的对象不同，参与课程开发的企业背景不同，而打上其特有的印记。如前面的例子，同样是培养一名数控技术高级工，可能这个企业所用的工艺流程和规范、加工技术等，都与另一个企业有明显不同，这样依据这个企业的职业岗位行动所归纳出来的典型工作任务，就只具有该企业背景的典型性，却不具备行业的典型性（或普适性）。由于同一个行业的企业技术和管理水平可能是差异较大的，不论用哪些企业的典型工作任务去归纳出学习领域，都不会是最“典型”的。

另外，在实际操作过程中，往往行业企业的专家对于课程、教学等教育学概念生疏（甚至理解不同），所以职业分析调研问卷不是企业专家与学校专家在共同语境下的描述和分析的结果。这也使得职业岗位分析容易流于形式，实际效果不如预期。

因此，从职业教育培养学生的角度（当然培训可以另当别论）来看，最好的职业岗位分析就是要建立在共同框架（语境）下的调研分析和研讨。运用 DQP 做职业岗位分析就恰好为解决这些问题提供了很好的工具。

二、用 DQP 工作进行职业岗位分析的方法

如前文所示，从 DQP 的角度来看，作为获得高等教育学历学位的毕业生，必然有专业化的要求，即在某个领域的熟练程度，满足所需的各种从业标准，即所谓专业知识（specialized knowledge）。同时，又要求学生能够跳出专业领域，从多个学习领域去发现和探索跨越专业领域的概念和问题，即所谓广泛和融合的知识（broad and integrative knowledge）。更重要的是，DQP 要求高校毕业生应该是合格的公民和具有全球视野的人，他（她）必须有自己的核心价值和判断，即所谓公民素养和全球学习

(civic and global learning)，且能够应用所学知识，具备一些至关重要的实用技能，独立或与人协作地、创新和流畅地解决不仅仅是专业领域的问题，也包括非学术的生活中的，或参与社会实践的问题，即所谓应用和协作学习（applied and collaborative learning)。因此，DQP 不希望培养出来的都是职业的“工具人”，而是更全面的“社会人”和“全球公民”，这才是高职教育应该追求的目标。

由于 DQP 中毕业预期学习成果条款都是按照所学“领域”、成果“内容”和布鲁姆（Bloom）行为“动词”三要素来编写的，这就为职教专家与行业专家的沟通，构建了共同的语境和框架。例如，DQP 副学士学位专业知识领域（specialized knowledge）就有 3 个条款。按照上述三要素对其分析，结果如表 3-3 所示。

表 3-3　DQP 副学士专业知识领域条款要素分析

副学士 DQP 条款举例	要素分析		
	所学习的领域	学习成果内容	所用布鲁姆“行为”动词
POC1.1 用专业领域的相关术语来描述专业领域的核心理论和实践，并且提供至少一个与专业领域相关的案例	“专业领域”看具体学的是何专业——例如，数控技术就是机械加工专业领域	“术语”“核心理论”“实践”“案例”——例如，是机械加工专业领域的哪些术语、理论、实践？	“描述”“提供”——这两个布鲁姆“行为”动词只要求学生能理解和说出来，如果是学士的 DQP 条款，则会要求“定义”“解释”等更多
POC1.2 应用相关专业领域的工具、技术和方法去解决专业领域内给定的提问和难题	这里“专业领域”的含义同上	“工具”“技术”“方法”“提问”“难题”——例如，机械加工专业领域有哪些工具、技术和方法？工作中会有哪些提问和难题呢？	“应用”“解决”——这两个布鲁姆“行为”动词是对副学士层次的要求，如果是学士则会要求“调查”，“重新构想”对复杂问题的解决方案，并且“澄清”和“评估”所选择的工具、技术和方法的优劣
POC1.3 基本上无差错地做出相关专业领域的产品、模型、数据、展示或表演	这里“专业领域”的含义同上	“产品”“模型”“数据”——例如，机械加工专业领域会要求给出哪些产品、模型和数据呢？	“做出”“展示”“表演”——这三个布鲁姆“行为”动词在副学士层次上的要求

从上表的分析可见，根据 DQP 条款的三要素，去设计职业岗位分析问卷，就可以在共同语境下，让职业（企业）专家与院校（课程）专家之间更加精准、科学地表达对毕业生的预期学习成果（职业能力）要求。

对照 DQP 副学士条款，有涉及特定职业能力、职业通用能力的条款，可以选择出如下 7 条作为职业分析问卷的工具。以广东岭南职业技术学院的职业分析调查问卷为例，如图 3-5 所示。

用 DQP 副学士条款进行职业岗位分析调查问卷

一、要求每个专业至少调研 9～11 名本职业领域的专家（其中至少有 5～7 名行业企业专家和 4～5 名院校专家）。

二、首先采取问卷调查方法，通过“职教桥”平台完成调查，收集汇总、统计；然后召开头脑风暴会议，确定最后调研结果。

三、职业岗位分析的最终结果，应该是（1）条款相应的“领域”是具体和明确的；（2）条款相应所涉及学习“内容”应是具体罗列，并按照调研的权重，由高到低排序的；（3）对 DQP 副学士条款中已使用的“动词”，如有修改建议，应单独备注。

四、问卷调查表如下：

DQP 副学士预期学习成果条款 （注：*斜体*为*学习领域*、下划线为成果内容、有底色为布鲁姆“行为”动词）	职业分析问卷问题 （注：下列问题要求逐一罗列具体的“*领域*”“内容”，按照 10 分计算，赋予重要性权重值；对已经使用的“动词”，可以提出更好的建议用词）
POC1.1 用*专业领域*的相关术语来描述*专业领域*的核心理论和实践，并且提供至少一个与*专业领域*相关的案例	（1）本专业对应的职业领域有哪些（岗位或岗位群）？ （2）在职业领域，有哪些典型工作任务且必须从行动领域转化为学习领域？ （3）对于上述典型工作任务的完成，学生需要掌握哪些核心理论？需要掌握哪些学术的或业界的实践（实验或案例）？ （4）学生在描述每个理论或实践时，各自必须要使用哪些术语？
POC1.2 应用*相关专业领域*的工具、技术和方法去解决*专业领域*内给定的*提问*和*难题*	（1）对于上述典型工作任务的完成，学生必须要能够解决专业领域内哪些提问和问题？ （2）对于每个提问或问题，各自必须要使用本专业领域的哪些工具（和/或）技术（和/或）方法？
POC1.3 基本上无差错地做出*相关专业领域*的产品、模型、数据、展示或表演	（1）对于上述典型工作任务的完成，学生必须要能够做出哪些产品（和/或）模型（和/或）数据（和/或）展示（和/或）表演（和/或）方案？其中哪些是应用操作层次？哪些是分析层次？哪些是综合或创新层次？ （2）对于产品的完成，学生必须要掌握（掌握的内涵依据完成产品的层次而定）本专业领域的哪些知识（和/或）技能（和/或）个人（或职业）素养？
POC2.1 描述*所学习的每一项核心领域*的*现有知识或实践*是如何向前推进、验证和修正的，例如自然科学、社会科学、人文艺术学科的专业和跨专业课程	（1）为了完成上述典型工作任务或者增强综合职业能力，除了专业领域之外，本专业学生还必须重点掌握其他哪些领域的相关知识或实践？（所谓重点掌握，是指对该领域必须要有相对全面的掌握，而非仅仅掌握该领域的一两项技能；掌握的内涵，依据完成典型工作任务或增强综合职业能力的类型与层次而定）。 （2）在上述每个领域（也包括专业领域），学生需要知道（描述）哪些知识或实践的研究方法与发展过程？

图 3-5　用 DQP 副学士条款开展职业岗位分析调查问卷

POC2.2 就*所学习的每一项核心领域*描述一个关键性的争议问题，解释该争议问题的意义，并且应用该领域的概念来阐述自己对该争议问题的见解	(1) 在上述每个领域（也包括专业领域），各自有哪些关键性的争议问题值得学生去分析？为什么？（“为什么”既包括为什么是关键的，以及为什么值得学生去分析?） (2) 学生在对上述关键性争议问题阐述自己的见解时，必须用到争议问题所属领域的哪些概念？
POC2.3 在实施分析性、实操性或创造性的任务中，使用*所学习的多项核心领域*的公认方法，包括依据的收集与评估	(1) 为了完成上述典型工作任务或者增强综合职业能力，学生必须完成的分析性或实操性或创造性任务中，有哪一些任务是学生必须使用多项核心领域的公认方法（包括依据的收集与评估）才能完成的？ (2) 上述挑选的任务，各自必须使用哪些公认方法？
POC4.3 对于一个*超出课上所学内容*的实践难题，独立或与他人协作，对难题准确定位，收集相关线索与信息，进行组织与分析，并提出多种解决方案	在本专业领域，有哪些实践难题（在学校环境下难以处理，而需要在企业实地情境下处理）是学生可以努力去分析并提出解决方案的？

续图 3-5

通过上图问卷可以看出，这种用 DQP 条款的职业岗位分析方法，具有如下三点好处：首先，它包容了传统上基于岗位职责和工作任务的职业分析要求，并且按照学习成果框架去归类，指向更加明确，用词更加精准，成果更易检验，学习者更加明白；其次，让行业企业专家与院校专家具有共同的语境去分析、讨论问题，避免了各说各话、互不理解的弊端，也避免了凭个人经验和主观喜好给出结论的问题；再次，DQP 副学士就有 28 条条款，所用的这 7 条侧重于职业特定能力、职业通用能力要求方面，其他 21 条，则更加重视通用能力、核心能力、精神价值等方面融合到职业岗位实践中。也就是说，那些条款更重视方法能力和社会能力等。那些条款，同样也可根据需要，按照上述方法，用于职业岗位分析。

第四节　用 DQP 表达职业岗位能力的案例

一、问卷设计与调研方法

下面以广东岭南职业技术学院 2019 级物流管理专业为例，介绍怎样用 DQP 工具进行职业岗位调研分析。该专业制定 2019 级人才培养方案时，就是采用 DQP 工具开展了职业岗位调研，其完整的调查问卷，如图 3-6 所示。

2019 级物流管理专业 DQP 副学士预期学习成果条款调查问卷

尊敬的各位专家：您好！衷心感谢您在百忙之中填写这份问卷。本问卷旨在对岭南职院管理工程学院 2019 级物流管理专业 DQP 副学士预期学习成果条款进行调查，以便为 2019 级物流管理专业人才培养方案的制定提供专家专业意见和实时有效数据，以实现更好落实产教融合、精准育人的目标，为粤港澳大湾区培养输送优质物流人才奠定基础。您真实、专业、准确的回答非常重要！衷心感谢您的大力支持！

1. 物流管理专业对应的职业领域有哪些（岗位或岗位群）?【多选】

A. 储配管理方向（订单处理员、货物验收员、仓管员、理货员、分拣员、配送线路调度员、业务员、配送员、客户服务专员、储配主管等）

B. 运输管理方向（线路管理专员、海空操作员、运输信息系统管理、运输调度员、商务助理及文员、运输业务员、运输主管等）

C. 采购供应链方向（采购助理、采购员、采购主管；供应链开发员、供应链专员、供应链主管等）

D. 国际货代方向（货代业务员、货代操作员、单证员、外贸跟单员、报关员、关务文员等）

E. 电商物流方向（仓储主管、拣货员、单证员、物流专员、分拨中心主管、配送主管、配送专员、快递操作站长、质检主管、质检专员等）

F. 医药物流方向（医药企业或医药物流企业仓管员、分拣配送专员、运输业务管理员、业务员、客户服务专员等）

G. 其他

2. 在物流管理专业对应的职业领域中，有哪些典型工作任务且必须从行动领域转化为学习领域?【多选】

A. 储配管理方向（订单处理、货物验收、入库、堆码、保管、盘点、对账；出库货物的拣选、复核、装车、发运；仓库管理；仓库数据的统计、存档、仓库管理软件的操作打单等）

B. 运输管理方向（运输单证的录入、订舱事宜、舱单事宜、整理运输单据；跟进干线运输；物流服务商运输评价及日常收发货业务运作监控；运输订单执行跟进及情况分析等）

C. 采购供应链方向（采购计划制定、供应商开发与管理、货物采购订单管理、采购谈判、成本控制、合同签订、客户服务、账务管理等）

D. 国际货代方向（客户开发；国际商务单证的缮制、整理；单证的获取与管理；进出口业务的报检、报关手续的办理；国际进出口货物的运输业务的方案制定、执行与跟进等）

E. 电商物流方向（电商订单处理、单证管理；货物分拣，货物在库管理，货物分拨处理，货物配送，货物验收，质量管理，最后一公里送达，账务管理，客户服务等）

F. 医药物流方向（医药企业或医药物流企业货物验收、入库、堆码、保管、盘点、对账；出库货物的拣选、复核、装车、发运；仓库管理；仓库数据的统计、存档、仓库软件操作等）

G. 其他

3. 对于在物流管理专业对应的职业领域所需完成的典型工作任务，学生需要掌握哪些核心理论？需要掌握哪些学术的或业界的实践（实验或案例）?【多选】

A. 物流概论与前沿　B. 管理学原理　C. 货物管理理论与实务　D. 统计学原理　E. 经济学基础　F. 物流经济地理理论与实务　G. 财务管理　H. 物流市场营销理论与实务　I. 采购管

图 3-6　物理管理专业用 DQP 副学士预期学习成果问卷调查设计案例

理实务 J. 国际贸易实务 K. 运输管理实务 L. 仓储与配送管理实务 M. 进出口报关实务 N. 供应链管理实务 O. 国际货运代理实务 P. 电子商务实务 Q. 物流工程制图综合训练 R. 物流企业经营管理沙盘模拟综合训练 S. 物流企业经营管理真岗实战综合训练 T. 其他

4. 学生在描述每个核心理论或实践时，各自必须要使用哪些术语？【多选】

A. 物流概论与前沿（物流、物流管理、仓储、运输、配送、包装、流通加工、装卸搬运等）

B. 管理学原理（管理、决策、计划、组织、领导、激励、沟通、控制、创新等）

C. 货物管理理论与实务（货物、普通货物、特殊货物、危险货物、集装箱货物等）

D. 统计学原理（抽样、统计推断、总体、概率、同质、变异、正态分布、动态数列等）

E. 经济学基础（绝对优势、逆向选择、选择成本、平均成本、预算线、资本、需求曲线等）

F. 物流经济地理理论与实务（物流地理、物流节点、物流网络、铁路枢纽、公路、多式联运等）

G. 财务管理（财务、货币时间价值、投资、风险、成本、资产、利润、筹资、股票、债券等）

H. 物流市场营销理论与实务（营销、服务、需求、产品、规模效益、定价、促销组合、产业市场、产品、广告等）

I. 采购管理实务（采购、供应商、招投标、比价、需求分析、采购谈判、经济订货批量、定期订货等）

J. 国际贸易实务（贸易、出口申报单、进口、询盘、提单、背书、顺差、逆差、最惠国待遇、保税等）

K. 运输管理实务（运输、运输系统、运输结构、运量结构、运网结构、整车、零担、班轮、光船、包机等）

L. 仓储与配送管理实务（仓储、安全库存、商品养护、入库、出库、库存控制、ABC分类管理、配送、批量拣取、摘果式、播种式等）

M. 进出口报关实务（海关、报关、特定减免税、保税、对外贸易经营者、进出口货物、关境、关税、结关等）

N. 供应链管理实务（供应链、主体企业、供应契约、供应商管理库存、企业资源计划、物料需求计划、精益生产、柔性、敏捷等）

O. 国际货运代理实务（国际货运代理、通关、物流、船舶受载期、集中托运、绿色壁垒、报检、报关、航空运单等）

P. 电子商务实务（电子商务、跨境电商、B2B、B2C、O2O、密钥加密、数字签名、网上支付、水平网站、垂直网站、大数据等）

Q. 物流工程制图综合训练（物流工程、工程制图、CAD、比例、工程样图、定位尺寸、剖视图等）

R. 物流企业经营管理沙盘模拟综合训练（物流企业、沙盘、计划、资金、物流网络、人力资源管理、企业运营、项目管理等）

S. 物流企业经营管理真岗实战综合训练（物流企业、岗位、顶岗、作业、运作、收派件、客服、账务管理等）

T. 其他

5. 对于在物流管理专业对应的职业领域所需完成的典型工作任务，学生必须要能够解决专业领域内哪些提问和问题？【多选】

A. 储配管理方向（解决货物按企业作业流程进行入库、在库、出库和配送等系列活动的组织和实施等问题）

续图 3-6

B. 运输管理方向（解决货物按企业作业流程进行接单、调度、线路设计、装车、运载、送达、卸货等系列活动的组织和实施等问题）

C. 采购供应链方向（解决需求分析、计划制定、供应商开发、谈判、签约、采购、结算等系列活动的组织和实施等问题）

D. 国际货代方向（解决接受货主询价、接单、订舱、做箱、报关、提单确认、签单、结算等系列活动的组织和实施等问题）

E. 电商物流方向（解决客户下单、订单处理、库存查询、拣货、配货、配送、客服等系列活动的组织和实施等问题）

F. 医药物流方向（解决药品入库、冷库管理、拣货、配货、运送、库存控制等系列活动的组织和实施等问题）

G. 其他

6. 对于每个提问或问题，各自必须要使用本专业领域的哪些工具（和/或）技术（和/或）方法？【多选】

A. 储配管理方向（WMS、叉车、托盘、货车等实用软硬件工具，互联网、物联网、大数据等技术，统计、分类、优化、控制、分析、会计等方法）

B. 运输管理方向（TMS、运载器具、集装箱等实用软硬件工具，GPS、互联网、物联网、大数据等技术，统计、分类、调度、优化、运算、分析、会计等方法）

C. 采购供应链方向（MRP、ERP、SCM 等实用软硬件工具，互联网、大数据等技术，统计、运算、分析、计划、调查、比较、招投标、会计等方法）

D. 国际货代方向（QP 系统、报关单、海关编码书等实用软硬件工具，EDI、互联网、大数据等技术，统计、运算、分析、计划、调查、比较、招投标、会计等方法）

E. 电商物流方向（WMS、TMS、MRP、叉车等实用软硬件工具，GPS、互联网、物联网、大数据、冷链等技术，统计、分类、调度、运算、控制、分析、会计等方法）

F. 医药物流方向（WMS、TMS、MRP、货车等软硬件工具，GPS、互联网、物联网、大数据、冷链等技术，统计、分类、调度、优化、运算、控制、分析、会计等方法）

G. 其他

7. 对于在物流管理专业对应的职业领域所需完成的典型工作任务，学生必须要能够做出哪些产品（和/或）模型（和/或）数据（和/或）展示（和/或）表演（和/或）方案？【多选】

A. 储配管理方向（做出储配中心规划设计方案、储配作业实施方案、储配作业实操展示等）

B. 运输管理方向（做出运输作业实施方案、运输网络模型、运输作业仿真模拟操作展示等）

C. 采购供应链方向［做出采购作业实施方案、供应链运作参考模型（简称 SCOR 模型）、采购作业仿真模拟操作展示等］

D. 国际货代方向（做出国际货代作业实施方案、单证填报展示、国际货代作业仿真模拟操作展示等）

E. 电商物流方向（做出电商物流作业实施方案、电商物流大数据挖掘与分析、电商物流作业仿真模拟操作展示等）

F. 医药物流方向（做出医药物流作业实施方案、医药物流作业仿真模拟操作展示等）

G. 其他

8. 其中哪些是应用操作层次？哪些是分析层次？哪些是综合或创新层次的？【多选】

A. 储配管理方向（综合层次：储配中心规划设计方案；分析层次：储配作业实施方案；应用操作层次：储配作业实操展示等）

续图 3-6

B. 运输管理方向（综合层次：运输作业实施方案；分析层次：运输网络模型；应用操作层次：运输作业仿真模拟操作展示等）

C. 采购供应链方向［综合层次：采购作业实施方案；分析层次：供应链运作参考模型（简称 SCOR 模型）；应用操作层次：采购作业仿真模拟操作展示等］

D. 国际货代方向（综合层次：国际货代作业实施方案；应用操作层次：单证填报展示、国际货代作业仿真模拟操作展示等）

E. 电商物流方向（综合层次：电商物流作业实施方案；分析层次：电商物流大数据挖掘与分析；应用操作层次：电商物流作业仿真模拟操作展示等）

F. 医药物流方向（综合层次：医药物流作业实施方案；应用操作层次：医药物流作业仿真模拟操作展示等）

G. 其他

9. 对于产品的完成，学生必须要掌握（掌握的内涵依据完成产品的层次而定）物流管理专业领域的哪些知识（和/或）技能（和/或）个人（或职业）素养？【多选】

A. 知识：物流学、管理学、统计学、经济学、财务会计基础、货物学、地理学、市场营销学、采购、供应链、国际贸易、报关、国际货代、仓储、配送、运输、电子商务、企业运营等

B. 技能：调查、分析、总结归纳、计算机应用、商务英语应用、互联网应用、物联网应用、谈判、招投标、沟通、物流系统设备操作等

C. 素养：职业道德、团队协作、身心健康、三观正向、爱国情操、责任心强、诚实守信、主动勤奋、安全意识、工匠精神、创新思维等

D. 其他

10. 对于在物流管理专业对应的职业领域所需完成的典型工作任务或者增强综合职业能力，除了物流管理专业领域之外，本专业学生还必须重点掌握其他哪些领域的相关知识或实践？【多选】

A. 人力资源管理领域　B. 金融保险领域　C. 财会领域　D. 经济法领域　E. 工商企业管理领域　F. 食品药品领域　G. 电子信息领域　H. 其他

11. 在上述每个领域（也包括专业领域），学生需要知道（描述）哪些知识或实践的研究方法与发展过程？【多选】

A. 人力资源管理领域（人力资源管理理论与实践、企业文化建设理论与实践、组织行为学理论与实践、招聘选拔理论与实践、员工素质测评、心理学理论与实践等）

B. 金融保险领域（金融理论与实践、保险理论与实践、货币学理论与实践、国际结算理论与实践等）

C. 财会领域（税收理论与实践、商业银行业务理论与实践、财会理论与实践等）

D. 经济法领域（经济法理论与实践、知识产权法理论与实践、劳动法理论与实践等）

E. 工商企业管理领域（企业管理理论与实践、商务礼仪理论与实践、商务谈判理论与实践、会议策划与组织、中小企业创业与经营等）

F. 食品药品领域（食品商品学理论与实践、医药学理论与实践、药品流通理论与实践、药事法规与药事管理学理论与实践、医疗器械维护与管理等）

G. 电子信息领域（计算机网络技术、物联网应用技术、云计算应用技术等）

H. 其他

12. 在上述每个领域（也包括专业领域），各自有哪些关键性的争议问题值得学生去分析？为什么？（“为什么”包括为什么是关键的，以及为什么值得学生去分析？）【多选】

续图 3-6

A. 人力资源管理领域（物流企业管理或物流作业活动过程中都需要对人员进行有效管理、行为心理导正、招聘选拔培训以及文化建设等）

B. 金融保险领域（物流企业管理或物流作业活动过程中都需要融资、资金管理、购买保险、国际汇率换算、国际结算等）

C. 财会领域（物流企业管理或物流作业活动过程中都需要进行税费缴纳、商业银行账务往来、财会管理等）

D. 经济法领域（物流企业管理或物流作业活动过程中都需要运用经济法、知识产权法、劳动法等进行依法守法合规运营）

E. 工商企业管理领域（物流企业管理或物流作业活动过程中都需要运用企业管理方法、商务礼仪知识、商务谈判技巧、会议策划与组织技能、中小企业创业与经营经验等进行有效运营）

F. 食品药品领域（物流企业管理或物流作业活动过程中会涉及食品药品领域的商品储存运输包装配送等）

G. 电子信息领域（物流企业管理或物流作业活动过程中，特别是物流智能化程度越来越高，需要应用更多计算机网络、物联网、云计算等技术来进行操作）

H. 其他

13. 学生在对上述关键性争议问题阐述自己的见解时，必须用到争议问题所属领域的哪些概念？【多选】

A. 人力资源管理领域（人力资源管理、企业文化、组织行为学、招聘、选拔、培训、激励、素质测评、心理学等）

B. 金融保险领域（金融、保险、货币学、国际结算等）

C. 财会领域（税收、商业银行业务、财会等）

D. 经济法领域（经济法、知识产权法、劳动法等）

E. 工商企业管理领域（企业管理、商务礼仪、商务谈判、会议策划与组织、创业等）

F. 食品药品领域（食品商品学、医药学、药品流通、药事法规、药事管理学、医疗器械等）

G. 电子信息领域（计算机网络、物联网、云计算等）

H. 其他

14. 为了完成上述典型工作任务或者增强综合职业能力，学生必须完成的分析性或实操性或创造性任务中，有哪一些任务是学生必须使用多项核心领域的公认方法才能完成的？【多选】

A. 储配管理方向（综合层次：储配中心规划设计方案；分析层次：储配作业实施方案；应用操作层次：储配作业实操展示等）

B. 运输管理方向（综合层次：运输作业实施方案；分析层次：运输网络模型；应用操作层次：运输作业仿真模拟操作展示等）

C. 采购供应链方向［综合层次：采购作业实施方案；分析层次：供应链运作参考模型（简称 SCOR 模型）；应用操作层次：采购作业仿真模拟操作展示等］

D. 国际货代方向（综合层次：国际货代作业实施方案；应用操作层次：国际货代作业仿真模拟操作展示等）

E. 电商物流方向（综合层次：电商物流作业实施方案；分析层次：电商物流大数据挖掘与分析；应用操作层次：电商物流作业仿真模拟操作展示等）

F. 医药物流方向（综合层次：医药物流作业实施方案；应用操作层次：医药物流作业仿真模拟操作展示等）

续图 3-6

G. 其他

15. 上述挑选的任务，各自必须使用哪些公认的方法？【多选】

A. 储配管理方向（重心法、EIQ分析法、SLP系统设计法、员工素质测评法、ABC分类法、订单有效性分析法、客户优先权比较法、摘果式法、播种式法等）

B. 运输管理方向（节约里程法、成本核算法、统计法、调度优化法、分析法等）

C. 采购供应链方向（需求分析法、经济批量订货法、定期订货法、调查统计分析法、招投标法、比价法、逆向竞价拍卖法、成本核算法等）

D. 国际货代方向（统计、运算、分析、计划、调查、比较、招投标、会计等方法）

E. 电商物流方向（统计、分类、调度、运算、控制、分析、会计等方法）

F. 医药物流方向（统计、分类、调度、优化、运算、控制、分析、会计等方法）

G. 其他

16. 在物流管理专业领域，有哪些实践难题（在学校环境下难以处理，而需要在企业实地情境下处理）是学生可以努力去分析并提出解决方案的？【多选】

A. 储配管理方向（真实企业客户开发调查、客服、货物分类管理方法、仓储或配送作业流程优化等实践难题，学生可努力分析并提出解决方案）

B. 运输管理方向（真实企业客户开发调查、客服、运输线路优化、装车卸货作业方法改进等实践难题，学生可努力分析并提出解决方案）

C. 采购供应链方向（真实企业供应商开发调查、供应链SCOR模型构建、单证文档分类管理等实践难题，学生可努力分析并提出解决方案）

D. 国际货代方向（真实企业客户开发调查、市场推广、单证文档分类管理等实践难题，学生可努力分析并提出解决方案）

E. 电商物流方向（真实企业“双十一”等电商物流高峰阶段仓储管理、收派件、客服等实践难题，学生可努力分析并提出解决方案）

F. 医药物流方向（真实企业客户开发调查、客服、药品分类管理方法、仓储或配送作业流程优化等实践难题，学生可努力分析并提出解决方案）

G. 其他

续图3-6

从上面问卷可以看到，该问卷主要是针对DQP条款的三要素（即“领域”“内容”“动词”）之“领域”和“内容”去设计的。因为DQP副学士标准中所用“动词”已经给定了，所以问卷没有调查副学士、学士到底适用哪些“动词”。事实上，随着行业和技术的发展，这三个要素也在变化和更新中，因此后续的调查问卷也可以就不同层次毕业生须用哪些“动词”，开展调查。

设计好的调研问卷通过“职教桥”专业人才培养方案研制平台，发送给行业企业、职业教育专家，在规定时间内，专家在手机端或电脑端，独立回答问卷（共发送问卷49份，回收有效问卷29份），由平台完成汇总统计。

二、问卷结果

上述基于DQP框架的职业—岗位分析调研问卷结果如图3-7所示，限于篇幅不展开讨论。

2019 级物流管理专业 DQP 职业岗位分析调查问卷结果（校内外专家）

1. 物流管理专业对应的职业领域有哪些（岗位或岗位群）?

选项	小计	比例
储配管理方向（订单处理员、货物验收员、仓管员、理货员、分拣员、配送线路调度员、业务员、配送员、客户服务专员、储配主管等）	27	90.00%
运输管理方向（线路管理专员、海空操作员、运输信息系统管理、运输调度员、商务助理及文员、运输业务员、运输主管等）	25	83.33%
采购供应链方向（采购助理、采购员、采购主管；供应链开发员、供应链专员、供应链主管等）	26	86.67%
国际货代方向（货代业务员、货代操作员、单证员、外贸跟单员、报关员、关务文员等）	25	83.33%
电商物流方向（仓储主管、拣货员、单证员、物流专员、分拨中心主管、配送主管、配送专员、快递操作站长、质检主管、质检专员等）	27	90.00%
医药物流方向（医药企业或医药物流企业仓管员、分拣配送专员、运输业务管理员、业务员、客户服务专员等）	22	73.33%
其他________	6	20.00%

2. 在物流管理专业对应的职业领域中，有哪些典型工作任务且必须从行动领域转化为学习领域?

选项	小计	比例
储配管理方向（订单处理、货物验收、入库、堆码、保管、盘点、对账；出库货物的拣选、复核、装车、发运；仓库管理；仓库数据的统计、存档、仓库管理软件的操作打单等）	21	70.00%
运输管理方向（运输单证的录入、订舱事宜、舱单事宜、整理运输单据；跟进干线运输；物流服务商运输评价及日常收发货业务运作监控；运输订单执行跟进及情况分析等）	23	76.67%
采购供应链方向（采购计划制定，供应商开发与管理，货物采购订单管理，采购谈判，成本控制，合同签订，客户服务，账务管理等）	23	76.67%
国际货代方向（客户开发；国际商务单证的缮制、整理；单证的获取与管理；进出口业务的报检、报关手续的办理；国际进出口货物的运输业务的方案制定、执行与跟进等）	23	76.67%
电商物流方向（电商订单处理、单证管理；货物分拣，货物在库管理，货物分拨处理，货物配送，货物验收，质量管理，最后一公里送达，账务管理，客户服务等）	23	76.67%
医药物流方向（医药企业或医药物流企业货物验收、入库、堆码、保管、盘点、对账；出库货物的拣选、复核、装车、发运；仓库管理；仓库数据的统计、存档、仓库软件操作等）	20	66.67%
其他________	1	3.33%

图 3-7　物流管理专业 DQP 框架职业—岗位分析调查问卷结果

3. 对于在物流管理专业对应的职业领域所需完成的典型工作任务，学生需要掌握哪些核心理论？需要掌握哪些学术的或业界的实践（实验或案例）？

选项	小计	比例
物流概论与前沿	19	63.33%
管理学原理	22	73.33%
货物管理理论与实务	24	80.00%
统计学原理	21	70.00%
经济学基础	17	56.67%
物流经济地理理论与实务	19	63.33%
财务管理	15	50.00%
物流市场营销理论与实务	24	80.00%
采购管理实务	22	73.33%
国际贸易实务	25	83.33%
运输管理实务	23	76.67%
仓储与配送管理实务	25	83.33%
进出口报关实务	21	70.00%
供应链管理实务	22	73.33%
国际货运代理实务	16	53.33%
电子商务实务	14	46.67%
物流工程制图综合训练	13	43.33%
物流企业经营管理沙盘模拟综合训练	17	56.67%
物流企业经营管理真岗实战综合训练	19	63.33%
其他________	1	3.33%

4. 学生在描述每个核心理论或实践时，各自必须要使用哪些术语？

选项	小计	比例
物流概论与前沿（物流、物流管理、仓储、运输、配送、包装、流通加工、装卸搬运等）	24	80.00%
管理学原理（管理、决策、计划、组织、领导、激励、沟通、控制、创新等）	25	83.33%
货物管理理论与实务（货物、普通货物、特殊货物、危险货物、集装箱货物等）	25	83.33%
统计学原理（抽样、统计推断、总体、概率、同质、变异、正态分布、动态数列等）	18	60.00%
经济学基础（绝对优势、逆向选择、选择成本、平均成本、预算线、资本、需求曲线等）	19	63.33%

续图 3-7

选项	小计	比例
物流经济地理理论与实务（物流地理、物流节点、物流网络、铁路枢纽、公路、多式联运等）	17	56.67%
财务管理（财务、货币时间价值、投资、风险、成本、资产、利润、筹资、股票、债券等）	14	46.67%
物流市场营销理论与实务（营销、服务、需求、产品、规模效益、定价、促销组合、产业市场、产品、广告等）	21	70.00%
采购管理实务（采购、供应商、招投标、比价、需求分析、采购谈判、经济订货批量、定期订货等）	19	63.33%
国际贸易实务（贸易、出口申报单、进口、询盘、提单、背书、顺差、逆差、最惠国待遇、保税等）	17	56.67%
运输管理实务（运输、运输系统、运输结构、运量结构、运网结构、整车、零担、班轮、光船、包机等）	19	63.33%
仓储与配送管理实务（仓储、安全库存、商品养护、入库、出库、库存控制、ABC 分类管理、配送、批量拣取、摘果式、播种式等）	20	66.67%
进出口报关实务（海关、报关、特定减免税、保税、对外贸易经营者、进出口货物、关境、关税、结关等）	17	56.67%
供应链管理实务（供应链、主体企业、供应契约、供应商管理库存、企业资源计划、物料需求计划、精益生产、柔性、敏捷等）	17	56.67%
国际货运代理实务（国际货运代理、通关、物流、船舶受载期、集中托运、绿色壁垒、报检、报关、航空运单等）	18	60.00%
电子商务实务（电子商务、跨境电商、B2B、B2C、O2O、密钥加密、数字签名、网上支付、水平网站、垂直网站、大数据等）	13	43.33%
物流工程制图综合训练（物流工程、工程制图、CAD、比例、工程样图、定位尺寸、剖视图等）	10	33.33%
物流企业经营管理沙盘模拟综合训练（物流企业、沙盘、计划、资金、物流网络、人力资源管理、企业运营、项目管理等）	13	43.33%
物流企业经营管理真岗实战综合训练（物流企业、岗位、顶岗、作业、运作、收派件、客服、账务管理等）	15	50.00%
其他________	1	3.33%

5. 对于在物流管理专业对应的职业领域所需完成的典型工作任务，学生必须要能够解决专业领域内哪些提问和问题？

续图 3-7

选项	小计	比例
储配管理方向（解决货物按企业作业流程进行入库、在库、出库和配送等系列活动的组织和实施等问题）	24	80.00%
运输管理方向（解决货物按企业作业流程进行接单、调度、线路设计、装车、运载、送达、卸货等系列活动的组织和实施等问题）	28	93.33%
采购供应链方向（解决需求分析、计划制定、供应商开发、谈判、签约、采购、结算等系列活动的组织和实施等问题）	24	80.00%
国际货代方向（解决接受货主询价、接单、订舱、做箱、报关、提单确认、签单、结算等系列活动的组织和实施等问题）	24	80.00%
电商物流方向（解决客户下单、订单处理、库存查询、拣货、配货、配送、客服等系列活动的组织和实施等问题）	24	80.00%
医药物流方向（解决药品入库、冷库管理、拣货、配货、运送、库存控制等系列活动的组织和实施等问题）	19	63.33%
其他________	1	3.33%

6. 对于每个提问或问题，各自必须要使用本专业领域的哪些工具（和/或）技术（和/或）方法？

选项	小计	比例
储配管理方向（WMS、叉车、托盘、货车等实用软硬件工具，互联网、物联网、大数据等技术，统计、分类、优化、控制、分析、会计等方法）	27	90.00%
运输管理方向（TMS、运载器具、集装箱等实用软硬件工具，GPS、互联网、物联网、大数据等技术，统计、分类、调度、优化、运算、分析、会计等方法）	28	93.33%
采购供应链方向（MRP、ERP、SCM等实用软硬件工具，互联网、大数据等技术，统计、运算、分析、计划、调查、比较、招投标、会计等方法）	24	80.00%
国际货代方向（QP系统、报关单、海关编码书等实用软硬件工具，EDI、互联网、大数据等技术，统计、运算、分析、计划、调查、比较、招投标、会计等方法）	24	80.00%
电商物流方向（WMS、TMS、MRP、叉车等实用软硬件工具，GPS、互联网、物联网、大数据、冷链等技术，统计、分类、调度、运算、控制、分析、会计等方法）	22	73.33%
医药物流方向（WMS、TMS、MRP、货车等软硬件工具，GPS、互联网、物联网、大数据、冷链等技术，统计、分类、调度、优化、运算、控制、分析、会计等方法）	19	63.33%
其他________	1	3.33%

续图 3-7

7. 对于在物流管理专业对应的职业领域所需完成的典型工作任务，学生必须要能够做出哪些产品（和/或）模型（和/或）数据（和/或）展示（和/或）表演（和/或）方案？

选项	小计	比例
储配管理方向（做出储配中心规划设计方案、储配作业实施方案、储配作业实操展示等）	22	73.33%
运输管理方向（做出运输作业实施方案、运输网络模型、运输作业仿真模拟操作展示等）	27	90.00%
采购供应链方向［做出采购作业实施方案、供应链运作参考模型（简称 SCOR 模型）、采购作业仿真模拟操作展示等］	23	76.67%
国际货代方向（做出国际货代作业实施方案、单证填报展示、国际货代作业仿真模拟操作展示等）	23	76.67%
电商物流方向（做出电商物流作业实施方案、电商物流大数据挖掘与分析、电商物流作业仿真模拟操作展示等）	23	76.67%
医药物流方向（做出医药物流作业实施方案、医药物流作业仿真模拟操作展示等）	18	60.00%
其他________	1	3.33%

8. 其中哪些是应用操作层次？哪些是分析层次？哪些是综合或创新层次的？

选项	小计	比例
储配管理方向（综合层次：储配中心规划设计方案；分析层次：储配作业实施方案；应用操作层次：储配作业实操展示等）	22	73.33%
运输管理方向（综合层次：运输作业实施方案；分析层次：运输网络模型；应用操作层次：运输作业仿真模拟操作展示等）	27	90.00%
采购供应链方向［综合层次：采购作业实施方案；分析层次：供应链运作参考模型（简称 SCOR 模型）；应用操作层次：采购作业仿真模拟操作展示等］	21	70.00%
国际货代方向（综合层次：国际货代作业实施方案；应用操作层次：单证填报展示、国际货代作业仿真模拟操作展示等）	23	76.67%
电商物流方向（综合层次：电商物流作业实施方案；分析层次：电商物流大数据挖掘与分析；应用操作层次：电商物流作业仿真模拟操作展示等）	24	80.00%
医药物流方向（综合层次：医药物流作业实施方案；应用操作层次：医药物流作业仿真模拟操作展示等）	18	60.00%
其他________	0	0.00%

续图 3-7

9. 对于产品的完成，学生必须要掌握（掌握的内涵依据完成产品的层次而定）物流管理专业领域的哪些知识（和/或）技能（和/或）个人（或职业）素养？

选项	小计	比例
知识：物流学、管理学、统计学、经济学、财务会计基础、货物学、地理学、市场营销学、采购、供应链、国际贸易、报关、国际货代、仓储、配送、运输、电子商务、企业运营等	27	90.00%
技能：调查、分析、总结归纳、计算机应用、商务英语应用、互联网应用、物联网应用、谈判、招投标、沟通、物流系统设备操作等	30	100.00%
素养：职业道德、团队协作、身心健康、三观正向、爱国情操、责任心强、诚实守信、主动勤奋、安全意识、工匠精神、创新思维等	27	90.00%
其他________	3	10.00%

10. 对于在物流管理专业对应的职业领域所需完成的典型工作任务或者增强综合职业能力，除了物流管理专业领域之外，本专业学生还必须重点掌握其它哪些领域的相关知识或实践？

选项	小计	比例
人力资源管理领域	18	60.00%
金融保险领域	17	56.67%
财会领域	15	50.00%
经济法领域	21	70.00%
工商企业管理领域	23	76.67%
食品药品领域	12	40.00%
电子信息领域	23	76.67%
其他________	1	3.33%

11. 在上述每个领域（也包括专业领域），学生需要知道（描述）哪些知识或实践的研究方法与发展过程？

选项	小计	比例
人力资源管理领域（人力资源管理理论与实践、企业文化建设理论与实践、组织行为学理论与实践、招聘选拔理论与实践、员工素质测评、心理学理论与实践等）	19	63.33%
金融保险领域（金融理论与实践、保险理论与实践、货币学理论与实践、国际结算理论与实践等）	19	63.33%
财会领域（税收理论与实践、商业银行业务理论与实践、财会理论与实践等）	16	53.33%
经济法领域（经济法理论与实践、知识产权法理论与实践、劳动法理论与实践等）	21	70.00%

续图 3-7

选项	小计	比例
工商企业管理领域（企业管理理论与实践、商务礼仪理论与实践、商务谈判理论与实践、会议策划与组织、中小企业创业与经营等）	23	76.67%
食品药品领域（食品商品学理论与实践、医药学理论与实践、药品流通理论与实践、药事法规与药事管理学理论与实践、医疗器械维护与管理等）	14	46.67%
电子信息领域（计算机网络技术、物联网应用技术、云计算应用技术等）	19	63.33%
其他________	1	3.33%

12. 在上述每个领域（也包括专业领域），各自有哪些关键性的争议问题值得学生去分析？为什么？（“为什么”包括为什么是关键的，以及为什么值得学生去分析？）

选项	小计	比例
人力资源管理领域（物流企业管理或物流作业活动过程中都需要对人员进行有效管理、行为心理导正、招聘选拔培训以及文化建设等）	18	60.00%
金融保险领域（物流企业管理或物流作业活动过程中都需要融资、资金管理、购买保险、国际汇率换算、国际结算等）	20	66.67%
财会领域（物流企业管理或物流作业活动过程中都需要进行税费缴纳、商业银行账务往来、财会管理等）	17	56.67%
经济法领域（物流企业管理或物流作业活动过程中都需要运用经济法、知识产权法、劳动法等进行依法守法合规运营）	21	70.00%
工商企业管理领域（物流企业管理或物流作业活动过程中都需要运用企业管理方法、商务礼仪知识、商务谈判技巧、会议策划与组织技能、中小企业创业与经营经验等进行有效运营）	24	80.00%
食品药品领域（物流企业管理或物流作业活动过程中会涉及食品药品领域的商品储存运输包装配送等）	15	50.00%
电子信息领域（物流企业管理或物流作业活动过程中，特别是物流智能化程度越来越高，需要应用更多计算机网络、物联网、云计算等技术来进行操作）	21	70.00%
其他________	1	3.33%

13. 学生在对上述关键性争议问题阐述自己的见解时，必须用到争议问题所属领域的哪些概念？

选项	小计	比例
人力资源管理领域（人力资源管理、企业文化、组织行为学、招聘、选拔、培训、激励、素质测评、心理学等）	21	70.00%
金融保险领域（金融、保险、货币学、国际结算等）	19	63.33%
财会领域（税收、商业银行业务、财会等）	17	56.67%

续图 3-7

选项	小计	比例
经济法领域（经济法、知识产权法、劳动法等）	21	70.00%
工商企业管理领域（企业管理、商务礼仪、商务谈判、会议策划与组织、创业等）	24	80.00%
食品药品领域（食品商品学、医药学、药品流通、药事法规、药事管理学、医疗器械等）	14	46.67%
电子信息领域（计算机网络、物联网、云计算等）	15	50.00%
其他________	1	3.33%

14. 为了完成上述典型工作任务或者增强综合职业能力，学生必须完成的分析性或实操性或创造性任务中，有哪一些任务是学生必须使用多项核心领域的公认方法才能完成的？

选项	小计	比例
储配管理方向（综合层次：储配中心规划设计方案；分析层次：储配作业实施方案；应用操作层次：储配作业实操展示等）	21	70.00%
运输管理方向（综合层次：运输作业实施方案；分析层次：运输网络模型；应用操作层次：运输作业仿真模拟操作展示等）	27	90.00%
采购供应链方向［综合层次：采购作业实施方案；分析层次：供应链运作参考模型（简称SCOR模型）；应用操作层次：采购作业仿真模拟操作展示等］	24	80.00%
国际货代方向（综合层次：国际货代作业实施方案；应用操作层次：国际货代作业仿真模拟操作展示等）	20	66.67%
电商物流方向（综合层次：电商物流作业实施方案；分析层次：电商物流大数据挖掘与分析；应用操作层次：电商物流作业仿真模拟操作展示等）	24	80.00%
医药物流方向（综合层次：医药物流作业实施方案；应用操作层次：医药物流作业仿真模拟操作展示等）	10	33.33%
其他________	1	3.33%

15. 上述挑选的任务，各自必须使用哪些公认的方法？

选项	小计	比例
储配管理方向（重心法、EIQ分析法、SLP系统设计法、员工素质测评法、ABC分类法、订单有效性分析法、客户优先权比较法、摘果式法、播种式法等）	23	76.67%
运输管理方向（节约里程法、成本核算法、统计法、调度优化法、分析法等）	30	100.00%
采购供应链方向（需求分析法、经济批量订货法、定期订货法、调查统计分析法、招投标法、比价法、逆向竞价拍卖法、成本核算法等）	24	80.00%
国际货代方向（统计、运算、分析、计划、调查、比较、招投标、会计等方法）	24	80.00%
电商物流方向（统计、分类、调度、运算、控制、分析、会计等方法）	21	70.00%
医药物流方向（统计、分类、调度、优化、运算、控制、分析、会计等方法）	16	53.33%
其他________	2	6.67%

续图 3-7

16. 在物流管理专业领域，有哪些实践难题（在学校环境下难以处理，而需要在企业实地情境下处理）是学生可以努力去分析并提出解决方案的？

选项	小计	比例
储配管理方向（真实企业客户开发调查、客服、货物分类管理方法、仓储或配送作业流程优化等实践难题，学生可努力分析并提出解决方案）	24	80.00%
运输管理方向（真实企业客户开发调查、客服、运输线路优化、装车卸货作业方法改进等实践难题，学生可努力分析并提出解决方案）	27	90.00%
采购供应链方向（真实企业供应商开发调查、供应链 SCOR 模型构建、单证文档分类管理等实践难题，学生可努力分析并提出解决方案）	23	76.67%
国际货代方向（真实企业客户开发调查、市场推广、单证文档分类管理等实践难题，学生可努力分析并提出解决方案）	22	73.33%
电商物流方向（真实企业“双十一”等电商物流高峰阶段仓储管理、收派件、客服等实践难题，学生可努力分析并提出解决方案）	23	76.67%
医药物流方向（真实企业客户开发调查、客服、药品分类管理方法、仓储或配送作业流程优化等实践难题，学生可努力分析并提出解决方案）	17	56.67%
其他________	1	3.33%

续图 3-7

从该案例采用 DQP 框架设计问卷的调查结果来看，用统一的 DQP 框架（不仅这 7 个条款，还有其他更多条款）去进行职业—岗位分析，不失为一种衔接学历学位标准和职业岗位要求的方案。由于本案例问卷设计得还比较粗糙，没有细化到具体职业、岗位、工作任务等环节，应该还可以完善，像第三章之第二节案例“某校数控技术专业职业—岗位分析”那样做得更加细致，细到工作岗位的“领域”“内容”和“动词”层次，进行三要素分析调研，则这份问卷结果的针对性和可用性会更好。

第四章 DQP在高职成果导向课程开发中的应用

第一节　职业教育课程开发的方法概述

课程是一个专业培养人的总体设计方案，回答教什么、学什么的问题，也必然要回答为什么教、怎样教、怎样学等问题。因此，课程的概念，主要包括课程开发、课程实施、课程评价、课程管理四方面：

（1）课程开发——指课程的产生过程，包括课程目标和内容，编制教学计划（专业人才培养方案、专业规范）和课程教学大纲（课程标准、课程规范）以及教材等；

（2）课程实施——制定符合课程目标的教学策略，把课程付诸实施的过程，它是教师根据教学对象的特点，按照一定的教学理念和教学方法，对课程内容、教学资源等的重新组织的过程；

（3）课程评价——对主要是课程目标的达成度，以及课程效用性做出正确的评判，包括对开发、实施、考核、课程观、课程方案等各方面的评价；

（4）课程管理——在课程开发、实施和评价全过程中，对各种关系（人与人、人与课、人与物等）的协调、监督、指导等活动。

根据姜大源教授在《职业教育学研究新论》中的观点和本书第二章的介绍，我们知道，职业教育的课程应当遵循其职业性本质，采用基于工作过程的课程观。职业教育的课程是按照行动体系编排的串行结构（而不是按照学科体系课程编排的并行结构），这种串行编排，是依据学生认知的心理顺序、专业所对应的典型职业工作的顺序，或对实际多个职业工作过程经过归纳抽象整合后的职业工作顺序，来串行编排的——要按照“工作过程来序化知识”。即以工作过程为参照系，将陈述性知识与过程性知识整合、理论知识与实践知识整合——课程不再是以静态的学科体系的显性理论知识的复制与再现为主，而是更多地着眼于动态的行动体系的隐性知识的生产与构建。在这种课程观下，高职教育的课程中显性的学科理论知识总量并没有减少，要求并没有降低，而是其排序方式发生了改变，是以工作过程的行动逻辑来呈现的。按照这种观念，课程不是结果，而是过程；教师不是中心，学生才是中心；职业能力的形成需在工作过程（即工作过程序化的课程）中由师生来共同构建。

按照这种基于工作过程的课程观，职业教育的课程开发，也就是我们通常说的编制专业人才培养方案或编制“专业规范”“课程规范”，有两个关键要素：一是要确定课程内容的选择，二是要明确课程内容排序。在课程内容的选择上，不是基于学科体系，以抽象思维和知识逻辑为中心，注重陈述性知识；而是基于行动体系，以形象思维和过程逻辑为中心，注重过程性知识，强调以自我构建的隐性知识为核心。工作过程的构成要素，包括工作对象、方式、内容、方法、组织以及工具等，被整合在完整的工作程序（动态过程）中按照一个个工作环节串行的展开、发展，在完成每个工作环节时，都需要各种学科的知识、人的技能和要素间的相互协作与配合。在其内容排序上要按照工作过程来组织知识。

基于工作过程的课程开发程序，包括四个基本步骤：（1）典型工作任务分析，采用工作过程方式加以描述；（2）典型工作任务归纳，采用工作过程方式加以描述；（3）工作过程系统化课程设计，进行教学分析，以典型工作任务为基础，按照工作岗位、工作对象、工具器材、工作方法、劳动组织、工作要求、与其他工作任务的区分点几个方面，并依据“定向与概括性知识”“关联性知识”“具体与功能性知识”“学科系统性知识”4 个学习范围予以归类，编制课程，数量 10～20 个；（4）工作过程系统化课程实施情境设计，按照工作过程展开的主题导向，设置课程实施的情境，例如项目、任务、案例、实验、现场等，并依此编制教材或组织教学资源。

第二节　用 DQP 开发成果导向课程的框架

从前文所述我们知道，美国 DQP 学历学位框架可以作为表达职业能力，进行课程开发的有效工具。通过 DQP 体系五个学习领域（即专业知识、广泛与融合的知识、智力技能、应用与协作学习、公民与全球学习）的学习成果，可以将职业能力与课程体系有效地联结在一起。在课程体系层面上和课堂教学层面上，教师和学生可以将 DQP 体系作为参考来达到学习的共识，图 4-1 为采用 DQP 工具进行成果导向课程开发的框架和步骤。

其一，用 DQP 框架设计职业分析问卷，进行职业—岗位分析调查和统计分析，如前文第四节案例所示。职业—岗位分析是课程开发的关键环节，下面还会接续物流专业案例，介绍更细化的职业—岗位分析方式。

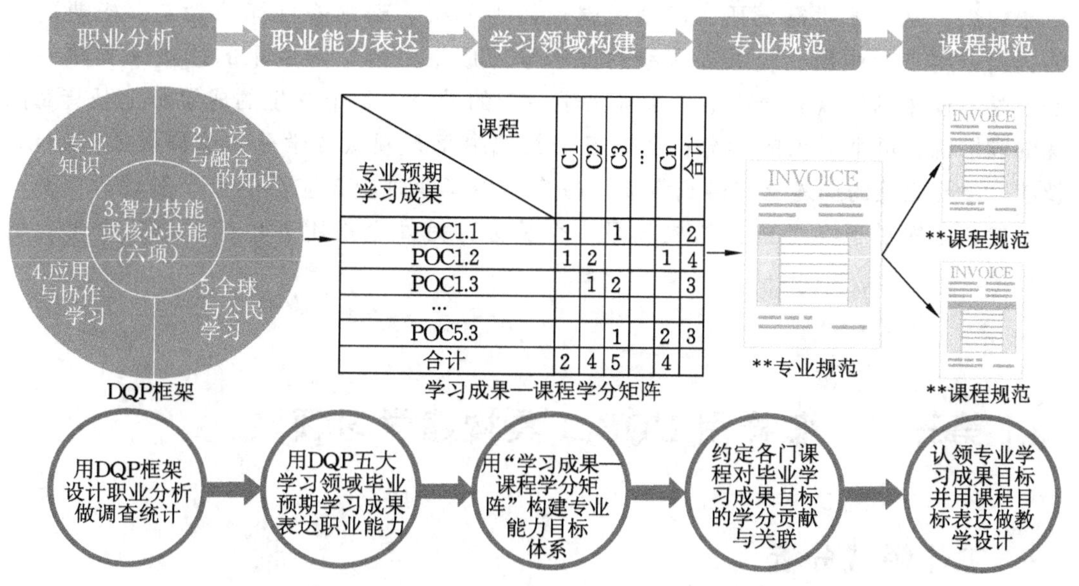

专业预期学习成果 \ 课程	C1	C2	C3	…	Cn	合计
POC1.1	1		1			2
POC1.2	1	2			1	4
POC1.3		1	2			3
…						
POC5.3			1		2	3
合计	2	4	5		4	

图 4-1 用 DQP 工具进行成果导向课程开发的框架和步骤

其二，通过调查分析统计结果，用 DQP 五大学习领域的副学士毕业预期学习成果（POC）条款表达职业能力要求。正如第二节数控技术专业的案例所示，这种以学习成果融合职业—岗位分析对职业能力的表达方式，更有利于科学的计量学分。

其三，建立“学习成果—课程学分矩阵”，构建学习领域，如上图中表格所示，其纵坐标是副学士所有毕业预期学习成果（POC）条款，横坐标则是拟开设各门课程（C），纵横交叉的表格中间的数字即对应学习成果达成所赋予的学分值，其纵向合计即为对应课程的总学分值，其横向合计则为对应毕业预期成果所需要的总学分值。利用该矩阵，将课程与毕业预期学习成果关联匹配起来，使得开课以实现成果为依据，成果实现有课程为着落，学分赋值依据成果而不是课时，这更科学地解决了传统的课程设置与职业岗位能力弱相关、不匹配、因人设课、随意设课的问题。

其四，依据上述结果，按照学校规定格式，制定“专业规范”（或人才培养方案），其中重点是包含了约定各门课程对毕业学习成果目标的贡献与关联关系，也就是课程的学分不再依据课时多少，而是依据学习成果赋值的。这样的课程实施方式，提供了更多发挥空间，无论耗时多少，只要交出同样档次的成果，包括多样化学习，如自学、在线教育、技能考证、从业经历等，就能像在职业院校上课学习一样，都可以通过学习成果认定获得学分。

其五，进一步将毕业预期学习成果条款和“学习成果—课程学分矩阵”落实到各门课程中，制定各门课程的“课程规范”（或教学方案、教学大纲），让课程认领专业预期学习成果目标，并用课程学习成果（SOC）来具体表达和分解落实。

这种采用 DQP 框架成果导向理念开发人才培养方案的设计理念，遵循成果导向的反向设计，实现了职业岗位要求目标的科学表达和层层落实传递，并赋予学分以成果内涵。从人才供需调研、职业—岗位能力分析，到培养目标的确定、毕业要求的提出，再从专业预期成果到课程到课程学习成果，由学习成果的达成来支撑专业预期学习成果的实现，每个成果都被赋予一定的学分，每个学生的成果单上既有每门课的成果也有每个成果的学分，还有五个领域中每个领域的学分，这样抽象的知识、技能、素养定性的描述全都得到量化，每个学生毕业时应知应会的五个领域的情况一目了然，这样对于学生自身的成长是一个见证，另外也是用人单位了解每个学生的佐证。

第三节　怎样用DQP工具构建学习领域

一、工作领域分析

课程开发的关键是职业—岗位分析，如何做到更细致、精准？利用DQP框架可以结合对社会、往届毕业生的调研，对用人单位岗位职责进行分析，将每个岗位职责分解到具体的工作任务中，用工作任务的重要性、相关性及频数来确定代表性工作任务。代表性工作任务的描述主要利用“动词＋条件＋对象＋要求水平”的方式对典型工作任务及细分任务进行分析，另对代表性工作任务的优秀任职者从知识、技能、素养及其他方面来分析，进而对这些任职特征是否需要在学校进行培养及培养的层次进行分析确定。具体制定分析框架如图4-2所示。

（一）确定职业岗位及发展阶段

据中国职业规划师协会及中国职业规划师洪向阳在《10天谋出好前途——职业规划实操手册》中对职业的定义“职业是行业与职能的交集点”，一种职业应该由行业和职能两个维度构成。程社明主编的《你的船，你的海——职业生涯规划（第一版）》中定义：“职业是参与社会分工，利用专门的知识和技能，创造物质财富和精神财富，获得合理报酬，满足物质生活、精神生活的工作。”

在职业教育领域，每个专业都面向一定的职业，可以根据我国的《国家职业分类目录》来确定一个专业对应的职业。每个职业都有相应的职业标准，并有不同的发展阶段，每个阶段对应不同级别的岗位，每个岗位的工作任务的难度、重要性均有所不同。因此需要确定一个专业对应的职业及发展阶段，根据不同的阶段来分析工作任务。不同划分标准对职业发展阶段的划分有不同的方法，总体来说，一是按照职业技能来划分发展阶段，二是从实践专家职业发展的历程来划分阶段。

从职业技能的角度划分。如根据德国职业工作任务分析的做法，职业发展阶段是由十几个职业实践专家，通过对自己的职业发展路径进行梳理，在此基础上归纳得来的；另一种做法是从德国职业教育来的，比如弗斯蒂芬模型分为“新手—高级学徒—

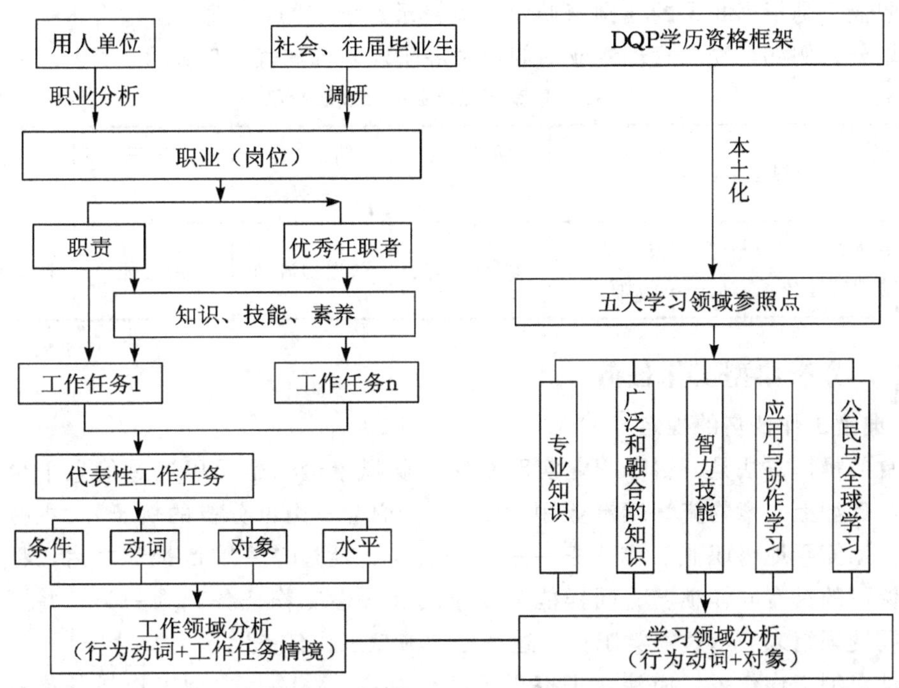

图 4-2 用 DQP 从工作领域到学习领域的分析框架图

合格者—熟练者—专家”五个阶段，也有说法称其源于德雷福斯模型。我国职业资格中的等级也是根据职业发展阶段划分的，比如会计员、会计师、高级会计师，或者助理工程师、工程师、高级工程师。

从实际专业职业发展的历程来分。可以用职业岗位的发展历程来描述，比如“助理—专员—主管—经理”，或者“操作员—班组长—工段长—车间主任”，或者“设计员—设计师—高级设计师”。

当然对于一些技术类职业（如设计师、工程师、会计师等），按技术能力发展和按岗位发展的描述可能是一致的，比如工程师，既可以是技术资格等级，也可以是职位等级。

由此可见，在职业教育领域，每个专业可根据专业的特点来确定职业及发展阶段。对于高级职业发展阶段，可根据往届毕业生的发展情况来确定其是否在研究范围内。职业发展阶段可以用表格的方式来描述，如表 4-1 所示。

表 4-1 职业发展阶段（注：如有方向，请根据方向来确定）

专业名称	对应的职业	阶段一： ＊＊＊	阶段二： ＊＊＊	阶段三： ＊＊＊	阶段四： ＊＊＊	阶段五： ＊＊＊

“职业”是根据我国的《国家职业分类目录》确定的，“发展阶段”根据职业资格等级来划分。例如，物流管理专业的职业发展阶段划分如表 4-2 所示。

表 4-2 物流管理专业职业发展阶段

专业名称	对应的职业	阶段一：四级	阶段二：三级	阶段三：二级	阶段四：一级
物流管理	专业技术人员—工程技术人员 管理工程技术人员—物流师	物流管理员	助理物流师	物流师	高级物流师

（二）分析典型工作任务

1. 典型工作任务的确定

通常的操作方法是，召开职业实践专家头脑风暴会（也可以通过信息平台问卷方式进行，例如上一章物流管理专业用 DQP 进行职业—岗位分析的例子），主持人让职业实践专家简要地将职业工作任务一一排列出来，经过“头脑风暴”之后，将这些大家普遍认可的具有同样难度、同样能力要求的代表性工作任务归为一类，并用一个名词加动词的词组来表示这一类工作，这就是“典型工作任务”。

归纳典型工作任务，应注意把握以下几个要点：第一，典型工作任务是一个具体的工作任务，典型工作任务是从一类代表性工作任务中经过筛选和提炼得到的，不是将实际的工作原样照搬过来；第二，它是在某个特定职业生涯阶段必定要发生且客观存在的；第三，完成此工作任务有一定难度；第四，完成此工作任务对个人能力提升较大，通常会让实践者留下较深刻印象。一项典型工作任务一定是发生在某个人的特定职业生涯发展阶段的一个具体的工作任务，对在此阶段完成这项工作任务的人来说，以他当时的能力本身是不能胜任的，需要经过学习或反复练习才能完成。

根据高职教育现阶段水平，其专业面向的“职业发展阶段”一般只考虑第一阶段和第二阶段所涉及的岗位群，以这些阶段的工作流程为主线，列出每个环节的工作任务，邀请企业实践专家对这些工作任务进行研讨，按照重要性、难易程度、频数等进行归纳和提炼，确定典型工作任务。也可以参考美国国家标准职业分类系统，借鉴“对职业的重要性、与职业的相关性、一定期间执行任务的频率”这三个定量特征，采用李克特量表法开展问卷调查，从而得出统计数据。从三个特征的统计数据来确定是否具有代表性。如可采用 5 级李克特量表法开展调研，问卷核心部分可以如表 4-3 这样设计。

表 4-3 代表性工作任务调研表

工作任务	对职业的重要性（与职业的相关性/一定期间执行任务的频率）				
	非常重要	重要	一般	不重要	非常不重要
1. ***	5	4	3	2	1
2. ***	5	4	3	2	1
3. ***	5	4	3	2	1

以物流管理专业第一阶段“物流管理员”为例，设计问卷面向实践专家进行调研，本阶段的工作任务主要有拓展物流市场、开发物流业务、采购公司货物、开展仓储管理业务、根据订单分拣货物、根据客户需求配送货物、根据运输需求开展运输、管理物流合同、开展关务工作、处理客户投诉、管理客户关系共 11 项，采用 5 级李克特量表法进行调研，以 3 分为标准，具体结果如表 4-4 所示。

表 4-4　物流管理专业典型工作任务调研

工作任务	对职业的重要性	与职业的相关性	执行任务的频率
1. 拓展物流市场	3.17	3.67	2.67
2. 开发物流业务	3.33	3.67	3.0
3. 采购公司货物	2.83	2.83	3.17
4. 开展仓储管理业务	3.17	3.17	2.83
5. 根据订单分拣货物	2.83	3.17	3.17
6. 根据客户需求配送货物	3.17	3.33	3.17
7. 根据运输需求开展运输	3.33	3.17	3.17
8. 管理物流合同	3.0	3.0	2.67
9. 开展关务工作	3.67	3.83	3.67
10. 处理客户投诉	4.0	3.67	3.83
11. 管理客户关系	3.83	4.0	3.67

根据调研结果，从对职业的重要性指标来看，其中“采购公司货物”及“根据订单分拣货物”对职业的重要性较低；从与职业的相关性来看，“采购公司货物”相关性低于标准值；从执行任务的频率看，“拓展物流市场”“开展仓储管理业务”“管理物流合同”这三项低于标准值。职业中重要、相关性强、频率高的有 6 项任务。

2. 解析典型工作任务要素

为了清楚典型工作任务对人才的需求，需要对其进行分解，并对分解后的子任务的具体工作要素，如工作对象、工作方法、使用工具、工作组织、与其他任务的关系进行详细的分析。其中，对子任务的描述采用“行为动词＋任务对象”的方式，行为动词需要具体明确。分析过程可用实践专家头脑风暴的方式，确定工作要素，分析确定后以表格的方式总结呈现，如表 4-5 所示。

表 4-5　代表性工作任务分析

典型工作任务及描述	典型工作任务分解	典型工作任务具体描述（工作要素）				
	子任务　“行为动词＋任务对象”	工作对象	工作方法	使用工具	工作组织/方式	与其他任务的关系

物流管理专业的典型工作任务——开展仓储管理业务，对其进行子任务的分析，进而从工作对象、工作方法、使用工具、工作组织、与其他任务的关系五个方面进行描述，得出该任务对人才的需求情况，具体结论如表 4-6 所示。

表 4-6　物流管理专业典型工作任务分析——开展仓储管理业务

典型工作任务及描述	典型工作任务分解	典型工作任务具体描述（工作要素）				
	子任务　“行为动词＋任务对象”	工作对象	工作方法	使用工具	工作组织/方式	与其他任务的关系
仓储管理业务开展：根据指示办理入库、在库、出库业务	商品装运前的准备，针对商品的特性进行装卸方案的规划设计、进货入库作业、保管作业、发货作业和盘点作业	仓库商品	ABC 分类管理、商品养护方法	叉车、AGV、WMS	现场作业	为配送运输做准备

3. 分析典型工作的胜任特征

完成典型工作任务需要任职者具备哪些特征，可以从知识、技能、素养及其他等方面进行分析。参考 DACUM 的基于优秀任职者的做法，在描述上也要求采用“行为动词＋任务对象”的方式。一般来说，知识是完成该代表性工作任务所需要掌握的或采用语言（文字或视频）描述的术语、概念、原理、程序、方法、工具、规范、标准、实验、案例等。

对任职者知识、技能、素养、其他任务要素的分析结论呈现方式可以表 4-7 为参考。

表 4-7　典型工作任务要素分析

典型工作任务	知识	技能	素养	其他

以物流管理专业仓储管理员岗位为例，对“仓储管理业务”中根据指示办理入库、在库、出库业务，进行知识、技能、素养、其他四方面开展任职者能力分析，具体结果如表 4-8 所示。

表 4-8　物流管理专业典型工作任务分析举例——仓储管理业务

典型工作任务	知识	技能	素养	其他
仓储管理业务开展：根据指示办理入库、在库、出库业务	熟悉商品养护的原理、库存控制的原理、仓储设备的工作原理，商品养护及管理方法	能够根据商品属性对商品进行养护，根据市场情况控制库存，利用仓储设备完成相关业务如分拣、包装、装载的操作	服从公司安排，吃苦耐劳，具有良好的职业道德	必须持特种设备证上岗，如内燃叉车的操作

4. 确定典型工作的胜任特征在学校阶段的培养需求及层次和水平

高职院校以培养符合行业企业需求的职业人为目的，职业岗位需求特征中哪些是需要在学校培养的？培养的水平和层次如何？这些都是职业教育要弄清楚的问题，这在专业人才培养的定位及学习内容程度的确定上有着重要的作用。一般对于需不需要在学校培养及培养的水平与层次，可以往届毕业生和企业人力资源管理经理为调研对象，利用李克特量表或描述赋分法了解。具体调研问卷的核心部分可以如表 4-9 设计。

表 4-9　职业需求在学校培养情况调研表

职业要求	该岗位职业需求需不需要在学校培养				
	非常需要	需要	一般	无所谓	不需要
知识	5	4	3	2	1
技能	5	4	3	2	1
素养	5	4	3	2	1
其他	5	4	3	2	1

以物流管理专业仓储类岗位中“根据指示办理入库、在库、出库业务”这一典型任务为例，采用李克特量表和描述赋分法，对该专业往届毕业生进行问卷调查，如表 4-10 所示。

表 4-10　对往届毕业生进行调查的问卷表

培养层次及水平	知识（技能/素养/其他）请根据你的理解进行赋分				
熟悉掌握高水平	5	4	3	2	1
中等层次和水平	5	4	3	2	1
最基础的水平	5	4	3	2	1

（1）从整体平均分来看，学生都认为需要该典型任务。从单向来看，对于知识和技能各有 11％的学生认为一般，有 89％的学生认为是需要的。对于其他要素有 22％的学生认为一般，77％的学生认为需要。100％的学生认为素养是需要在学校培养的。

表 4-11 为物流管理专业职业需求在学校培养情况，针对“根据指示办理入库、在库、出库业务”典型任务的调研结果。

表 4-11　针对“根据指示办理入库、在库、出库业务”典型任务调查结果

选项	1分	2分	3分	4分	5分	平均分数
1. 知识：熟悉商品养护的原理、库存控制原理、仓储设备的工作原理	0％	0％	11％	33％	56％	4.44

续表

选项	1分	2分	3分	4分	5分	平均分数
2. 技能：能够根据商品属性对商品进行养护，根据市场情况控制库存，利用仓储设备完成相关业务如理货、分拣、包装等操作	0%	0%	11%	22%	67%	4.56
3. 素养：吃苦耐劳，职业道德的培养	0%	0%	0%	0%	100%	5
4. 其他：特种设备的掌握，比如内燃叉车驾驶	0%	0%	22%	33%	44%	4.22

（2）对于培养的水平及层次，11%的学生认为专业知识方面只需要基本层次和水平即可，11%的学生认为专业知识需要中等层次和水平，22%的学生认为居于中层偏上层次和水平，56%的学生认为需要比较高的层次和水平。

（3）对技能方面的要求，11%的学生认为居于中等层次和水平，11%的学生认为是中等偏上的层次和水平，78%的学生认为需要比较高的层次和水平。

（4）在其他要素的培养方面，33%的学生认为是中等层次和水平，11%的学生认为是中等偏上的层次和水平，56%的学生认为是较高的层次和水平。

（5）在素养方面，100%的学生认为是高水平、高层次的培养。总体来看，对学校培养的水平和层次要求均是中等偏上。

按照这样的思路和做法，将该专业的典型工作任务的任职者的特征做全面的调研，可明确本专业所学习内容需要在学校培养的必要性及培养的水平和层次，为后续学习领域的确定及课程构建提供参考。

二、基于 DQP 的学习领域表达

通过对职业岗位中典型工作任务的分解及工作要素的分析、完成该任务的任职者的特征分析以及基于 DQP 学习领域的分析，结合代表性工作任务对任职者的要求，以 DQP 的参照点作为参考，确定本专业各个学习领域的具体要求。

案例中，物流管理专业通过前期的调研得出了典型工作任务在学校所培养的知识、技能、素养及其他的内容，但是到底怎么做才算是培养了学生？需要将这些内容按照 DQP 参照点的做法具体化，表达到学习领域中去。根据这个思路，以物流管理专业的部分培养内容含知识、技能、素养三个方面为例，在五个学习领域进行具体分解，做法如表 4-12 所示。在具体分解的过程中，要考虑代表性工作任务及任职要求，同时需要本专业教师的全员参与，共同来完成具体分解工作。

典型工作任务的任职要求体现了综合职业能力，基于 DQP 参照点的综合职业能力在学习领域的具体分解，体现了综合职业能力与 DQP 的融合，根据融合后的特点，可将融合后的学习领域归纳为知识、技能、素养、融合应用四个方面。

表4-12 物流专业典型工作任务要求与DQP五大学习领域的对应举例

典型工作任务	人才培养内容	专业知识			广泛和融合的知识	智力技能			应用与协作学习	公民与全球学习
		1.1	1.2	1.3	2.3	3.1	3.2	3.5	4.2	5.1
1.仓储管理业务开展 2.开展运输作业 3.开展关务工作 4.开展货代业务	知识：商品养护方法、仓储管理方法、仓储设备认知；描述车辆调度安排原则、配载方法、运输单据的填写；熟悉商品归类规则、报关单的填制规则、报关程序；熟悉货代市场拓展方法、国际运输线路、货代业务成本核算、国际货代规则	用仓储与配送管理专业领域的相关术语来描述本课程的核心理论和实践，并且提供至少一个与专业领域相关的案例	应用仓储领域中的库存管理方法解决库存积压或库存合理数量的确定问题	基本无差错地做出仓储领域的仓储与配送方案并实施	在商品仓库保管业务中，使用物流领域、管理领域、生化领域中的公认方法来实施并说明依据是如何收集及评估的		能综合利用发票、装箱单、合同的信息和填制范例，填写报关单			
	技能：能够制定商品养护及库存控制方案、能够根据商品属性对商品进行养护，根据市场情况控制库存，利用仓储设备完成相关业务的操作；制订运输计划，能操作TMS，用搬运设备进行装卸作业，填写运输单据；制定报关方案，能对不同类的货物办理报关手续；制定货代方案，能利用所学的货代知识，开发客户、设计线路、对外报价、审单、签发运输单据并录入系统	用所学习的物流设备操作方法，完成相关的物流业务，如用巴枪完成快件入库作业、用叉车完成托盘货物堆垛作业等	应用专业领域的相关工具、技术和方法去解决仓储与配送管理、运输、货代报关领域内给定的提问和难题	基本无差错地做出仓储管理、运输管理、货代报关领域整套单证		提出并界定一个问题（如逆向物流），并能厘清涉及该问题的各种观点、概念、理论及解决方法	在仓储与配送管理、运输、货代报关专业领域，能对其中的某个行业、就业人才需求情况设计方案，有效地找到所需要的信息，对收集的信息进行分类，对信息的有效性进行评估，并将有效的信息合适地引用或应用到方案中	对于仓储与配送业发展速度问题，对其中使用到的量化信息（即数字）进行准确的诠释；并能够介绍如何在论述时有效地利用量化信息	分享或教会同学们至少一个自己在课堂外学来的重要方法（比如库区设备规划等）	

第四节　用DQP开发专业规范

一、专业培养目标的表述

根据前期对工作任务及任职要求的分析，结合区域经济的发展需要，确定本专业人才培养的目标。培养目标中应包含面向的行业企业、从事的岗位、岗位的需要，重点要表述所具备的综合职业能力和该层次人才的综合特征。借助DQP框架，可以拓展这种表述的视角，尤其是包括了专业与跨专业知识、智力技能和操作技能、主动性、责任心、国际视野等方面的素养领域以及融合应用领域，使得对专业培养目标表述更加完整和全面。

以物流管理专业为例，物流管理专业培养目标中综合职业能力表述如框图4-3所示。

> 在知识要求方面，需要有物流管理专业知识，经济、电子商务、物流工程、国际商务等跨专业的知识；在技能方面，有能解析探究应用物流信息资源的能力、沟通能力、定量表达能力、操作物流设备的能力等；在素养方面，能吃苦耐劳、敬业爱岗，具有良好的职业道德，能主动学习，有国际视野；在融合应用方面，能应用所学的理论、方法、工具完成实践活动，并能分享成果。
>
> 物流管理专业立足粤港澳大湾区区域经济的发展，面向商贸业、现代物流服务业的需求，培养跨境电商物流、国际货运代理与报关领域，具有物流管理专业知识，能够协助进出口贸易企业办理国际运输、报关、报检业务、货运代理业务，具有与货主企业、船公司、堆场、集装箱运输企业、海关、商检机构等良好的沟通和协作能力，具有良好的公民素养、职业素养和全球学习能力，具有创新思维、创业精神的高素质技术技能型人才。

图4-3　物流管理专业培养目标之综合职业能力表述

二、专业预期学习成果的表达

传统上，职业院校沿袭用知识、技能、素养三个维度去进行职业—岗位分析，表达职业能力目标。而在DQP框架中，则可以用专业预期学习成果（POC）来表达人才培养目标，且如前所述，用预期学习成果表达能力培养目标，更有利于教与学的量化实现。事实上，用DQP条款表达与我们惯常使用知识、技能、素养表达职业能力的内涵是相通的，可以借助DQP对学习领域的提炼、归纳功能，具体用“平移法”或“交叉法”或两者的混合，对应到惯常表达的相应位置上，见表4-13、4-14所示意的路线。

表 4-13　专业预期学习成果“平移法”的惯常分类呈现示意

学习领域		专业预期学习成果呈现的领域			
		知识	技能	融合应用	素养
专业知识	POC1.1	→			
	POC1.2	→	→		
	POC1.3		→	→	
广泛与融合的知识	POC2.1	→			
	POC2.2	→			
	POC2.3			→	
	POC2.4	→			
智力技能	POC3.1		→		
	POC3.n		→	→	
应用与协作学习	POC4.1			→	
	POC4.n			→	
公民与全球学习	POC5.1				→
	POC5.n				→

表 4-13 是将 DQP 五大学习领域的预期学习成果提炼、归纳，一一对应地平移到专业的知识、技能、融合应用和素养四类能力中呈现（融合应用是惯常表述所缺乏而新添加的领域）。

表 4-14 则是采用“平移”与“交叉”混合法将预期学习成果的惯常分类呈现的方式。该表将 DQP 五大学习领域的预期学习成果提炼、归纳，可以多对一地交叉对应到专业的知识、技能、融合应用和素养四类能力中呈现。

经过这样的对应，传统的职业—岗位分析结果，如第三章第二节某学校数控技术专业的例子，就可以与 DQP 预期学习成果对应直接应用，这与惯常的表达方式并无二致。

在第三章第四节物流管理专业的案例中，则是直接用 DQP 条款去设计职业—岗位分析问卷，调研条款的“三要素”在职业岗位中的要求。这与将 DQP 映射到惯常表达方案是异曲同工的。

总之，无论用惯常表达，还是用 DQP 表达，或两种方式融合，都是从不同维度审视职业能力目标的角度，丰富了对职业岗位培养目标的认识。如将两种表达融合于一体，见表 4-15。

表 4-14　专业预期学习成果"平移""交叉"混合法分类呈现示意

学习领域			专业预期学习成果	
专业知识	POC1.1......		POC1.1	知识
	POC1.2......		POC1.2	
	POC1.3......		POC2.1	
广泛与融合的知识	POC2.1......		POC2.2	
	POC2.2......		POC2.4	
	POC2.3......		POC1.6	
	POC2.4......		POC1.n	
智力技能	POC3.1......		POC1.2/3.1	技能
	POC3.n......		POC1.3/3.n	
应用与协作学习	POC4.1......		POC4.1/3.n/1.3	融合应用
	POC4.n......		POC4.n/2.3	
公民与全球学习	POC5.1......		POC5.1	素养
	POC5.n......		POC5.n	

表 4-15　用惯常表达与混合表达于一体的结果示意

代表性工作任务	人才培养内容	专业知识			广泛与融合的知识		智力技能	应用与协作学习	公民与全球学习
		1.1	1.2	1.3	2.3	2.n	3.n	4.n	5.n
	知识	A	A	A				A	
	技能	B	B	B				B	
	素养	C	C	C				C	
	其他	D	D	D				D	
POC		POC1.1	POC1.2	POC1.3	POC2.n		POC3.n	POC4.n	
学习领域		知识					技能	融合应用	素养

以物流管理专业为例，图4-4所示的物流管理专业预期学习成果，就是用上述方式，将DQP条款归类到惯常表达（知识、技能、融合应用和素养）四个方面的结果。例如其中的知识方面，不仅包括了物流管理专业和跨专业领域的核心理论和实践，还列举和融合了专业知识及广泛融合知识原细化参照点中所分布的知识、技能方面的内容。

一、在知识方面，本专业方向的毕业生应该能够

POC1.1用物流管理专业领域的相关术语来描述本专业领域（货物养护、物流运作与管理、市场与市场营销、国际商务、财务管理、药品流通管理、信息技术与物流网）的核心理论。如物流的服务中心说、物流的成本中心说和实践（以宜家商品的平板包装，电商企业京东为什么要自营物流等问题为例），并且提供至少一个与专业领域相关的案例。

POC1.2应用物流管理专业领域（货物养护、物流运作与管理、市场与市场营销、国际商务、财务管理、药品流通管理、信息技术与物流网）的相关工具（管理数量方法、服务蓝图、计算机辅助软件）去解决本专业如采购、仓储、货物养护、运输线路规划、配送、跨境电商领域内给定的提问（如运输线路的规划、仓库网点的选址、库存控制、集装箱的选择与配载等）和难题（如客户服务水平的确定、物流服务产品的设计与分析、物流系统效率分析、跨境电商物流大数据分析等）。

POC2.1描述所学习的每一项核心领域（法律、思想政治、博雅美育、经济、企业管理、货物养护、物流运作与管理、市场与市场营销、国际商务、财务管理、药品流通管理、信息技术与物流网）的现有知识或现有实践的研究进展（包括怎样向前推进、怎样验证和怎样更新）。如描述物流运作与管理领域的物流概念的演变、库存管理理念的变化，描述企业管理领域的实践（以京东称自己不是电商企业而是供应链管理企业为例），描述国际商务领域的实践（以中欧铁路快运现状及影响因素为例）等。

POC2.2就所学习的每一项核心领域（法律、思想政治、博雅美育、经济、企业管理、货物养护、物流运作与管理、市场与市场营销、国际商务、财务管理、药品流通管理、信息技术与物流网）描述一个关键性的争议问题（比如经济学效率与公平问题、守法与创新、物流企业经营中是服务第一还是成本第一），解释该争议问题的意义，并且应用该领域的概念来阐述自己对该争议问题的见解。

POC2.4从科学、艺术、社会、人类服务、经济寿命或科技的问题（如经济领域的可持续发展问题）中，同时采用至少两个领域（法律、思想政治、博雅美育、经济、企业管理、货物养护、物流运作与管理、市场与市场营销、国际商务、财务管理、药品流通管理、信息技术与物流网）的知识，描述如何定义、界定与解释选定问题对社会的重要意义，并对此做出评述。

二、在技能方面，本专业方向的毕业生应该能够

在解析探究方面，本专业的毕业生应该能够：

POC3.1在选定的学习领域（如物流运作与管理）提出并界定一个问题（如货物入库验收），能明确地讲出该主题中涉及的一些观点、概念、理论以及实践方法。

在利用信息资源方面，本专业的毕业生应该能够：

POC3.2有效地搜集多种资源，并进行辨识、分类、评估和引用，做出国际商务（如跨境电商管理）领域内的一个项目方案、一篇论文或课堂演讲。

图4-4　物流管理专业用DQP预期学习成果表达结果

在了解多种观点方面，本专业的毕业生应该能够：

POC3.3.1 对于社会、政治、经济、艺术乃至全球关系等方面的突出性或重大问题（如中国梦、一带一路、物流产业的转型升级方向、公共生活、职业生活、家庭生活中的道德与法律规范、社会主义核心价值观、共同理想等），明确地阐述不同文化视角（或不同文化背景的知识）会怎样影响人们对上述问题的理解。

POC3.3.2 对于文化上、社会上、政治上、艺术上或国际关系上的选定问题（如中国传统文化、互联网社群、中国解决方案、伪劣假冒商品问题、体育运动及艺术欣赏等），提出自己的见解，并与其他人的见解进行理性的比较。

在伦理判断方面，本专业的毕业生应该能够：

POC3.4 描述当前社会经济方面的突出问题（如食品安全、网络诈骗、个人信息泄露等），并说明这些道德准则是如何产生影响或作用的。

在定量表达方面，本专业的毕业生应该能够：

POC3.5.1 对于政治上、经济上、健康上或技术上的问题（如跨境电商物流效率提高和成本降低），对其中使用到的量化信息（即数字）进行准确的诠释；并能够介绍如何在论述时有效地利用量化信息（数字与符号），将数学知识与专业有机结合，对经济上、技术上相关问题中使用到的量化信息（数字），进行准确的分析、诠释和表达。

POC3.5.2 创建图表或其他视觉效果更好的方式，来诠释各种物流经营活动的状态和发展趋势（或走势）、关联（相关或因果关系等）或是最新发展状态。

在沟通技巧方面，本专业的毕业生应该能够：

POC3.6.1 在社会职场中进行书面沟通及表达（如营销策划方案的写作、国际商务函电的撰写）时，基本无笔误、无错漏，条理清晰，论证令人信服。

POC3.6.2 与普通大众或某一个特定对象在正式的场合（如物流专业竞赛活动）下能有效进行口头语言交流。

POC3.6.3 就某一具体工作任务的行动计划（比如跨境电商物流的外包）进行商谈，并对商谈结果进行书面或口头的总结陈述性沟通。

POC3.6.4 使用英语进行日常基本的交流，翻译所学专业领域（货物养护、物流运作与管理、国际商务、财务管理、药品流通管理、信息技术与物流网）的一篇简单的文章。

在创新思维方面，本专业的毕业生应该能够：

POC3.7.1 就一个创新创业的实践案例，分析或阐述该案例中涉及的创新、创业特征及关键要素，并给出自己的评判。

POC3.7.2 运用一个或多个领域的知识与技能，就社会、经济、技术、文化等领域的某一方面的实践活动（如电商企业自营物流业务、物流企业开展供应链管理服务），或提出疑问，或指出其存在的问题，或提出一个新思路、新方法。

三、在融合应用方面，本专业的毕业生应该能够

POC1.3 基本上无差错地做出货物养护、物流运作与管理、市场与市场营销、国际商务、财务管理、药品流通管理、信息技术与物流网等领域的行动方案或整套商务单证，进行展示或进行竞赛。

POC2.3 在实施分析性、实操性或创造性的任务（比如物流专业三创项目方案、跨境电商物流外包实施方案）中，使用所学习的多项核心领域的公认方法（如管理数量方法、物流规划定量

续图 4-4

分析方法、市场营销调查方法等），包括依据的收集与评估。

POC4.1 书面汇报至少一个案例（如跨境电商物流方面），说明自己是怎样将所学的学术性知识与技术技能，应用于实地（实践）挑战；并提出证据或案例，用来证明自己在应用过程中学到新的知识或有其它的收获。

POC4.2 分享或教会同学们至少一个自己在课堂外学来的重要概念或方法（如智能物联网）。

POC4.3 对于一个超出课上所学内容的实践问题（如跨境电商物流基础平台网站建设），对问题准确定位，收集相关线索与信息，进行组织与分析，并提出多种解决方案。

POC4.4 参与一个创新创业性活动或项目，展示或讲解其实践成果，并就其过程做出书面的总结（至少能重点突出这次经历中个人对创新创业精神与创新创业管理的感悟，进而能阐明其应用前景或价值）。

四、在素养方面，本专业的毕业生应该能够

POC5.1 清晰地介绍自己的个人背景与文化背景，包括发源与发展、信仰与价值观、人生观，并能结合自身专业学习情况，进行职业生涯规划。

POC5.2 阐述对优良传统精神及社会主义核心价值观的理解，并列举自己的践行实例及个人感悟。

POC5.3 运用至少三项方法或技能，锻炼与改善身体及心理素质。

POC5.4 参与一个社区（或社团，如物流协会、义工或社会服务、参观爱国主义基地）项目，就其过程做出口头或书面的总结（报告），重点突出这次经历中自己主动性和责任心的体现，以及这次经历中个人的感悟。

POC5.5 指出一个跨国、跨洲或跨文化的经济挑战（如全球经济一体化与民族主义者抬头）、环境挑战（如循环经济与中国固体废料进口的禁令）或公共卫生挑战（如跨境电商货物病菌携带风险、外来生物的入侵等），提供挑战的证据，并表明对此挑战的立场。

续图 4-4

三、专业课程体系的构建

（一）用学习成果-课程矩阵分解学习成果

正如本章第二节所介绍的课程开发框架所说，专业课程体系的构建思路，就是以工作领域中的职业需求、发展需求以及毕业生的期望为起点，以DQP为工具将工作领域中的专业能力、方法能力、社会能力转换为学习领域的毕业预期学习成果，并最终以不同板块（类别）的课程及其体系来达成，即将毕业学习成果目标落到每一门课程当中。学习成果-课程矩阵就是实现这种匹配的有用工具。

在DQP框架下，课程体系的构建过程就是一个将毕业学习成果目标进行分解，并由各门课程“认领”学习成果目标及其学分赋值的过程。注意，这里说的“课程”不能先入为主地沿用“学科课程”概念——这些承担了学习成果目标的课程，它只是一个代表名词，其本质是承接了所分解的学习成果目标的一个载体，这个载体在此称为“课程”，也可叫项目、模块等。因此，这里一门课程的特征要看它所承担的学习成果目标是哪些。从另一角度看，“学科课程”是因为它所依附学科理论和实践，能用于实现这些所“认领”的学习成果目标，才使用其名称。这是符合职业教育课程应当依据

“工作过程系统化”来序化知识的要求的。在按“工作过程系统化”后，学科知识已经被分解拆散、重新组装到系统化的“课程”这个载体（或课程对应的典型工作任务）中去了，而这个载体承载了所“认领”的学习成果目标，如矩阵表 4-16 所示。

表 4-16　DQP 学习成果-课程矩阵表

	POC1. 1	POC1. 2	…	POC1. n	POC2. 1	POC2. 2	POC2. n	POC3. 1	POC3. 2	…	POC4. 1	…
课程 1	√		√		√		√	√	√	√		√
课程 2	√	√				√		√			√	
…		√	√				√	√				√
课程 n	√				√	√				√		

例如，表 4-16 中课程 2 认领了预期学习成果 POC1. 1、POC1. 2、POC2. 2、POC3. 1 和 POC4. 1。这门课程原本属于哪个学科，包括哪些理论和实践，这本身并不重要，因为学科的知识已经被分解拆散、重新组装到“课程 2”所对应的“典型工作任务”中去了，所以，重要的是“课程 2”所对应的“典型工作任务”或者“课程 2”与其他的“课程 n”组合一起所对应的“典型工作任务”完成的成果，是否包含了预期学习成果“POC1. 1、POC1. 2、POC2. 2、POC3. 1 和 POC4. 1”，如图 4-5 所示。

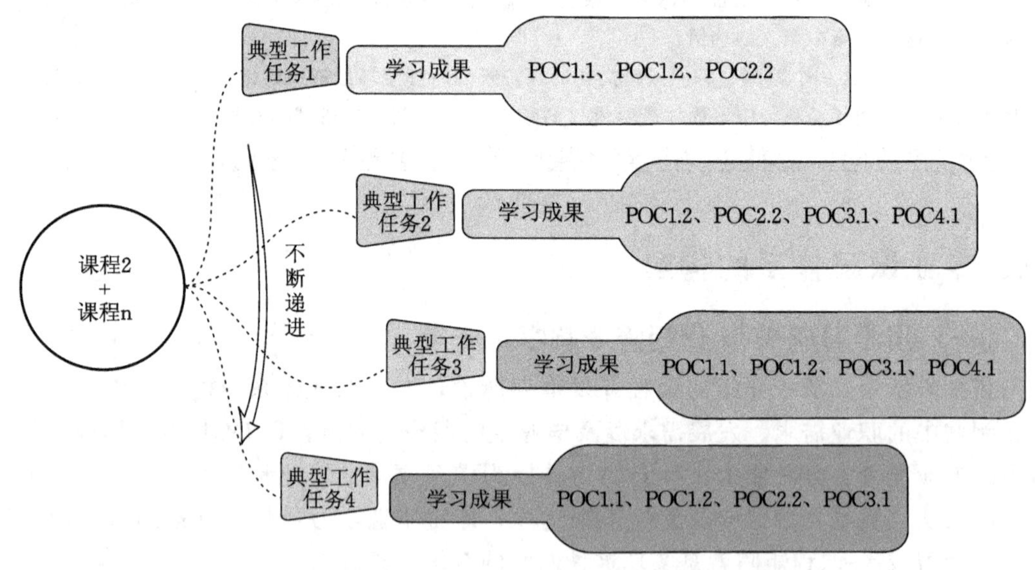

图 4-5　课程中典型工作任务与学习成果的关系示意图

在学习成果-课程矩阵表中，只要保证所有专业预期学习成果（POC）都有着落（即有课程去承接），没有遗漏就行。至于课程属于哪种类型、课程与课程之间的层次、课程之间的衔接逻辑、课程和学习成果的学分赋值，将在下面介绍。

（二）课程的类型与课程体系构建方法

课程的归类有多种角度。通常可以按照学习认知发展和学科关系的规律，将课程分为公共基础、专业基础、专业课程、综合实践几类。也有些院校据此分为博雅通识课、专业基础课和专业核心课、专业综合实践。当然，这每类课程还可再细分为必修与选修、理论与实践、课堂教学与课外教学等细分类型。

从职业教育角度看，按照“工作过程系统化”进行课程分类和体系构建，则更符合职教特征，是更有效的方式。姜大源教授在《职业教育学研究新论》中指出，工作过程有其自身的逻辑，即“资讯—计划—决策—实施—检查—评估”，每个典型工作任务中都包含这个逻辑。而一个专业所面向的职业岗位所要完成多个典型工作任务，这些典型工作任务之间具有并列、递进、包含及其混合这几类关系。因此，依据这些典型工作任务开发的课程，也可按照这些工作任务间关系的类型去组合分类。根据各专业所面向职业岗位的特点，例如以并列型工作任务为主体的，可以把课程组合成模块化的并行课程体系；以递进型工作任务为主体的，可以把课程组合成工作过程流程化的串行课程体系；以包含型工作任务为主体的，可以把课程组合成由浅入深的生长式课程体系；当然，还有三类兼而有之的，则可把课程组合成混合式课程体系。可见，职业教育课程及其体系是丰富多样的，如图 4-6 所示。

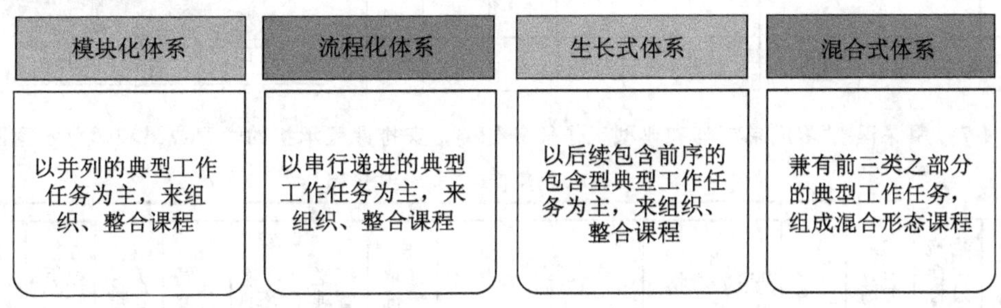

图 4-6　根据典型工作任务组合的课程体系类型

在构建课程体系过程中，如图 4-7 所示，利用课程-学习成果矩阵，把每门课程所承担的 DQP 五大学习领域毕业预期学习成果匹配起来，所贡献的学分值也清晰表达。课程目标——即预期学期成果（POC），可以继续细分成为每门课程的学习成果（SOC），这些课程学习成果可以作为课程的教学单元，对应于典型工作任务（即学习情境），教学的过程就是典型工作任务达成的过程，也是预期学习成果向预期毕业成果的达成过程。

可见，利用课程-学习成果矩阵，不仅对毕业预期学习成果进行了分配，让每门课程有明确的学习成果教学目标还有更深刻的意义。首先，它使课程不再孤立于课程体系，而是要站在专业整体的角度，看在哪些领域能为整体毕业预期学习成果做出贡献，才具有开课的意义。其次，课程之间通过同一学习领域的学习成果来协调关系，你讲哪些我讲哪些、你讲多深我讲多深、成果之间如何衔接等问题，都通过该矩阵协调平衡起来。这样开发课程不再是单打独斗，而是各门课程之间协同开发。再次，课程体系经过一定时间的运行，需要优化调整，例如有些课程的学分（即学习成果）是否要调整、有些课程需要与其他课程优化整合等，都可以通过该矩阵表来实现。如图 4-8 所示，以物流实际工作过程的典型工作任务组合出物流流程化课程。

课程体系及其成果目标 ——→ 课程-学习成果矩阵及其学分值 ←—— 课程按工作任务分类及对成果贡献

课类	课程	课程预期成果（按学习情境或工作任务设计的）预期学习成果SOC	对应的毕业预期学习成果	专业知识 POC1.1-POC1.n	广泛与融合的知识 POC2.1-POC2.n	智力技能 POC3.1-POC3.n	应用和协作学习 POC4.1-POC4.n	公民和全球学习 POC5.1-POC5.n	课程
专业通用课	课程1	SOC1、SOC2…SOCm	POC1.1-POCn.m	2	1				课程1
	…	…	…						…
	课程N	SOC1、SOC2…SOCm	POC1.1-POCn.m		3		2		课程N
专业核心课	课程1	SOC1、SOC2…SOCm	POC1.1-POCn.m	1		2		1	课程1
	…	…	…						…
	课程N	SOC1、SOC2…SOCm	POC1.1-POCn.m			3	3		课程N
专业选修课	课程1	SOC1、SOC2…SOCm	POC1.1-POCn.m	2	1			1	课程1
	…	…	…						…
	课程N	SOC1、SOC2…SOCm	POC1.1-POCn.m			3	4		课程N

任务1 单元1 SOC1
任务2 单元2 SOC2
任务m 单元m SOCm
任务n 单元n SOCn
并列型任务
任务1 单元1 SOC1
任务2 单元2 SOC2
任务m 单元m SOCm
任务n 单元n SOCn
递进型任务
任务1 单元1 SOC1
任务2 单元2 SOC2
任务m 单元m SOCm
任务n 单元n SOCn
包含型任务

图 4-7　用课程-学习成果矩阵和典型工作任务分类，安排课程承担的学习成果和学分示意图

物流管理实际工作过程 ——→

工作领域	物流工作过程	1.拓展市场	2.开发业务	3.采购货物		4.仓储管理			5.订单分拣	6.配送管理	7.运输管理	8.合同管理	9.关务管理	10.投诉管理	11.客户关系
	典型工作任务	…	…	典型任务1	典型任务2	典型任务1	…	典型任务n	…	…	…	…	…	…	…
专业预期学习成果POC	知识	…	…	归纳组合		POC1.1-POC4.n	归纳组合	POC1.1-POC4.n	…	…					…
	技能	…	…			POC2.1-POC4.n		POC2.1-POC4.n	…	…					…
	融合应用	…	…			POC2.2-POC4.n		POC2.2-POC4.n	…	…					…
	素养	…	…			POC5.1-POC5.n		POC5.1-POC5.n	…	…					…
学习领域	课程学习成果	…	…	SOC1/SOC2	SOC1/SOC2/SOC3	SOC1/SOC2	…	SOC1/SOC2/SOC3	…	…	…	…	…	…	…
	专业主要课程	物流概论	物流经济	货物管理		仓储与配送管理、订单与分拣实务					运输管理	合同管理	进出口报关	客服管理	
		物流市场营销		采购管理		供应链管理实务					国际货运代理			电子商务	

DQP五大学习领域学习成果
专业知识（POC1.1-1.n）
广泛与融合知识（POC2.1-2.n）
智力技能（POC3.1-3.n）
应用和协作学习（POC4.1-4.n）
全球和公民学习（POC5.1-5.n）
→知识、技能、融合应用、素养

基于物流管理流程化串行课程

图 4-8　以物流典型工作任务组合出物流流程化课程示意图

图 4-8 中，该专业 DQP 五大学习领域预期学习成果就是本章第三节中将 DQP 条款归类到知识、技能、融合应用和素养四个方面的结果，并且由各典型工作任务所承载，并经归纳、组合以课程学习成果（SOC）呈现，最终由专业主要课程来承担。这样构建的课程体系，学习成果目标贯通落实，又符合物流管理实际工作过程规律，所开设的专业主要课程虽然从名称上看与通常的培养方案似乎无差异，但是其内涵不同，因为它们承载着基于工作过程的学习成果目标的要求，并将按照典型工作任务的逻辑去组织内容体系和实施教学过程。

总之，在 DQP 的学习成果框架下，可以用职业-岗位分析典型工作任务（相应的学习情境），用所设计的课程体系（课程 1、课程 2…课程 n…课程 m）的课程学习成果，覆盖所有 DQP 五大学习领域的毕业预期学习成果（POC）来构建。所建成的课程体系形态会因各典型工作任务之间关系类型的不同而不同，如图 4-9 所示。

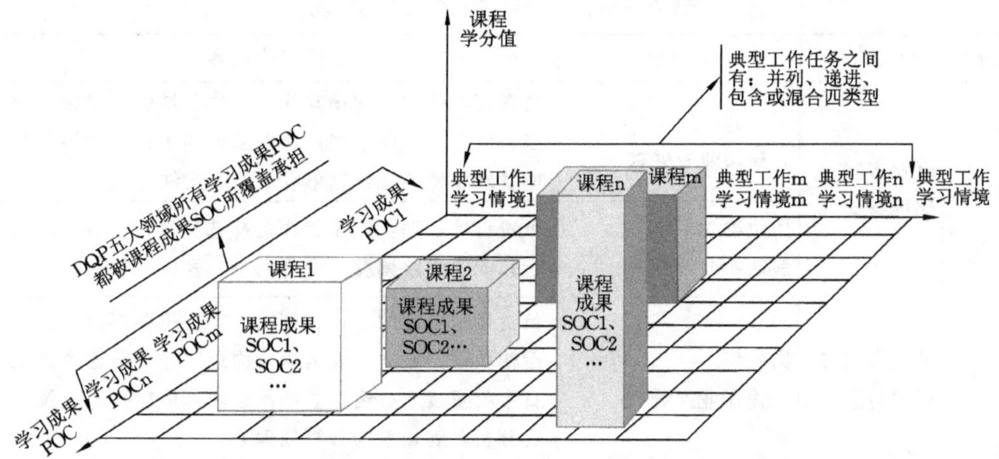

图 4-9　在典型工作（学习情境）-学习成果的平面上所构建的课程体系形态示意图

（三）用 DQP 框架开发构建的课程体系举例

广东岭南职业技术学院《物流管理专业 2019 年专业规范》完整案例如图 4-10 所示。

《物流管理专业 2019 年专业规范》

1　前言

我院物流管理专业设立于 2003 年，是广东省民办高职院校中较早开设该专业的院校之一。物流管理专业 2016 年被确定为校级重点建设专业，2017 年和 2019 年分获校级教学成果奖二等奖，2017—2018 学年专业评价全校排名第一。

物流管理专业根据专业建设特点，结合社会及企业对人才需求的实际要求，紧紧围绕“校企精准对接、精准育人，促进就业创业、主动服务地方和行业需求”的教育发展理念，积极与企业深入开展产教融合校企合作项目，逐步摸索并建构起独具岭南特色的校企合作人才培养模式：“校企合作 3.0，以物流企业网络为平台实施人才预就业精准定制培养模式”。至今已有十四届毕业生，毕业人数逾 2 566 名，就业率连年达 98%以上，为粤港澳大湾区经济建设发展源源不断地输送优质物流人才。

图 4-10　物流管理专业 DQP 框架专业规范完整案例

2 主要信息

2.1 专业名称和专业代码

物流管理专业（630903）。

2.2 所属学院

管理工程学院。

2.3 颁授证书名称

物流管理专业专科毕业证书，副学士荣誉称号证书（要求至少获得英语应用能力 B 级/韩语 Topik 中级及以上证书或其他语种的相应证书）。

2.4 招生范围与入学要求

普通高中毕业生、中职（专）毕业生和职高毕业生。

2.5 就业方向

本专业毕业生就业方向、岗位群与主要工作内容如下表所示。

就业方向、岗位群与主要工作内容表

序号	就业方向	岗位群	主要工作内容
1	就业方向一 储配行业	岗位群一 仓储作业及管理	负责订单处理、货物验收、入库、堆码、保管、盘点、对账，仓库管理，仓库数据的统计、存档，仓库管理软件的操作打单以及仓库文件处理等
		岗位群二 配送作业及管理	负责订单处理，出库货物的拣选、复核、装车、发运，配送线路调度、货物配送、客户服务等
2	就业方向二 运输行业	岗位群一 运输作业及管理	负责运输单证的录入、订舱事宜、舱单事宜，整理运输单据，跟进干线运输，物流服务商运输评价及日常收发货业务运作监控，运输订单执行跟进及情况分析，到货率的分析处理等
3	就业方向三 采购供应链行业	岗位群一 采购作业及管理	负责采购计划制定，供应商开发与管理，货物采购订单管理，采购谈判，成本控制，合同签订，客户服务，账务管理等
		岗位群二 供应链作业及管理	负责采购计划制定，供应商开发与管理，货物采购订单管理，采购谈判，成本控制，合同签订，客户服务，账务管理等
4	就业方向四 国际货代行业	岗位群一 国际货代作业及管理	负责国际进出口货物的运输业务的方案制定、执行与跟进，海关相关事务管理和关务工作等
		岗位群二 国际贸易作业及管理	负责客户开发，国际商务单证的缮制、整理，单证的获取与管理等
		岗位群三 报关报检作业及管理	负责进出口业务的报检，报关手续的办理等

续图 4-10

序号	就业方向	岗位群	主要工作内容
5	就业方向五 电商物流行业	岗位群一 电商仓储作业及管理	负责电商订单处理、单证管理，货物在库管理，货物分拨处理，货物验收，质量管理，账务管理，客户服务等
		岗位群二 电商配送作业及管理	负责电商货物分拣，货物分拨处理，货物配送，最后一公里送达，账务管理，客户服务等
6	就业方向六 医药物流行业	岗位群一 医药仓储作业及管理	负责医药企业或医药物流企业货物验收、入库、堆码、保管、盘点、对账，仓库管理，仓库数据的统计、存档，仓库管理软件的操作打单以及仓库文件处理等
		岗位群二 医药配送作业及管理	负责医药企业或医药物流企业出库货物的拣选、复核、装车、发运，仓库管理，配送线路调度等

2.6　基本学制和学习年限

1. 以专业培养计划规定的基本修业年限（3年）为参考，实行弹性修业年限，允许学生提前或者延期毕业。提前毕业的，原则上只能比基本修业年限提前1年。学生在基本修业年限内未能修满培养计划规定学分的，可以延长修业时间，延长时间不得超过专业培养计划规定的基本修业年限。[《广东省教育厅关于普通高等学校实施学分制管理的意见》（粤教高〔2014〕5号）]

2. 对有特殊原因、特殊困难的学生，经学校批准可以勤工助学。学生因生病或者创业等原因不能连续完成学业，可以实行间修制，允许其中断学习，保留学籍。每次中断学习时间，一般以1年为限，累计中断次数不得超过2次。学生从入学到毕业的年限不得超过上述第1条规定的时间。被批准休学工作、创业和因病休学的学生，其休学时间计入上述第1条规定时限范围。[《广东省教育厅关于普通高等学校实施学分制管理的意见》（粤教高〔2014〕5号）]

2.7　毕业标准

同时满足以下条件，可以获得毕业证书：

1. 学分要求：每1学分为16学时，整周集中实践教学，1周计24学时，1学分。修满本专业最低限定学分141学分。

2. 职业资格/技能证书/核心能力要求：获得本专业规范规定的职业资格证书、社会公认的相关技能证书或专业核定的核心能力，“1＋X”的证书列表见附件。

3　人才培养规格要求

3.1　培养目标

适应粤港澳大湾区经济建设趋势，面向生产制造业、商贸业、现代物流服务业等产业转型升级高质量发展需求，培养物流管理、（跨境）电商物流、国际货运代理、进出口报关、采购供应链、医药等领域具有物流管理专业知识，具有业务处理能力，具有与服务企业、管理机构进行

续图4-10

良好沟通协作能力，具有良好公民素养、职业素养和全球学习能力，德、智、体、美全面发展，具备国际视野、创新意识、创业能力的高素质技术技能型人才。

3.2　专业毕业预期学习成果

岭南职院学历资格框架中参照美国 DQP 副学士标准，确定毕业生学历资格的五大学习领域（专业知识、广泛和融合的知识、智力技能、应用和协作学习、公民和全球学习）的预期学习成果，以此来体现对本专业毕业生的职业能力、方法能力、社会能力及专业核心领域知识的融合与应用能力等方面的要求，即毕业要求。本专业毕业生在各学习领域的“专业预期学习成果（POC）”描述如下。

3.2.1　专业知识领域 POC1：

在专业知识方面，本专业的毕业生应该能够：

POC1.1 用现代物流专业领域的国家标准《物流术语》（GB/T 18354—2006）描述本专业第三方物流、采购供应链、货代报关、电商物流、医药物流等领域的核心理论和实践，并且提供至少一个与上述专业领域相关的实际案例；

POC1.2 应用现代物流专业领域仓储、运输、采购、报关等实用软硬件工具，互联网、物联网、大数据等技术和调查、统计、规划、分析等方法，去解决物流管理专业领域内给定的问题和难题；

POC1.3 基本上无差错地做出第三方物流、采购供应链、货代报关、电商物流、医药物流等现代物流专业领域的产品、模型、数据、展示或表演。

3.2.2　广泛和融合的知识领域 POC2：

在广泛和融合的知识方面，本专业的毕业生应该能够：

POC2.1 描述所学习的第三方物流、采购供应链、货代报关、电商物流、医药物流等每一项核心领域的现有知识或实践是如何向前推进、验证和修正的；

POC2.2 就所学习的第三方物流、采购供应链、货代报关、电商物流、医药物流等每一项核心领域描述一个关键性的争议问题，解释该争议问题的意义，并且应用该领域的国家标准《物流术语》（GB/T 18354—2006）概念来阐述自己对该争议问题的见解；

POC2.3 在实施分析性、实操性或创造性的第三方物流、采购供应链、货代报关、电商物流、医药物流等任务中，使用所学习的多项核心领域公认的调查、统计、规划、分析等方法，进行数据的收集与评估；

POC2.4 从科学、艺术、社会、人类服务、经济或科技的问题中，采用第三方物流、采购供应链、货代报关、电商物流、医药物流等至少两个领域的知识，描述如何定义、界定与解释选定问题对社会的重要意义，并对此做出评述。

3.2.3　智力技能领域 POC3：

在解析探究方面，本专业的毕业生应该能够：

POC3.1 在选定的第三方物流、采购供应链、货代报关、电商物流、医药物流等学习领域提出并界定一个问题，并能厘清涉及该问题的各种观点、概念、理论及其解决方法；

在利用信息资源方面，本专业的毕业生应该能够：

POC3.2 对于多种资源进行辨识、分类、评估和引用，来作出在第三方物流、采购供应链、货代报关、电商物流、医药物流等某一个领域或一般性课题上的项目、论文或表演；

续图 4-10

在了解多种观点方面，本专业的毕业生应该能够：

POC3.3.1 描述来自第三方物流、采购供应链、货代报关、电商物流、医药物流等专业领域不同文化观点的知识是如何影响对于政治、社会、艺术和国际关系中突出问题的理解的；

POC3.3.2 对于自己在文化、社会、政治、艺术或国际关系方面问题上的观点的根源，作出描述、解释和评估，并与其他观点做比较；

在伦理判断方面，本专业的毕业生应该能够：

POC3.4 描述政治、经济、医疗、技术或艺术方面突出问题中的伦理道德问题，并说明这些伦理道德原则是如何影响对于这些问题的决策的；

在定量表达方面，本专业的毕业生应该能够：

POC3.5.1 对于政治上、经济上、健康上或技术上的问题，对其中使用到的量化信息（即数字）进行准确的诠释，并能够介绍如何在论述时有效地利用量化信息（数字与符号）；

POC3.5.2 创建并解释关于趋势、关联或状态变化的图表与其他视像表述；

在沟通技巧方面，本专业的毕业生应该能够：

POC3.6.1 在第三方物流、采购供应链、货代报关、电商物流、医药物流等工作岗位中与一般和特定对象沟通中，写出令人信服的、流畅的、基本无笔误的文章；

POC3.6.2 在第三方物流、采购供应链、货代报关、电商物流、医药物流等工作岗位中与普通大众或某一个特定对象能够有效进行正式场合下的口头言语交流；

POC3.6.3 在第三方物流、采购供应链、货代报关、电商物流、医药物流等工作岗位中就某一具体工作任务的行动计划进行商谈，并对商谈结果进行书面或口头的总结陈述性沟通；

POC3.6.4 在第三方物流、采购供应链、货代报关、电商物流、医药物流等工作岗位中使用一门外语进行日常基本的交流，翻译所学专业领域的一篇简单的文章；

在创新思维方面，本专业的毕业生应该能够：

POC3.7.1 在第三方物流、采购供应链、货代报关、电商物流、医药物流等工作岗位中就一个创新创业的实践案例，分析或阐述该案例中涉及的创新、创业特征及关键要素，并给出自己的评判；

POC3.7.2 运用第三方物流、采购供应链、货代报关、电商物流、医药物流等一个或多个领域的知识与技能，就社会、经济、技术、文化等领域的某一方面的实践活动，或提出疑问，或指出其存在的问题，或提出一个新思路、新方法。

3.2.4 应用和协作学习领域 POC4：

在应用和协作学习方面，本专业的毕业生应该能够：

POC4.1 书面汇报第三方物流、采购供应链、货代报关、电商物流、医药物流等领域至少一个实际案例：说明自己是怎样将所学的学术性知识与技术技能，应用于“实地（实践）挑战”；并提出证据或案例，用来证明自己在应用过程中学到新的知识或有其他的收获；

POC4.2 分享或教会同学们至少一个自己在课堂外学来的第三方物流、采购供应链、货代报关、电商物流、医药物流等领域的重要概念或方法；

POC4.3 对于一个超出课上所学内容的第三方物流、采购供应链、货代报关、电商物流、医药物流等领域的实践难题，独立或与他人协作，对难题准确定位，收集相关线索与信息，进行组织与分析，并提出多种解决方案；

续图 4-10

POC4.4 参与一个第三方物流、采购供应链、货代报关、电商物流、医药物流等领域的创新创业性活动或项目，展示或讲解其实践成果，并就其过程做出书面的总结（至少能重点突出这次经历中个人对创新创业精神与创新创业管理的感悟，进而能阐明其应用前景或价值）。

3.2.5 公民和全球学习领域 POC5：

在公民素养和全球学习方面，本专业的毕业生应该能够：

POC5.1 清晰地介绍自己的个人背景、文化背景及职业发展规划；

POC5.2 阐述对习近平新时代中国特色社会主义思想、优良传统精神及社会主义核心价值观的理解，并列举自己的践行实例及个人感悟；

POC5.3 运用至少三项方法或技能，锻炼与改善身体及心理素质；

POC5.4 参与一个第三方物流、采购供应链、货代报关、电商物流、医药物流等领域的社区（或社团）项目，就其过程做出口头或书面的总结（报告），重点突出这次经历中自己主动性和责任心的体现，以及这次经历中个人的感悟；

POC5.5 指出第三方物流、采购供应链、货代报关、电商物流、医药物流等领域的一个跨国、跨洲或跨文化的经济的、环境的或公共卫生的挑战，提供挑战的证据，并表明对此挑战的立场。

4 课程体系

4.1 课程分类与学分结构

在学分制体制下，融合岭南职院学历资格框架中专业领域与核心领域的范畴，本专业课程体系包括必修课程、分类限选课程、分类任选课程与分类选项课程共四类，所属两大板块：专业教育、思政与博雅教育。其中，两大板块的必修与限选课程属于核心学习领域，专业教育板块的所有课程属于专业学习领域。两大板块的必修课程的学分值合理地分布在岭南职院学历资格框架的五大学习领域，选修课学分是学生根据自己的选课，对上述领域的补充。

本专业各类课程学分值分布如下表所示。

思政、博雅教育与创业板块		专业教育板块	
公共必修	35.5	专业必修（通用课）	26
公共选修（分类任选）	10	专业必修（核心课）	32
公共选修（分类选项）	4	专业必修（综合训练）	19.5
创新创业（选项）实践	4	专业选修（分类限选 10 学分）	10
思政、博雅教育与创业板块学分值	53.5	专业教育板块学分值	87.5
总学分			141

4.2 必修课程及其在五大学习领域学习成果分布

要达到本专业的“专业预期学习成果（POC)”，学生需要修读本专业的一系列课程，通过各课程的学习完成相应的“课程预期学习成果（SOC)”，以支撑、实现专业预期学习成果的达成，从而达到本专业对毕业生的要求。本专业必修课程与专业预期学习成果的对应关系如下表所示。

续图 4-10

物流管理专业预期学习成果的必修课程体系分布表

课程板块	课程名称	学分	五大学习领域学分分布					五大学习领域条款分布																						
			POC1	POC2	POC3	POC4	POC5	POC1 专业知识			POC2 广泛和融合的				POC3 智力技能							POC4 应用和协作学				POC5 公民素养和全球学				
			专业知	广泛和	智力技	应用和	公民素	Poc	Poc	Poc	Poc	Poc	Poc	Po	Poc	Poc	Poc	Poc	Poc	Poc	Poc	Poc	Poc	Poc	Poc	Poc	Poc	Poc	Poc	Poc
思政与博雅教育	中华优秀传统文化精粹	1			0.4	0.2	0.4											√				√					√			
	体育（含健康教育）	6			2.4	0.3	3.3								√	√			√				√					√		
	应用文写作	1			1															√										
	经济数学	2		0.5	1.5									√		√			√											
	大学生美育修养	2		0.5	1		0.5				√						√										√			
	毛泽东思想和中国特色社会主义理论体系概论	4			3	0.4	0.6										√					√					√			
	思想道德修养与法律基础（廉洁修身）	3			1	1	1								√		√					√					√			
	形势与政策	1			0.4	0.3	0.3										√					√					√			
	马克思主义中国化进程与青年学生使命担当	1			0.5		0.5										√										√			
	公共外语	4			3.5		0.5													√						√				
	计算机应用（含信息检索 2 学时）	2.5			2.5											√			√											
	军训、文训、国防教育	1					1																					√		
	大学生心理健康教育	2					2																						√	
	职业发展与就业指导	2	0.1	0.3	0.1		1.5			√			√		√											√	√	√		
	创新创业通识	1		0.6	0.4						√		√								√									
	军事理论	2					2																					√		
专业教育	物流概论与前沿	2	0.8	0.3	0.3	0.6		√	√		√	√			√	√						√	√							
	管理学原理	2	0.5	1	0.5					√		√	√			√				√										
	货物管理理论与实务	4	1	1	1	0.8	0.2	√			√	√		√	√			√					√							√
	统计学原理	3	1	0.5	0.5	1		√	√				√			√			√				√							
	经济学基础	3	1	0.5	1	0.5		√	√	√		√	√						√				√							
	物流经济地理理论与实务	4	1	1	1	0.8	0.2	√					√		√		√					√		√	√					√
	财务管理	4	2	1.2	0.4	0.4		√	√				√			√						√								
	物流市场营销理论与实务	4	1	1	1	0.8	0.2	√			√			√	√		√					√		√						√
	仓储与配送管理实务	4	1	1	1	1		√			√	√			√	√			√			√			√					
	进出口报关实务	4	2	0.3	0.5	1	0.2	√			√			√	√					√			√		√					√
	采购管理实务	4	1	1	1	1		√			√				√	√			√				√							
	国际贸易实务	4	1	0.9	1	0.9	0.2	√			√				√					√			√	√						√
	运输管理实务	4	1	1	1	0.8	0.2	√			√		√	√		√	√			√					√					√
	供应链管理实务	4	1	1	0.8	1	0.2	√			√			√	√				√				√	√						√
	国际货运代理实务	4	1	0.9	1	0.9	0.2	√			√		√	√			√			√			√	√						√
	电子商务实务	4	1	1	0.8	1	0.2	√			√		√	√			√			√	√		√	√						√
	物流企业经营管理沙盘模拟综合训练	2	0.5	0.5	0.5	0.5				√			√						√		√		√							
	物流企业经营管理真岗实战综合训练	2.5	0.5	0.5	0.7	0.8				√			√						√		√			√						
	公司经营策略仿真实训	3	0.5	0.5	0.8	1	0.2	√			√		√	√			√				√		√	√						√
	物流工程制图综合训练	2	0.5	0.5	0.5	0.5			√				√						√		√		√							
	毕业实践环节（顶岗实习）	6	0.6	1	2	2	0.4		√			√	√				√	√	√		√			√					√	√
	毕业双创成果考核	4	0.6	1	1	1	0.4		√			√	√						√		√		√	√					√	√
学分合计		113	20.6	19.50	36.00	20.50	16.40																							

本专业的“五大学习领域”必修课程学分值分布如下表所示。

“五大学习领域”必修课程学分值分布

学习领域		学分值
1	专业知识 POC1	20.6
2	广泛和融合的知识 POC2	19.5
3	智力技能 POC3	36
4	应用和协作学习 POC4	20.5
5	公民和全球学习 POC5	16.4
总学分		113

本专业的“五大学习领域”必修课程学分值分布图如下图所示。

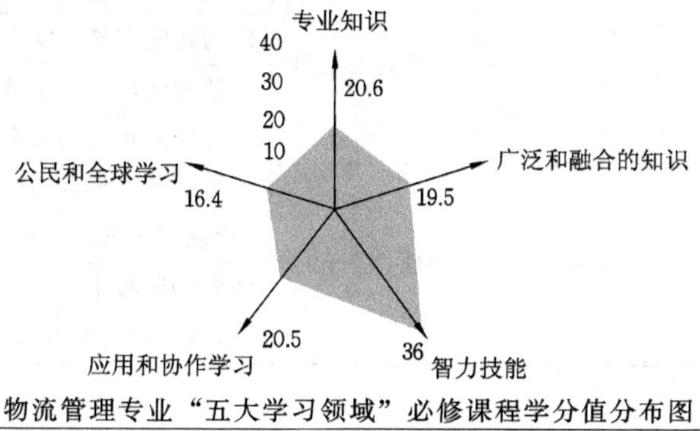

物流管理专业“五大学习领域”必修课程学分值分布图

续图 4-10

4.3 选修（项）课修读及学分分布

4.3.1 公共选修（分类任选）

公共选修（分类任选）课程占 10 学分，如下表所示。

公共选修（分类任选）课程的学分值

<table>
<tr><th>公共选修（分类任选）课程类别</th><th>开设学期</th><th>学分</th></tr>
<tr><td>社科、人文（国学、艺术）与经管类</td><td rowspan="3">第一至五学期，分类别选修 2 学分</td><td>2</td></tr>
<tr><td>科技（创新与民生科技）类</td><td>2</td></tr>
<tr><td>通用技能与语言类（含 1＋X）</td><td>4</td></tr>
<tr><td>创新创业类（含创新创业竞赛、公益创业等）</td><td>第二至三学期选修 2 学分</td><td>2</td></tr>
<tr><td colspan="2">公共选修（分类任选）课程最少需要修读的学分</td><td>10</td></tr>
</table>

4.3.2 公共选修（分类选项）

公共选修（分类选项）课程占 4 学分，如下表所示。

公共选修（分类选项）课程的学分值

<table>
<tr><th>公共选修（分类选项）课程类别</th><th>开设学期</th><th>学分</th></tr>
<tr><td>文化素养类（含文化建设、素质拓展、社团活动）</td><td rowspan="4">第一至五学期，每类至少选修 1 学分，多选学分不能替换其他学分</td><td>1</td></tr>
<tr><td>创新创业类（金点子大赛、发明创造）</td><td>1</td></tr>
<tr><td>读书活动类（含经典阅读、读书会）</td><td>1</td></tr>
<tr><td>服务学习类（含学习成果、社会服务）</td><td>1</td></tr>
<tr><td colspan="2">按照《分类选项课学习成果考核暂行办法》依据学习成果获得至少 4 学分</td><td>4</td></tr>
</table>

4.3.3 专业选修（分类限选）课程

专业选修（分类限选）是在本专业职业方向选修、本二级学院内跨专业选修、创业训练选修、升学留学选修（含小语种）四类中选择一类，然后在选择的类别中选修课程，至少选修 10 学分，如下表所示。

专业选修（分类限选）课程的学分值

<table>
<tr><th>选修类别</th><th>课程编码</th><th colspan="2">专业选修（分类限选）课程名称</th><th>开设学期</th><th>学分</th></tr>
<tr><td rowspan="8">职业方向选修（本专业）</td><td></td><td rowspan="4">限选课程包 1</td><td>电商物流理论与实务</td><td>2—5</td><td>3</td></tr>
<tr><td></td><td>医药物流理论与实务</td><td>2—5</td><td>3</td></tr>
<tr><td></td><td>冷链物流理论与实务</td><td>2—5</td><td>2</td></tr>
<tr><td></td><td>农业物流理论与实务</td><td>2—5</td><td>2</td></tr>
<tr><td></td><td rowspan="4">限选课程包 2</td><td>物流系统规划与设计</td><td>2—5</td><td>3</td></tr>
<tr><td></td><td>物流工程项目管理</td><td>2—5</td><td>3</td></tr>
<tr><td></td><td>智慧物流技术与应用</td><td>2—5</td><td>2</td></tr>
<tr><td></td><td>互联网＋物流运营管理</td><td>2—5</td><td>2</td></tr>
</table>

续图 4-10

选修类别	课程编码	专业选修（分类限选）课程名称		开设学期	学分
职业方向选修（本专业）		限选课程包3	报检理论与实务	2—5	3
			国际货运保险实务	2—5	3
			物流法理论与实务	2—5	2
			物流金融理论与实务	2—5	2
跨专业选修（本二级学院内跨专业）		咖啡拉花		2—5	2
		鸡尾酒调制		2—5	3
		茶艺表演		2—5	3
		分销渠道管理		4—5	2
		企业形象策划实务		4—5	3
		战略性人力资源管理		3—5	2
		员工培训实务		3—5	2
		人力资源管理实务		3—5	3
		卖场布局与陈列		3—5	2
		质量管理		3—5	2
		创业实务		3—5	3
		门店经营与管理		3—5	3
		企业采购管理		3—5	2
		企业品牌文化建设		3—5	2
		网络营销		3—5	2
		销售实战		3—5	2
		公司概论		3—5	3
创业训练选修		创业机会筛选		2	1
		创业项目选择与分析		2	1
		创业团队建设与管理		2	1
		创新思维与实践		2	1
		商业模式与创新		3	1
		创业融资		3	2
		商业计划书制定		3	2
		互联网思维与创新		4	1

续图 4-10

选修类别	课程编码	专业选修（分类限选）课程名称	开设学期	学分
创业训练选修		企业风险识别与规避	4	1
		企业创办流程	5	1
		初创型企业运营管理实务	5	2
		创业企业法律风险与防范	5	1
升学留学选修（含小语种）		外语能力提升法与留学申请技巧	5	2
		世界各国文化概况	5	2
		跨文化交际	5	2
		法语（小语种教学）	5	3
		日语（小语种教学）	5	3
		韩语（小语种教学）	5	3
		出国英语口语	5	3
专业选修（分类限选）课程最少需要修读的学分				10

4.3.4　创新创业（选项）实践

创新创业（选项）实践课，占 4 学分，如下表所示。

创新创业（选项）实践课

课程编码	创新创业（选项）实践项目要求	开设学期	学分
	要求学生毕业前需参加创新创业真实项目实践，并按照《创新创业选项实践成果考核暂行办法》依据学习成果获得至少 4 学分	从第 1 学期开始，利用课内外时间有组织参加	4
创新创业（选项）实践最少需要修读的学分			4

5　专业教学有关要求

贯彻落实《国家职业教育改革实施方案》，在学分制体制下，融合岭南职院学历资格轮廓中专业领域与核心领域的范畴，实现专业人才培养目标。本专业教学所需师资须由校内具双师素质的专任教师和校外具企业实战经验的兼任教师构成，同时，通过校企合作方式共建校内实训基地和校外实习基地、共同开发实践课程，共同开发教材等产教融合实践教学资源平台，并以工学结合、专创融合形式开展专业教学活动。

6　课程教学进程表

物流管理专业规范教学进程如下表所示。

续图 4-10

物流管理专业规范教学进程表

课程板块	课程类型	课程编码	课程或活动名称	主要教学方式	总学分	总学时	学时分配			考核方式	考核学期	一		二		三		四		五		六	
							理论学时	课内实践	课外实践	教学周数->		上课周时	实习周数	上课周时	实习周数	上课周时	实习周数	上课周时	实习周数	上课周时	实习周数	上课周时	实习周数
										教学周数->		13	3	18	0	18	0	18	0	12	6	0	16
思政、博雅教育与创业板块	公共必修		思想道德修养与法律基础（廉洁修身）	上课	3	48	39	9		考试	1	3											
			毛泽东思想与中国特色社会主义理论体系概论	上课	4	64	48	16		考试	2			4									
			形势与政策	讲座	1	32	16	16		考查	1,2,3,4	√		√		√		√					
			马克思主义中国化进程与青年学生使命担当	上课	1	20	20			考查	1	2											
			中华传统文化精粹	上课	1	16	8	6	2	考查	1	1											
			军训、文训	训练	1	16	4	12		考查	1		2				√				√		
			军事理论	上课/实践	2	32	16	6	10	考查	2			√									
			体育（含健康教育）	上课	6	108	20	36	52	考查	1, 2, 3, 4, 5	2		2		√		√		√			
			大学生心理健康教育	讲座	2	32	10	6	16	考查	1	2											
			大学生美育修养	上课	2	32	14	12	6	考查	2			√									
			职业发展与就业指导	上课	2	36	18	0	18	考查	1, 2, 3, 4, 5	√		√		√		√		√		√	
			创新创业通识	上课	1	16	12	0	4	考试	2			√									
			应用文写作	上课	1	16	8	6	2	考查	2			√									
			计算机应用（含信息检索2学时）	上课	2.5	40	10	18	12	考试	1, 2	√		√									
			公共外语	上课	4	64	64	0		考试	1, 2	3		2									
			经济数学	上课	2	32	16	10	6	考试	2			2									
			小计		35.5	604	323	153				13	3	11	0	0	0	0	0	0	0	0	0
	公共选修（分类任选）		社科、人文（国学、艺术）与经管类	上课	2	32	32	0	0	考查	1, 2, 3, 4, 5	√		√		√		√		√			
			科技（创新与民生科技、生态文明建设）类	上课	2	32	32	0	0	考查	1, 2, 3, 4, 5	√		√		√		√		√			
			创新创业类（含创新创业竞赛、公益创业）	上课	2	32	32	0	0	考查	2, 3, 4, 5, 6			√		√		√		√		√	
			通用技能与语言类（外语）	上课	4	64	26	24	14	考查	1, 2, 3, 4, 5, 6	√		√		√		√		√		√	
			小计		10	160	122	24		0		0	0	0	0	0	0	0	0	0	0	0	0
	公共选修（分类选项）		文化素养类（含文化建设、素质拓展、社团活动）	课外活动	1	24	0	12	12	考查	1, 2, 3, 4, 5	√		√		√		√		√			
			创新创业类（发明创造、金点子大赛等）	课外活动	1	24	0	12	12	考查	1, 2, 3, 4, 5	√		√		√		√		√			
			读书活动类（含经典阅读、读书会）	课外活动	1	24	0	12	12	考查	1, 2, 3, 4, 5	√		√		√		√		√			
			服务学习类（含学习成果、社会服务）	课外活动	1	24	0	12	12	考查	1, 2, 3, 4, 5	√		√		√		√		√			
			小计		4	96	0	48				0	0	0	0	0	0	0	0	0	0	0	0
	双创5+3实践（一）		体验项目（电商、公益等）						62	考查	1, 2	√		√									
专业教育板块	专业必修（通用课）		物流概论与前沿	上课/实践	2	32	16	14	2	考试	1	2											
			管理学原理	上课/实践	2	32	16	14	2	考查	2			2									
			货物管理理论与实务	上课/实践	4	64	32	30	2	考试	2			4									
			统计学原理	上课/实践	3	48	24	22	2	考查	3					3							
			经济学基础	上课/实践	3	48	24	22	2	考查	3					3							
			物流经济地理理论与实务	上课/实践	4	64	32	30	2	考试	3					4							
			财务管理	上课/实践	4	64	32	30	2	考查	3					4							
			物流市场营销理论与实务	上课/实践	4	64	32	30	2	考试	4							4					
			小计		26	416	208	192				2	0	6	0	14	0	4	0	0	0	0	0
	专业必修（核心课）		仓储与配送管理实务	上课/实践	4	64	32	30	2	考试	3					4							
			进出口报关实务	上课/实践	4	64	32	30	2	考试	3					4							
			采购管理实务	上课/实践	4	64	32	30	2	考试	4							4					
			国际贸易实务	上课/实践	4	64	32	30	2	考试	4							4					
			运输管理实务	上课/实践	4	64	32	30	2	考试	4							4					
			供应链管理实务	上课/实践	4	64	32	30	2	考试	5									5			
			国际货运代理实务	上课/实践	4	64	32	30	2	考试	5									5			
			电子商务实务	上课/实践	4	64	32	30	2	考试	5									5			
			小计		32	512	256	240				0	0	0	0	8	0	12	0	15	0	0	0
	双创5+3实践（二）		实践项目（电商、公益、专业）						128	考查	3, 4, 5					√		√		√			
	专业必修（综合训练）		物流企业经营管理沙盘模拟综合训练	训练	2	32	4	26	2	考查	3						√						
			物流企业经营管理真岗实战综合训练	训练	2.5	40	4	34	2	考查	2, 3, 4				√		√		√				
			公司经营策略仿真实训	训练	3	48	4	42	2	考查	2, 3, 4				√		√		√				
			物流工程制图综合训练	训练	2	32	4	26	2	考查	4								√				
			毕业实践环节（顶岗实习）	实习	6	144	0	144	0	考查	6												√
			毕业双创成果考核	实习	4	96	0	96	0	考查	6												√
			小计		19.5	392	16	368				0	0	0	0	0	0	0	0	0	0	0	0
	专业选修（分类限选10学分）		限选课1	上课/实践	3	48	24	22	2	考查	2, 3, 4, 5			√		√		√		√			
			限选课2	上课/实践	3	48	24	22	2	考查	2, 3, 4, 5			√		√		√		√			
			限选课3	上课/实践	2	32	16	14	2	考查	2, 3, 4, 5			√		√		√		√			
			限选课4	上课/实践	2	32	16	14	2	考查	2, 3, 4, 5			√		√		√		√			
			小计		16	160	80	72				0	0	0	0	0	0	0	0	0	0	0	0
	双创5+3实践（三）		实战项目（电商、公益、专业）						144	考查	5, 6									√		√	
合计					141	2436	1005	1097	334			15	3	17	0	22	0	16	0	15	0	0	0
考证（用√在考证的学期勾出）　任选		考证一	全国高等学校英语应用能力考试证书(B级)	课外辅导						考证	1, 2, 3, 4, 5	√		√		√		√		√			
		考证二	全国计算机等级考试合格证书（一级）	课外辅导						考证	1, 2, 3, 4, 5	√		√		√		√		√			
		考证三	物流管理师（全国信息化专业技能认证）	课外辅导						考证	2, 3, 4, 5, 6			√		√		√		√		√	
		考证四	国际商务单证员（中国对外贸易经济合作企业协会）	课外辅导						考证	2, 3, 4, 5, 6			√		√		√		√		√	
		考证五	供应链管理从业能力水平等级证书（广东省物流行业协会）	课外辅导						考证	2, 3, 4, 5, 6			√		√		√		√		√	
		考证六	物流管理职业技能等级证书（中国物流与采购联合会）	网络学习						考证	2, 3, 4, 5, 6			√		√		√		√		√	

续图 4-10

第五节　成果导向工学结合的课程开发

一、基于 DQP 框架的成果导向工学结合课程开发步骤

根据姜大源《职业教育学新论》关于工作过程系统化课程开发的论述，结合上一节用 DQP 工具进行职业岗位分析，表达专业预期学习成果（POC，即职业能力目标），用典型工作过程（设计成学习情境）来实现这些学习成果（SOC，即课程学习成果）、构建课程，主要步骤如下：

（1）工作任务分析与典型工作归纳。根据专业相应的岗位或岗位群工作职责或工作过程，进行工作任务分析，筛选出代表性的工作，再根据代表性工作的工作领域、复杂程度等要素，整合归纳形成行动领域的典型工作任务。

（2）学习领域转换与专业成果分担。根据职业成长和认知规律，递进地重构行动领域，将典型工作任务转换为课程，构建课程体系，并通过 DQP“课程-学习成果矩阵表”落实专业预期学习成果到各门课程当中，确保所有专业预期学习成果没有落空，都有课程所分担。

（3）课程成果表达与学习情境设计。根据课程所承担的专业成果，结合职业特征及思维完整性要求，分解课程为学习情境（或主题单元），使各情境（单元）的学习成果组合最终支撑实现该课程所承担的专业学习成果要求。这些学习情境可以称为项目、任务、模块、案例、问题等，关键要体现完整工作过程和其演绎的逻辑。

按这个步骤，第一、二步所形成的教学文件在本书称为“专业规范”（如上一节物流专业的完整案例所示），第三步所形成的教学文件在本书称为“课程规范”，两者配套就完成了成果导向高职教育课程开发，如图 4-11 所示意的流程和步骤。

前面章节已经介绍了上述课程开发步骤的第一、二步操作的依据和案例。下面重点介绍第三步“课程成果表达与学习情境设计”，即“课程规范”的编制案例。

二、课程预期学习成果的表达方式

如前所述，当课程分担了专业预期学习成果（POC）后，如何将这些成果目标落实到课程开发和教学实施中，就成为成果导向工学结合课程开发的关键。

这里不能简单地将专业学习成果分解给课程，变成课程的一个个子目标（SOC）就了事。而是要结合课程所对应的典型工作任务，按照工作过程的逻辑，将课程分解成若干个具有一定逻辑结构的学习情境（或主题单元，可以是项目、任务、模块、案例、问题等）。每个学习情境（主题单元）都是一个完整的工作或思维过程，它所产出的成果就作为该情境（单元）的学习成果之一，所有学习情境（单元）的学习成果

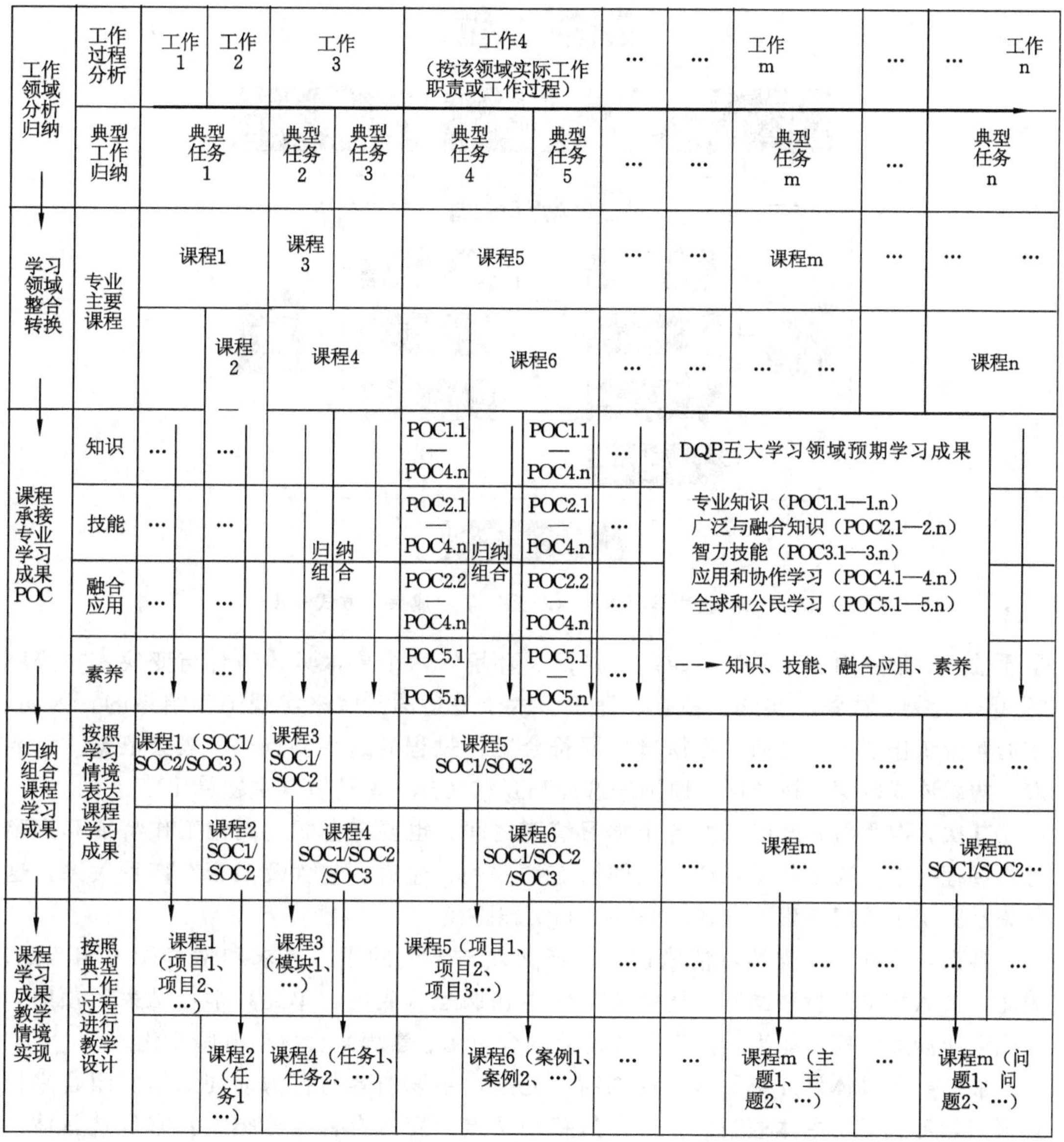

阶段	项目										
工作领域分析归纳	工作过程分析	工作1	工作2	工作3	工作4（按该领域实际工作职责或工作过程）	…	…	工作m	…	…	工作n
	典型工作归纳	典型任务1	典型任务2	典型任务3	典型任务4	典型任务5	…	…	典型任务m	…	典型任务n
学习领域整合转换	专业主要课程	课程1	课程3	课程5	…	…	课程m	…	…	…	
		课程2	课程4	课程6	…	…	…	…	课程n		
课程承接专业学习成果POC	知识	…	…	归纳组合	POC1.1—POC4.n	归纳组合	POC1.1—POC4.n	…	DQP五大学习领域预期学习成果		
	技能	…	…		POC2.1—POC4.n		POC2.1—POC4.n	…	专业知识（POC1.1—1.n） 广泛与融合知识（POC2.1—2.n） 智力技能（POC3.1—3.n） 应用和协作学习（POC4.1—4.n） 全球和公民学习（POC5.1—5.n）		
	融合应用	…	…		POC2.2—POC4.n		POC2.2—POC4.n	…			
	素养	…	…		POC5.1—POC5.n		POC5.1—POC5.n	…	——►知识、技能、融合应用、素养		
归纳组合课程学习成果	按照学习情境表达课程学习成果	课程1（SOC1/SOC2/SOC3）	课程3 SOC1/SOC2	课程5 SOC1/SOC2	…	…	…	…	…	…	…
		课程2 SOC1/SOC2	课程4 SOC1/SOC2/SOC3	课程6 SOC1/SOC2/SOC3	…	…	课程m …	…	课程m SOC1/SOC2…		
课程学习成果教学情境实现	按照典型工作过程进行教学设计	课程1（项目1、项目2、…）	课程3（模块1、…）	课程5（项目1、项目2、项目3…）	…	…	…	…	…	…	…
		课程2（任务1…）	课程4（任务1、任务2、…）	课程6（案例1、案例2、…）	…	…	课程m（主题1、主题2、…）	…	课程m（问题1、问题2、…）		

图 4-11　DQP 框架成果导向工学结合课程开发步骤示意图

（SOC1、SOC2、…）组合起来就实现了课程所分担的专业预期学习成果。所以，描述课程预期学习成果，实质上就是描述这些学习情境（单元）的工作成果，这既要熟悉职业岗位工作过程、职业能力需求，也要熟悉学生学习心理。图 4-12 所示为表达学习情境（单元）学习成果的方式和步骤。

首先，一门课程可以设计哪些学习情境（主题单元），这本身就是创造性的工作，是课程开发的重点环节。学习情境开发的逻辑起点是典型工作任务，应该依据工作过程规律来系统化知识。根据姜大源《职业教育学新论》的观点，一个完整的工作过程

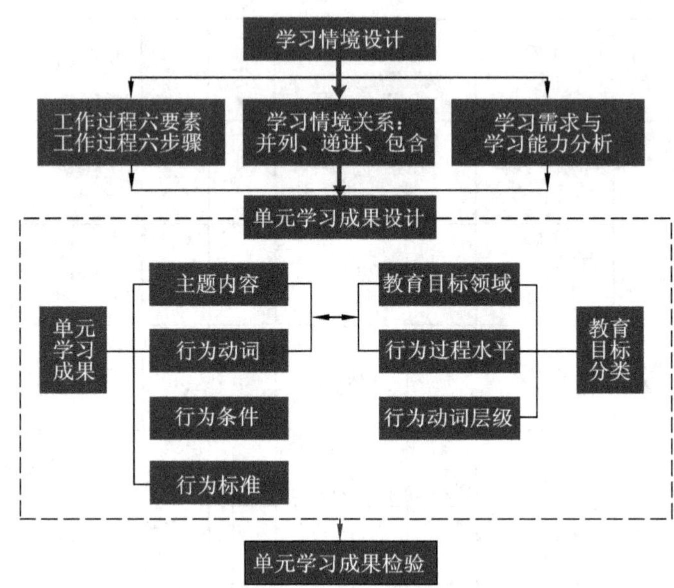

图 4-12　表达学习情境（单元）学习成果的方式和步骤

是通过“对象、内容、手段、组织、产品、环境”六个要素具体组合与变换，并按照“资讯、计划、决策、实施、检查、评价”六个普适的步骤来实现工作结果的。因此，依据典型工作任务开发的学习情境也要符合工作过程的这些特点。一般会依据“六要素”的载体或范畴，按照同一原则来选择和互相区分学习情境（主题单元）。

其次，课程所开发出来的各个学习情境之间，也要符合职业岗位工作特征和完整思维过程要求。通常各学习情境之间会有“并列、递进、包含及混合”四种关系，这些关系决定了该门课程的内在结构特征和实施路径。

再次，课程开发或学习情境设计，还必须与学生的学习需求和学习能力相匹配。为此，要做学情分析和调查。研究清楚学生在课程（或主题单元）学习结束后预期学习成果所涵盖的职业能力（知识、技能、融合应用、素养）会发生哪些变化。

最后，在具体设计单元学习成果时。先通过主题内容与行为动词的搭配组合来构建预期学习成果的主体框架，在这一过程中重点应用教育目标分类工具来优选具体的行为动词，并确定行为过程的层次、水平。然后，在主体框架的基础上，还要进一步对预期学习成果具体化、明晰化，考虑学生在完成预期学习成果时的典型工作的行为条件设置以及行为标准设置。在单元预期学习成果设计完成后，还要在单元教学实施后进行回顾，检查该预期学习成果是否满足了设计的目标与要求，如对课程学习成果目标的支撑、可观察性、可衡量性等。

三、课程学习情境及其预期学习成果开发举例

下面以高职人力资源管理专业的“企业行政管理实务”课程为例，具体阐述开发课程学习情境及单元预期学习成果的过程，并分析在这一过程中如何具体应用“教育

目标分类”来表达学习成果。

（一）确定课程定位与课程总体目标

高等职业教育的人才培养定位是高素质技术技能型人才，相对于掌握知识本身，更加侧重于学生对知识的应用与实践行动。因此通过专业人才培养需求分析与职业工作过程分析，确定典型工作任务的性质和特征，是确立课程定位与课程总体目标和设计课程预期学习成果的一个重要前提。课程定位是指该课程在整个专业课程体系中的地位和作用。课程总体目标是对该课程实现职业能力培养作用的概括描述。

“企业行政管理实务”课程的设置是源于人力资源管理专业人才培养需求调研时，发现很多用人单位（以民营中小企业为主）的人力资源管理职能与行政管理职能是融合在一起的，由此人力资源助理或文员乃至人力资源主管的主要工作职责中，包含了部分行政事务与管理工作。因此，该课程定位与目标分析如图4-13所示。

“企业行政管理实务”课程分析之一

典型工作任务：（1）行政事务业务处理；（2）行政事务问题解决。两者相互独立并有一定交叉关系。

课程定位：专业课程体系中的一门专业拓展课，以丰富学生今后就业的能力广度，提升其综合工作胜任能力。

课程总体目标：学生通过对企业行政管理职能中常用知识与实务的学习与训练，应能独立完成企业日常行政事务中的简单任务，并能有条理地分析与应对企业行政人员在工作中涉及的关键问题，以适应将来的企业行政事务与管理工作。

图4-13　“企业行政管理实务”课程定位与目标分析

明确了课程总体目标，就可以根据前面“基于DQP框架的成果导向工学结合课程开发步骤”所述，进一步确定课程具体目标（即学习成果），它是立足课程对应的典型工作任务和所承接的专业预期学习成果（POC），并按照若干的学习情境（主题单元）的学习成果（SOC1、SOC2……）组合起来表达的。这样从专业到课程使学习成果（目标）相匹配，学生在达成课程预期学习成果的过程中，所展现的心理品质和积累的经历，就内化为学生的职业能力。

（二）对学生进行学情分析

教师在制订学习目标前，需要了解学生的兴趣、认知水平、学习风格、已有的知识、文化背景与经验等。这既是成果导向教育中“以学生为中心”理念的体现，也同时兼顾了学生对预期学习成果的理解水平以及完成学习成果的学习层次水平，是课程预期学习成果可实现的重要基础。

“企业行政管理实务”课程的教学对象是高职人力资源管理专业的三年级（上学期）学生。此时，学生已经完成了大部分专业课程的学习，即将走入企业进行实习与就业。

广东岭南职业技术学院对往届毕业生的调查显示，该专业的就业对口率超过80%，就业单位以中小民营企业为主，且大多数是写字楼公司，较少是生产型工厂。针对这一特点，课程领域聚焦于在办公室行政，而较少涉及工厂行政事务，如工厂的后勤、安全保卫等。另外，高职学生在理论知识的兴趣与认知能力方面相对本科生会弱一些，但在动手操作能力方面兴趣更大，且在前两年的学习中实操训练较多。针对这一特点，课程学习要求侧重于实务操作与问题解决，而非知识信息的记忆与理解。

（三）设计学习情境（单元）和主题内容

依据对“人事行政助理/文员岗位群”进行的工作过程分析所确定的典型工作任务，设计“企业行政管理实务”课程的学习情境。如典型工作任务“（1）行政事务处理”，可以包括前台事务处理、办公文书处理、办公设备操作、办公用品管理、差旅事务处理、办公环境及5S管理，共6个学习情境（其名称可以作为单元主题，也可进一步细分主题）。各情境之间是并列关系，相互间关联度不大，如表4-17所示。

表4-17 “企业行政管理实务”课程典型工作任务“行政事务处理”学习情境分析

典型工作任务	学习情境（单元主题）	学习情境的细分主题内容
（1）行政事务处理	1-1 前台事务处理	1-1-1 来电来访，1-1-2 礼仪接待，1-1-3 不善来访处置
	1-2 办公文书处理	1-2-1 文件处理流程，1-2-2 文件归档检索等
	1-3 办公设备操作	1-3-1 常用设备使用，1-3-2 办公设备维护等
	1-4 办公用品管理	1-4-1 办公用品采购、发放、保管等
	1-5 差旅事务处理	1-5-1 差旅安排，1-5-2 报账，1-5-3 差旅制度执行等
	1-6 办公环境及5S管理	1-6-1 办公环境建设，1-6-2 按5S管理办公环境等

注意，在选择单元（或其细分）主题的内容时，要考虑以该主题的工作任务作为载体，针对培养学生能力（知识、技能、融合应用、素养）的价值大小和承载度，尽量选择与学生学习能力相当，又有一定挑战性、复杂度的任务作为载体。例如，这个例子中“前台事务处理”的细分主题“不善来访处置”，就是一个具有挑战性、复杂度的任务，对学生的培养价值较大。同时，在选择单元（或细分）主题内容时，还应紧密围绕课程总体目标，以避免出现认为学生学得越多越好的不良心理。此外，还要分析单元各主题内容之间的关联与逻辑顺序，这是决定课程教学顺序编排的基础。

（四）确定行为动词及与单元主题内容的搭配

这是描述各种学习情境下学习成果的关键，要应用教育目标分类学，按四个步骤来确定行为动词：（1）确定每个单元学习成果的概括性学习要求；（2）确定所属的教育目标细分领域；（3）确定在所属领域的学习过程水平层次；（4）选择合适的行为展现方式及具体的行为动词。如图4-14所示。

第一，针对纳入单元预期学习成果的每个主题内容，考虑相应的概括性学习要求与表现。这就需要对职业工作过程中的关键事件进行分析（可参考美国劳工部开发的职业定向分析系统，它从重要性、相关性与处理频率三个维度来综合评价）。表4-18显

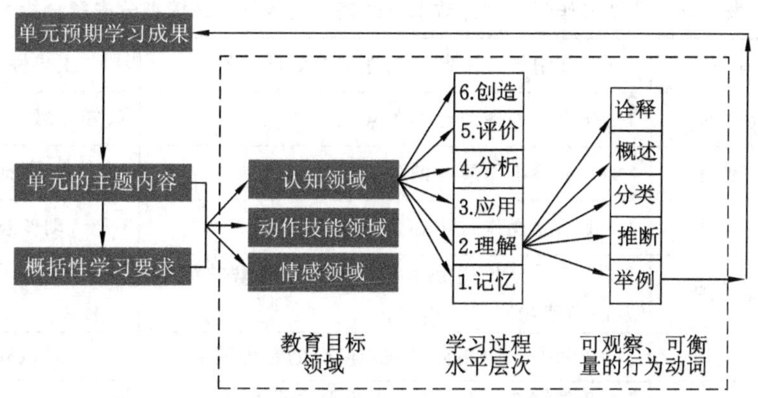

图 4-14　应用教育目标分类学行为动词的四个步骤

示了“企业行政管理实务”课程的典型工作任务“行政事务处理”的 6 个学习情境对某个细分主题的概括性学习要求。从表中可以看出，这些学习要求的表述是相对笼统与模糊的，尤其体现在其中所采用动词（理解、熟悉、掌握、处理）的可观察性与可衡量性较弱。因此，在表达概括性学习要求的基础上，教师需要进一步思考：什么是实现这些学习要求的样子？如何才能从学生的活动或行为中观察到所预期的学习成果？

第二，根据单元细分主题内容及概括性学习要求，确定每一预期学习成果归属于教育目标分类中的具体领域（认知领域、动作技能领域、情感领域）。由于在职业教育的教学实践中，往往不存在单一能力领域的活动，所有能力都可能具备这三个领域要素。对于某一项单元细分主题及学习要求，需要考虑三个目标领域的学习，各自对于学生所做适当行为表现的重要性与学生学习的负荷，由此确定主导性学习领域（不一定只设置一个主导性学习领域）。在“企业行政管理实务”课程中，可以举两个例子说明如下。

例一：对于学习情境（单元）“1-1 前台事务处理”的细分主题——“1-1-3 不善来访处置”的概括性表述是“恰当处理前台不善来访”。这里同时对应了认知领域与动作技能领域。这是考虑到其所要求的学生行为表现不但有赖于学生对任务信息的认知加工，同时也有赖于学生的言语表达与肢体动作。

例二：对于另一学习情境（单元）“1-6 办公环境及 5S 管理”的细分主题——“1-6-2按 5S 管理办公环境”的概括性表述是“理解 5S 的理念、内容及办公环境要求，应用其完善办公室环境”的学习要求，尽管涉及学生对 5S 相关知识的认知、学生对 5S 的练习操作（认知领域），但更重要的是学生对 5S 理念所秉持的职业素养的理解，因此该学习要求对应的主导性学习领域可以定为情感领域，辅之以认知领域。

关于典型工作任务“行政事务处理”的其他学习情境细分主题的例子，表 4-18 中都有呈现。

表 4-18 典型工作任务“行政事务处理”其他学习情境细分主题分析

学习情境	其中细分主题概括性学习要求举例	主导性学习领域
1-1 前台事务处理	1-1-3 恰当处理前台不善来访	认知领域＋动作技能领域
1-2 办公文书处理	1-2-1 掌握工作事项的公文处理流程	认知领域
1-3 办公设备操作	1-3-1 独立操作常用办公设备	动作技能领域
1-4 办公用品管理	1-4-1 熟悉办公用品采购、发放、保管的流程及注意事项	认知领域
1-5 差旅事务处理	1-5-3 掌握企业制订差旅制度时的考虑因素	认知领域
1-6 办公环境及 5S 管理	1-6-2 理解 5S 的理念、内容及办公环境要求，应用其完善办公环境	情感领域＋认知领域

第三，确定各单元主题及要求所属教育目标领域的学习过程的水平层次。按照布鲁姆教育目标分类理论，可以对每一细分领域学习过程的复杂性或难度设立多个水平层次，水平层次越高，复杂性或难度越高。因此，在此需要确定各个单元主题在其对应的主导性学习领域上，学生的学习过程需要在复杂性或难度达到哪一个水平层次，或者说，学生达成预期学习成果的学习过程需要达到哪一个层次。

以“企业行政管理实务”课程的“1-1 前台事务处理”学习情境之细分主题“1-1-3 恰当处理前台不善来访”的学习要求为例，该要求同时对应了认知领域与动作技能领域。在认知领域，学生在学习后应能够对环境信息进行识别（是否属于不善来访，哪种类型的不善来访），选择和运用某一程序来应对处理并完成任务（恰当接待）。前者包含了理解和分析的认知过程，后者则以应用为主。在动作技能领域，学生在学习后应能根据环境熟练且恰当地表达语言、表情与动作，这属于辛普森教育目标的“适应”水平层次（学生在先修课程“商务礼仪”中已经对此类动作技能进行了“机械学习”）。该课程的“1-6 办公环境及 5S 管理”学习情境之细分主题“1-6-2 理解 5S 的理念、内容及办公环境要求，应用其完善办公环境”，主导定位于情感领域，学生在学习后应能够有意识地让 5S 成为行为习惯，这属于“5.0 价值评价”的水平层次。

该典型工作任务“行政事务处理”的其他学习情境之主题学习要求所属教育目标分类领域的水平层次见表 4-19。

表 4-19 “行政事务处理”各学习情境之主题学习要求所属教育目标分类分析

学习情境	其中细分主题概括性学习要求举例	主导性学习领域	学习过程水平层次
1-1 前台事务处理	1-1-3 恰当处理前台不善来访	认知领域 动作技能领域	3.0 应用 6.0 适应
1-2 办公文书处理	1-2-1 掌握工作事项的公文处理流程	认知领域	3.0 应用
1-3 办公设备操作	1-3-1 独立操作常用办公设备	动作技能领域	4.0 分析
1-4 办公用品管理	1-4-1 熟悉办公用品采购、发放、保管的流程及注意事项	认知领域	2.0 理解

续表

学习情境	其中细分主题概括性学习要求举例	主导性学习领域	学习过程水平层次
1-5 差旅事务处理	1-5-3 掌握企业制订差旅制度时的考虑因素	认知领域	1.0 记忆
1-6 办公环境及 5S 管理	1-6-2 理解 5S 的理念、内容及办公环境要求，应用其完善办公环境	情感领域 认知领域	5.0 价值评价 3.0 应用

第四，确定各主题表述的预期学习成果所适用的行为动词。在教育目标分类中，学习过程的每一水平层次都具有不同的行为表现方式，对应着不同的行为动词。比如认知领域的“理解”层次，学生可以通过表征、诠释、举例、分类、概述、推论等方式来展示对材料对象的理解；在情感领域的“价值评价”层次，学生可以通过做出、演示、辩论、跟随、参与、提议、分享等方式来展示对特定对象所秉持的价值观念。因此，在设计预期学习成果的这一阶段，教师需要考虑两个问题，一是要求学生采用何种方式来展现学习成果，二是在该方式下选择哪一个具体的行为动词。

例如，“企业行政管理实务”学习情境“1-1 前台事务处理”之细分主题“1-1-3 恰当处理前台不善来访”，定位于认知领域的“应用（含理解与分析）”水平与动作技能领域的“适应”水平。教师可设计学生展现该项能力的行为表现方式为“角色扮演”。在此基础上，认知领域的具体行为动词选择了“识别”与“应用”，动作技能领域的具体行为动词选择了“演示”。

再如，该课程学习情境“1-6 办公环境及 5S 管理”之细分主题“理解 5S 的理念、内容及办公环境要求，应用其完善办公环境”，其定位于情感领域的“价值评价”水平和认知领域的“应用”水平。教师可设计学生展现该项能力的行为表现方式为“学生表达自己在 5S 改善行动中的感受”，对应的具体行为动词为“实施”与“分享”，以及“提出改善办公环境的具体方案”对应的具体行为动词为“应用”与“实施”。

另外，教师在设计某一预期学习成果的展现方式和具体行为动词的过程中，应该协同思考该预期学习成果的评核方式以及相对应的学习成果留存载体（如文本、视频、实物、照片等），以便更有效地保证预期学习成果（学习目标）与评核方式的匹配对应。

该课程典型工作任务“行政事务处理”的其他学习主题及要求的学生展现方式及具体行为动词见表 4-20。

表 4-20　“行政事务处理”各学习主题的具体行为动词应用

学习情境	其中细分主题概括性学习要求举例	主导性学习领域	学习过程水平层次	展现方式	行为动词
1-1 前台事务处理	1-1-3 恰当处理前台不善来访	认知领域 动作技能领域	3.0 应用 6.0 适应	角色扮演	识别、应用 演示
1-2 办公文书处理	1-2-1 掌握工作事项的公文处理流程	认知领域	3.0 应用	问题解决	描述

续表

学习情境	其中细分主题概括性学习要求举例	主导性学习领域	学习过程水平层次	展现方式	行为动词
1-3 办公设备操作	1-3-1 独立操作常用办公设备	动作技能领域	4.0 分析	独立操作	操作
1-4 办公用品管理	1-4-1 熟悉办公用品采购、发放、保管的流程及注意事项	认知领域	2.0 理解	表征诠释（用流程图的方式）	画出（流程图）
1-5 差旅事务处理	1-5-3 掌握企业制订差旅制度时的考虑因素	认知领域	1.0 记忆	回忆	默写
1-6 办公环境及 5S 管理	1-6-2 理解 5S 的理念、内容及办公环境要求，应用其完善办公环境	情感领域 认知领域	5.0 价值评价 3.0 应用	行动与感受	实施、分享

（五）确定各主题对应的预期学习成果的任务情境与行为条件

基于上表的设计结果（尤其是展现方式），教师需要界定学生完成各项预期学习成果中行为活动的背景环境（如实地环境或模拟环境、给定的任务或问题等）、辅助工具（如多媒体工具、相关专业工具、他人指导等）、限制条件（如在规定时间内、独立完成、不得使用教学资料中的原例等），以使学生的行为活动情境更加具体明确。

例如“企业行政管理实务”课程学习情境“1-1 前台事务处理”的细分主题“1-1-3 恰当处理前台不善来访”所设计的“学生通过角色扮演以演示其恰当处理前台不善来访”。该任务采用情境模拟的方式，即由其他学生来设计不善来访的情境并扮演不善来访者，完成学习成果的学生则扮演前台文员的角色。

再如，对于“1-6-2 理解 5S 的理念、内容及办公环境要求，应用其完善办公环境”设计的“学生实施一次 5S 改善活动并分享自己的感受，并改善自己的宿舍环境”，活动情境限制为学生自己的宿舍环境，分享的辅助工具为 PPT 多媒体展示。

该课程典型工作任务“行政事务处理”的其他预期学习成果的任务情境与行为条件见表 4-21 所示的“粗斜体字部分”。

表 4-21　典型工作任务“行政事务处理”的各预期学习成果表述分析

学习情境	其中细分主题概括性学习要求举例	展现方式	完整的预期学习成果表述
1-1 前台事务处理	1-1-3 恰当处理前台不善来访	角色扮演	学生在完成本主题的学习后，应该能够：以企业前台文员的角色，于***前台接待的模拟情境***中，**正确**识别不善来访及原因类别，并**适当**应用相应的技巧**具体**地演示接待过程，以**缓和前台的不善氛围**
1-2 办公文书处理	1-2-1 掌握工作事项的公文处理流程	问题解决	学生在完成本主题的学习后，应该能够：对于***给定的工作事项***，**适当**应用办公文书处理原则，**合理**描述完成该工作中办公文书的处理过程

续表

学习情境	其中细分主题 概括性学习要求举例	展现方式	完整的预期学习成果表述
1-3 办公设备操作	1-3-1 独立操作常用办公设备	独立操作	学生在完成本主题的学习后，应该能够：对于***给定的办公设备***，***在规定时间内***，**独立并正确**操作并完成文件双面打印、双面复印与扫描存档的任务
1-4 办公用品管理	1-4-1 熟悉办公用品采购、发放、保管的流程及注意事项	表征诠释（用流程图的方式）	学生在完成本主题的学习后，应该能够：***以流程图的方式***，**完整并正确**画出企业办公用品采购、发放、保管的流程，并在图中标注注意事项
1-5 差旅事务处理	1-5-3 掌握企业制订差旅制度时的考虑因素	回忆	学生在完成本主题的学习后，应该能够：***在闭卷条件及规定时间内***，**正确及完整**地默写出企业制订差旅制度时的考虑因素
1-6 办公环境及 5S 管理	1-6-2 理解 5S 的理念、内容及办公环境要求，应用其完善办公环境	行动与感受	学生在完成本主题的学习后，应该能够：***对于宿舍环境***，**有效实施**一项 5S 改善活动，并***通过多媒体设备***，向同学**清晰分享**改善活动的效果（比如前后对比）以及活动后自己的感受

（六）确定各主题对应的预期学习成果所需达到的质量标准

提出质量标准的主要目的是让学生明确怎样才算是达成预期学习成果的要求。教师在设计质量标准时，一般对焦于预期学习成果中所采择的行为动词，即在语言表述中作为行为动词的状语。教师面临的核心问题是“细化到什么程度”——这往往取决于学生完成预期学习成果的展现与评核方式。如果预期学习成果是通过客观题测验（如默写企业制订差旅制度时的考虑因素）或客观性评价（如对于学生能否自行打印出一份文件，只有打印出与没有打印出这两个客观性结果）来完成的，质量标准可以通过正确与否或正确率高低来体现。如果预期学习成果更多地是偏向于主观性评价（如学生分享 5S 活动感受的质量或学生处理不善来访的适当性），则需要设置一些具体的评价指标来体现质量要求。

以“企业行政管理实务”课程的“学生通过角色扮演以演示其恰当处理前台不善来访”，行为动词分别为识别、应用、演示。对应的行为标准则分别为“正确”识别、“恰当”应用与“具体”演示，且“能缓和前台的不善氛围”。该课程其他主题的预期学习成果的行为标准见上表预期学习成果的完整表述中“粗下划线”的字段。

（七）将上述步骤中确定的要素统合成完整的预期学习成果描述

在设计并确定预期学习成果的四要素（单元主题内容、行为动词、行为条件、质量标准）后，将各要素具体内容有机地整合成具体、明确的预期学习成果表述。如图 4-15 就是人力资源专业“企业行政管理实务”课程依据成果导向工学结合开发出的典型工作任务“行政事务处理”的 6 个学习情境之部分细分主题的学习成果（SOC）的表述。另外，在预期学习成果的完整表述中，还应包括学习成果的行为主体（即学生）及体现预期行为的未来时态。

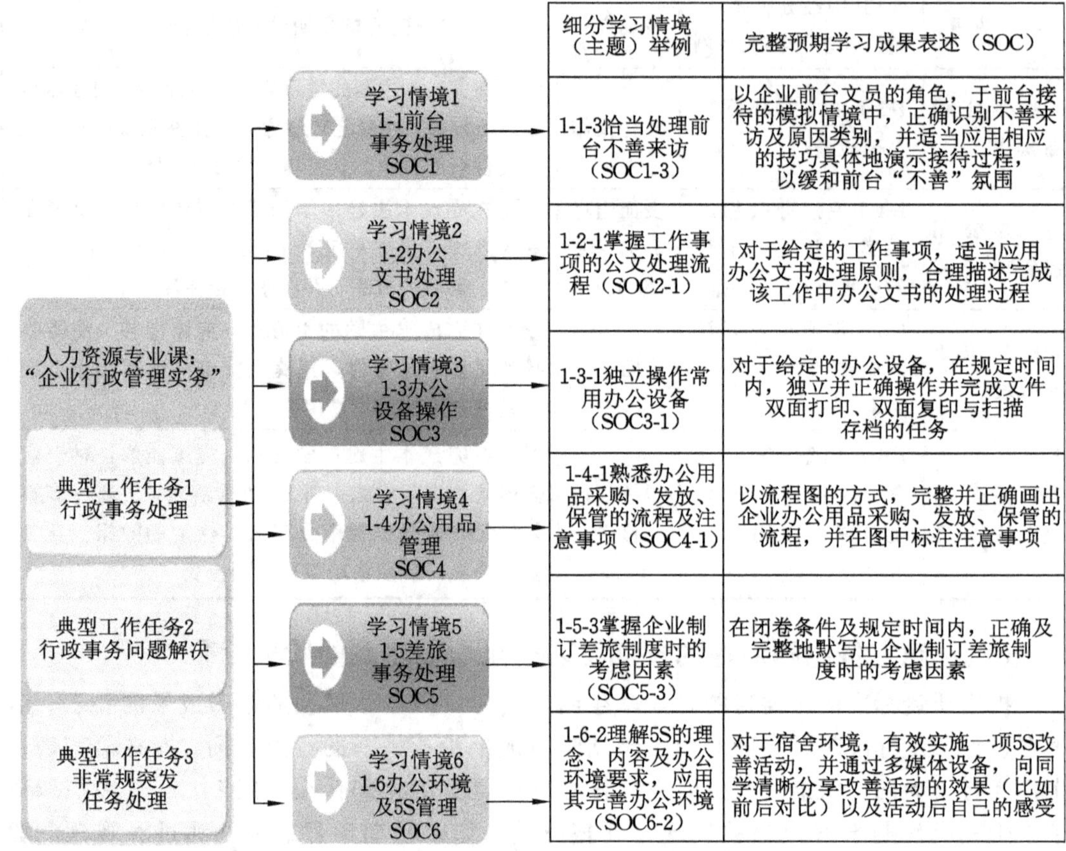

图 4-15 典型工作任务“行政事务处理”6 个学习情境之部分学习成果（SOC）的表述

（八）检核设计的预期学习成果是否符合相关特征要求

最后，在设计完成课程的典型工作任务各学习情境之预期学习成果后，教师还应再次回顾并检查、核对预期学习成果的表述。检核项目与评价标准是否基于预期学习成果的相关特征及其要素。表 4-22 即为预期学习成果表述检查表。

表 4-22 预期学习成果表述检查用表

检核项目	检核要点
以学生为主体	是否描述的是学生的行为表现？
清晰具体	是否过于抽象或概括性？行为的条件和行为标准是否清晰？是否是学生易于理解的表述？
可观察、可测量的行为动词	是否聚焦于学生的行为表现？该行为表现是否是可观察的、可测量的？行为动词的内涵及水平层次是否模糊或容易产生歧义？
有意义	是否切合人才培养需求与课程总体目标？是否符合学生的能力发展水平？是否有较大的可实现性？是否有利于学生的能力迁移？

此外，对于首次参加设计课程预期学习成果的教师，建议采用全方位检核的方式，包括：（1）设计编写课程预期学习成果的教师或教师团队自行检查。（2）邀请同专业的其他教师协助检核。（3）依据“以学生为中心”的理念，还应从学生的视角来检核。可以邀请往届毕业生或在校学生代表协助检核预期学习成果的表述是否容易理解，是否会产生混淆或歧义，在学习后达成预期学习成果的难度。（4）为体现职业教育的职业性与应用性，教师还可以邀请用人单位的相关岗位优秀任职者协助检核。例如，考察学生达成这些预期学习成果所标志的职业能力是否易于迁移至职场的实际工作任务中，满足企业的用人需求。

总之，高职课程学习情境开发及其预期学习成果表达的核心环节是通过主题内容与行为动词的搭配组合来构建预期学习成果的主体框架，其中的难点在于如何选择恰当的行为动词来指引学生的行为表现及水平层次。在此，布鲁姆教育目标分类学可以作为一个有效的辅助工具，具体方法为先确定每个学习成果的大致要求，然后确定所属的教育目标细分领域，再确定在所属领域的学习过程水平层次，最后选择合适的行为展现方式及具体的行为动词。教师在应用布鲁姆教育目标分类设计预期学习成果时，需要对每一目标水平的概念区分以及适用动词予以理解与掌握，并在教学团队内进行充分的研讨，这样才能确保所设计的预期学习成果可以成为促进学生有意义学习的有效手段。

四、用 DQP 框架编制课程规范的要求

在第四章第二节我们介绍了用 DQP 开发成果导向课程的框架，上两节我们介绍了怎样用 DQP 框架和成果导向理念构建工学结合的课程体系，建立“专业规范”（即人才培养方案）的步骤和要点，并通过案例剖析了具体课程（例如人力资源管理专业的“企业行政管理实务”课程）按照工作过程系统化理念，用成果导向和教育目标分类理论构建典型工作任务之学习情境（单元）的预期学习成果的做法。接下来，我们来介绍通过上述操作形成的文本如何编制成果导向的“课程规范”（也有称为“课程标准”“课程大纲”的，不过作者在此并不太赞同用“标准”或“大纲”去统一格式化职业教育丰富多样的课程，而只是提出“规范”这一基本要求，给课程开发留下更多想象和发挥的空间）。

“专业规范”所设置课程都需要编制“课程规范”。“课程规范”是以规定的格式提出的教与学的基本要求，包括教学目标（即预期学习成果的承接传递）、教学内容（包括典型工作任务及其情境单元的学习内容要求）、教学进度安排、教学方法、教学资源与实施条件、考核评价及对学生的要求等方面。教师依据“课程规范”再进一步进行“学习情境（单元/模块）教学设计”，最终实现专业人才培养目标的全贯通。图 4-16 中是广东岭南职业技术学院所使用的“课程规范”“学习情境（单元/模块）教学设计”的模板（里面有填写的具体要求和说明）。

五、“课程规范”“单元/模块教学设计”模板和案例

<table>
<tr><th colspan="2">*****课程规范（模板）</th></tr>
<tr><td>课程编码</td><td></td></tr>
<tr><td>课程名称</td><td></td></tr>
<tr><td>课程所属</td><td>（说明：填写课程所属专业，或公共课，或公选课）</td></tr>
<tr><td>学分值</td><td></td></tr>
<tr><td>程度</td><td></td></tr>
<tr><td>先修课程</td><td></td></tr>
<tr><td>共修课程</td><td></td></tr>
<tr><td>不可共修的课程</td><td></td></tr>
<tr><td>主旨</td><td>1. 课程概述（不超过100字，包括课程定位、课程总体目标等）
……
2. 通过本课程的学习，使学生在如下POC领域能够实现的学习成果
<table>
<tr><th>序号</th><th>对应的POC条款</th><th>对应POC条款的预期学习成果描述</th><th>学分值</th></tr>
<tr><td>1</td><td>POC1. 1</td><td></td><td></td></tr>
<tr><td>2</td><td>POC3. 1</td><td></td><td></td></tr>
<tr><td>……</td><td>……</td><td></td><td></td></tr>
<tr><td></td><td></td><td></td><td></td></tr>
</table>
（说明：如果是必修课，须从对应专业的“必修课程及其在五大学习领域学习成果分布表”中寻找对应的POC条款去描述，并分配学分。尤其注意POC条款中布鲁姆“动词”的使用和层级。用更高层级的动词，相应的考评方法也要匹配）</td></tr>
<tr><td>相应典型工作任务</td><td>
<table>
<tr><th>编号</th><th>对应的典型工作任务名称</th><th>各任务之间关系描述</th></tr>
<tr><td>1</td><td></td><td rowspan="4">（说明：该部分可以具体描述各典型工作之间的关系。通常各任务之间有“并行”“递进”和“包含”三类基本关系，也有三种基本的混合类型）</td></tr>
<tr><td>2</td><td></td></tr>
<tr><td>3</td><td></td></tr>
<tr><td>……</td><td></td></tr>
</table>
（说明：典型工作任务是依据专业的职业岗位工作过程的分析结果所归纳出来的，根据任务的细分程度，一门课程通常可以至少对应3个以上典型工作任务）</td></tr>
</table>

图 4-16 “课程规范”“单元/模块教学设计”模板

<table>
<tr>
<td>预期学习成果(SOC)</td>
<td>
在完成课程后，学生将会：
<table>
<tr><th>典型工作任务编号</th><th>学习情境名称</th><th>预期学习成果（SOC）描述</th><th>对应的POC</th></tr>
<tr><td rowspan="3">1</td><td>1-1 ***</td><td>SOC1-1 ******</td><td>POC1.1/POC2.1</td></tr>
<tr><td>1-2 ***</td><td>SOC1-2 ******</td><td>POC3.2</td></tr>
<tr><td>……</td><td>……</td><td>……</td></tr>
<tr><td rowspan="3">2</td><td>2-1 ***</td><td>SOC2-1 ******</td><td>POC4.1/POC4.3</td></tr>
<tr><td>……</td><td></td><td></td></tr>
<tr><td>2-2 ***</td><td>SOC2-2 ******</td><td>POC2.2</td></tr>
<tr><td>……</td><td>……</td><td>……</td><td>……</td></tr>
</table>
（说明：这里“学习情境”即是课程单元，可以称其为**项目、**任务、**模块、**案例、**主题等，每一个学习情境都是实现对应的典型工作任务的一个独立完整的工作或思维过程，对它所产出的工作成果转换成预期学习成果进行描述SOC。注意，不一定每个学习情境都要与SOC一一对应，但这些学习成果都为实现专业预期成果POC做贡献。如果学习情境继续细分，其对应的预期学习成果也可细分）
</td>
</tr>
<tr>
<td>课程内容与教学进度安排</td>
<td>
<table>
<tr><th>周次</th><th>起止日期</th><th>周课时数</th><th>学习情境
(单元/模块)</th><th>对应的SOC</th><th>学时</th></tr>
<tr><td></td><td></td><td></td><td rowspan="3">1-1 ***</td><td>SOC1-1</td><td></td></tr>
<tr><td></td><td></td><td></td><td>……</td><td></td></tr>
<tr><td></td><td></td><td></td><td></td><td></td></tr>
<tr><td></td><td></td><td></td><td rowspan="3">1-2　***</td><td>SOC1-2</td><td></td></tr>
<tr><td></td><td></td><td></td><td>……</td><td></td></tr>
<tr><td></td><td></td><td></td><td></td><td></td></tr>
<tr><td></td><td></td><td></td><td rowspan="2">2-1 ***</td><td>SOC2-1</td><td></td></tr>
<tr><td></td><td></td><td></td><td>……</td><td></td></tr>
<tr><td></td><td></td><td></td><td>2-2 ***</td><td>SOC2-2</td><td></td></tr>
<tr><td></td><td></td><td></td><td></td><td></td><td></td></tr>
<tr><td></td><td></td><td></td><td></td><td></td><td></td></tr>
</table>
</td>
</tr>
</table>

续图 4-16

<table>
<tr><td>与预期学习成果配对的教学方法</td><td>

预期学习成果	教学方法			
	方法1名称	方法2名称	方法3名称	方法4名称
SOC1-1				
SOC1-2				
……				
SOC2-1				
SOC2-2				
……				

（说明：职业院校的教学方法，既包括讲授、分组讨论、实训、实习、大作业、课程设计等传统方法，也包括案例教学法、项目教学法、角色扮演法、模拟教学法、卡片展示法、引导课文教学法、头脑风暴法等行为导向的教学方法）</td></tr>
<tr><td>与预期学习成果配对的评核方法和评核标准</td><td>

评核内容	评核标准	评核方法	权重(%)
课堂出勤			
课前、课中互动表现			
实操与活动参与			
SOC1-1			
SOC1-2			
……			
合计			100%

（说明：成果评核方式有书面作业、测验考试、作品展示、表演录像、总结报告或论文答辩等；评核可以是任课教师评、同学互评、本人自评、企业或第三方评价等）</td></tr>
<tr><td>预期的学生需要付出的努力</td><td>

学习时间	
1. 指导学习和实操（课上）	
2. 其他学习（课外）	
（1）扩展实训作业	
（2）课前、课后查询相关专业资料	
（3）……	
总学时数	

</td></tr>
<tr><td>教材与参考资料</td><td>（包括教材、参考书、在线教学资源、文献和资料等）</td></tr>
</table>

续图 4-16

课程实施的条件与要求	（课包括师资条件、实践教学条件、在线教学、工学结合等具体要求，不超过300字）
署名	编制人：　　　　日期： 审核人：　　　　日期：

****学习情境（单元/模块）教学设计

设计首页　　　　　　　　　　　　　　　　第　　单元/模块

所属课程				学分		学时	
单元或模块	编号		名称				
上课周次/时间							
上课班级/小组							
上课地点							
教学目标要求与内容要点	1. 对应本学习情境（单元/模块）的预期学习成果（SOC）描述： 学习成果编号 ‖ 预期学习成果 SOC 描述 ‖ 对应的 POC SOC1-1-1 ‖ ‖ POC1.2/POC1.3 SOC1-1-2 ‖ ‖ …… ‖ …… ‖ …… 2. 本学习情境（单元/模块）的相应知识、技能、融合应用、素养的要点描述：						
重点难点问题与解决措施							
教学情境与条件要求							
参考资料与数字化资源							
教与学诊断与改进措施	1. 学生预期学习成果（SOC）的达成评价 2. 教与学的效果的评价 3. 改进措施						
署名/日期	教师签名及日期			检查者签名及日期			

续图 4-16

******学习情境（单元/模块）教学设计**

设计活页　　　　第　　单元/模块　第　　页

步骤	教学内容	方法手段	学生活动	时间分配

续图 4-16

第一个案例是物流管理专业“速运公司顶岗实训”课程。该案例中按照物流配送站点三个层次岗位——物流员、管理员、站长的岗位职责来确定典型工作任务，设计了 9 个学习情境，产出 7 项课程学习成果，支撑该专业毕业预期学习成果 10 项。这些典型工作任务之间是并列和部分包含关系（作为管理员、站长应该具备下一级岗位的能力和工作经验）。如图 4-17 所示。

第二个例子是模具设计与制造专业的“压铸模具设计”课程。该案例按照压铸模具的加工材料类型选择了 3 种典型产品的加工情境，来编制工艺、设计压铸模具，产出 9 条学习成果，包括支持该专业毕业预期学习成果的有 4 项。如图 4-18 所示。

第三个为图 4-19 的案例是药学专业“实用药理学”的课程规范。该课程是一门理论性和实践性都要求较高的课程。在这份课程规范设计中，按照 5 类应用场景设计了 19 个学习成果，包括药理知识应用、寻病问药指导、处方审核、药理实验和药事伦理五个方面。整个教学安排既有理论课配实验课，又有课外竞赛、公益活动和药房、医院的实习，配合网络教学资源自学，形成多样化、丰富的教学形态，解决了传统方式中学习这类课枯燥乏味的问题。

<table>
<tr><th colspan="2">“速运公司顶岗实训”课程规范</th></tr>
<tr><td>课程编码</td><td>03043142D0</td></tr>
<tr><td>课程名称</td><td>速运公司顶岗实训</td></tr>
<tr><td>课程所属</td><td>物流管理</td></tr>
<tr><td>学分值</td><td>2</td></tr>
<tr><td>程度</td><td>中级</td></tr>
<tr><td>先修课程</td><td>“管理学原理”“货物养护与包装技术”“市场营销学”“统计学原理”</td></tr>
<tr><td>共修课程</td><td>“仓储与配送管理实务”“报关实务”“运输管理实务”</td></tr>
<tr><td>不可共修的课程</td><td>无</td></tr>
<tr><td>主旨</td><td>1. 课程概述（不超过100字，包括课程定位、课程总体目标等）
设置速递实训课程的目的是让学生在校期间，以准职业人的身份投入顶岗实训过程中，体验实际企业的运作和管理全过程，培养流程管理能力、质量管理能力、成本管理意识、安全意识、工作执行能力及物流管理的职业素养，锻炼分析能力、解决实际问题的能力。
本课程依托邮政等速递企业在校园内的一个快递站点，作为实训基地和微缩企业，真实地承担着校园内快递业务，从而培养学生。
2. 通过本课程的学习，学生在如下POC领域能够实现的学习成果
<table>
<tr><th>序号</th><th>对应的POC条款</th><th>对应POC条款的预期学习成果描述</th><th>学分值</th></tr>
<tr><td>1</td><td>POC1.1</td><td>举例描述快递业的核心理论和实践知识</td><td>0.2</td></tr>
<tr><td>2</td><td>POC1.2</td><td>解决快递业务末端配送过程中业务操作效率低的问题</td><td>0.4</td></tr>
<tr><td>3</td><td>POC1.3</td><td>按照快递实训基地的规章和业务流程要求，基本无差错地完成实训基地的各项业务操作</td><td>0.4</td></tr>
<tr><td>4</td><td>POC2.1</td><td>描述快递配送环节有关配送方式或物流技术的研究进展情况</td><td>0.1</td></tr>
<tr><td>5</td><td>POC2.2</td><td>举例说明快递运作过程中易产生的争议的问题，阐述对该争议问题的见解。例如快递实名制与发件人个人信息的保密、快递破损或遗失的赔偿等</td><td>0.1</td></tr>
<tr><td>6</td><td>POC2.3</td><td>在分析性任务中（服务满意度调查），使用所学习的多个领域的公认方法，如依据的收集与评估、本课程中的一些服务质量方面知识、统计学中的一些方法等</td><td>0.2</td></tr>
<tr><td>7</td><td>POC2.4</td><td>采用至少两个领域的知识来对快递业中包装材料的循环利用问题进行定义、界定与解释该问题对社会的影响，并作出评述</td><td>0.2</td></tr>
<tr><td>8</td><td>POC4.1</td><td>书面汇报一个快递运营管理方面的案例：说明自己是怎样将所学的学术性知识与技术技能，应用于实地（实践）挑战；并提出证据或案例，用来证明自己在应用过程中学到新的知识或有其他的收获</td><td>0.1</td></tr>
</table>
</td></tr>
</table>

图 4-17 “速运公司顶岗实训”课程规范

9	POC4.3	对于一个超出课上所学内容的如流程优化等实践问题，对问题准确定位，收集相关线索与信息，进行组织与分析，并提出多种解决方案	0.1
10	POC4.4	参与一个快递业中分拣点部创业布局规划项目，展示其实践成果，并就其过程做出书面的总结（至少能重点突出这次经历中个人对快递业创新创业精神与创新创业管理的感悟，进而能阐明其应用前景或价值）	0.2

相应典型工作任务

编号	对应的典型工作任务名称	各任务之间关系描述
1	物流员工作岗位	三个层次岗位是职责并列和部分包含关系。作为管理员、站长应该具备下一级岗位的能力和工作经验
2	速递站管理员工作岗位	
3	速递站站长工作岗位	

物流配送站点各类岗位职责如下表所列：

职责＼岗位层级	物流员	管理员	站长
1.接单、揽收、分拣、派送	√	√	
2.货品检查、信息采录	√	√	
3.包装、分送、中转	√		
4.客户沟通与申诉处理		√	√
5.业务安排与业务开拓			√
6.收支结算与业绩考核		√	√
7.库房管理与设备维护		√	
8.人员培训与流程、制度建设			√

预期学习成果（SOC）

典型工作任务编号	学习情境名称	预期学习成果（SOC）描述	对应的POC（学分）
1	1-1 普通物件配送	SOC1-1 基本无差错地完成各项快递业务，提出业务流程的优化方案，并书面汇报其中一个改善管理案例	POC1.3（0.4） POC4.1（0.1） POC4.3（0.1）
	1-2 大件物件配送 1-3 贵重物件配送	SOC1-2 结合快递业务分拣配送环节的各项工作，举例描述快递业的核心理论和实践知识，如快递与快运的区别、快递货物的类型、禁寄货物、快递配送技术等的应用案例	POC1.1(0.2)
2	2-1 客户申诉处置	SOC2-1 阐述有客户投诉，如包装破损、货品丢失等争议问题的处置方式	POC2.2(0.1)
	2-2 库房设计管理 2-3 收支结算记账	SOC2-2 对快递业中包装材料的循环利用问题进行评述，并将包装材料记账月度核算，提出改进库房布局方案	POC2.4(0.2)

续图 4-17

3	3-1 社区站点设计	SOC3-1 以校园分拣点部为对象，请结合现有的业务进行创业布局规化方案的设计并展示	POC4.4(0.2)
	3-2 业绩考核设计	SOC3-2 运用多个领域的知识，对站点的服务满意度进行调查，并编写调查报告	POC2.3（0.2）
	3-3 业务优化方案	SOC3-3 描述不同阶段的配送方式或物流技术研究进展情况，并说明如何运用该方式或技术来解决快递业末端配送环节中操作效率低的问题	POC1.2（0.4） POC2.1（0.1）

课程内容与教学进度安排

周次	起止日期	周课时数	课程内容	对应的SOC	学时
3	3.3—3.9 分组、分批	4	上岗前培训 学习内容：(1)快递业务流程；(2)设备的使用；（3）制度与安全规范；（4）实习要求	SOC1-1 SOC1-2	4
4	3.10—3.29 分组、分批	3	物流员顶岗实习 学习情境：1-1/1-2/1-3 学习内容：（1）卸载、分拣：归类管理、特殊件处理、编码规则及写码要求；（2）入库上架、移库：巴枪使用、货架编码规则、理货原理；（3）派件、出库、查询：巴枪业务操作、滞留件的派件；（4）收件：快递单填写、不同公司计价规则（含泡货判断、包装方法、违禁品判断）	SOC1-1 SOC1-2	9
5		3			
6		3			
7	3.31—4.19 分组、分批	3	管理员顶岗实习 学习情境：2-1/2-2/2-3 学习内容：（1）处置客户投诉和理赔；（2）日记账务处理；（3）包装材料的循环利用；（4）库房管理与优化	SOC2-1 SOC2-2	9
8		3			
9		3			
10	4.21—5.16	3	站长顶岗实习 学习情境：3-1/3-2/3-3 学习内容：（1）开拓新站点的创业计划书编制；（2）客户问卷调查与评价回访；（3）制定站点业务拓展或改进方案；（4）制定员工业绩考核方案	SOC3-1 SOC3-2 SOC3-3	10
11		3			
12、13		4			

说明：（1）课程内容包括岗前培训及在校园物流实训基地顶岗实训，顶岗实训以学生作业为主，教师现场指导，实训基地的学生协助指导；（2）因场地限制，为保证实训效果，顶岗实训分组实施，每个学生要按照实训基地的工作时间安排，按时到岗，完成日常实训任务。

续图 4-17

与预期学习成果配对的教学方法

预期学习成果	教学方法			
	讲授	顶岗实操	任务导向教学	设计答辩
SOC1-1	Y			
SOC1-2	Y	Y		
SOC2-1		Y	Y	
SOC2-2		Y	Y	
SOC3-1		Y	Y	
SOC3-2		Y	Y	Y
SOC3-3			Y	Y

说明：课程以顶岗实训为主，采用“做中学，做中教”的方式，讲授、任务导向教学、小组教学法、现场指导的方法，同时要求学生针对实训项目查找资料。

与预期学习成果配对的评核方法和评核标准

评核内容	评核标准	评核方法	权重(%)
出勤、课堂参与、课堂纪律	积极思考和回答问题；无违反课堂纪律行为	签到 抽查问答 课堂监督	10%
SOC1-2	概念正确，举例恰当	闭卷考核	9%
SOC3-3	研究进展描述内容完整；解决问题方法选择及思路符合逻辑	书面作业（2人组）	22%
SOC1-1	业务操作需要提供视频；案例分析利用了所学知识和技能及有自己的体会恰当；流程优化有所搜集的线索并提出多种有可行性的解决方案	书面作业（4人组）	27%
SOC2-1	争议见解分析符合逻辑	书面作业	5%
SOC3-1	多个领域知识应用适当；信息收集与利用适当；数据分析和图表适当；报告格式规范，内容完整	书面作业（4人组）	9%
SOC3-2	多个领域知识应用适当；界定清楚；评述思路清晰	书面作业	9%
SOC3-3	规划设计方案规范；有对创业规划的感悟；对未来应用或价值阐述清楚	书面作业（4人组）	9%
加分作业	适当应用所学知识并进行反思	书面作业	10分

说明：（1）评核系列一，占总分的 10%（其中课堂出勤 5%、课堂参与表现 3%、课堂纪律行为 2%）。迟到、早退一次扣 10 分，旷课一次扣 20 分；课堂参与表现主要由教师及现场助教进行记录，发生一次课程纪律行为（如睡觉、吃东西、玩手机、打闹等）扣 10 分。（2）评核系列二，占总分的 90%（按每个 SOC 的成绩与学分值取加权平均）。二人组作业的成绩直接作为每个组员的个人成绩；四人组作业的成绩，由组员相互评分后，再加权平均计算每个组员的成绩；具体考核任务与评分标准，作业发布时介绍；因旷课原因而造成的挂科，无补考机会，

续图 4-17

<table>
<tr><td></td><td colspan="2">直接重修；其他原因造成的挂科，所有不及格的单项学习成果（SOC），每项重新提交一份 SOC，按照原有评分依据评分后，代入考核要求重新计算分数。</td></tr>
<tr><td rowspan="7">预期的学生需要付出的努力</td><td colspan="2">学习时间</td></tr>
<tr><td>1. 指导学习和实操（课上）</td><td>32学时</td></tr>
<tr><td colspan="2">2. 其他学习（课外）</td></tr>
<tr><td>（1）扩展实训作业</td><td>32学时</td></tr>
<tr><td>（2）课前、课后查询相关专业资料</td><td>30学时</td></tr>
<tr><td>（3）网络资源平台学习</td><td>6学时</td></tr>
<tr><td>总学时数</td><td>100学时</td></tr>
<tr><td>教材与参考资料</td><td colspan="2">1.速递实训基地管理文件（由实训基地提供）
2.速递实训基地收件、派件作业指导书（由实训基地提供）
3.快递业务安全及注意事项（由教师提供）
4.中国快递协会 http://www.cea.org.cn/</td></tr>
<tr><td>课程实施的条件与要求</td><td colspan="2">1.实施条件
课程的开展需要有速递公司真实业务的场地，场地内业务每天有适合学生参与实践的量的要求。校内实践基地有中通、韵达、邮政等公司的实际收派件业务，实践基地有配套的实践设备，如秤、柜台、手拖车、物流框、物流袋、货架、巴枪、移动电话、快件箱、快件文件袋、打包带、登录系统用电脑、面单打印机、面单分类箱、面单整理箱、看板白板、智能柜等，可以满足学生分组顶岗实训的需要。
2.实践教学管理
实施过程中为了便于管理，采用在线教学平台——课堂派，平台中发布分组实践安排情况，课程学习成果的发布与提交，实践过程动态考勤，实践教学规范的发放、师生互动、学生学习成果的反馈等。具体涉及的教学管理文件如下表。
<table>
<tr><td>序号</td><td>文件名称</td><td>文件形式</td></tr>
<tr><td>1</td><td>课程标准（课程规范）</td><td>平台栏目教学资源中的教学文件</td></tr>
<tr><td>2</td><td>快递暂行条例</td><td>平台栏目教学资源中的行业标准</td></tr>
<tr><td>3</td><td>作业指导书</td><td>平台栏目教学资源中的企业标准</td></tr>
<tr><td>4</td><td>实践管理办法</td><td>平台栏目教学资源中的实践管理办法</td></tr>
<tr><td>5</td><td>课程学习成果</td><td>平台栏目在线作业</td></tr>
<tr><td>6</td><td>考勤</td><td>平台栏目传统考勤、二维码考勤、数字考勤、GPS 考勤</td></tr>
<tr><td>7</td><td>课堂表现</td><td>平台栏目课堂互动情况表现统计</td></tr>
<tr><td>8</td><td>签退及工作情况表</td><td>实践基地纸质版，手写签字确认</td></tr>
</table>
</td></tr>
<tr><td>署名</td><td colspan="2">编制人：　　　　　　　　日期：
审核人：　　　　　　　　日期：</td></tr>
</table>

续图 4-17

<table>
<tr><th colspan="2">“压铸模具设计”课程规范</th></tr>
<tr><td>课程编码</td><td></td></tr>
<tr><td>课程名称</td><td>压铸模具设计</td></tr>
<tr><td>课程所属</td><td>模具设计与制造专业选修课</td></tr>
<tr><td>学分值</td><td>2</td></tr>
<tr><td>程度</td><td>中级</td></tr>
<tr><td>先修课程</td><td>“注塑模具设计”“注塑模具CAE”“冲压工艺与模具设计”“三维建模与工程制图”</td></tr>
<tr><td>共修课程</td><td>“模具制造工艺”“模具项目管理实践”</td></tr>
<tr><td>不可共修的课程</td><td>无</td></tr>
<tr><td>主旨</td><td>1. 课程概述
本课程是模具设计与制造专业的专业选修课程之一，是对学生在 DQP 框架中专门知识、应用和协作学习等领域的补充。压铸成型生产及其模具设计与注塑成型生产及其模具设计有相似、相通之处。本课程学习目标的实现，需大量应用已学过的注塑模设计等知识和技能。因此，本课程学习，可提升学生的知识迁移、应用和协作学习能力。
课程的总体目标：学生通过对压铸生产及压铸模具开发中相关知识的学习，能应用压铸工艺知识编制压铸成型工艺卡；能应用压铸成型工艺及压铸模具知识设计压铸模具；能应用 UG NX6 技能绘制压铸模三维模型及二维工程图；有能力应对企业压铸生产及压铸模具开发相关工作中涉及的关键问题，以适应将来的压铸模具设计岗位工作。通过本课程的学习，学生具体能够：
（1）对压铸生产有整体的认识；
（2）熟悉并有能力选择压铸设备及压铸工艺参数、压铸零件材料、压铸零件，进行工艺性审核；
（3）熟悉并有能力规划压铸模具整体结构方案；
（4）对压铸模技术要求有整体认识并有能力针对某套模具提出恰当的技术要求及相关技术参数；
（5）对模具结构、技术参数进行必要计算、校核、分析，论证其可靠性、合理性；
（6）绘制模具三维模型，对模具设计结果进行直观表达；
（7）绘制模具二维工程图，为技术交流和生产活动提供技术资料；
（8）有汇报压铸模设计工程项目的能力。
2. 通过本课程的学习，学生在如下POC领域能够实现的学习成果
<table>
<tr><th>序号</th><th>对应的POC条款</th><th>对应POC条款的预期学习成果描述</th><th>学分值</th></tr>
<tr><td>1</td><td>POC1.1</td><td>能够独立完成至少一个产品的完整模具设计、分析与制造全过程（例如，手机外壳、空调面板、汽车配件等产品）</td><td>0.6</td></tr>
<tr><td>2</td><td>POC1.2</td><td>运用CAD软件表达模具的三维结构，并绘制模具的二维装配图与零件图，实现技术交流（例如，使用UGNX、AutoCAD、Pro/E等软件工具构建模具的模型）</td><td>0.4</td></tr>
</table>
</td></tr>
</table>

图 4-18　“压铸模具设计”课程规范

3	POC1.3	基本上无差错地进行模具的设计与制造，得到完整的设计模型及数据，展示讲解设计方案	0.5
4	POC4.1	书面汇报至少一个案例——自己是怎样将所学的学术性知识与技术技能应用于实地（实践）挑战的	0.5

相应典型工作任务

编号	对应的典型工作任务名称	各任务之间关系描述
1	锌合金热压成型（如抽屉拉手）	按照不同材的料成型工艺划分典型工作任务，三种工作属于并列关系，不过工艺难度递进、提升
2	铝合金冷压成型（如手机外壳）	
3	镁合金冷压成型（如创意灯筒）	

预期学习成果（SOC）

在完成课程后，学生将会：

典型工作任务编号	学习情境名称	预期学习成果（SOC）描述	对应的POC
1	1-1 抽屉拉手成型工艺编制	SOC1-1 就某个锌合金（如抽屉拉手）热压室压铸件的压铸工艺进行分析和阐述，并编制压铸成型工艺卡	POC1.1
	1-2抽屉拉手压铸模设计	SOC1-2 根据成果SOC1-1设计一套热压室压铸模具，并应用UG软件绘制压铸三维模型	POC1.2/POC4.1
	1-3 出抽屉拉手压铸模工程图	SOC1-3 根据成果SOC1-2绘制压铸模的二维工程图	POC1.3
2	2-1 手机外壳压铸成型工艺编制	SOC2-1 就某个铝合金（如手机外壳）卧式冷压室压铸件的压铸工艺进行分析和阐述，并编制压铸成型工艺卡	POC1.1
	2-2 手机外壳压铸模设计	SOC2-2 根据SOC2-1设计一套卧式冷压室压铸模具，并应用UG软件绘制压铸模三维模型	POC1.2/POC4.1
	2-3 出手机外壳压铸模工程图	SOC2-3 根据成果SOC2-2绘制压铸模的二维工程图	POC1.3
3	3-1 创意灯筒压铸成型工艺编制	SOC3-1 就某个镁合金（如创意灯筒）立式冷压室压铸件的压铸工艺进行分析和阐述，并编制压铸成型工艺卡	POC1.1
	3-2 创意灯筒压铸模设计	SOC3-2 根据SOC3-1设计一套立式冷压室压铸模具，并应用UG软件绘制压铸模三维模型	POC1.2/POC4.1
	3-3 出创意灯筒压铸模工程图	SOC3-3 根据成果SOC3-2绘制压铸模的二维工程图	POC1.3

续图 4-18

课程内容与教学进度安排	周次	起止日期	周课时数	课程内容	对应的SOC	学时
	3	9.1—9.4	4	**学习情境**：1-1 抽屉拉手成型工艺编制 **学习内容**：（1）抽屉拉手压铸机选择；（2）抽屉拉手结构工艺性分析；（3）抽屉拉手压铸材料选择；（4）抽屉拉手压铸工艺参数及工艺卡的编制	SOC1-1	4
	4、5	9.7—9.18	3	**学习情境**：1-2抽屉拉手压铸模设计 **学习内容**：（1）抽屉拉手压铸模结构及分型曲面设计；（2）抽屉拉手浇注系统及溢流、排气系统设计；（3）抽屉拉手成型零件及模架设计；（4）抽屉拉手推出机构设计；（5）学习成果输出和验收	SOC1-2 SOC1-3	6
	6	9.21—9.25	4	**学习情境**：2-1 手机外壳压铸成型工艺编制 **学习内容**：（1）壳体压铸机选择；（2）手机外壳结构工艺性分析；（3）手机外壳压铸材料选择；（4）手机外壳压铸工艺参数及工艺卡的编制	SOC2-1	4
	9、10	10.5—10.13	4	**学习情境**：2-2 手机外壳压铸模设计 **学习内容**：（1）手机外壳压铸模结构及分型曲面设计；（2）手机外壳浇注系统及溢流、排气系统设计；（3）手机外壳成型零件及模架设计；（4）手机外壳侧抽芯及推出机构设计；（5）学习成果输出和验收	SOC2-2 SOC2-3	8

续图 4-18

	11	10.19—10.20	2	学习情境：3-1 创意灯筒压铸成型工艺编制 学习内容：（1）壳体压铸机选择；（2）创意灯筒结构工艺性分析；（3）创意灯筒压铸材料选择；（4）创意灯筒压铸工艺参数及工艺卡的编制	SOC3-1	2
	12、13	10.19—10.30	4	学习情境：3-2 创意灯筒压铸模设计 学习内容：（1）创意灯筒压铸模结构及分型曲面设计；（2）创意灯筒浇注系统及溢流、排气系统设计；（3）创意灯筒成型零件及模架设计；（4）创意灯筒侧抽芯及推出机构设计；（5）学习成果输出和验收	SOC3-2 SOC3-3	8

与预期学习成果配对的教学方法

预期学习成果	教学方法				
	讲授	案例研究	问题导向	任务导向	角色扮演
SOC1-1	Y			Y	
SOC1-2	Y	Y		Y	
SOC1-3			Y	Y	Y
SOC2-1	Y			Y	
SOC2-2	Y	Y		Y	
SOC2-3			Y	Y	Y
SOC3-1	Y			Y	
SOC3-2	Y	Y		Y	
SOC3-3			Y	Y	Y

与预期学习成果配对的评核方法和评核标准

评核内容	评核标准	评核方法	权重(%)
课堂出勤	无违反课堂纪律行为	签到、课堂监督	5%
课前、课中互动表现	课前预习；课中积极思考和回答问题；积极参加小组讨论	课堂提问、讨论汇报	5%
SOC1-1	压铸机选型合理；工艺分析正确；产品压铸材料选择合理；压铸工艺参数无误，工艺卡编制符合规范	图纸和参数审查	10%

续图 4-18

<table>
<tr><td rowspan="6"></td><td>SOC1-2/SOC1-3</td><td>压铸模结构与分型曲面设计合理；浇注系统及溢流、排气系统设计合理；成型零件及模架设计合理；抽芯及推出机构设计合理；产品模拟加工过程无误；绘制压铸模的二维工程图规范</td><td>图纸和参数审查、模拟加工检验</td><td>20%</td></tr>
<tr><td>SOC2-1</td><td>压铸机选型合理；工艺分析正确；产品压铸材料选择合理；压铸工艺参数无误，工艺卡编制符合规范</td><td>图纸和参数审查</td><td>10%</td></tr>
<tr><td>SOC2-2/SOC2-3</td><td>压铸模结构与分型曲面设计合理；浇注系统及溢流、排气系统设计合理；成型零件及模架设计合理；抽芯及推出机构设计合理；产品模拟加工过程无误；绘制压铸模的二维工程图规范</td><td>图纸和参数审查、模拟加工检验</td><td>20%</td></tr>
<tr><td>SOC3-1</td><td>压铸机选型合理；工艺分析正确；产品压铸材料选择合理；压铸工艺参数无误，工艺卡编制符合规范</td><td>图纸和参数审查</td><td>10%</td></tr>
<tr><td>SOC3-2/SOC3-3</td><td>压铸模结构与分型曲面设计合理；浇注系统及溢流、排气系统设计合理；成型零件及模架设计合理；抽芯及推出机构设计合理；产品模拟加工过程无误；绘制压铸模的二维工程图规范</td><td>图纸和参数审查、模拟加工检验</td><td>20%</td></tr>
<tr><td colspan="3">合计</td><td>100%</td></tr>
<tr><td rowspan="6">预期的学生需要付出的努力</td><td colspan="4">学习时间</td></tr>
<tr><td colspan="2">1. 指导学习和实操（课上）</td><td colspan="2">32</td></tr>
<tr><td colspan="4">2. 其他学习（课外）</td></tr>
<tr><td colspan="2">（1）上机操作作业</td><td colspan="2">32</td></tr>
<tr><td colspan="2">（2）课前、课后查询相关专业资料</td><td colspan="2">6</td></tr>
<tr><td colspan="2">总学时数</td><td colspan="2">70</td></tr>
<tr><td>教材与参考资料</td><td colspan="4">1. 实习工厂的质量规程、工艺卡等
2. UGNX软件使用手册和指令集</td></tr>
<tr><td>课程实施的条件与要求</td><td colspan="4">本课程需要用UGNX软件建模和设计，需要安装有改软件的计算机；同时需要有压铸模具、加工设备供观摩、测试。建议与校企合作模具企业合作开课，也可在校内现代制造工程实训工场对优秀的学生作品，加工出来予以展示、分析。</td></tr>
<tr><td>署名</td><td colspan="4">编制人：　　　　　　　　日期：
审核人：　　　　　　　　日期：</td></tr>
</table>

续图 4-18

“实用药理学”课程规范

课程编码	05029132D0；05029143D0
课程名称	实用药理学
课程所属	药学专业
学分值	5
程度	暂时不用
先修的课程	“基础化学Ⅰ”“人体解剖生理学”“基础化学Ⅱ”“细胞培养技术”“实用生物化学”
共修的课程	“药物制剂Ⅰ”“药物检验技术Ⅰ”“药物检验技术Ⅱ”“发酵技术”“微生物检验技术”“生物制药技术”
不可共修的课程	“生物制药工艺学” 顶岗实习 创新技术技能综合项目:生物制药综合实训、岗位技术技能综合项目:企业真实项目训练、毕业实践环节（含顶岗实习和毕业设计或论文）等
主旨	**1.** 课程描述 “实用药理学”是药学专业的专业核心课程。药理学是研究药物与机体相互作用规律及其原理的学科，是一门重要的医学基础课程，也是联系医学与药学的桥梁课程，其研究内容包括药效学和药动学两个方面。它的任务是阐明药物作用机理、药物的体内过程、不良反应，为指导临床合理用药提供理论依据。各种药学类职业资格考试（如执业药师、从业药师、医药商品购销员资格）及药学类培训，都将药理学作为重要的专业课或独立的考试科目。 **2.** 课程目标 ——能力目标 通过该课程的学习，能将药理学的基本理论灵活应用于工作岗位，掌握代表药物的药理作用、临床应用、不良反应等；能利用所学知识分析处方，指导患者合理用药，开展用药咨询；熟练掌握药理实验室常规操作技能，为走上药理实验室相关科研岗位打下牢固的基础；培养学习能力，搜索药学信息的能力。 通过学习，使学生学会用药宣教、咨询和指导等的基本技能，培养学生良好的沟通能力，养成严谨、认真、细致的工作态度，为从事药学服务、药学保健、药房管理等工作打下良好的基础。 ——知识目标 通过该课程的学习，学生应该掌握以下有关知识点： （1）药理学的基础知识、基本理论； （2）各类药物的代表药物的药理作用、临床应用、不良反应； （3）药物的作用机制、药物的相互作用以及配伍禁忌； （4）药物的体内过程、用法、用量和制剂产品。 ——预期学习成果 通过本课程学习，使学生在如下 POC 领域能够实现的学习成果：

图 4-19　“实用药理学”课程规范

序号	对应的 POC 条款	对应 POC 条款的预期学习成果描述	学分值
1	POC1.1	能描述常见药物的作用机制、药理作用、临床应用和不良反应	1.0
2	POC1.2	能够运用药理学的知识解决在用药指导中遇到的常见问题	0.5
3	POC1.3	能够基本无差错地对常见疾病进行模拟问病荐药的表演	0.5
4	POC2.2	能够对常见处方进行审核并判断该处方的合理性	0.5
5	POC2.4	在药理学动物实验中，能够结合人体解剖生理学、药理学、医学统计学的基本知识对实验结果进行分析和讨论并提出自己的观点	0.5
6	POC3.1	能够界定某一类药物，并能够讲出这一类药物在作用机制、临床应用、不良反应的共同点	0.5
7	POC3.3	能够对药物对社会、经济、人类健康等各方面的影响从多元化的视角提出自己的见解	0.1
8	POC3.5.2	在药理学实验中，实验结果能够用图表进行定量表达	0.4
9	POC4.1	在完成药理实验后，撰写书面的实验报告，用药理学知识分析实验结果	0.3
10	POC4.3	对于一个超出课上所学内容的不合理的处方或用药不当的案例，通过信息收集、分析，最后能提出自己的见解及解决方案	0.3
11	POC5.2	具有在用药指导过程中对待患者平等、友善、负责任、耐心、细致的价值观，能够说出这些价值观在在用药指导中的重要性，并能够举出一个由于缺乏上述价值观而导致治疗不当的案例并阐述自己的观点	0.2
12	POC5.5	对某些药物滥用、过度治疗或讳病忌医等问题进行有理有据的分析评述，并表明自己的观点和立场	0.2

相应典型工作任务

编号	对应的典型工作任务名称	各任务之间关系描述
1	药理认知与讲解交流	药理关乎生命健康和伦理，无论作为执业或从业药师，还是药品营销者，都会不同程度地参与这5个并列的工作任务
2	寻病问药与用药指导	
3	处方审核与规程履行	
4	药理实验与数据处理	
5	药事伦理与人文关怀	

续图 4-19

	在完成课程后，学生将会：			
	典型工作任务编号	学习情境名称	预期学习成果（SOC）描述	对应的 POC
	1	SOC1-1	能够书面解释药理学的一些基本概念如药理学、药物效应动力学、药物代谢动力学、吸收、分布、代谢、排泄、首过效应、肝肠循环、生物利用度、血浆半衰期、药物的选择性、受体、肝药酶诱导剂、肝药酶抑制剂等概念	POC1.1
		SOC1-2	能够书面解释药理学的一些基本概念如化学治疗、抗菌谱、MIC、MBC、抗菌活性、化疗指数、抗菌药、抑菌药、细菌的耐药性等概念	POC1.1
		SOC1-3	能够用药理学知识书面描述药物在吸收、分布、代谢、排泄过程中的影响因素	POC1.1
		SOC1-4	能够用药理学知识书面描述药物的剂型、给药途径、剂量、年龄、性别、病理因素等对药物作用有何影响	POC1.1
预期学习成果 SOC	2	SOC2-1	通过对传出神经系统药物、作用于中枢神经系统药物、作用于心血管系统药物中常见药物的药理作用、临床应用和用药注意事项的掌握，能够对常见的药物进行用药指导，解决患者在用药中遇到的常见问题	POC1.2
		SOC2-2	通过对作用于器官药物、作用于内分泌系统药物、抗微生物药物、抗病毒药、抗真菌药、抗寄生虫药、抗恶性肿瘤药中常见药物的药理作用、临床应用和用药注意事项的掌握，能够对常见的药物进行用药指导，解决患者在用药中遇到的常见问题	POC1.2
		SOC2-3	能够根据《国家药品基本目录》对国家基本药品的用途进行分类	POC1.2
		SOC2-4	能够基本无差错地对常见疾病如肠虫病、手足癣、口腔溃疡、五官科的感染性疾病、避孕药、消化不良、胃溃疡、便秘、腹泻、荨麻疹、皮肤过敏、过敏性鼻炎、贫血、感冒、咽炎、咳嗽、肠虫病等常见疾病进行模拟问病荐药的表演	POC1.3
		SOC2-5	能够基本无差错地对常见疾病如青光眼、虹睫炎、失眠、焦虑症、抑郁症、内脏绞痛、感冒、外周血管痉挛性疾病、牙痛、头痛、月经痛等常见疾病进行模拟问病荐药的表演	POC1.3

续图 4-19

	3	SOC3-1	能够对传出神经系统药物、作用于中枢神经系统药物、作用于心血管系统药物中常见处方进行审核并判断该处方的合理性	POC2.2
		SOC3-2	能够对作用于器官药物、作用于内分泌系统药物、抗微生物药物、抗病毒药、抗真菌药、抗寄生虫药、抗恶性肿瘤药中常见处方进行审核并判断该处方的合理性	POC2.2
		SOC3-3	能够根据药物机制的不同，界定哪些药物属于α受体激动药、α受体阻断药、β受体激动药、β受体阻断药、M受体激动药、M受体阻断药、N受体阻断药、质子泵抑制药、多巴胺受体阻断药、作用于 RAAS 系统的药物、钙拮抗药、微生态制剂等，并能够讲出这一类药物在作用机制、临床应用、不良反应的共同点	POC3.1
	4	SOC4-1	在药理学动物实验中(硫酸镁和液体石蜡对蟾蜍肠袢的作用、不同给药途径对药物作用的影响、链霉素的毒性反应及解救、肝功能状态对药物作用的影响)，在药理学动物实验中，能够结合人体解剖生理学、药理学、医学统计学的基本知识对实验结果进行分析和讨论并提出自己的观点	POC2.4
		SOC4-2	能够对药物对社会、经济、人类疾病与健康等各方面的影响提出自己的见解	POC3.3
		SOC4-3	在撰写药理学实验报告中，能用流程图描述实验步骤，能够使用图表来定量分析实验结果	POC3.5.2
		SOC4-4	在完成药理实验后，撰写书面的实验报告，用药理学知识分析实验结果	POC4.1
	5	SOC5-1	对于一个超出课上所学内容的不合理的处方或用药不当的案例，通过信息收集、分析，最后能提出自己的见解及解决方案	POC4.3
		SOC5-2	在用药指导过程中具有对待患者平等、友善、负责任、耐心、细致的价值观，能够说出这些价值观在在用药指导中的重要性，并能够举出一个由于缺乏上述价值观而导致治疗不当的案例并阐述自己的观点	POC5.2
		SOC5-3	对某些药物滥用、过度治疗或讳病忌医等问题进行有理有据的分析评述，并表明自己的观点	POC5.5

续图 4-19

<table>
<tr><td rowspan="22">课程内容与教学进度安排</td><td>周次</td><td>起止日期</td><td>学时</td><td>教学模块名称</td><td>教学内容</td><td>对应的SOC</td></tr>
<tr><td rowspan="5">1</td><td rowspan="5">3.2—3.6</td><td rowspan="5">7</td><td rowspan="5">一、总论模块</td><td>药理学课程规范及绪言</td><td rowspan="5">SOC1-1
SOC1-2
SOC1-3
SOC1-4</td></tr>
<tr><td>药物效应动力学</td></tr>
<tr><td>药物代谢动力学</td></tr>
<tr><td>影响药物作用的因素</td></tr>
<tr><td>抗微生物药概论</td></tr>
<tr><td>2</td><td>3.9—3.13</td><td>7</td><td rowspan="6">二、各论模块</td><td>作用于传出神经系统药物</td><td rowspan="6">SOC2-1
SOC2-2
SOC3-3</td></tr>
<tr><td>3—4</td><td>3.16—3.27</td><td>10</td><td>作用于中枢神经系统药物</td></tr>
<tr><td>4—5</td><td>3.30—4.10</td><td>12</td><td>作用于心血管系统药物</td></tr>
<tr><td>6—7</td><td>4.13—4.24</td><td>12</td><td>作用于器官的药物</td></tr>
<tr><td>8—9</td><td>4.27—4.30
5.4—5.8</td><td>9</td><td>作用于内分泌系统的药物</td></tr>
<tr><td>10—11</td><td>5.11—5.22</td><td>15</td><td>化学治疗药物</td></tr>
<tr><td>5</td><td>4.6—4.10</td><td>4</td><td rowspan="5">三、药理实验模块</td><td>1. 不同给药途径对药物作用的影响</td><td rowspan="5">SOC2-3
SOC4-1
SOC4-3
SOC4-4</td></tr>
<tr><td>6</td><td>4.13—4.17</td><td>4</td><td>2. 硫酸镁和液体石蜡对蟾蜍肠袢的作用</td></tr>
<tr><td>7</td><td>4.20—4.24</td><td>4</td><td>3. 肝功能状态对药物作用的影响</td></tr>
<tr><td>8</td><td>4.27—4.30</td><td>4</td><td>4. 链霉素的毒性反应及解救+国家基本药品目录的考核</td></tr>
<tr><td>9</td><td>5.4—5.8</td><td>4</td><td>5. 模拟问病荐药及实验操作的考核</td></tr>
<tr><td>10</td><td>5.11—5.15</td><td>12</td><td rowspan="5">四、课外实践与活动模块</td><td>1. 问病荐药大赛、医药购销员大赛、金点子大赛等</td><td rowspan="5">SOC2-4
SOC2-5
SOC3-1
SOC3-2
SOC4-2
SOC5-1
SOC5-2
SOC5-3</td></tr>
<tr><td>1—10</td><td>3.2—5.16</td><td>30</td><td>2. 药理学网络平台学习</td></tr>
<tr><td>9</td><td>5.4—5.8</td><td>10</td><td>3. 处方分析、用药指导</td></tr>
<tr><td>11</td><td>5.18—5.22</td><td>14</td><td>4. 药理学相关伦理道德问题及具有争议性问题的讨论</td></tr>
<tr><td>12—20</td><td>5.25—7.24</td><td>130</td><td>5. 药店或医药公司学习实习</td></tr>
<tr><td>与预期学习成果配对的教学方法</td><td colspan="6">（1）教学过程中应因材施教，灵活运用教学方法，建立药品质量意识，多开展体验性学习活动，如组织参观药物经营企业、药理学讲座和课外兴趣学习小组等，有效调动学生学习兴趣和积极性，促进学生职业能力的形成。
（2）教学组织以任务驱动模式进行，以真实药物为载体，设计学习情境，学生在浓厚的职场氛围中掌握合理用药指导、问病荐药的方法与技能。
（3）开展职业技能大赛，强化职业技能。
（4）课堂教学、网络教学（已经建设了比较完善的“高职实用药理”网络教学平台、课后活动等多元结合的教学方法。
（5）注意教学与行业发展的相互结合。在药理学教学中注意介绍药理学发展的趋势和引入新药，并要求学生重点掌握最新的《国家基本药物目录》中收载的药物。</td></tr>
</table>

续图 4-19

预期学习成果	教学方法				
	讲授	案例分析研讨	问题导向	任务导向	网络辅助教学
SOC1-1	Y		Y		Y
SOC1-2	Y		Y		Y
SOC1-3	Y		Y		Y
SOC1-4	Y		Y		Y
SOC2-1	Y	Y	Y		Y
SOC2-2	Y	Y	Y		Y
SOC2-3	Y			Y	
SOC2-4				Y	
SOC2-5				Y	
SOC3-1				Y	
SOC3-2				Y	
SOC4-1	Y			Y	
SOC3-3	Y	Y	Y		Y
SOC4-2				Y	
SOC4-3	Y			Y	
SOC4-4				Y	
SOC5-1	Y			Y	
SOC5-2	Y			Y	
SOC5-3				Y	

与预期学习成果配对的评核方法和评核标准

评核方法有：

1.系列一：课堂出勤、课堂参与表现、课堂纪律行为

2.系列二：书面作业、项目实施（含课堂汇报与研讨）、课堂测验

预期学习成果	评核方法				
	书面作业	项目实施	口头回答与教师提问	网络在线测试或期末闭卷考核	课后完成任务并提交作品或录音或录像
SOC1-1	√		√	√	√
SOC1-2	√		√	√	√
SOC1-3	√		√	√	√
SOC1-4				√	√

续图 4-19

SOC2-1				√	√
SOC2-2				√	
SOC2-3		√	√		
SOC2-4		√			√
SOC2-5					√
SOC3-1	√	√			
SOC3-2	√	√			
SOC4-1	√	√			
SOC3-3			√	√	√
SOC4-2					√
SOC4-3	√	√			
SOC4-4	√	√			

核评标准：各项 SOC 以答案的正确率为标准

权重：以上预期学习成果非常多样化，很难定出每个 SOC 的权重

1. 平时考核	30%	主要考核学习过程，着重考核学生的自觉性、自律能力、平时学习情况及职业素养。从考勤、课堂学习、实训报告、达标检测题、网络学习平台的学习情况4个方面考核。 每迟到一次扣1分，旷课一次扣5分。
2. 技能考核	10%	主要考核学生对国家基本药品目录中的药物的熟悉程度与基本实验操作技能。
3. 期末考试	60%	主要考核与药理知识的对实际问题分析与处理的知识，要求学生 60 分达标。考试方式为教考分离，从试题库中抽题；试题设选择题和问答题，选择题部分模拟药士、药师、主管药师、执业药师等社会考试内容与题型；问答题部分模拟医药商品购销员的考试内容与题型；总分 100 分。
竞赛加分项	（1）参加本课程所涉及的国家级竞赛获一等奖加 15 分、二等奖加 10 分、三等奖加8分、优秀奖加5分。 （2）参加本课程所涉及的省级竞赛获一等奖加 10 分、二等奖加8分、三等奖加5分、优秀奖加3分。 （3）参加本课程所涉及的校级竞赛获一等奖加 8分、二等奖加 5 分、三等奖加3分、优秀奖加2分。 总评分不超过 100 分。	
总分	100 分	

本课程与药品的使用联系密切，按照高职教育人才培养模式，设计本课程考试模式为模块化考核方案，由平时考核、综合技能考核和笔试三部分组成。

续图 4-19

预期的学生需要付出的努力	**学习时间**	
	1. 指导学习和实操（课上）	72（理论）+20（实操）
	2. 其他学习（课外）	
	（1）问病荐药大赛、医药购销员大赛、“金点子”创新创业大赛等	12
	（2）药理学网络平台学习	30
	（3）处方分析、用药指导	10
	（4）药理学相关伦理道德问题及具有争议性问题的讨论	14
	（5）药店或医药公司学习实习	130
	总数	276
教材和参考资料	1. 韦翠萍.药理学及用药指导（第 1 版）[M].北京：化学工业出版社，2014 2. 陈新谦. 新编药理学（第 15 版）[M].北京：人民卫生出版社，1995 3. 杨宝锋. 药理学（第 8 版）[M].北京：人民卫生出版社，2014 4. Robert B.Raffa. 奈特药理学彩色图谱[M].北京：人民卫生出版社，2006 5. 丁香园：http://www.dxy.cn/ 6. 中国知网：http://www.cnki.net/	
课程实施的条件与要求	本课程要求需要配套的药学、药理学实验（训）室，以及校内模拟药房，校外实习药房、医院药房的支持，能实现对学生分组实验（训）。同时，结合课外的社区服务学习公益活动，以及“金点子”创新创业大赛，培养学生综合能力和素质。	
署名	编制人：　　　　日期： 审核人：　　　　日期：	

续图 4-19

第五章 DQP在高职课程教学中的应用

第一节　职业教育的教学观与教学设计要点概述

一、教学观

"教学"一词，往大的方面说，是学校所有"教"与"学"的活动。往小的方面，也就是本书所要表达的围绕课程实施的"教与学"的活动。在职业教育课程实施中，教学活动是基于行动导向的，基本意义在于：学生是学习活动的中心，教师是学习活动的组织者与协调人，按照工作过程的逻辑组织。姜大源在《职业教育学研究新论》中指出，一个典型的工作过程通常包括"资讯、计划、决策、实施、检查、评估及对这些环节的控制"七个要素，如图5-1所示。因此职业教育课程和教学实施，也要按照工作过程来组织，它打乱了"知识"（关于这些工作对象、方式、内容、方法、组织、工具、技术的概念和原理以及理论等）的逻辑体系，按照工作环节所需重新组合，并配合完成工作环节所需"技能"（即心智技能与操作技能，是指在这些环节中完成工作任务所需的合乎法则的行为或活动——这些法则，不仅有知识的法则，也有工作要素组合的法则）展开，从而形成工作成果。

从图5-1中可见，在行动导向的教学中，教师与学生互动，让学生通过独立的获取信息、独立的制订计划、独立的实施计划、独立的评估计划，在自己动手的实践中，掌握职业技能、习得专业知识，从而构建属于自己的经验和知识体系，强调学生通过行动来学习。

二、教学设计要点概述

在基于上述行动导向的教学观下，课程实施即教学，也是需要事先精心设计的。

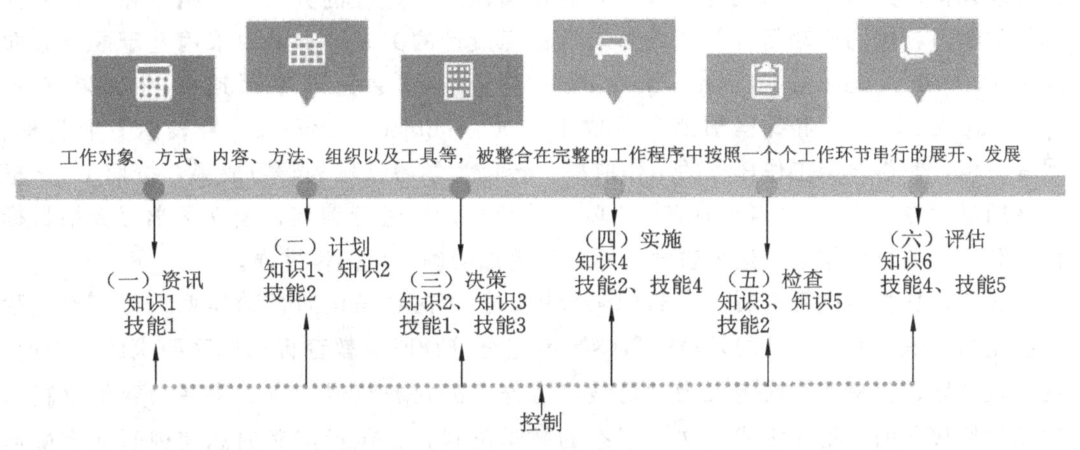

图 5-1 基于行动导向的课程实施（教学环节）

现代职业教育的教学设计涉及 9 方面要素，教学设计就是将这些要素组合应用于教学活动的结果。具体见图 5-2。

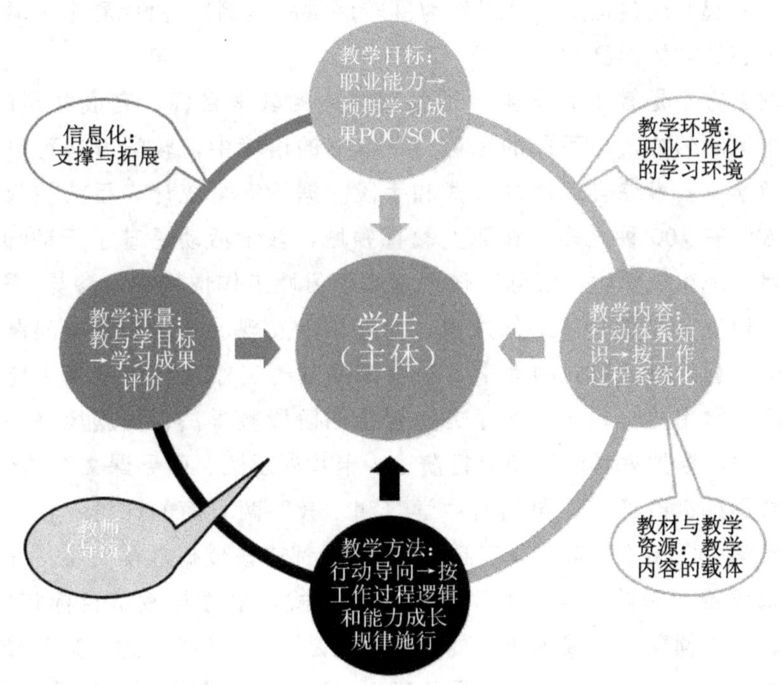

图 5-2 教学设计 9 要素示意图

其一，从教学目标来看。高职教育课程实施的教学目标是基于能力本位的，既不是追求精深的专业理论，也不是只掌握精细的职业技能，而是要满足社会需要（求得生存），又要满足个性需要（求得发展），实现以人为本的教育需求与以就业为本的社会需求两者的辩证统一。其课程的教学目标就是职业能力培养。因为能力是通过学生的行动来构建并内化和运用的，所以对职业岗位工作过程的分析、归纳，并整合成为具体的学习领域的行动目标——成为教学目标设计的关键。本书中采用基于成果导向的教育 OBE（outcome based education）理念，用专业毕业预期学习成果 POC（program outcome）和课程预期学习成果 SOC（subject outcome）来表达专业目标、课程目标，使得典型工作任务的工作成果，转化为学习领域的学习成果，按照 DQP 框架并通过“专业规范”“课程规范”“单元教学设计”进行编制，建立了学习成果目标传递和匹配的目标体系，这种教学目标表达更加明确、可操作性强。

其二，从教学内容来看。在高职教育中，教学内容是按照行动体系进行工作过程系统化的知识。所以传统的教材、教参是不完全符合职业教育行动体系要求的。因此，在职教领域，教材一般被定义为“对教学有作用的材料”或“有关讲授内容的材料”。它既包括狭义的专指文字或纯文本形态的教学材料，也包括广义的涵盖视听或多媒体形态的教学材料，如课本、练习册、实习（训）手册、音像资料、学习软件、工作任务单、工程图纸、实物产品、在线学习材料（如 MOOC 和微课）等。甚至，在以成果为导向的教学中，学生完成的学习成果（作品），都可作为教学的素材（这样的教材是动态的和师生一起共同建构的，可以作为翻转课堂的案例）。由此看来，教材与教学资源只是教学内容的载体而已。

其三，教学方法是教师和学生为了实现共同的教学目标，完成共同的教学任务，在教学过程中运用的方式与手段的总称。在本书的语境中，教学方法可以理解为达成教学目标对教学 9 要素综合运用的方式和手段。据不完全统计，目前在教育领域卓有成效的教学方法有 700 种之多。在职业教育领域，教学活动是基于行动导向的——是系统地、有目的地组织学生在实际工作情境或学习性工作情境中，参与“资讯、计划、决策、实施、检查、评价”等工作过程，提高学生发现、分析和解决问题能力，总结和反思学习的过程。行动导向的教学方法应该是基于工作过程的逻辑和能力成长规律的方式和手段。常用的行动导向教学方法包括四阶段教学法、头脑风暴法、项目教学法、案例教学法、模拟教学法、角色扮演法、卡片展示法、引导课文教学法等。

其四，教学评量或评价，包括对“学”和“教”两方面的评价。在成果导向基于工作过程的教学中，无论是对“学”还是“教”，都应该依据教学目标——即预期学习成果的达成来评价。因此，相应对学习的考核方式，也要与教学目标相匹配。例如，在认知领域，如果预期学习成果所用的行为动词是“解释”“描述”这类较低层级的动词，考核方式可能是记忆、默写、名词解释之类的；但如果用到“设计”“创新”等更高阶的行为动词，则考核方式就不能用传统的一纸答卷来做，而应该是在真实项目（任务）中去做出来、竞赛比拼出来的成果。

其五，关于教学环境与信息化。与前面所说的“学习情境”（主题单元）有所区别。前面所说的主要是基于典型工作任务按照工作的要素和逻辑，组合出来具有完整工作过程或思维过程的单元，它大于乃至包含了这里的“教学环境”。此处的“教学环境”指的是有利于教学实施的物理性的环境（或者说是教学硬件条件）建设。职业能力是在行动、生成和建构中“学”来的，也就是在工作过程中培养出来的。所以越是在真实（或仿真的）情境下学习，其能力培养的效率就越高。过去职业院校中普遍采用的“学校课堂”模式最大的问题就在于忽视了真实的工作场景。所以，当“软件”意义的教学理念和方法发生革命性的改变时，其配套的“硬件”——学习场所，包括教室、实验室和实习基地的建设，也应发生创新性的改变，适用于普通学校的硬件建设标准显然是不适合职业院校的。职业教育倡导在真实的（仿真的）工作环境中去教与学，职业院校对实训、实习日益重视，“教学做”一体的多功能教室、多功能实训（习）基地日益普及。另外，信息化对于职业技术教育来说现在也显得日益重要，它不仅仅是教学支撑和管理的手段，而且随着云计算、物联网、大数据和人工智能的广泛渗透，行业、职业、岗位也在迅速变迁，相应的职业教育手段、方法也会发生深刻的革命，未来采用人工智能技术、具有高度仿真的“虚拟实习”“虚拟职场”等信息化教学场所也指日可待。

其六，教师和学生的关系。在职业教育中，学生是学习（职业行动）的主体，教师是教与学活动的导演和设计者。因此，课程的实施与教学活动组织方式，也不同于传统学科教育体系的形态，在职业教育的教学活动中，技能教学组织、任务教学组织、项目教学组织和岗位教学组织是典型的教学活动形式。

在高职教育基于成果导向工学结合课程的教学设计中，进行工作过程系统化设计是课程实现“工学结合”的关键环节之一，但这不是本书的重点，这方面已有很多论著，读者可以参考姜大源教授的相关著作。本书侧重成果导向的另一个关键环节——即“基于学习成果的教学目标和教学评价设计”，下一节重点介绍这方面的内容。

第二节　课程学习成果的教学设计、实施与评价

一、基于课程预期学习成果的教学设计

根据上节介绍，在教学设计的 9 个要素中，其核心是教学目标设计和教学评量设计。但在传统课程设计中，往往侧重于知识点或技能点本身，教学目标描述往往抽象或空泛，容易造成教师心里明白教学目标，但学生却不太明确甚至没有主动配合的困境，而且缺乏对目标达成与否的检验，这样教学效果就可想而知了。因为职业教育课程主要是基于行动过程来构建的，所以只有让其行动的结果（成果）在师生都明确并有结果检测的前提下，其教与学过程才是最有效的。因此，在基于成果导向的教学中，应该以预期学习成果来设计教学目标。在设计预期学习成果时，要重点考虑三个方面：

一是课程预期学习成果的解读；二是预期学习成果的情境化；三是教学内容的重新编排（对教材结构的重新编排）。

（一）课程预期学习成果的解读

基于成果导向教学的一个主要特征就是，在课程整体设计或编制“课程规范”时，就会依托专业培养目标，即“专业规范”之毕业预期学习成果（POC），编制好课程的预期学习成果（SOC）。任课教师在进行具体的单元或模块教学设计时，就要对这些预期学习成果进行解读。尤其是当任课教师之前未曾参与课程整体设计或“课程规范”编制时，该项工作就更为重要，且必要时应该与课程整体设计或“课程规范”的编制者进行沟通，深入了解编制课程预期学习成果的出发点以及课程各预期学习成果之间的关联。

由于任课教师对课程知识点和技能点已经非常熟悉，因此对预期学习成果的解读不仅仅是对知识点和技能点的解读，而且是对描述学习成果的行为动词、应用要求、思路这三个要素的解读。下面以高职人力资源管理专业“社会心理研究”课程中的一个预期学习成果为例来具体说明。该预期学习成果描述为“应用态度及其形成、说服等相关理论尝试改变他人的态度”，提交学习成果与考核的方式为“书面报告”。

1. 对预期学习成果中行为动词的解读

预期学习成果（SOC）的编写应该使用相对规范的行为动词来标明学生如何具体地展示其“真的知道与真的能做”（如前面所介绍的布鲁姆教育目标分类学中的行为动词）。同时，行为动词应描述成可分辨的活动，可直接观察与直接评核的活动或行为。任课教师应该要理解预期学习成果描述中的行为动词的具体含义，并明晰该行为动词所处的教育目标层次（在认知/情感/运动技能三个领域）及相应的要求。在示例预期学习成果描述中，行为动词为“应用”，属于认知目标中的“应用”层次下的使用（using），其要求为把一个或更多个理论或程序应用于一个陌生任务（解决问题）。

2. 对预期学习成果中知识（和/或技能）应用要求及对应能力的解读

高职教育培养技术、技能型人才，倡导应用型学习。在课程预期学习成果设计中要求体现出学生对所学知识和（或）技能在不同层次的应用。预期学习成果一般采用“行为动词＋概述性任务”来描述。任课教师需要对该描述中所蕴含的应用要求进行解读，明晰其中所涉及的知识、能力与素质要求。在示例预期学习成果“应用态度及其形成、说服等相关理论尝试改变他人的态度”的描述中，应用要求是“应用相关理论来完成一项任务”，涉及的理论包括态度的概念、态度的形成、概念改变、说服模型、说服影响因素等；学生需要完成的任务是改变他人的态度，这就需要学生站在他人的立场思考；学生完成任务主要是通过口头表达的方式，涉及学生的表达沟通能力；学生需要用书面报告对其任务完成情况进行汇报总结，涉及学生自我反思能力与书面表达的能力。

3. 对完成学习成果思路（方法）的解读

在高职教育应用型学习中，一个重要的学习领域就是如何应用和协作的学习。在这里主要涉及学生如何从教材上学到的知识点（技能点）到完成预期学习成果，这一过程如何实现，通过什么样的思路或者哪些方法可以有效地将这两者进行联结。任课教师还要考虑如何教会学生掌握与应用这些的思路或方法。在示例预期学习成果“应用态度及其形成、说服等相关理论尝试改变他人的态度”中，上述联结主要体现在“制订具体的说服策略”上，因为说服策略是实施说服的依据，同时，说服策略的制定过程又体现了学生对理论的应用。

（二）预期学习成果的情境化

这里的“情境”是指问题（任务）的物理的和概念的结构，以及与问题（任务）相关的活动目的和社会环境，是比上一章所述工作过程课程开发里的“学习情境”要更加宽泛的一个概念。这里的“情境”一方面构建了学习任务与学习者经验产生有意义的联系，另一方面促进知识、技能和经验之间产生连接。任课教师在对课程预期学习成果（SOC）深入解读后，需要将预期学习成果的要求转化为具体的学习任务，这其中的关键就是构建具体的学习情境，包括学习成果的任务情境、教学情境、教学辅助材料，以及在任务情境基础上进一步将考核评价标准明细化。学习情境是与学生所学知识与技能相关的，包含问题的生活事件或者现实（或虚拟或案例）的职场与工作事件。教师构建学习情境的一个有效的方法就是教师自问自答：每一个预期学习成果，如果“我”来完成会怎样？“我”曾经完成过类似的预期学习成果吗？或者有过类似的经历与体验吗？现在“我”会怎么做，怎么完成这一预期学习成果？“我”做出来的成果会是什么样子？这些可以有助于教师构建具体的学习情境。但问答还是停留在以教师为中心的理念阶段。在此基础上，教师需要再将自己代入学生的角色，从学生的知识能力结构与认知模式进行分析，围绕“学生适合度”对学习情境进行优化。

对于示例预期学习成果“应用态度及其形成、说服等相关理论尝试改变他人的态度”，任课教师先回顾自己是否曾经有效地应用相关理论真实地去说服他人改变态度，教师也可以回顾教师自己亲身说服经历（无论作为说服者还是被说服者）或者他人的替代性说服案例（无论是成功说服或说服失败），分析其中的过程与细节，找出与理论配合的环节。以此为基础，构建围绕该学习成果的学习情境。在此基础上，教师构建任务情境。预期学习成果要求“尝试改变他人的态度”，这意味着说服他人改变态度是一项实施性任务，要求“真实”的说服他人。“应用理论”“尝试”这两个词则表示学习成果的重点不在于是否说服成功，而是在于如何在真实的说服中应用理论，设计说服策略依计实施。由此，设计具体的任务情境，并通过评分权重突显考核学生“应知应会”的侧重点。另外，该学习成果要求采用书面报告的形式提交，故学习成果任务中又增加了说服后的反思与总结这一要求，以图5-3显示的该预期学习成果所对应的学习任务书为例。

学习任务书

寻找一个对某事或某人有着某一态度（或偏见）的同学或亲朋，分析其态度（或偏见）的表现（应用态度 ABC 理论描述）以及产生的原因，制定说服策略，对他（她）进行说服（不要虚拟，要真实）。如果找不到说服对象，就来找老师，老师有态度需要被说服。

要求：

1. 每人撰写一份书面报告，内容包括：

(1) 说服对象的态度（或偏见）的表现（基于态度 ABC 理论）及原因分析（20 分）；

(2) 进行说服的策略及策略的社会心理学理论依据（40 分）；

(3) 具体的说服沟通过程（20 分）；

(4) 说服成功与失败的经验总结（哪些策略成功，哪些失败，各是为什么）（20 分）。

2. 不要虚拟，要真实。否则在成绩分数上扣减 50 分。

3. 所制定的说服策略，必须在具体的说服沟通过程中有一一对应的体现。

4. 字数不限，但要求结构清晰，排版规范。

5. 提交时间：第十周周一前交 word 电子版与纸质版。

图 5-3　学习任务书示例（“社会心理研究”课程）

(三) 教学内容的重新编排

这里的教学内容的重新编排是指对传统教材结构的重新编排，所谓教材结构是指教材各部分之间的组织架构及内在关系，教材结构反映了编写者的理念与思路。传统教材一般是从学科体系进行知识点的编排，具有较强的认知逻辑的体系，这有利于学生阅读教材时的认知理解，也在一定程度上培养了学生的逻辑思维。但在成果导向教学下，强调应用型学习，需要在授课过程中以预期学习成果为导向、以应用为主线展开。建构主义也强调，教学要尽可能地按照知识应用的方式进行。很多传统教材尽管在章节末尾会安排一些复习题，但这与依据行为过程的学习成果的要求相差较大。因此授课教师在教学设计中，需要在教材原有结构的基础上进行修订性编排。

仍以高职人力资源管理专业“社会心理研究”课程中的“应用态度及其形成、说服等相关理论尝试改变他人的态度”这一预期学习成果为例，该预期学习成果对应教材中的“社会态度”这一章节。教材编排结构为：态度概述、态度的形成、态度改变、说服模型、偏见。授课教师按这一结构讲授知识点后，若直接向学生提出“尝试改变他人的态度”的任务要求，则部分学生可能有点茫然。因为学生刚刚接触到有关知识点，还没有很好地消化与吸收，较难按照教师本人的知识体系与思维模式进行思考，较难将知识点与完成学习任务进行有机的联结。因此，授课教师就需要对教学顺序进行重新编排。首先，以预期学习成果为导向。教师在开始讲授“社会态度”这一章节之初，就告知学生该章节所涉及的预期学习成果及相关任务要求，并以此为导向展开教与学。其次，以应用为主线。在教学过程中，教师以“如何才能完成预期学习成果”的思路为主线，围绕这一主线的各个环节联结相应的知识点，这样有助于学生在学习每个知识点时就明晰该知识点如何应用。图 5-4 显示了对教材结构重新编排的示例。

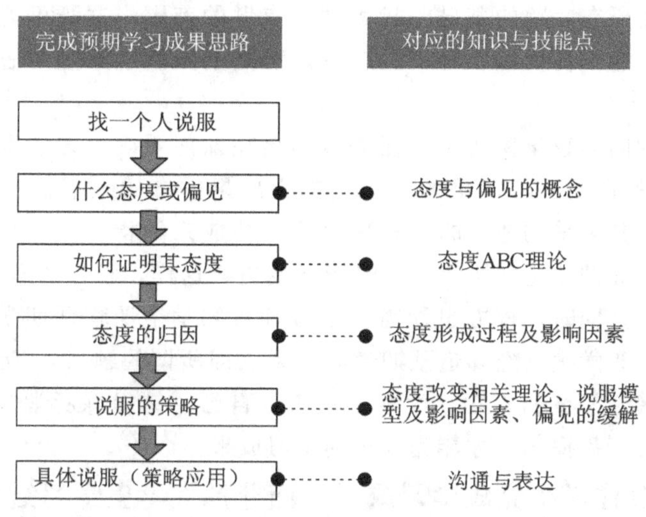

图 5-4　基于成果导向的教学顺序编排

二、基于预期学习成果的教学实施理念

传统教学实施主要是以书本为中心，以教师为主导，教师给学生讲授的主要是理论知识，学生主要通过记忆的方式掌握知识。在教学形式上，一般是教师讲、学生听，在一节课45分钟时间里，教师讲授的时间约占90%左右。在教学目标上，传统教学实施偏向注重认知目标的实现，强调学生的记忆学习，而学生并没有具体明确的学习目标，只是单纯跟着教师的讲课、复习、考试。在交流方式上，传统教学实施主要是教师讲课、学生听课，学生完成作业或考试后就基本上把学习扔在一边。信息传递过程往往是单向的，虽然有些互动，那也是被动的。

基于成果导向教育认为教学设计和实施的目标是学生通过教育过程所取得的学习成果。它的理念是打破传统的以教师为中心的教学模式，强调学生的主体地位，确立课程教学的目标是让学生具备相应的能力，教师所从事的一切教学活动都是为达到教学目标而采取的手段。

基于预期学习成果的教学实施过程主要依据下列五大理念：

（一）知识学来是为了用的

英国哲学家培根曾说过“知识就是力量”，但知识要转变为生产力就必须得到有效的运用。基于成果导向的教育强调学生的应用型学习，教学重心不再偏向知识本身，而是侧重于知识的应用。从学生视角分析，如果学生在学习时不清楚所学知识对其有何作用，学生的学习热情将会受到影响。因此课程预期学习成果（SOC）应该在一定层次上体现对知识的应用。在教学实施过程中，授课教师不但要强调所学知识的应用之处，更要以应用性学习成果为出发点，围绕如何应用知识展开教学。

（二）学生明确知道学完这门课，要提交哪些学习成果

在传统课程实施中，教师往往在考试复习阶段给学生“划重点”。为避免泄露考试

题目，教师也往往要在考题的基础上扩大“重点”的范围。这既可能造成从侧面培养部分学生“押题”的不良投机心理，也在一定程度上限制了学生的思维（只要背熟考点就行了）。

在基于成果导向的教学模式下，任课教师会在课前明确告知学生课程的预期学习成果（SOC），包括预期学习成果的内容、提交成果的方式（书面作业，或者通过表演、展示等方式，甚至采用考试的方式）以及评核成果的指标，并且这一“告知”被视为教师与学生之间的非正式协定，不能随意变更。这样，学生的学习目标更加明确，学习路径更加清晰。同时，校方也无需担心教师告知学生课程预期学习成果后的“泄题”影响，因为尽管学生已经知道预期学习成果（即所谓的题目），但完成这些预期学习成果并没有简单、机械的答案，学生往往需要自己总结提炼所学知识、自行思考解决问题，或者自己亲手操作，才能完成预期学习成果。

（三）教师关注学生完成学习成果，而非抽查学生学习结果

在传统课程实施中，教师通常是通过期末考试检测学生的学习情况。该模式一般带有四个特征：一是，试卷出题带有抽查的性质，通过一些具有代表性的题目来检测学生是否掌握了课程的全部知识点；二是，学生往往在课后不及时复习，而是在期末考试前突击复习，难以形成长期记忆；三是，学生考完试后开始放假，意味着学生基本看不到（甚至根本不关心）答题的正确性以及错误的纠正；四是，教师（甚至包括校方）与学生都聚焦于考试成绩这一综合性学习结果，甚至一部分学生只关注 60 分及格线。

在基于成果导向的教学模式下，学生被要求完成课程的所有预期学习成果，学习评价不再带有抽查性质。同时，各个预期学习成果并非在期末统一提交，而是随着每个预期学习成果所对应的教学内容，在课程学习过程中分阶段地完成与提交。这样，一方面，学生可以通过对所学知识的及时复习与应用尝试来巩固与加深对知识的理解与掌握；另一方面，学生有机会看到授课教师对其所提交学习成果的评阅情况，进而可以修正完善学习成果。对教师（及校方）而言，其关注核心在于学生如何不断提高所完成学习成果的质量，而非只是学生的最终成绩。

（四）学生完成学习成果的过程，不仅仅是巩固和验证的过程，更是学习的过程

作者曾经访谈过学生“作业与考试是为了什么”。大多数学生的回答是“为了得到一个成绩分数”，也有少部分学生回答是“为了评价学习掌握程度”或者“为了巩固所学知识”。这些回答在一定程度上体现了“灌输式”的教学理念，也催生了部分学生为评价/成绩而学习的功利性思想。

在基于成果导向的教学模式下，学生完成学习成果的过程，不仅仅是巩固和验证的过程，更是学习的过程。这主要是源于预期学习成果（SOC）没有现成的答案，学生很难通过简单的记忆或机械的模仿来很好地完成学习成果。在完成学习成果的过程中，学生需要自己总结提炼所学知识、自行思考解决问题或者自己亲手操作，这些过

程往往包含着对知识的应用（在应用型学习理念下，应用知识的能力也是学生的学习重点），以及多次的修正（学生在完成学习成果过程中的每一次修正，都是一次有效的学习体验）。

（五）教师关注学生是否学会，而非关注给学生多少分的评价

目前，仍有很多学校要求教师在编制试卷时提供试题参考答案，并要求教师在教师评阅学生试卷时尽量依照得分点给出“小分”，再累加成题目的总分。这一做法虽然在避免教师评阅试卷的主观随意性以及增强评分的公平性方面具有积极的作用，但其不足之处在于还是将关注点停留在学生的成绩分数评价上。究其原因，主要还是停留在“以教师为中心”的教学理念上，即教师已经认真授课后，学（考）得好或者学（考）不好是学生自己的事。

在基于成果导向的教学模式下，教师不仅要关注自己如何教，更重要的是，教师要关注学生是否学会其“应知应会应做”以及学生如何才能更好的完成其“应知应会应做”。教师在评阅学生试卷及作业时，不但要给予学生客观、公正的成绩评分，更重要的是指出学生的错误原因，并给予进一步修正与完善的建议。

上述五大基于成果导向的教学实施理念之间并非独立存在，而是相互关联的，其核心是对“以学生为中心”理念的具体贯彻，如图5-5所示。通过成果导向，以学习成果衡量学生在完成学习后的“应知应会应做”。每个预期学习成果都明确告知学生，但每个学习成果的完成都蕴含在对所学知识的应用之中，且均没有直接给出答案，学生必须通过自己的努力完成所有预期学习成果，这一过程中教师应积极关注，指导学生不断修正完善学习成果。

图5-5 基于成果导向的教学实施理念

三、基于预期学习成果的教学实施步骤

在基于成果导向的教学实施理念下，经过笔者4个学期多门课程的应用实践及不断完善，整个课程教学过程可以围绕预期学习成果，总结提出如下八个步骤（可称为“5A3R模式”）开展基于预期学习成果的教学，如图5-6所示。

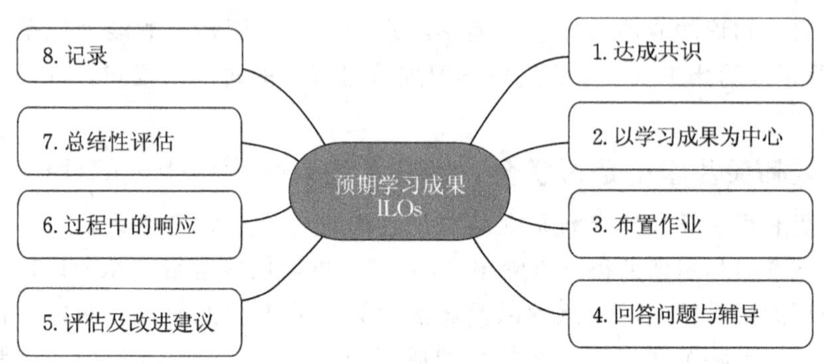

图 5-6　围绕预期学习成果的课程教学实施模式

（一）达成协议

课程第一节课，任课教师向学生讲解“课程规范”，并发电子版给学生，要求学生打印出来夹在教材里。

以往在课程第一节课上只是单纯介绍课程主旨和内容时，学生都不太在意，一方面是由于学生认为不太重要，另一方面可能是由于学生较难清晰地理解。“课程规范”是基于 DQP 成果导向而编制的，不但明确了该课程在整个专业人才培养课程体系中的性质与定位，也明确了课程的主要教学目标与内容，更重要的是明确了课程的预期学习成果（SOC）以及考核评价方式。这是学生更为关注的内容。同时，任课教师在介绍预期学习成果时，对于其中涉及的一些课程术语可以进行简单的介绍，以激发学生的学习兴趣。

因此，在课程的第一节课，任课教师和学生围绕“课程规范”与课程预期学习成果（SOC）进行沟通，对这门课要求学生应知应会些什么、如何教、如何学、如何考核评价等达成共识。“课程规范”则相当于任课教师与学生之间关于该课程教与学的非正式协议文件。学生将“课程规范”打印出来夹在教材里，既可以作为日常学习的参考，也可以用来检验教师是否按照“课程规范”进行教学，同时也可在一定程度上培养学生的契约精神。

（二）围绕学习成果的教学

任课教师讲授每个单元前，再次强调本单元涉及的预期学习成果，以及学生达成预期学习成果的情境、教学的方式以及考核的形式（可以提醒学生从教材中将“课程规范”打开来对照阅读）。

在讲授过程中，知识点与技能点围绕预期学习成果及其如何完成，基于成果导向的教学模式与教材的知识体系有较大程度的差异。前者要求以学习成果为中心，以应用为目标展开教与学的过程；后者则多以研究型学科体系的认知逻辑顺序进行编排。因此，任课教师在进行课程单元设计时，要在对教材内容理解透彻的基础上，围绕“学生如何完成学习成果”这一主题重新编排，并在课程讲义中呈现出来。同时，任课教师有必要向学生解释课程讲义编排与教材内容的异同与联系，以便于学生能更好的参考教材进行自学。

（三）发布正式的学习成果要求

每个单元授课结束时，任课教师发布正式的预期学习成果（SOC）要求（此时预期学习成果已经融于具体的学习任务情境中，示例见图 5-7、图 5-8），并进行答疑。

学习成果任务（课堂测验）

1. 阐述企业在制定及实施“员工奖惩制度”时的注意点（至少 8 个）。（40 分）【SOC5】

2. 举例阐述企业员工满意度、员工工作士气、员工归属感的概念。（30 分）【SOC6】

每个概念解释（5 分），每个概念举例（员工的什么态度或行为显示了员工具有较高或较低的满意度/工作士气/归属感）至少 1 个，每个 5 分。

3. 举例阐述企业员工关怀的方式（至少 6 种方式）。（30 分）【SOC10】

图 5-7　以闭卷测验为考核方式的学习成果要求（“员工关系管理”课程）

学习成果任务（书面作业）

1. 以学校一位教师或宿管员为例，撰写一份“入职通知书”；撰写与该“入职通知书”配套的手机短信。（30 分）

（1）相关背景情境，自行假设后填写；

（2）采用 word 格式，注重排版等格式要求。

2. 以学校为例，编制一份员工“离职面谈表”（格式化空白表格）。同时阐述离职手续办理过程中，HR 应注意哪些环节以避免离职员工对公司产生怨恨。（40 分）

注：采用 A4 纸手写编制。

3. 以学校一位教师为例，编制一份“劳动合同续签通知书”。（30 分）

（1）相关背景情境，自行假设后填写；

（2）采用 word 格式，注重排版等格式要求。

评分标准：

每小题的作业完整、未偏题（40%），行文及格式正确（20%），符合人力资源管理的特点与要求（40%）。

图 5-8　以书面作业为考核方式的学习成果要求（“员工关系管理”课程）

这里的发布，不是简单的告知。任课教师应给予必要的讲解，以让学生明确并理解具体的要求。因为教师与学生的知识基础、认知模式及思维结构有较大的差异。教师一看就懂的，学生不一定懂，或者不一定正确理解，尤其是教师基于自己的知识体系所编制的要求。

（四）答疑与辅导

在学生完成学习成果期间，任课教师应给予学生必要的指导。教师可以与学生约定见面答疑的时间、地点，也可以通过微信、QQ 等工具进行在线答疑。当教师发现某一个学生提出的疑问，可能成为全班大多数学生的疑问时，可以在班级微信群发出提示或者在课堂上集中讲解。教师在答疑时，应注意重点在于引导学生思考，而不是直接告知答案。

在基于成果导向的教学模式下，教师还可以利用“导生”对学生进行辅导。如美国“导生引导式团队学习教学模式”（peer-led team learning，PLTL）就是由同一教师在同一课程教材下教出来的高年级优秀学生作为导生，通过团队学习的方式，担任学生在学习上的引导者和指导者。团队学习研讨的主题恰好就是学生如何更好的完成各项学习成果。该教学模式在广东岭南职业技术学院人力资源管理专业“劳动法与员工关系管理”课程试点应用实践中顺利实施并证明具有较好的效果。大多数学生通过一学期的导生引导式团队学习，在学习热情激发、帮助学习过程与学习内容理解、帮助思维与表达能力、课程成绩等方面，都产生了积极的效果。

（五）学习成果评价与改善

任课教师依据“课程规范”或具体学习任务书上的评价标准对学生提交的学习成果（书面作业、实操、测试等）进行批改，注释错误的原因以及需要改正的意见或建议，然后发回给学生阅读。若有发现共性问题则可以在课堂上统一讲解。

学生可以根据教师批阅的建议或者参考（不是抄袭）其他学生的学习成果，对学习成果进行修正与完善，再次提交教师批改。为激发学生的修改积极性，成绩可以以修改稿为准。

（六）及时的过程反馈

每次学习成果的评改成绩，会及时录入课程过程成绩统计表（见示例图 5-9）中，并向全班学生公布，以便于学生及时了解学习效果进展并自己掌控学习努力程度。

<table>
<tr><th colspan="3" rowspan="2">学生信息</th><th colspan="7">评核系列二（占总 90%）</th></tr>
<tr><th colspan="3">书面作业占 36%</th><th colspan="2">课堂汇报占 33%</th><th colspan="2">课堂测验占 21%</th></tr>
<tr><th>序号</th><th>学号</th><th>姓名</th><th>SOC2 社会认知偏差 12%</th><th>SOC5 社会态度 12%</th><th>SOC7 人际交往 12%</th><th>SOC6 用社会行为与社会影响分析职场员工关系 18%</th><th>SOC8 心理保健项目及课堂汇报 15%</th><th>SOC1 定义与理论 9%</th><th>SOC3/SOC4 社会印象管理与三维归因理论 12%</th></tr>
<tr><td>1</td><td>15635040101</td><td>林 **</td><td>64</td><td>55</td><td></td><td></td><td>89</td><td>90</td><td>85</td></tr>
<tr><td>2</td><td>15635040102</td><td>杨 **</td><td>77</td><td>50</td><td></td><td></td><td>90</td><td>66</td><td>70</td></tr>
<tr><td>3</td><td>15635040103</td><td>林 **</td><td>91</td><td>80</td><td></td><td></td><td>94</td><td>88</td><td>99</td></tr>
</table>

图 5-9 课程过程成绩统计表（“社会心理研究”课程示例）

（七）总结性回顾

学生完成课程的各项学习成果，是学期过程中随着课程教学进度而逐步完成的，这有点类似于形成性评价。为了避免学生过后就忘，增强学生对所学的长期记忆，在课程结束时有必要要求学生对已经完成的各项课程学习成果进行一个总结性的回顾。针对每项预期学习成果，学生要思考并回答下列几个问题：你完成该学习成果的主要收获是什么？描述你是如何在该学习任务中让自己做得更好的。通过该学习任务，你学会了关于如何学习和做事的哪些知识？通过学习该任务，你认为在今后职场或生活中可以如何应用？这次学习经历是否使你产生一些新的兴趣点或观念，为什么？对于该学习成果，你认为还有哪些更好的考核方式，为什么？图 5-10 是“社会心理学”课程中学生提交的一份总结性回顾的示例。

预期学习成果	应用三维归因理论分析日常事件	应用社会态度理论改变他人态度
考核方式	课堂测验	书面作业
你完成该学习成果的主要收获	对三维归因理论有了新的认识，比如行动者、刺激物、环境因素等归因角度	学习了说服的模型以及很多不同的说服因素
描述你是如何在该学习任务中让自己做得更好的	在学习之后，喜欢跟同学们一起归因一件事件的缘由，比如在宿舍里，会在和室友一起聊事情时，从各个角度找事物的原因，很有趣	通过课堂上老师的讲解，课后对理论的温习，再加上运用自身真实的例子加以分析，提高了学习效率
通过该学习任务，你学会了关于“如何学习与做事”的哪些知识	学习了三维归因理论，学会了怎样从不同的角度去看问题，找原因	了解了说服一个人应该从哪些方面入手，而且知道不同的人会因为不同的性格特质，影响说服的结果，懂得在说服之前先对对方做人格分析
通过该学习任务，你认为对今后的职场或生活可以如何应用	对于之后的职场，可以很好地应用三维归因理论分析，作为我们社会工作者对求助者或是我们的案主的问题归因	在今后的个案辅导或是小组活动中，知道要如何先对案主做分析，要从哪些方面对案主进行说服，成功率更高
这次学习经历是否使你产生了一些新的兴趣点和观念，为什么	兴趣点就是喜欢开始问为什么，总是找事物的原因，从你我角度、从环境因素多方面探讨，感觉就像是侦探，发现越多的角度就有越多有趣的东西出现	兴趣点在说服的过程，以及对人的分析，因为让自己全面的了解了说服一个人要从说服者的因素、被说服者的因素以及说服的环境入手，整个过程都很有意思
对于该学习成果，你认为还有哪些更好的考核方式，为什么	我觉得考核方式还是可以换成课堂的交流形式，因为该阶段涉及的理论需要灵活的运用，比测验更好的一点是可以了解他人角度和自己角度的不同，同时加上老师的点评，会比试卷更加深刻	我个人认为，要考核学生对说服的理论学习掌握程度，不是从书面的作业可以了解到的，我认为可以通过拍视频的方式更加直观地了解说服与被说服，以及环境等因素

图 5-10　学生完成课程学习成果后的总结性回顾（“社会心理研究”课程示例）

从图中可以看出，学生对之前课程学习成果完成情况进行总结性回顾，既可以巩固所学知识点与技能点，促进学生所学与所用之间的联结，还可以培养学生的自我反思习惯。另外，该总结性回顾还从学生的视角对课程预期学习成果设计进行了评价与建议，为任课教师对该课程诊断与改进提供了有效的参考。

（八）记录

对所有学习成果的展示，任课教师要求学生提供纸质版和（或）电子版（如电子文档、照片、视频、程序等），以备存档。存档的作业一方面是便于学校管理层或第三方的鉴定评价，另一方面也可以作为教师进行课程调优的参考，如邀请用人单位对学生学习成果进行评价，了解用人单位对学习成果质量的评价标准及评价尺度，同时听取用人单位对学习成果设计的意见与建议。因此，在基于成果导向教学实施中，所记录的不只是学习成果本身，也不只是成绩，更重要的是教师对学生学习成果的语言性评价。

四、基于预期学习成果的教学评价

（一）教学评价的概念及其分类

教学目标、教学活动和教学评价是课程教学设计的三个核心环节。教学评价（或评量）指的是评价者对评价对象的各个方面，根据一定的评价标准所进行的量化和非量化的测量过程，其最终应得出一个可靠的并且合乎逻辑的结论。教学评价（或教学评量）的一个重要内容就是对学生能力高低的认定。由于教育的类型与教育对象的智力类型不同，评价的标准和手段也应不同。

教学评价是教学各环节中必不可少的重要环节，其目的是检查和促进教与学。教学评价对提高教学的效能具有鉴定功能、诊断功能、激励功能、调控功能、教学功能、管理功能。教学效果是教学评价的对象，而教学目标则是制定评价标准的主要依据，评价者按照这个标准来判断教学的价值大小。在基于成果导向的教学中，其教学评价的标准主要应依据达成预期学习成果来展开。

教学评价按照不同标准可做不同的分类，如表 5-1 所示。

表 5-1　教学评价的分类表

序号	分类标准	分类
1	按基准分	相对评价、绝对评价、自身评价
2	按评价内容分	过程评价、成果评价
3	按功能分（布鲁姆分类）	诊断性评价、形成性评价、终结性评价
4	按评价分析方法分	定性评价、定量评价

（1）相对评价：是在被评价对象的群体或集合中建立基准，然后把各个对象逐一与基准比较，来判断群体中每一个成员的相对优劣。对学习成绩的评定通常是以群体的平均水平为基准，以个体成绩在群体中所处的位置来判断。而为相对评价进行的测验一般称为常模参照测验，它的试题取样范围广泛，命题方式直接明确，测验成绩主要表现学生学业的相对等级。因为所谓的常模实际上近似学生群体的平均水平，所以这种测验的成绩自然形成了正态分布。采用相对评价来了解学生的总体表现和学生之间的差异，或比较群体学习成绩的差异，效果是良好的。但其缺点是基准会随群体不同而变化，因而易使评价标准偏离教学目标，不能充分反映出教学上的问题和为改进教学提供依据。

（2）绝对评价：是将教学评价的基准建立在被评价对象的群体或集合之外，把群体中每一成员的某种指标逐一与基准进行对照，从而判断其优劣。教学评价的标准一般是教学大纲（课程规范）以及由此确定的评判细则。为绝对评价进行的测验一般称为标准参照测验。它的试题取样就是预先规定的教学目标，测验成绩主要表明教学目标达到的程度，这种测验的成绩分布通常是偏态的（如低分多高分少为正偏态，反之则为负偏态）。绝对评价的优点是评价标准比较客观，如果运用得当，可以使得每个被评价者都能看到自己与客观标准之间的差距，以便不断向标准靠拢。另外，教学管理部门通过这种评价，可以直接鉴别各项教学目标的达成情况，明确今后工作的重点。它的缺点是在制定评价标准时，容易受到评价者原有的经验和主观意愿的影响，也不易分析出学生之间的差异。在基于成果导向教育（OBE）理念下，以课程预期学习成果（SOC）评价教与学就是一种绝对评价方式。

（3）自身评价：这种评价既不是在被评价群体之内，也不是在群体之外确立基准，而是对被评价的个体过去和现在进行比较，或者是对他的若干侧面进行比较。自身评价的优点是尊重个性、照顾个别差异，通过对个体内部各个方面的纵横比较，判断其学习的现状和趋势。但由于被评价者未经过与具有相同条件的其他学生作比较，难以判定他的实际水平和差距，激励的功能不明显。因此，实际运用中常常把自身评价与相对评价结合使用。

（4）诊断性评价：诊断评价，或称事先配置性评价，是指在教学开始前进行的对学习任务所需的先决认知条件（包括知识和技能、智力和体力）和先决情感条件进行的评价。判断他们是否有实现新的教学目标所必需的基本条件，为教学决策提供依据，使教学活动适合学生的需要和背景，设计出可以满足不同起点水平和不同学习风格的学生所需要的教学方案，并分别将学生置于最有益的教学程序中。布鲁姆认为，先要对学生在学习新的课程之前是否具备必要的知识和技能状况进行诊断，“在这些必要的基础性学习技能方面，测量学生已达到了什么程度，以便在需要的时候，就能采取措施去培养或提高这些技能”。

（5）形成性评价：这种评价是在某项教学活动过程中，为使活动效果更好而不断进行的评价，它能及时了解阶段教学的结果和学生学习的进展情况、存在问题等，以便及时反馈、及时调整和改进教与学。形成性评价进行得比较频繁，如一个章节或一个单元后的小测验。形成性评价一般又是绝对评价，即着重于判断前期工作达标情况。形成性评价具有两种重要的职能：一是提供反馈，形成性评价旨在为教师和学生提供反馈；二是利用反馈来改进教学。对于提高教学质量来说，重视形成性评价比重视终结性评价更有实际意义。基于成果导向教育（OBE）理念，设计“课程规范”，制定一系列课程预期学习成果（SOC），并安排在不同阶段检测其达成程度，这也是形成性评价方式。

（6）终结性评价：该评价又称事后评价，一般在学期或学年中的几个大的教学阶段后或整个课程结束时，教学活动告一段落时，为把握活动最终效果而进行的评价，目的是检验学生的学业是否达到了课程的教学目标要求。该评价注重的是教与学的结果，借以对被评价者所取得的成果做出全面鉴定，区分等级和对整个教学方案的有效性做出评定。在本书基于成果导向教育（OBE）理念下，以专业预期学习成果（POC）评价毕业生最终达到的能力水平，以课程预期学习成果（SOC）评价课程教学目标的达成，都是一种终结性评价方式。因为专业预期学习成果都是由各门课程预期学习成果的达成来实现的，所以对课程预期学习成果的评价也可以看作是专业预期成果的形成性评价。

诊断性评价、形成性评价和终结性评价，这三种评价既有区别，又相互联系。诊断性评价侧重于教育目标的准备，形成性评价侧重于教育目标的落实，终结性评价侧重于对教育总目标实现程度的鉴定。诊断性评价常常借助有关终结性评价的结果，而终结性评价既可以做随后有关课程的适当起点，又可像形成性评价那样为师生提供反馈。在最终给学生做学业成绩评定时，除了主要依据终结性评价外，往往还需要参照平时的形成性评价，要注意这三类评价的步骤、评价结果的利用有很大差异。

（二）基于预期学习成果的教学评价设计

在第四章第五节中介绍的“课程规范”编制中，如何为课程预期学习成果设计教学评价标准，可以借助上述教学评价的概念，以形成性评价和终结性评价为主要方式进行。

（1）按照工作过程的要求或标准设计教学评价

在设计预期学习成果的教学评价时，先要考虑的是这些学习成果所反映的工作过程逻辑和体系结构，按照其工作过程的规律和职业岗位要求进行评价，其标准来源于职业岗位的客观标准，往往是形成性与终结性评价相结合的——形成性体现的是学生在教学过程中不断积累经验的成长的要求；终结性体现的是职业岗位客观的工作标准要求。例如，在前面第四章中“压铸模具设计”课程中，以三种典型工作任务（按照不同材料的成型工艺划分）设计的预期学习成果如表 5-2 所示。

表 5-2　“压铸模具设计”课程预期学习成果

典型工作任务编号	学习情境名称	预期学习成果（SOC）描述	对应的 POC
1	1-1 抽屉拉手成型工艺编制	SOC1-1 就某个锌合金（如抽屉拉手）热压室压铸件的压铸工艺进行分析和阐述，并编制压铸成型工艺卡	POC1.1
	1-2 抽屉拉手压铸模设计	SOC1-2 根据成果 SOC1-1 设计一套热压室压铸模具，并应用 UG 软件绘制压铸三维模型	POC1.2/POC4.1
	1-3 出抽屉拉手压铸模工程图	SOC1-3 根据成果 SOC1-2 绘制压铸模的二维工程图	POC1.3
2	2-1 手机外壳压铸成型工艺编制	SOC2-1 就某个铝合金（如手机外壳）卧式冷压室压铸件的压铸工艺进行分析和阐述，并编制压铸成型工艺卡	POC1.1
	2-2 手机外壳压铸模设计	SOC2-2 根据 SOC2-1 设计一套卧式冷压室压铸模具，并应用 UG 软件绘制压铸模三维模型	POC1.2/POC4.1
	2-3 出手机外壳压铸模工程图	SOC2-3 根据成果 SOC2-2 绘制压铸模的二维工程图	POC1.3
3	3-1 创意灯筒压铸成型工艺编制	SOC3-1 就某个镁合金（如创意灯筒）立式冷压室压铸件的压铸工艺进行分析和阐述，并编制压铸成型工艺卡	POC1.1
	3-2 创意灯筒压铸模设计	SOC3-2 根据 SOC3-1 设计一套立式冷压室压铸模具，并应用 UG 软件绘制压铸模三维模型	POC1.2/POC4.1
	3-3 出创意灯筒压铸模工程图	SOC3-3 根据成果 SOC3-2 绘制压铸模的二维工程图	POC1.3

在所设计的教学评价方案中，“课堂出勤”“课前、课中互动表现”都是对学生的学习态度和行为的要求，这也是教学活动所必需的，而其他则都是按照各预期学习成果，用企业岗位的标准去评价的，其评核方法完全用企业的检验方法进行，如表 5-3 所示。

表 5-3　“压铸模具设计”课程教学评价方案

评核内容	评核标准	评核方法	权重（%）
课堂出勤	无违反课堂纪律行为	签到、课堂监督	5%
课前、课中互动表现	课前预习；课中积极思考和回答问题；积极参加小组讨论	课堂提问、讨论汇报	5%

续表

评核内容	评核标准	评核方法	权重（%）
SOC1-1	压铸机选型合理；工艺分析正确；产品压铸材料选择合理；压铸工艺参数无误，工艺卡编制符合规范	图纸和参数审查	10%
SOC1-2/SOC1-3	压铸模结构与分型曲面设计合理；浇注系统及溢流、排气系统设计合理；成型零件及模架设计合理；抽芯及推出机构设计合理；产品模拟加工过程无误；绘制压铸模的二维工程图规范	图纸和参数审查、模拟加工检验	20%
SOC2-1	压铸机选型合理；工艺分析正确；产品压铸材料选择合理；压铸工艺参数无误，工艺卡编制符合规范	图纸和参数审查	10%
SOC2-2/SOC2-3	压铸模结构与分型曲面设计合理；浇注系统及溢流、排气系统设计合理；成型零件及模架设计合理；抽芯及推出机构设计合理；产品模拟加工过程无误；绘制压铸模的二维工程图规范	图纸和参数审查、模拟加工检验	20%
SOC3-1	压铸机选型合理；工艺分析正确；产品压铸材料选择合理；压铸工艺参数无误，工艺卡编制符合规范	图纸和参数审查	10%
SOC3-2/SOC3-3	压铸模结构与分型曲面设计合理；浇注系统及溢流、排气系统设计合理；成型零件及模架设计合理；抽芯及推出机构设计合理；产品模拟加工过程无误；绘制压铸模的二维工程图规范	图纸和参数审查、模拟加工检验	20%
合计			100%

（2）按照学习成果类型特点设计教学评价

在前述物流管理专业的例子中（见前面第四章第五节），其专业课程的预期学习成果主要有四类：调研报告类、方案类、流程设计类和业务单证填制类。不同类型学习成果可以有不同的评价方式。这些学习成果中适宜用标准化测试的，比如有行业标准的，可以采用标准化测试的方式来进行评价，如业务单证的填制在行业内有填制规范，结合背景案例，有明确的正误之分，比较容易做出评价。对于书面性的一些任务如方案、调查报告、流程设计，由于考查的是学生的思维技能、协作技能、沟通能力、数据搜集及应用能力、解决问题的能力、领会能力、运用能力、分析能力、评价能力等多维度能力，需要借助非标准化的测试来进行评价，具体可参考德国费利克斯职业能力评价模型。从功能性能力、过程性能力、整体性设计能力三个方面进行从低到高的评价设计，也可以采用评价量规的方法进行评价。

评价量规的方法在形成性评价中较为常用。该方法对评价对象从多维度进行分析，并对每个维度又分为不同的等级，将定性和定量结合，每个指标体现了等级，也体现了评价者的整体评价。以调查报告类评价为例，如要求学生通过学习“能运用多个领域的知识和方法，对校园物流站点的服务满意度进行调查，并编写调查报告”——对该成果的评价可以采用评价量规的方法，具体见表5-4。

表5-4　学习成果评价量表

评价指标/权重		评分			评价方及权重			合计
		3分	2分	1分	自评 25%	他评 25%	教师评 50%	
跨专业知识应用/3	使用所学习的多项公认方法开展调研任务	使用两种以上方法开展调研	使用一种方法开展调研	在教师的指导和督促下开展单一的调研				
信息资源利用方面/4	多种资源进行合理应用	资源丰富，恰当运用到调查报告中	资料有限，部分的应用	资料欠缺				
定量表达方面/5	创建并解释关于说明满意度的图表	图表和解释能说明满意度情况	创建了图表没有解释	没有创建图表，仅用文字表述				
沟通方面/4	写出流畅的、无笔误的调查报告	调查报告流畅、基本无误	调查报告部分不通顺、有笔误	调查报告全篇不流畅、笔误多				
协作学习/4	积极性高，主动参与调研的全过程，与团队成员密切协作完成任务，并在课堂上分享调研成果	积极主动参与，团结合作，高校完成调研任务并主动分享调研成果	需要提醒才去参与，不主动与团队成员合作，能分享调研成果	需要多次提醒督促并依靠其他组员的帮助才能完成，也没有分析调研成果				
合计								

采用量规法进行评价的难点在于各等级评价指标的制定，需要教师结合成果的要求，将预期学习成果的标准融入各项评价指标中，并根据成果的情况分等级进行评价，需要教师更加深入的探索与实践，才能发挥该方法的作用。

(3) 按照二维度教育目标分类表设计各层面教学评价

布鲁姆教育目标分类学（2001年修订版）已经将原来单一维度的教育目标分类，修改成将教育目标分成“知识向度”和“认知历程”包含四个主要的类别（事实、概念、程序、元认知）形成一个两向度的分类表。用分类表能更清楚地去定义教学评量，使目标和教学在评量中形成更强烈的关联，以此来进行教学目标设计，并按照不同向度匹配以不同的教学评价标准和方式，非常有价值。如表 5-5 所示。

表 5-5　教育目标二向度分类表

知识向度	认知历程向度					
	1. 记忆	2. 了解	3. 应用	4. 分析	5. 评价	6. 创作
A. 事实知识						
B. 概念知识						
C. 程序知识						
D. 元认知知识						

表中认知历程向度（cognitive process dimension）就是前面第一章第三节所介绍的一个用关键行为动词表达的由低阶（lower-order）向高阶（higher-order）的层次递进认知进阶。而知识向度（knowledge dimension），是布鲁姆教育目标分类学 2001 年修订版新引入的。具体解释如下：

① 事实知识——指有关职业岗位工作过程、学生应了解的术语，或是可以进行问题解决的基本要素。这些知识通常属于显性知识。

② 概念知识——指有关职业科学、专业领域的，关于分类和类别、原理和通则、理论或模式，或结构化的知识。这些知识通常属于显性知识。

③ 程序知识——指有关职业岗位工作过程知道如何做某事的知识，通常是一系列或有步骤的流程，以及决定何时运用不同程序的规则。如职业岗位工作的六个步骤：资讯、计划、决策、实施、检查和评价，即属于程序知识。这些知识通常属于隐性知识。

④ 元认知知识（metacognitive knowledge）——指适用于所有工作的一般策略知识（strategic knowledge）、有关认知任务的知识（knowledge about cognitive tasks）以及自我知识（self- knowledge）。故元认知知识包含对认知的知识，对认知历程的控制（control）、监视（monitoring）和调校（regulation）的有关认知的知识，适用策略和使用策略情境及其有效程度和自我知识等方面。如第三章所述的职业核心能力（社会能力、方法能力）和 DQP 五大学习领域的智力技能（道德考量、多元视角等条款）就有一些属于元认知知识。这些知识通常属于隐性知识。

下面以第四章第五节中药学专业“实用药理学”的课程规范所设计的学习成果评价为例，来用二维向度分类表改造其教学评价。该课程的预期学习成果如表 5-6 所示。

表 5-6　“实用药理学”预期学习成果

典型工作任务/编号	学习情境名称	预期学习成果（SOC）描述	对应的 POC
1. 药理认知与讲解交流	SOC1-1	能够书面解释药理学的一些基本概念，如药理学、药物效应动力学、药物代谢动力学、吸收、分布、代谢、排泄、首过效应、肝肠循环、生物利用度、血浆半衰期、药物的选择性、受体、肝药酶诱导剂、肝药酶抑制剂等概念	POC1.1
	SOC1-2	能够书面解释药理学的一些基本概念，如化学治疗、抗菌谱、MIC、MBC、抗菌活性、化疗指数、抗菌药、抑菌药、细菌的耐药性等概念	POC1.1
	SOC1-3	能够用药理学知识书面描述药物在吸收、分布、代谢、排泄过程中的影响因素	POC1.1
	SOC1-4	能够用药理学知识书面描述药物的剂型、给药途径、剂量、年龄、性别、病理因素等对药物作用有何影响	POC1.1
2. 寻病问药与用药指导	SOC2-1	通过对传出神经系统药物、作用于中枢神经系统药物、作用于心血管系统药物中，常见药物的药理作用、临床应用和用药注意事项的掌握，能够对常见的药物进行用药指导，解决患者在用药中遇到的常见问题	POC1.2
	SOC2-2	通过对作用于器官药物、作用于内分泌系统药物、抗微生物药物、抗病毒药、抗真菌药、抗寄生虫药、抗恶性肿瘤药中，常见药物的药理作用、临床应用和用药注意事项的掌握，能够对常见的药物进行用药指导，解决患者在用药中遇到的常见问题	POC1.2
	SOC2-3	能够根据《国家药品基本目录》对国家基本药品的用途进行分类	POC1.2
	SOC2-4	能够基本无差错地对常见疾病如肠虫病、手足癣、口腔溃疡、五官科的感染性疾病、避孕药、消化不良、胃溃疡、便秘、腹泻、荨麻疹、皮肤过敏、过敏性鼻炎、贫血、感冒、咽炎、咳嗽、肠虫病等常见疾病进行模拟问病荐药的表演	POC1.3
	SOC2-5	能够基本无差错地对常见疾病如青光眼、虹睫炎、失眠、焦虑症、抑郁症、内脏绞痛、感冒、外周血管痉挛性疾病、牙痛、头痛、月经痛等常见疾病进行模拟问病荐药的表演	POC1.3

续表

典型工作任务/编号	学习情境名称	预期学习成果（SOC）描述	对应的 POC
3. 处方审核与规程履行	SOC3-1	能够对传出神经系统药物、作用于中枢神经系统药物、作用于心血管系统药物中常见处方进行审核并判断该处方的合理性	POC2.2
	SOC3-2	能够对作用于器官药物、作用于内分泌系统药物、抗微生物药物、抗病毒药、抗真菌药、抗寄生虫药、抗恶性肿瘤药中常见处方进行审核并判断该处方的合理性	POC2.2
	SOC3-3	能够根据药物机制的不同，界定哪些药物属于 α 受体激动药、α 受体阻断药、β 受体激动药、β 受体阻断药、M 受体激动药、M 受体阻断药、N 受体阻断药、质子泵抑制药、多巴胺受体阻断药、作用于 RAAS 系统的药物、钙拮抗药、微生态制剂等，并能够讲出这一类药物在作用机制、临床应用、不良反应的共同点	POC3.1
4. 药理实验与数据处理	SOC4-1	在药理学动物实验中（硫酸镁和液体石蜡对蟾蜍肠袢的作用、不同给药途径对药物作用的影响、链霉素的毒性反应及解救、肝功能状态对药物作用的影响），在药理学动物实验中，能够结合人体解剖生理学、药理学、医学统计学的基本知识对实验结果进行分析和讨论并提出自己的观点	POC2.4
	SOC4-2	能够对药物对社会、经济、人类疾病与健康等各方面的影响提出自己的见解	POC3.3
	SOC4-3	在撰写药理学实验报告中，能用流程图描述实验步骤，能够使用图表来定量分析实验结果	POC3.5.2
	SOC4-4	在完成药理实验后，撰写书面的实验报告，用药理学知识分析实验结果	POC4.1
5. 药事伦理与人文关怀	SOC5-1	对于一个超出课上所学内容的不合理的处方或用药不当的案例，通过信息收集、分析，最后能提出自己的见解及解决方案	POC4.3
	SOC5-2	在用药指导过程中具有对待患者平等、友善、负责任、耐心、细致的价值观，能够说出这些价值观在在用药指导中的重要性，并能够举出一个由于缺乏上述价值观而导致治疗不当的案例并阐述自己的观点	POC5.2
	SOC5-3	对某些药物滥用、过度治疗或讳病忌医等问题进行有理有据的分析评述，并表明自己的观点	POC5.5

将这些预期学习成果，用二向度分类表进行改善设计，其预期成果和教学方法、成果评价方式如表 5-7 所示。

表 5-7　“实用药理学”预期学习成果用二向度分类表重新设计

<table>
<tr><th></th><th>A. 事实知识</th><th>B. 概念知识</th><th>C. 程序知识</th><th>D. 元认知知识</th></tr>
<tr><td>1. 记忆</td><td></td><td></td><td></td><td></td></tr>
<tr><td rowspan="2">2. 了解</td><td>SOC1-1/SOC1-2</td><td>SOC1-3/SOC1-4/SOC3-3</td><td></td><td></td></tr>
<tr><td colspan="2">教法：讲授、讨论、在线学习
评价：书面作业、闭卷考试</td><td></td><td></td></tr>
<tr><td rowspan="2">3. 应用</td><td></td><td>SOC2-1/SOC2-2/SOC2-3</td><td>SOC2-4/SOC2-5</td><td></td></tr>
<tr><td></td><td>教法：模拟项目、问题指导
评价：项目汇报、提问答辩</td><td>教法：药房问诊、模拟销药
评价：录音、录像案例剖析与答辩</td><td></td></tr>
<tr><td rowspan="2">4. 分析</td><td></td><td></td><td>SOC4-1/SOC4-3/SOC4-4</td><td></td></tr>
<tr><td></td><td></td><td>教法：实验分析、检验
评价：数据分析、实验报告</td><td></td></tr>
<tr><td rowspan="2">5. 评价</td><td></td><td></td><td>SOC3-1/SOC3-2</td><td>SOC4-2/SOC5-2/SOC5-3</td></tr>
<tr><td></td><td></td><td colspan="2">教法：药店实习、药房问诊、或模拟销药
评价：录音、录像案例剖析与答辩</td></tr>
<tr><td rowspan="2">6. 创作</td><td></td><td></td><td></td><td>SOC5-1</td></tr>
<tr><td></td><td></td><td></td><td>教法：药事辩论赛
评价：案例剖析与答辩</td></tr>
</table>

从这张重新设计的二维分类表中可以看出，不同层次的学习成果，相应的教学方法、考核评价方式都不同。低阶学习成果（如记忆、了解的事实知识，概念知识等）适合采用传统的讲授、问答、讨论和书面作业、闭卷考试等考核评价方式；高阶学习成果（如应用、分析、评价等概念知识，程序知识）则要采用行动导向的教学方式（比如模拟项目、实验分析、药房实习等）和与此匹配的考核评价方式（如行为案例剖析、报告、答辩等）。这样的教学评价设计，更加契合学习成果的培养要求，能更好地达成学习成果目标。

第三节 基于学习成果的教学活动设计和教学方法运用

一、教学活动设计的类型

教学活动设计，是指根据职业教育的教学思想、教学目的和教学内容，以及教学主客观条件，对教和学的组织与安排。在职业教育中，教学组织的形式有如下典型类型。

（一）技能教学组织

技能教学组织是根据技能形成阶段的特点来进行设计的。技能的形成一般包括定向、模仿、整合和熟练四个阶段。下面以中药学专业之“中药调剂技能训练”为例说明。其预定的学习成果是学生达到中药调剂员职业资格的操作技能要求。

（1）定向是操作活动的气氛、节奏、姿态、动作等在学习者头脑中形成映像的过程，是操作技能形成的一个重要环节。一般采用个体或者小组教学的组织形式，也可采取班级教学组织形式。例如中药调剂中，由教师示范中药调剂“审方、计价、调配、复核、包装、发药”等六个步骤的操作过程，或通过药剂师的操作录像、动画或者图片等教学媒体的帮助，让学生形成对中药调剂的整体印象。

（2）模仿是实际再现特定的动作方式或行为模式，实质是将头脑中形成的定向映像以外显的实际动作表现出来。案例中，学生仔细观察教师或药师在这六个步骤中，尤其是审方、调配、复核等重点环节的操作和言行，要求学生认真模仿，在模仿中要求准确、纠正偏差。一般采取小组教学组织形式，在这些关键技能环节，甚至采取个体教学组织形式。

（3）整合是把模仿阶段习得的动作固定下来，并使各动作成分相互结合，成为定型的、一体化的动作。整合是操作技能形成过程中的关键环节，是从模仿到熟练的一个过渡阶段，要求形成标准的操作，不适宜采用班级教学组织形式，可以采用小组教学组织形式，教师关注个人操作的连续性和规范性，把握关键环节。具体在中药调剂实训中，“审方”要细致，要注意剂量是否超出正常量，处方中是否有配伍禁忌药，处方中药物是否备全等；“调配”时按处方药物顺序逐味称量，需特殊处理的药物如先煎、后下、包煎、另煎等应单独包装，并注明处理方法，若调配中成药处方，则按处方规定的品名、规格、药量调配，调配人员必须精神集中，认真仔细，切勿拿错药品或称错用量，处方应逐张调配，以免混淆，急诊处方应优先调配；“复核”环节要对已调配好的药剂在配方自查基础上，再由教师或药师，进行一次全面细致的核对，也可安排小组之间互相核对检查，养成学生复核的严谨习惯。

（4）熟练是操作技能最后形成阶段，是操作训练形成动作的条件反射的艰苦过程，往往因为枯燥而容易半途而废，是能否进入更高技能的分水岭。在教学上不再关注个人动作，而是关注整体的熟练程度，可以采取大班教学组织形式，营造竞争的氛围。在这个例子中，为了让学生达到中药调剂的熟练技能要求，组织学生参加中药调剂员的考证，通过系统的理论和技能训练，使学生达到任职资格的熟练要求。

（二）任务教学组织

任务教学组织是以学生独立完成工作任务，培养学生独立分析问题、解决问题、完成任务的能力。任务教学过程包括任务描述、任务分析、完成任务、学习评价四个阶段。下面以物流专业组织开展“物流派送点选址调研”任务为例。该案例预期学习成果是要求学生提交调研和选址的论证报告，并向全班汇报、接受答辩。

（1）任务描述是让学生了解任务的背景、内容、要求（包括时间、成本、安全等要求），教师可采取班级教学组织形式，使得学生掌握一致性的信息。在该案例中，教师让学生明确“物流派送点选址调研”的预期学习成果要求，做好学生分组，并要求学生限期提交各组的具体调研方案和范围，教师提出完善意见。

（2）任务分析是完成该项任务所需能力形成的第一个环节，学生接受任务后，利用各种信息渠道，获得有关信息，结合教材提供的相关知识，对完成任务的途径、方法、成本和实践等进行分析。培养学生的分析解决问题能力，可以采取个别教学组织形式。这个阶段，教师重点要引导学生思考“物流派送点选址”所要考虑的关键因素有哪些（如地理和交通环境、市场竞争环境、人口状况和业务量、网点建设成本、政策与法规等），如何根据这些因素去设计调研范畴、选择调研对象、确定调研方式、设计调研问卷等。

（3）完成任务是学生按照已形成的方案，按照要求逐步实施，通过完成各个实施环节，形成任务成果的过程。此过程主要培养学生工作的逻辑性、方法的运用、工具的操作以及认真的态度、克服困难的勇气，仍然需要采用学生个别教学的组织形式。教学中，教师注意其原理的科学性和技术的安全性。上述案例中，学生分组赶赴现场进行调研，教师要强调学生做好分工协作，注意采样的样本数量、原始记录完整性等问题，并随时协助解决调研实际中学生可能碰到的技术性、安全性问题。

（4）学习评价包括工作评价和学习评价，包含工作成果和职业能力两个方面。工作评价包括任务分析、计划制定、计划实施和工作成果。学习评价包括学生间对任务完成情况的评价和教师对学生完成情况和教学目标达成情况的综合评价，可以采取小组和班级两种教学组织方式。为节省时间，可以采取学生间的小组评价方式，教师综合评价则可采取班级教学组织，促进互相借鉴。在这个案例中，一方面可由教师对各小组调研过程中组织管理、计划的科学性、调研过程和调研报告等质量作出工作评价；另一方面，可通过各小组向全班汇报调研报告，其他小组和教师提问答辩的方式，检查学习成果的真实性、完整性和达成度，进行学习评价。

（三）项目教学组织

项目教学组织是按照职业任务的类型，一般由一个人独立完成的，可以归到任务教学中。而需要与他人合作才能完成的比较复杂的工作，可以称为项目。项目导向的教学包括六个阶段：项目开发动员、成立项目开发小组、编写项目开发计划书、实施项目计划书、项目评估和项目总结。下面以“家居空间设计”课程为例说明，该课程按照工作过程和成果导向设计，有明确细致的工作任务、工作步骤和预期学习成果，如图 5-11 所示。

“家居空间设计”课程要求

本项目为装饰设计 A 班、B 班，互相以对方为模拟客户，进行家居空间设计的大作业，具体要求如下：

一、学习情境（项目任务）与分组要求

户型（分组要求）	成果提交时间	玄关设计	客厅设计	餐厅设计	厨房设计	卫生间设计	卧室设计	书房设计	休闲室设计	户外花园设计
单身公寓设计（2 人 1 组）	第 8 周	√	√	√	√	√	√			
四房两厅设计（3 人 1 组）	第 8 周	√	√	√	√	√	√	√		
别墅空间设计（5 人 1 组）	第 8 周	√	√	√	√	√	√	√	√	√

注：学生自由组合，每组选出负责人，成员须有明确的设计任务分工。

二、实施步骤与进度要求

工作步骤	学习成果（SOC）	1 周	2 周	3 周	4 周	5 周	6 周	7 周	8 周	9 周	10 周
业务洽谈	顾客设计协议	√									
现场测绘	现场测绘图		√								
资料收集	设计素材			√							
初步创意	方案设计草图			√	√						
方案设计	平面设计定稿				√	√					
图纸绘制	立面效果图					√	√				
图文编排	方案图册及说明书							√	√		
竞标汇报	方案展示与修改									√	√

注：（1）虽然是模拟的项目，但过程均须按照行业规范要求进行；（2）第 7、8 周各组需提交全部成果材料；（3）第 9、10 周组织方案竞标汇报，由模拟客户对方案进行问询答辩、评判打分并提出修改意见，教师点评；（4）每位同学须提交心得一份。

三、成绩构成

个人得分＝顾客评分（60%）＋个人项目质量评分（30%）＋团队成员评分（10%）。

图 5-11 “家居空间设计”项目组织教学设计

（1）项目开发动员是让学生了解本项目开发的意义、项目应完成的功能、项目开发所需要的技术和学习方法，以及项目开发的流程、考核办法等。教师可以展示案例来启发学生，一般采取班级教学组织形式。在“家居空间设计”案例中，是以两个班的学生互以对方为顾客，按照行业规范开展项目设计，既让学生体会顾客诉求，又让学生担任设计师体验设计的艰辛。教师动员时要强调体验的真实性要求，不让学生把项目当作儿戏。

(2) 成立项目小组是根据班级人数、项目难易程度、学生个人能力等因素综合考虑分组，实施小组教学形式，选拔组长，落实分工和监督措施等。为让学生受到组织、沟通和责任心的锻炼，教师应采取个别教学组织形式，针对学生所扮演的角色进行个别教学指导。具体在本项目中，根据三类户型设计任务量和难度的不同，分配有2到5人不等的小组。教师要明确提出各阶段学习成果的要求。

(3) 编制项目开发计划书是教师提供一份项目开发计划书样板，解释清楚项目实施的步骤和计划书编制的内容、格式和要求，可以采取班级教学组织形式和讲授教学法，然后各组学生分头编制项目计划书。上述“家居空间设计”课程要求学生小组提供初步的项目计划书。为了保证全班进度一致，学习成果提交的时间统一在第7、8周，竞标汇报的时间为第9、10周。

(4) 实施项目计划书是项目教学实施的核心环节，此阶段教师要及时恰当地对学生进行指导，启发学生解决项目开发过程中遇到的难点，督促学生按时按量完成项目计划书的各个开发环节，促使学生能够顺利地在计划内完成项目开发，达到教学目标。为培养学生的团队意识、合作精神，不宜采取针对某个学生的个别教学组织形式，可采取针对项目小组的个别教学组织形式。该项目实施中，除了教师指导学生克服项目实施技术难点之外，还重点要求在项目的几个关键环节，如出方案设计草图、立面效果图时，设计师要多与“客户”沟通，听取“客户”的诉求、满足“客户”需要，及时修改完善，直到“客户”满意。

(5) 项目评估与总结是项目完成后要进行项目评估和总结，通常采用分组讲解、展示项目开发成果等方法，由学生评价和老师评价构成。项目总结包括思路总结和技巧总结（难点的解决方法等），教师应该引导学生对项目进行拓展和延伸，针对以后可能遇到的类似问题进行启发。项目总结都应该采取班级教学组织形式，利于互相学习借鉴。具体到该案例中，教师以项目竞标汇报、面向“客户”答辩的方式，由“客户”打分来作为学生在项目中的成绩主体（占60%），培养学生注重满足“客户”需求的市场意识。同时也强调学生为项目做出贡献，个人所承担任务有一定占比（达30%）。并且为了培养团队意识，还以团队成员背对背互评打分的方式（占比10%）考察学生的团队协作精神。

(四) 岗位教学组织

岗位教学也称岗位实训，它是学生系统了解企业生产过程、理解企业生产制度、把握职业岗位职责、理解企业劳动制度、熟悉设备功能与性能、掌握设备操作规程的有效手段。其过程一般包括明确岗位实训目标、系统理解职业岗位、履行岗位职责、形成良好职业习惯，其教学组织形式有企业顶岗实习、企业见习等。这类教学的学习成果更多是行为规范、职业态度方面等内在成果，一般以实习总结报告和实习心得的方式呈现。

（1）工作岛教学组织形式是在企业选择一些典型的工作岗位，由师傅、教师、学生组成工作小组，负责这个工作岗位的工作。师傅在教师和学生的辅助下完成工作任务；教师在师傅的帮助下完成教学任务；学生通过工作完成学习任务。学生进入工作岛之前，已具备了上岗的能力。

（2）影子岗教学组织形式是在企业挑选典型岗位的优秀工作人员，将学生安排到优秀工作人员身边，像他们的影子一样，通过协助他们每天做的事情，学习他们的优秀职业特质。

（3）学徒制教学组织形式是学生在学校注册成为学生，在企业注册成为企业学徒。企业在生产过程中，安排师傅带自己的徒弟学习，为企业人力资源进行必要的储备。这是目前高职教育所倡导的，发挥企业和学校“双元”作用的有效的职业教育模式。

（4）工业中心教学组织形式，工业中心、实训车间、教学工厂等通过建设一些车间，将一些典型的工作岗位集中到一起，形成丰富的岗位教学资源。学生根据自己的实践安排和需要，申请到工业中心岗位自行训练或在师傅指导下进行训练。

二、行为导向的教学方法

教学方法是教师和学生为了实现共同的教学目标，完成共同的教学任务，在教学过程中运用的方式与手段的总称。在本书的语境中，教学方法可以理解成是为达成教学目标对教学九要素综合运用的方式和手段（见图 5-2）。据不完全统计，目前在教育领域卓有成效的教学方法有 700 种之多。传统的教学方法有讲授法、讨论法、演示法、参观法、练习法、实验法、实习法、现场教学法、发现法、自主学习法、问题驱动法、情景教学法、体验学习教学法等。

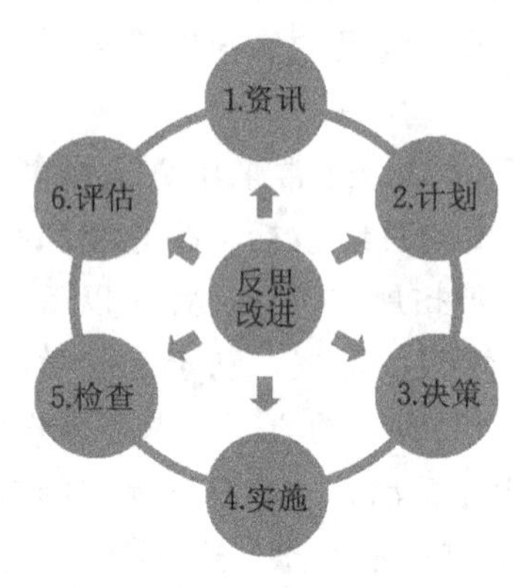

图 5-12　行动导向的教学流程

在职业教育领域，教学活动是基于行动导向的——是系统的、有目的地组织学生在实际工作情境或学习性工作情境中，参与“资讯、计划、决策、实施、检查、评估”典型工作过程，提高发现、分析和解决问题能力，总结和反思学习的过程。因此，在职业教育领域，更加倡导行动导向基于工作过程逻辑的教学方法，如图 5-12 所示。

常用的行动导向教学方法包括四阶段教学法、头脑风暴教学法、项目教学法、案例教学法、模拟教学法、角色扮演教学法、卡片展示教学法、引导课文教学法等。这些教学法的要点如表 5-8 所示。

表 5-8　常用行动导向教学方法一览表

分类	教学法名称	教学法含义	学习成果要求	教学流程	教学法特点
过程导向	四阶段教学法	基于行为主义学习理论，用于操作技能教学，操作技能形成经过：定向、模仿、整合、熟练四个阶段	以内化为技能的实践成果为主	准备 示范讲解 学生模仿 教师评价	使用频率高 方法简单有效 方法实践性强
	项目教学法	基于建构主义学习理论，用于培养学生综合能力，广泛应用于技术类和商贸类，所有具有整体性并有可见成果的工作都可作为项目	以实践项目成果为学习成果	确定项目任务 项目开发动员 进行组织分工 制订项目计划 组织项目实施 检查评估总结 成果迁移应用	实践性强 自主性强 综合性强 拓展性大 开放性大
情景导向	模拟教学法	通过表演相关情景和讨论表演的方式，探索情感、态度、价值、人际关系问题以及这些问题的解决策略。分为模拟设备教学和模拟情景教学两大类	以认知目标成果和内化的情感态度为重点	布置模拟任务 分组模拟表演 检查：自主总结与知识构建 处理：再次扮演与考核评价	主体性强 实践性强 互动性强 开放性大 时效性好 情景性强
	角色扮演教学法	由学生扮演职业情景中的角色，设身处地分析和解决所面临的问题，透过故事情节和问题情景设置，让学生理解人物的内心世界，提高学生的角色认知和调适能力	以认知目标成果和内化的情感态度为重点	布置任务 选择参与者 布置情景 安排观众 角色扮演 讨论评议 再扮演 再评议 分享讨论	参与性强 灵活性大 时效性好 情景生动 发掘情感
效果导向	头脑风暴教学法	是一种激发思维的方法，其核心是高度充分的自由联想、彼此启发、集思广益。在培养创意思维方面效果明显，可以作为激发学生创新思维的辅助方式，但由于其严格的使用原则和复杂性，不宜完全替代传统讨论法	以较高阶认知目标为学习成果	准备：确定讨论问题 实施：教师主持启发、学生头脑风暴、记录员记录 总结：归纳、评判	自由畅谈 延迟评判 禁止批评 追求数量

续表

分类	教学法名称	教学法含义	学习成果要求	教学流程	教学法特点
效果导向	卡片展示教学法	在展示板上钉上有学生或教师填写的有关讨论或教学内容的卡通纸片，通过添加、移动、拿掉或更换等，进行讨论，得出结论的研讨班方法。调动学生积极性，提高其发现、解决问题能力等	以较高阶认知目标为学习成果	引导开题 收集意见 加工整理 总结评价	参与性强 有效性好
多种导向	引导课文教学法	借助预先准备的引导性文字，引导学生独立学习和工作的教学方法。学生通过阅读引导课文，明确学习目标、了解应该完成什么工作。引导文包括任务描述、问题引导、学习目标描述、学习质量监控、工作计划、工具与材料需求、专业信息和辅导性说明几个部分	以任务或项目成果作为学习成果	获取信息 制订计划 做出决定 实施计划 检查控制 评定反馈	教师为主导 学生为主体 行动为手段 成果为判据
	思维导图教学法	借助思维导图，围绕主题融合头脑风暴、启发讨论、绘制思维导图，培养学生创新思维、形象思维、记忆力和学习方法等，可作为辅助方法用于各种教学场合	以较高阶认知目标为学习成果	主题准备 绘图创作 总结评价	有效性强 趣味性强 可视化好
	案例教学法	源于古希腊苏格拉底“问答式”教学，广泛用于医学、法律，后来被引入商业教育。围绕教学目标，教师选用专业实践中常见的具有一定难度的典型案例，组织学生进行分析讨论，提出解决问题的建议和方法，培养学生思维能力	以较高阶认知目标为学习成果	课前准备：选择案例、明确教学重点、做好教学计划、学生预习 课堂实施：教师导演，学生分析、讨论，师生互动 总结评价：总结归纳、评价学习方法等	目的明确 客观真实 综合性强 启发深刻 突出实践 学生为主体 过程动态 效果多元

三、基于学习成果特点的教学方法选择与应用

教学方式、方法的选择，主要依据不同的课型、教学目标、教学内容、教学设备和条件、学生的实际情况、教师的自身素质和条件等确定。具体来说有如下几条要求。

（1）依据教学目标选择教学方法。不同领域或不同层次的教学目标的有效达成，要借助于相应的教学方法和技术。教师可依据具体的可操作性的目标来选择和确定具体的教学方法。在本书中，教学目标的确定是依据学习成果来表达的，因此要依据学

习成果的特点来选择相应的教学方法。

(2) 依据教学内容特点选择教学方法。不同课程或学科的知识内容与学习要求不同，不同阶段、不同单元、不同课时的内容与要求也不一致，这些都要求教学方法的选择具有多样性和灵活性。

(3) 根据学生实际特点选择教学方法。学生的实际特点直接制约着教师对教学方法的选择，这就要求教师能够科学和准确地研究分析学生的实际特点，有针对性地选择和运用相应的教学方法。

(4) 依据教师自身素质选择教学方法。任何一种教学方法，只有适应了老师的素养条件，并能够为老师充分理解和把握，才有可能在实际教学活动中有效地发挥其功能和作用。因此教师在选择教学方法时，还应当根据自己的实际优势，扬长避短，选择最适合自己的教学方法。

(5) 依据教学环境条件选择教学方法。教师在选择教学方法时，要在时间条件允许的情况下，应能够最大限度地运用和发挥教学环境条件的功能和作用。

总之，每一种教学方法都各有各自的特点和适用范围，同时也都各有其局限性。首先，在实际教学中不存在万能的或唯一的教学方法，因为在某种教学情景下十分有效的教学方法，可能在其他教学情景下则可能效果不好。因此，用好教学方法的关键是根据需要合理选择，扬长避短，优化组合。教师选择教学方法的目的，是要在实际教学活动中有效的运用。为此，教师应当根据具体的教学实际，对所选择的教学方法进行优化组合和综合运用。其次，无论选择或采用哪种教学方法，要以启发式教学思想作为运用各种教学方法的指导思想。再次，教师在运用各种教学方法的过程中，还必须充分关注学生的参与性。

在基于成果导向的教学中，要充分借助利用预期学习成果能清晰表达教学目标的优势，根据学习成果的类型特点，来选择合适的教学组织形式和教学方法。具体来说有以下几点要求。

(一) 把握学习成果类型特点

在基于成果导向的教育（OBE）中，学习成果按照不同的标准分为不同的类型。从认知学习理论来看，学习成果的类型可分为认知性成果和情感性成果。认知性成果可以包含在专业知识、广泛融合知识、基本技能、智力技能中；情感性成果包括态度、素养、价值观等。从外显性来看，学习成果可分为显性成果和隐性成果。显性成果是可衡量、可观测的；隐性成果则具有一定的隐蔽性，比较难以清晰的表述。从成果的具体表现形式来看，不同的学科、不同的专业、不同的课程有着不同形式的成果，以财经商贸类专业为例，财经类专业的成果外显形式主要以报告的撰写与分析、原始凭证的填制与报表分析为主；商贸类专业的成果形式主要为调查报告、策划案或项目方案、流程设计与优化、商务单证填制与审阅、合同的撰写与审阅等。而且，财经商贸类专业成果主要以认知性外显性的成果为主，以情感类的内隐性成果为辅。从成果的完成阶段及特征来看，学生的课程学习成果主要包括学生课上表现性成果、学生阶段性成果、学生终结类总结性成果。以商贸类物流管理专业课程为例，其课程的学习成果主要有以下几类，如表 5-9 所示。

表 5-9　物流管理专业学习成果类型举例

成果载体	成果描述（举例）	类型
调研报告	运用多个领域的知识和方法，对校园菜鸟驿站的服务满意度进行调查，并编写调查报告	认知性成果、显性成果、总结性成果、情感性成果
项目方案	根据提供的背景材料，小组合作制定储配方案并利用现有的实训条件实施	认知性成果、显性成果、总结性成果、情感性成果
流程设计	根据速递业务顶岗实训过程，利用服务蓝图工具对速递业务流程进行优化设计	认知性成果、显性成果、总结性成果
业务单证	根据所提供报关公司的要求，审核委托公司的单证，并填写报关单	认知性成果、显性成果、阶段性成果

（二）依据不同学习成果特点应用适合的教学组织形式和教学方法

学习成果是要通过教学活动来实现的，教学过程中学习成果的类型不同，教学的组织方式及教学方法有所不同，即所谓的“教学有法，但教无定法”。我们前面所介绍的各种教学组织和教学方法，都是基于行动导向策略的。行动导向的教学，强调教、学、做一体化，以学生为中心，多元化地运用方法。例如财经商贸类专业，在学习成果实现过程中常用案例教学法、角色扮演法、现场教学法、探究式教学法、项目教学法、头脑风暴法等教学方法。

在前面第四章第五节介绍的“课程规范”中设计的预期学习成果，需要匹配多种多样的教学手段和教学方法实现。这需要教师根据每种类型的成果，采用恰当的教学方法，比如涉及概念阐述、基本理论讲解的内容，通常需要讲授法；涉及学生操作的内容，可以采用演示法或翻转课堂教学法；涉及案例的，可以用小组讨论汇报法等。

教学的过程实质是知识、技能和态度的内化过程。传统的教学模式是学生被动地内化，创新的教学模式可以使学生主动的内化，并在职业能力提升上效果更加显著。例如采用“行动导向的翻转教学”，能使学生自主学习、独立思考、团队协作、沟通表达能力的提升方面得到更多的锻炼。学生参与性、主动性、兴趣性等都得到提高，在学习成果的评价方面也更注重形成性评价和终结性成果。而教师由唱“独角戏”向“教练”“导演”转变，更能发挥教师在传道、授业、解惑中的作用。下面以高职物流管理专业为例，介绍不同类型特点的学习成果的教学组织与教学方法应用。

1. 调查报告类

该类成果的教学过程主要是理论方法讲授、任务布置、调研、整理、撰写、展示、评价七个环节。下面以企业真实的调查报告为例，理论讲授环节采用案例教学法，详细地讲解调查报告的各项要素（含调查方法、调查对象选择、调查结果的分析、调查结论描述等），而后辅以反面的调查报告，要求学生以小组学习的方式分析该调查报告存在的问题并进行纠正。任务布置环节主要是对调研背景情况进行介绍，并结合学生的疑问进行答疑。调研环节主要是由学生以小组为单位设计调查问卷、现场访谈提纲，教师进行指导，学生利用互联网、现场调研等工具开展调研。问卷整理环节主要是根据前期的调研，由学生采取头脑风暴、小组合作的方式，利用已经学过的专业知识、统计工具及方法对问卷信息进行整理。撰写环节由组长组织小组成员合作，根据既定的调研报告框架，完成撰写工作。展示环节由教师随机抽取小组内成员，展示汇报调查报告的主要内容。评价环节采取多元评价方法开展。

2. 项目方案类

此类学习成果教学过程主要有背景资料介绍、项目分析、方案制定、方案的实施、评价五个环节。背景资料介绍环节主要通过现场参观法、讲解法，由教师带领学生到仓储类、运输类公司参观，了解方案背景及方案要求。项目分析环节由小组结合所学的专业知识对公司的需求进行详细的分析。方案制定环节利用所学过的领域的方法及专业知识，采用既定的方案框架完成方案的撰写。方案的实施及评价环节由教师组织每个小组，利用专业的仓储、运输仿真实训基地的设施设备及系统，根据所制定的方案，按照步骤完成操作，操作过程中由教师和评价小组完成该成果的评价。

3. 流程设计类

该类成果主要是在仿真或真实的实践基地开展业务顶岗实训，对业务流程进行改进或重新设计业务流程，由教师和企业讲师完成评价。具体由学校和企业讲师对业务操作标准进行讲解培训，学生在实训基地进行角色模拟实训和生产性实践基地开展真实项目真实角色的顶岗，根据实训和顶岗所习得的知识、专业技能，参考服务蓝图的要求，对业务流程进行优化或者重构业务流程并形成书面报告，由教师和企业讲师对报告进行评价，决定该类成果是否通过，通过即获得该成果对应的学分。具体如图5-13所示。

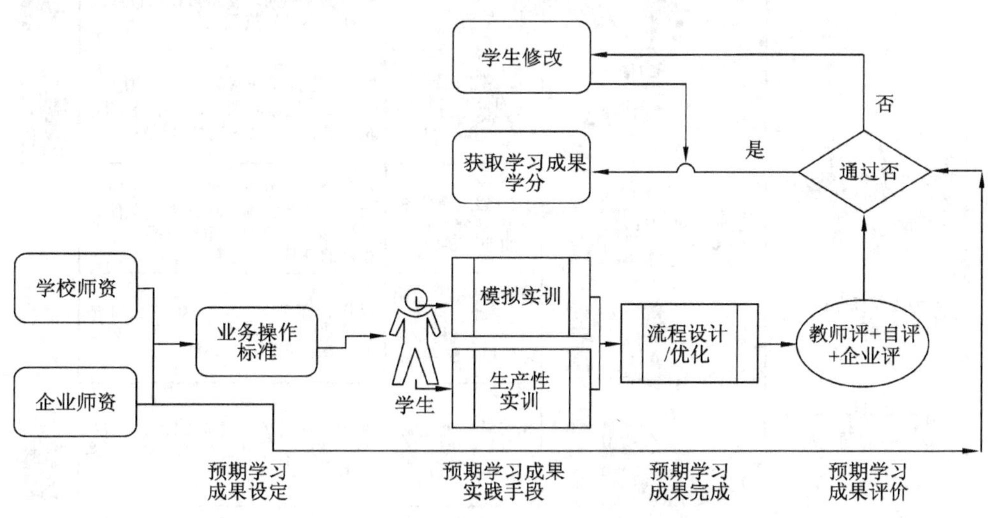

图5-13 流程设计类成果实现过程

4. 业务单证类

物流管理专业采购、运输、仓储、国际货运代理、报关这些业务每个环节都有相应的单证产生，对于这类的成果，需要学生理解单证本身的流转内涵、单证每个栏目的意思、单证的填制。对这类的成果，教师主要采用项目教学法结合翻转教学模式来开展，教师先将教学课件上传至网络精品资源共享平台，由学生以小组方式课下学习，课堂上通过课前所学内容的测试，以及解答学生的疑问，而后学生小组完成单证的填制，评价环节根据行业标准进行。

第四节　成果导向的单元或模块的教学活动设计与实施举例

本节综合上述理论和方法，列举几门课程的典型单元或模块，来说明成果导向的教学活动设计的做法。

案例一："企业行政管理实务"课程几个单元的教学活动设计与实施

在第四章第五节第三段，曾以"企业行政管理实务"为案例介绍成果导向课程开发的具体做法，开发出"典型工作任务 1"的预期学习成果，现设置了四个教学单元，如图 5-14 所示。

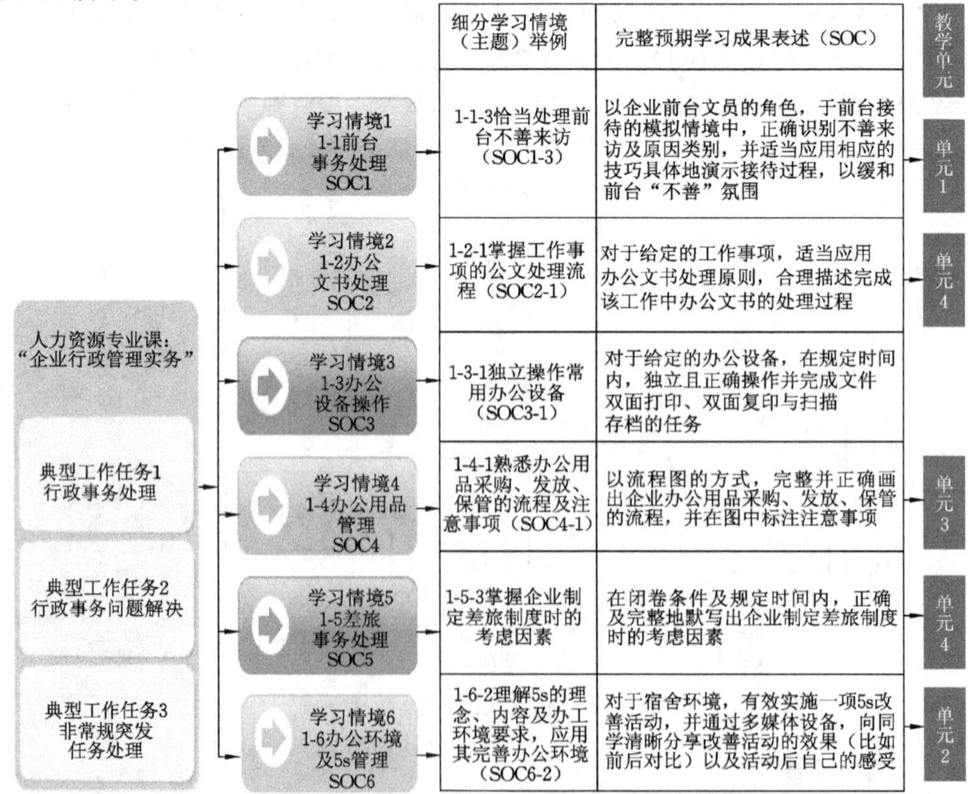

图 5-14　"企业行政管理实务"之"典型工作任务 1"学习情境设计

下面以“典型工作任务 1”下的几个学习情境所设计的 4 个教学单元为例，介绍基于成果导向的单元或模块教学设计与实施情况。

（1）单元 1——本课程的基础部分，相对独立、没有对应具体的学习成果，其单元教学设计如图 5-15 所示。采用的主要是讲授、研讨的课堂教学方式。

《企业行政管理实务》单元（模块）教学设计

单元（模块）设计首页　　　第　1　单元（模块）

所属课程	企业行政管理实务		学分	2	学时 32
单元或模块	编号	1	名称	企业行政管理的职能及其业务特点	
上课周次/时间	1 周/2 学时				
上课班级/小组	17 人力 1-3 班				
上课地点					
教学目标要求	1. 本单元作为课程各 SOC 的基础。 2. 本单元的学习内容和要求（结合上述 SOC，详述具体的学习内容和要求，用 Bloom 动词描述） （1）阐述企业行政管理的概念 （2）列举企业行政管理的事务性职能 （3）列举企业行政管理的管理性职能				
重点难点问题与解决措施	重点：企业行政管理的不同职能 解决措施：详细解释“事务性”和“管理性”的差异及关联 难点：“行政”的广义与狭义的概念区分 解决措施：多举一些真实的事例进行对照区分				
教学情境与条件要求	多媒体教室				
参考资料与数字化资源	教材、课件 PPT 网络上的资料				
教与学诊断与改进措施	诊断：学生对“行政”的广义概念理解不到位（国家行政与企业行政的区别） 改进：更多举例进行详细讲解				
署名/日期	教师签名及日期	***	检查者签名及日期	***	

《企业行政管理实务》单元（模块）教学设计

单元（模块）设计活页　　　第　1　单元（模块）第　2　页

步骤	教学内容	方法手段	学生活动	时间分配
1	课程规范解读	讲授	结合教材目标定位	10
2	“行政”的概念 国家行政 公司行政会议 行政职能	讲授	结合事例进行认知加工及概念比较	15 （5） （5） （5）
3	企业行政管理的概念 企业行政管理的概念 行政部的概念 行政部与人力资源部的关系	讲授	结合中学知识加以理解	15 （5） （5） （5）
4	企业行政管理的职能 事务性职能及其特点 管理性职能及其特点	讲授	结合管理学课程的知识以及学校后勤的经验进行认知加工及特点比较	20 （10） （10）
5	企业行政管理的职能 从业人员对行政部工作的认知 学生对行政部工作的观点	讲授 研讨	倾听他人的观点并表达自己的观点	20 （10） （10）

图 5-15　“企业形成管理实务”单元 1 的教学设计

（2）单元 2——对应学习成果 SOC6-2，要求学生结合 5S 管理在宿舍的实践中学习，其单元教学设计如图 5-16 所示。采用了课堂讲授、研讨的方式，结合课后整理学生宿舍实施 5S 的实践，回到课堂研讨，并向企业 5S 管理制度建设延伸的方式展开，培养 5S 的习惯。

（3）单元 3——对应学习成果 SOC4-1，通过课堂讲授、情景模拟、文案操作和课堂研讨等方式，实现预期学习成果，如图 5-17 所示为其单元教学设计。

（4）单元 4——对应学习成果 SOC5-3，通过课堂讲授、研讨、情境模拟、文案操作等方式，实现预定学习成果，如图 5-18 所示为其单元教学设计。

（5）小结——从这 4 个单元按照成果导向进行的教学设计来看：

首先，单元的预期学习成果承接了“课程规范”中的设计结果。在单元教学设计时，需要对学习成果进行清晰的表述。因此，使用不同层级的布鲁姆行为动词是关键，不同层级的行为动词，所对应的学习成果实现方式和评核方式也不同。其次，教学活动的实施和学习成果的达成，离不开具体的情境条件，故此这些单元都结合了教学条件实际情况进行设计，有些甚至还延伸到课外活动（如整理学生宿舍）中。可见成果导向的教学，并不局限于课堂时间和空间，只要能实现预期成果的场景都可以。再次，

《企业行政管理实务》单元（模块）教学设计

单元（模块）设计首页　　第 2 单元（模块）

所属课程	企业行政管理实务	学分	2	学时	32
单元或模块	编号 2	名称	5S 管理实践		
上课周次/时间	2 周-5 周/ 8 学时				
上课班级/小组	17 人力 1-3 班				
上课地点					
教学目标要求	1. 对应本单元（模块）的预期学习成果（SOC）描述如下： 学生能够对于宿舍环境，有效实施一项 5S 改善活动，汇报活动的过程、效果，通过反思体验自己对 5S 的态度。 2. 本单元（模块）的学习内容和要求 （1）理解与辨析 5S 的概念与内涵 （2）5S 在实际环境的具体实施与整改 （3）了解 5S 管理制度 （4）5S 实践反思				
重点难点问题与解决措施	重点：5S 实践反思 解决措施：要求学生真实反思，并通过汇报提高反思效果 难点：5S 概念与内涵辨析 解决措施：重复举例对照讲解				
教学情境与条件要求	多媒体教室 宿舍				
参考资料与数字化资源	教材、课件 PPT 企业 5S 管理素材				
教与学诊断与改进措施	诊断：学生对“清洁”的内涵容易与“卫生清洁”混淆 改进：多次提醒学生“清洁”的内涵				
签名/日期	教师签名及日期	***	检查者签名及日期	***	

《企业行政管理实务》单元（模块）教学设计

单元（模块）设计活页　　第 2 单元（模块）第 2 页

步骤	教学内容	方法手段	学生活动	时间分配
1	告知学生单元任务 5S 管理的导入	讲授及提问	通过回答促进理解	10
2	5S 的概念与内涵 整理 整顿	结合企业 5S 管理素材讲授	结合自己的生活经验加以理解	30 （15） （15）
3	5S 的概念与内涵 清扫 清洁 素养	结合企业 5S 管理素材讲授	结合自己的生活经验加以理解	40 （10） （15） （15）
4	5S 的概念与内涵 内涵与意义研讨	研讨	从自己生活以及职场两方面研讨 5S 的内涵与意义	40
5	5S 管理前后的对比 示例类型 1：整理 示例类型 2：整顿	呈现对比示例，梳理特征	跟随教师的思路	40 （20） （20）
6	5S 改善研讨 示例类型 1：整理 示例类型 2：整顿 示例类型 3：清洁 示例类型 4：综合	呈现待改善的 5S 示例	研讨如何进行 5S 改善	80 （20） （20） （20） （20）
7	企业 5S 管理制度 制度目的 制度条款要求 制度条款的执行	企业制度条款讲解	理解制度条款	40 （5） （25） （10）
8	5S 实践反思	组织并引导学生交流	汇报与交流	40

图 5-16　“企业形成管理实务”单元 2 的教学设计

《企业行政管理实务》单元（模块）教学设计

单元（模块）设计首页　　第 3 单元（模块）

所属课程	企业行政管理实务	学分	2	学时	32
单元或模块	编号 3	名称	办公行政实务		
上课周次/时间	6 周-11 周/ 12 学时				
上课班级/小组	17 人力 1-3 班				
上课地点					
教学目标要求	1. 对应本单元（模块）的预期学习成果（SOC）描述如下： 以流程图的方式，完整并正确绘制出企业办公用品采购、发放、保管、报销的一系列流程（含办公文书处理过程），并在图中标注注意事项。 2. 本单元（模块）的学习内容和要求 （1）描述办公文书处理流程及要点 （2）描述办公用品采购流程及要点				
重点难点问题与解决措施	重点：公文流转中的签收制度 解决措施：多次练习 难点：办公用品申领与申购的差异 解决措施：变式举例				
教学情境与条件要求	多媒体教室				
参考资料与数字化资源	教材、课件 PPT 企业公文管理制度，办公用品管理制度范例				
教与学诊断与改进措施	诊断：学生对相关公文的通用名称不熟，也不会根据情境自行命名 改进：设计一套模式，教会学生				
签名/日期	教师签名及日期	***	检查者签名及日期	***	

《企业行政管理实务》单元（模块）教学设计

单元（模块）设计活页　　第 3 单元（模块）第 2 页

步骤	教学内容	方法手段	学生活动	时间分配
1	企业办公文书的分类	讲授	结合平时经验进行理解	20
2	企业公文流转流程 总体流程	讲授	结合平时经验进行理解	20 （20）
3	企业公文流转流程及要点 文书处理隐含于业务处理 拟文与发文审批权限	讲授 情境模拟	将自己代入情境进行思考	40 （20） （20）
4	企业公文流转流程及要点 发文要点 收文要点 处理要点 跟进要点 归档要点	讲授 情境模拟	将自己代入情境进行思考	50 （10） （10） （10） （10） （10）
5	企业常用工作流程图的画法 工作流程图范例 课堂练习绘制	讲授 实操	理解工作流程图的要点	30 （15） （15）
6	企业公文流转综合案例分析 处理收文案例 回文案例	指导	研讨	40 （20） （20）
7	办公文书常用格式 请示/报告 工作联络单	讲授	结合平时经验进行理解	20 （10） （10）
8	办公自动化 结合学校 oa 进行示例	讲授	结合平时经验进行理解	20

图 5-17　“企业形成管理实务”单元 3 的教学设计

《企业行政管理实务》单元（模块）教学设计

单元（模块）设计活页　　　　第　3 单元（模块）第　3　页

步骤	教学内容	方法手段	学生活动	时间分配
9	企业常用物资分类 （结合企业实例）	讲授	结合平时经验进行理解	15
10	企业办公用品分类	讲授	结合平时经验进行理解	15
11	企业办公用品采购审批权限	讲授	结合平时经验进行理解	10
12	办公用品管理流程 总体流程	讲授	结合平时经验进行理解	10
13	办公用品申领及要点	讲授 情境模拟	将自己代入情境进行思考	15
14	办公用品申购及要点	讲授 情境模拟	将自己代入情境进行思考	15
15	办公用品采购过程的管控关键节点	讲授 情境模拟	将自己代入情境进行思考	15
16	办公用品采购方式	讲授 情境模拟	将自己代入情境进行思考	25
17	办公用品采购细节	讲授 情境模拟	将自己代入情境进行思考	20
18	办公用品采购报销	讲授 情境模拟	将自己代入情境进行思考	20
19	办公用品定点采购 办公用品托管	讲授 情境模拟	将自己代入情境进行思考	20 20
20	办公用品管理综合案例分析	指导	研讨	40

续图 5-17

《企业行政管理实务》单元（模块）教学设计

单元（模块）设计首页　　　　第　4　单元（模块）

所属课程	企业行政管理实务			学分	4	学时	64
单元或模块	编号	4	名称	差旅制度制订及报销			
上课周次/时间	12 周-16 周/ 10 学时						
上课班级/小组	17 人力 1-3 班						
上课地点							
教学目标要求	1. 对应本单元（模块）的预期学习成果（SOC）描述如下： 对于给定的差旅事项，适当应用企业制定差旅制度的考虑因素，合理编制差旅管理制度；并填制差旅费用报销单 2. 本单元（模块）的学习内容和要求 （1）理解出差的概念 （2）描述出差费用分类及标准 （3）实施差旅费用报销						
重点难点问题与解决措施	重点：差旅制度条款 解决措施：思维导图与企业范例相结合进行讲授 难点：差旅费用的标准及依据 解决措施：逐步提供提示，引导学生一步一步思考						
教学情境与条件要求	多媒体教室						
参考资料与数字化资源	教材、课件 PPT 企业差旅制度范例						
教与学诊断与改进措施	诊断：学生不愿对企业差旅制度（范例）条款一一分析，以致自行编制的差旅制度不够全面 改进：带领学生一一分析						
署名/日期	教师签名及日期	***		检查者签名及日期	***		

《企业行政管理实务》单元（模块）教学设计

单元（模块）设计活页　　　　第　4 单元（模块）第　2　页

步骤	教学内容	方法手段	学生活动	时间分配
1	企业办公费用管控模式 预算管理 额度管理 行政审批管理	讲授	根据生活事例进行认知加工	30 （10） （10） （10）
2	交通费用管控 私车公用问题研讨	讲授 研讨	根据生活事例进行认知加工	10 20
3	出差的定义 外出办事与出差的区别	讲授 研讨	根据生活事例进行认知加工	20
4	差旅费用管控的目的 案例分析 成本、效率、员工关怀三者的平衡	讲授	指导学生根据多个案例归纳管控目的	20
5	差旅费用管理条款及标准 交通费用 住宿费用 伙食费用	讲授 情境模拟	将自己代入情境进行思考	60 （20） （20） （20）
6	差旅中的特例事件决策 待遇升级 “赚”差旅费 差旅中的私人行程	讲授 情境研讨	将自己代入情境进行思考	30 （10） （10） （10）
7	结合企业差旅制度范例进行综合回顾	引导式讲授	结合前几节课的内容理解	15
8	差旅费用报销管理	讲授	根据生活事例进行认知加工	15
9	出差费用报销单的填制	讲授、实操	实操	20

图 5-18　“企业形成管理实务”单元 4 的教学设计

每个单元教学完成后，都要对预期学习成果设计和实施情况进行总结、反思，在这里叫作“教与学诊断改进”，是对教和学两个方面达成预期学习成果的反思，进而在后续的教学中改进，以达成更好的效果。

案例二："速递分拣派件业务实践"单元（模块）教学设计

该案例是速运业务顶岗实训的"分拣派件业务"实践模块，实现 SOC2、SOC3、SOC4 三个预期学习成果，主要以学生真实项目实操，结合教师现场指导、讲授方式开展，如图 5-19 所示。

速递分拣派件业务实践单元（模块）教学设计

单元（模块）设计首页　　　　第 2 单元（模块）

<table>
<tr><td>所属课程</td><td colspan="4">速运业务顶岗实训</td><td>学分</td><td>0.5</td><td>学时</td><td>8</td></tr>
<tr><td>单元或模块</td><td>编号</td><td>2</td><td>名称</td><td colspan="5">速递分拣派件业务实践</td></tr>
<tr><td>上课周次/时间</td><td colspan="8">第 3-5、8 周/周二 7、8 节（1 班）-周三 3、4 节（2 班）</td></tr>
<tr><td>上课班级/小组</td><td colspan="8">18 物流管理（海关与报关）1、2</td></tr>
<tr><td>上课地点</td><td colspan="8">物流综合实践基地</td></tr>
<tr><td>教学目标要求</td><td colspan="8">1. 对应本单元（模块）的预期学习成果（SOC）描述如下：
SOC2 请根据菜鸟驿站业务的实践，阐述实践中涉及的创新、创业特征及关键要素，并作出自己的评判。
SOC3 运用一个或多个领域的知识与技能，结合物流业中速递实践活动的体验，请指出速递业务运作过程中存在的问题，并提出解决该问题的新思路、新方法。
SOC4 根据自己的实践，以视频的方式展示或讲解实践成果，并就其过程做出书面的总结（至少能重点突出这次经历中个人对创新创业精神与创新创业管理的感悟，进而能阐明其应用前景或价值）。
2. 本单元（模块）的学习内容和要求（结合上述 SOC，详述具体的学习内容和要求，用 Bloom 动词描述）
（1）使用工具操作卸载、分拣业务:归类管理、特殊件处理、编码规则及写码要求
（2）操作入库上架、移库业务：巴枪使用、货架编码规则、理货原理
（3）操作派件、出库、查询业务：巴枪业务操作、滞留件的派件</td></tr>
<tr><td>重点难点问题与解决措施</td><td colspan="8">重点：分拣、派件操作
难点：问题件出入库
解决措施：
1. 借助视频案例，通过教学平台进行展示
2. 传帮带的方式加强指导</td></tr>
<tr><td>教学情境与条件要求</td><td colspan="8">1. 真实速递业务的实践基地
2. 网络畅通</td></tr>
<tr><td>参考资料与数字化资源</td><td colspan="8">1. 速递实训基地管理文件。（由实训基地提供）
2. 速递实训基地收件、派件作业指导书。（由实训基地提供）
3. 快递业务安全及注意事项。
4. 中国快递协会 http://www.cea.org.cn/</td></tr>
<tr><td>教与学诊断与改进措施</td><td colspan="8">1. 学生预期学习成果（SOC）的达成评价
总体来看，学生通过分拣派件业务的实训，会用业务操作工具并提高了操作技能，从学习成果的达成度来看，学生的实操动手能力加强，但是上升到总结提炼层次还需要加强。
2. 教与学的效果的评价
本单元教师和基地工作人员组成指导团队，进行现场指导，学生直接以真实业务的操作来训练分拣、派件任务中的每个环节，总体效果良好。
3. 改进措施
对于学习成果总结，因时间因素的影响，调整至顶岗实训结束后集中完成，通过试行，取得预期效果。学习成果的设计方面根据实施情况进一步完善，以学生的认知特点为依据，优化为适合学生认知水平的成果。</td></tr>
<tr><td>署名/日期</td><td colspan="2">教师签名及日期</td><td colspan="2">***</td><td colspan="2">检查者签名及日期</td><td colspan="2">***</td></tr>
</table>

速递分拣派件业务实践单元（模块）教学设计

单元（模块）设计活页　　　　第 2 单元（模块）第 1 页

步骤	教学内容	方法手段	学生活动	时间分配
课前	复习实操培训内容	翻转	自行学习	
课上	在线课堂签到（每次课均签到）			
实操	一、主要项目：卸载、分拣实训 1. 项目介绍：卸载、分拣:归类管理、特殊件处理、编码规则及写码要求 2. 逐项业务操作	现场指导	实操	2 课时
	3. 小结，问题剖析 4. 签退	讲授		
	二、主要项目：上架 1. 编码打印贴码 2. 上架原则复习：巴枪使用、货架编码规则、理货原理 3. 上架操作	现场指导	实操	2 课时
	三、主要项目：派件、问题件 1. 派件注意事项及操作 2. 问题件处理操作 视频拍摄部分操作	现场指导	实操	4 课时

图 5-19　速运业务顶岗实训的"分拣派件业务"实践模块教学设计

由于 SOC2、SOC4 是结合创新创业要求所定义的 DQP 条款，因此，其教学情境设置在校园创客基地的菜鸟驿站物流综合实训基地，以真实的校园速递操作分批培养学生，体验真实创业实践的艰辛和成果。

案例三："电子商务概论"课程规范及其典型单元教学设计

该课程按照成果导向和工作过程设计了 5 个典型工作任务，对应 5 个预期学习成果。图 5-20 为其课程规范的设计。

依据该课程规范的设计，下面以其第一个学习情境（项目一）的单元教学设计为例，展示其教学设计，如图 5-21 所示。

“电子商务概论”课程规范

<table>
<tr><td>课程编码</td><td>033046</td></tr>
<tr><td>课程名称</td><td>电子商务概论</td></tr>
<tr><td>课程所属</td><td>国际商务</td></tr>
<tr><td>学分值</td><td>4</td></tr>
<tr><td>程度</td><td>暂时不用</td></tr>
<tr><td>先修的课程</td><td>“国际贸易实务”“商务沟通”</td></tr>
<tr><td>共修的课程</td><td>“商务谈判与礼仪”</td></tr>
<tr><td>不可共修课程</td><td>“跨境电子商务”</td></tr>
<tr><td>主旨</td><td>
1. 课程概述
本课程是国际商务专业的一门核心课程、专业必修课程，在国际商务专业课程体系中有着重要的地位和作用。通过对电子商务相关概念、理论、业务和案例的教学，培养学生对电子商务领域学习和探究的兴趣，对职业方向和职业岗位的认知，解释和解决电子商务领域基本问题和现象的能力。
2. 通过本课程的学习，使学生在如下POC领域能够实现的学习成果：
<table>
<tr><th>序号</th><th>对应的POC条款</th><th>对应POC条款的预期学习成果描述</th><th>学分值</th></tr>
<tr><td>1</td><td>POC1. 1</td><td>用电子商务领域的标准术语描述电子商务的核心理论和实践，并且提供至少一个电子商务实际案例</td><td>0. 3</td></tr>
<tr><td>2</td><td>POC1. 2</td><td>应用电子商务领域实用软件工具、互联网技术和调查方法，解决电子商务领域内给定的提问和难题</td><td>0. 3</td></tr>
<tr><td>3</td><td>POC1. 3</td><td>基本上无差错地做出电子商务领域的产品、模型、数据、展示或表演</td><td>0. 4</td></tr>
<tr><td>4</td><td>POC2. 1</td><td>描述所学习电子商务核心领域的现有知识或实践是如何向前推进、验证和修正的</td><td>0. 2</td></tr>
<tr><td>5</td><td>POC2. 2</td><td>描述所学习电子商务核心领域一个关键性的争议问题，解释该争议问题的意义，并且应用该领域标准术语阐述自己对该争议问题的见解</td><td>0. 2</td></tr>
<tr><td>6</td><td>POC2. 3</td><td>在实施分析性、实操性或创造性的电子商务任务中，使用所学习的多项核心领域公认的调查、统计、规划、分析等方法，进行包括依据的收集与评估</td><td>0. 3</td></tr>
<tr><td>7</td><td>POC2. 4</td><td>从科学、艺术、社会、人类服务、经济或科技的问题中，采用电子商务领域的知识，描述如何定义、界定与解释选定问题对社会的重要意义，并对此做出评述</td><td>0. 3</td></tr>
</table>
</td></tr>
</table>

1

图 5-20 “电子商务概论”课程规范的设计

8	POC3.2	对于多种资源进行辨识、分类、评估和引用，来做出在电子商务某一个领域或一般性课题上的项目、论文或表演	0.2
9	POC3.3	描述来自电子商务领域不同文化观点的知识是如何影响人们对于政治、社会、艺术和国际关系中突出问题的理解	0.2
10	POC3.6	在电子商务工作岗位中与一般和特定对象沟通中，写出令人信服的、流畅的、基本无笔误的文章	0.2
11	POC3.7	运用电子商务领域的知识与技能，就社会、经济、技术、文化等领域的某一方面的实践活动，或提出疑问，或指出其存在的问题，或提出一个新思路、新方法	0.2
12	POC4.1	书面汇报电子商务领域至少一个实际案例：说明自己是怎样将所学的学术性知识与技术技能，应用于“实地（实践）挑战”；并提出证据或案例，用来证明自己在应用过程中学到新的知识或有其他的收获	0.5
13	POC4.4	参与一个电子商务领域的创新创业性活动或项目，展示或讲解其实践成果，并就其过程做出书面的总结（至少能重点突出这次经历中个人对创新创业精神与创新创业管理的感悟，进而能阐明其应用前景或价值）	0.5
14	POC5.5	指出电子商务领域的一个跨国、跨洲或跨文化的，经济的、环境的或公共卫生的挑战，提供挑战的证据，并表明对此挑战的立场	0.2

相应典型工作任务

编号	对应典型工作任务名称	各任务之间的关系描述
1	认知电子商务	各门课程按照认知规律递进的原则，以5个相对完整的并列工作项目，设计学习领域的实施
2	电商案例分析	
3	营销策划实施	
4	创业计划实践	
5	运营技能提升	

预期学习成果（SOC）

在完成课程后，学生将会：

典型工作任务编号	学习情境名称	具体内容	对应的POC
1	中国电商发展调查	SOC1 通过互联网等工具，利用调查统计的方法，完成一份中国电子商务发展现状及趋势的调研报告，并进行演示分析说明	POC1.1/POC1.2/POC2.1/POC2.2/POC5.5
2	中国电商案例分析	SOC2 组建团队，分工合作，通过互联网等工具，收集十个及以上中国电子商务典型案例并汇编成册，并进行演示分析说明	POC1.1/POC2.4/POC3.3

2

续图 5-20

3	网络营销策划方案	SOC3 通过亲身操作，进行不同电商平台购物操作体验，完成一份网络营销策划方案	POC1.3/POC3.2/POC3.6/POC3.7
4	制订电商创业计划	SOC4 组建团队，集思广益，依托某一电商平台，完成一份电子商务创业计划书	POC1.3/POC2.3/POC3.2/POC4.4
5	电商运营沙盘训练	SOC5 按照电子商务运营沙盘系统操作规范手册，组建团队分配角色，群策群力完成电子商务运营沙盘竞赛单元训练，并形成有效训练数据包	POC1.2/POC2.3/POC4.1/POC5.5

课程内容与进度安排

教学内容与教学进度安排表：

周次	起止日期	周课时数	模块	对应的SOC	学时	教学方法
2—4	9.04—9.19	4	项目一 电子商务认知与体验	SOC1	12	讲授法、探究法、任务驱动法
5，8—9	9.25—10.24	4	项目二 电子商务典型案例搜集与评析	SOC2	12	讲授法、探究法、任务驱动法
10—12	10.30—11.14	4	项目三 电子商务营销策划与实施	SOC3	12	讲授法、探究法、任务驱动法
13—15	11.20—12.05	4	项目四 电子商务创业构想与实践	SOC4	12	讲授法、探究法、任务驱动法
16—19	12.11—1.02	4	项目五 电子商务运营技能训练与提升	SOC5	16	讲授法、探究法、任务驱动法、实验法

与预期学习成果配对的教学方法

预期学习成果	教学方法			
	讲授法	探究法	任务驱动法	实验法
SOC1	√	√	√	
SOC2	√	√	√	
SOC3	√	√	√	
SOC4	√	√	√	
SOC5	√	√	√	√

3

续图 5-20

与预期学习成果配对的评核方法和评核标准

评核内容	评核标准	评核方法	权重(%)
课堂出勤	全勤得100分；迟到一次扣5分；旷课早退一次扣10分	学会学实时考勤评核	10%
课前、课中互动表现	课前预习并完成相关任务一次加5分；课中完成相关互动任务一次加5分；该项满分100分	学会学数据痕迹评核	10%
实操与活动参与	积极参与并高质量完成一次课前、课中、课后实操或活动任务的加10分；该项满分100分	学会学数据痕迹评核	10%
SOC1	案例册内容符合要求，格式正确美观，案例真实典型的加80分，演示分析说明逻辑思维清晰，表述流畅，分析到位的加20分；该项满分100分	总结报告（自评、互评、教师评价）	10%
SOC2	策划方案内容符合要求，格式正确美观，数据真实有效，方案可行度高的加80分；演示分析说明逻辑思维清晰，表述流畅，创意新颖的加20分；该项满分100分	作品展示（自评、互评、教师评价）	10%
SOC3	策划方案内容符合要求，格式正确美观，数据真实有效，方案可行度高的加80分；演示分析说明逻辑思维清晰，表述流畅，创意新颖的加20分；该项满分100分	作品展示（自评、互评、教师评价、企业评价）	10%
SOC4	计划书内容符合要求，格式正确美观，数据真实有效，计划可实施性强的加80分；演示分析说明逻辑思维清晰，表述流畅，创意新颖的加20分；该项满分100分	作品展示（自评、互评、教师评价、企业评价）	20%
SOC5	团队分工明确，运作思路清晰，商业思维新颖，按时完成每季度运营任务，每完成一个季度加20分；该项满分100分	模拟竞赛（自评、互评、教师评价、企业评价）	20%
合　计			100%

预期的学生需要付出的努力	学习时间	
	1. 指导学习和实操（课上）	64学时
	2. 其他学习（课外）	
	（1）扩展实训作业	32学时

4

续图 5-20

	（2）课前、课后查询相关专业资料	32学时
	（3）课后电商创业实践	56学时
	（4）其他	8 学时
	总数	192学时
教材与参考资料	1. 教材：《电子商务概论》. 主编：王志强. 西南交通大学出版社. 2017年第1版 2. 参考书：《一网打尽》 作者：布拉德·斯通；《穿布鞋的马云》 作者：王利芬、李翔；《创京东》作者：李志刚；《三双鞋》作者：谢家华；《腾讯传》作者：吴晓波；《九败一胜》 作者：李志刚；《淘宝天猫店是如何运营的》 作者：贾真；《社交电商全运营手册》 作者：刘健，欧阳日辉, 文丹枫；《京东平台店铺运营从入门到精通第二版》 作者：京东大学电商学院；《亚马逊跨境电商运营宝典》 作者：老魏 3. 在线教学资源：《电子商务概论》学会学移动课堂教学平台 4. 文献和资料：图书馆电子商务类图书及期刊	
课程实施的条件与要求	1. 师资条件：硕士研究生，讲师，电商运营实践经验丰富双师型教师主讲 2. 实践教学条件：互联网机房实训室，电商运营沙盘软件系统支持保障 3. 在线教学：《电子商务概论》学会学移动课堂教学平台 4. 工学结合：以虚拟或真实项目为依托，理实一体化，边做边学，做中学，学中做进行教学	
署名	**编制人：*** 日期： 审核人：*** 日期：**	

续图 5-20

“电子商务概论”单元（模块）教学设计

单元（模块）设计首页 **第 1 单元（模块）**

所属课程	电子商务概论			**学分**	4	**学时**	64
单元或模块	**编号**	项目一	**名称**	电子商务认知与体验			
上课周次/时间	2—4 周，9. 04—9. 19						
上课班级/小组	18 国际商务 1-2 班						
上课地点	崇礼 303						
教学目标要求	预期学习成果、SOC1——通过互联网等工具，利用调查统计的方法，完成一份中国电子商务发展现状及趋势的调研报告，并进行演示分析说明						
重点难点问题与解决措施	重点：认知电子商务 难点：体验电子商务 解决措施：通过调研分析形成报告进行系统性学习，感知体验实践内化						

图 5-21 “电商商务概论”项目一的教学设计首页和活页

教学情境与条件要求	计算机多媒体教室，互联网环境下，学会学信息化教学平台应用下进行			
参考资料与数字化资源	1. 教材：《电子商务概论》主编：王志强.西南交通大学出版社.2017年第1版 2. 参考书：《一网打尽》 作者：布拉德·斯通；《穿布鞋的马云》 作者：王利芬、李翔；《创京东》作者：李志刚；《三双鞋》作者：谢家华；《腾讯传》 作者：吴晓波；《九败一胜》 作者：李志刚；《淘宝天猫店是如何运营的》 作者：贾真；《社交电商全运营手册》 作者：刘健，欧阳日辉，文丹枫；《京东平台店铺运营从入门到精通第二版》 作者：京东大学电商学院；《亚马逊跨境电商运营宝典》 作者：老魏 3. 在线教学资源：《电子商务概论》学会学移动课堂教学平台 4. 文献和资料：图书馆电子商务类图书及期刊			
教与学诊断与改进措施	1.学生预期学习成果（SOC）的达成评价 100%完成成果提交，100%进行评阅，其中 70%评定为优秀，30%评定为良好 2.教与学的效果的评价 充分应用信息化及互联网教学手段，采用讲授法、探究法、任务驱动法指引学生树立以学习者为中心的自主学习思维方式及习惯，在边学边做，边做边学的过程中，较好地完成预期学习成果 3.改进措施 教学设计仍需进一步完善，内容设置仍需进一步调优			
署名/日期	教师签名及日期	***	检查者签名及日期	***

“电子商务概论”单元（模块）教学设计

单元（模块）设计活页　　　　第　1　单元（模块）第　1　页

步骤	教学内容	方法手段	学生活动	时间分配
一 课程解构	任务 1 电子商务概论课程解构 一、课程性质 二、课程目标 三、课程内容 四、课程学习方法 五、课程考核方式 六、课程职业资格证书 七、课程赛事 八、课程实践	讲授，问答	聆听，思辨，应答	1 课时
二 职业分析	任务 2 电子商务职业及岗位分析 兴趣岛选择测试 一、电商职业前景分析 二、电商岗位分析 课堂练习 1:电商岗位职业能力匹配度 SWOT 分析	讲授，探究，任务驱动	聆听，思辨探究，自主完成课堂练习	3 课时

续图 5-21

单元（模块)设计活页		第　1　单元（模块）第　2　页		
步骤	教学内容	方法手段	学生活动	时间分配
三 认知 电商	任务 3 认知电子商务 头脑风暴：列举你身边的电子商务 一、电子商务的概念 课堂练习 2:传统商务与电子商务的比较 二、电子商务的特征 三、电子商务的影响 四、电子商务的分类 五、电子商务的模式 头脑风暴： 针对每种模式各举一个对应的电商企业或平台 完成预期学习成果： SOC1 通过互联网等工具，利用调查统计的方法，完成一份中国电子商务发展现状及趋势的调研报告，并进行演示分析说明	讲授，探究，任务驱动	聆听，思辨探究，头脑风暴、案例搜寻、完成预期学习成果	6 课时
四 体验 电商	一、电子商务的功能 自主探究：电子商务有哪些主要的功能？ 二、电子商务生活体验 自主体验：日常生活中通过电子商务能做哪些事？ 课堂练习 3 电子商务生活体验	探究，任务驱动	思辨探究，自主完成课堂练习	2 课时

续图 5-21

案例四：“社会心理学”单元（模块）教学设计

参见第五章第二节以“社会心理学”课程介绍的基于学习成果设计教学方法。该案例就是其预期学习成果“应用态度及其形成、说服等相关理论尝试改变他人的态度”的教学设计。该教学活动设计为课堂内案例分析、讨论，结合“学习任务书”布置学生课外实践，再回到课堂研讨、分享的方式进行，具体教学设计如图 5-22 所示。

案例五：“通信工程制图与概算”课程校本教材中学习成果 SOC1 的教学设计

通信工程专业“通信工程制图与概预算”课程的校本教材中设计了 7 个预期成果，即 SOC1-读懂通信工程图纸、SOC2-绘制移动基站设备安装图纸、SOC3-熟悉信息通信建设工程概预算编制流程、SOC4-信息通信建设项目工程量计算、SOC5-信息通信建设项目工程概预算定额查询与套用、SOC6-信息通信建设项目工程费用计算、SOC7－信息通信建设工程概预算项目拓展训练。

本案例为该校本教材中第一个预期学习成果 SOC1 的教学设计。该设计将通信工程识图按照预期学习成果和互动活动、课外练习相结合，并按照工程标准考核评价，充分体现了成果导向教学的灵活性和有效性，具体如图 5-23 所示。

“社会心理学”单元（模块）教学设计

单元（模块）设计首页 **第 3 单元（模块）**

所属课程	社会心理学（人力资源管理专业）		学分	2	学时	36
单元或模块	编号	3	名称	说服他人改变态度（社会态度）		
上课周次/时间	8 周—11 周/ 7 学时					
上课班级/小组	18 人力 1-4 班					
上课地点						
教学目标要求	1. 对应本单元（模块）的预期学习成果（SOC）描述 应用“社会认知、态度形成、说服、偏见”尝试改变他人的不良职业态度。 2. 本单元（模块）的学习内容和要求 （1）理解态度的概念； （2）理解态度的形成与改变的理论； （3）实践态度说服。					
重点难点问题与解决措施	重点与难点：态度 ABC 理论；态度说服实践。 解决措施：结合生活中的具体案例进行讲解并组织学生研讨。					
教学情境与条件要求	多媒体教室					
参考资料与数字化资源	教材、课件 PPT					
教与学诊断与改进措施	1. 学生预期学习成果（SOC）的达成评价 约有 25%的学生能够很好地应用 ABC 理论到说服实践中，但仍有约 1/4 的学生不能找到真实对象（比如同学或朋友），反映其对学习任务的理解和执行仍不够认真。 2. 教与学的效果的评价 通过课堂的案例分析、研讨和课后的“说服他人改变态度”的实践，无论是成功说服，还是没有说服，都能够反思应用理论框架的策略和自身的作为，具有学习和体验的价值。从教师角度看，该单元设计的“课堂+课外活动”结合是必须的；从学生角度看，积极完成教师布置的“学习任务书”是实现该预期学习成果的关键。 3. 改进措施 所设计的教学活动，尤其是案例和课外实践，尽量要贴近学生的认知和学习生活实际，若有真实客户服务的实习场景，则是最有效果的。					
署名/日期	教师签名及日期	***	检查者签名及日期	***		

学习任务书

场景：

寻找一个对某事或某人有着某一态度（或偏见）的学生或亲朋好友，分析其态度（或偏见）的表现（应用态度 ABC 理论描述）以及产生的原因，制定说服策略，对他（她）进行说服（不要虚拟，要真实）。如果找不到说服对象，就来找老师，老师有态度需要被说服。

要求：

1.每人撰写一份书面报告，内容包括

图 5-22 “社会心理学”第 3 单元教学设计首页和活页

（1）说服对象的态度（或偏见）的表现（基于态度 ABC 理论）及原因分析（20 分）；
（2）进行说服的策略及策略的社会心理学理论依据（40 分）；
（3）具体的说服沟通过程（20 分）；
（4）说服成功与失败的经验总结（哪些策略成功，哪些失败，各是为什么）（20 分）。
2. 不要虚拟，要真实；否则在成绩分数上扣减 50 分。
3. 所制定的说服策略，必须在具体的说服沟通过程中有一一对应的体现。
4. 字数不限。但要求结构清晰，排版规范。
5. 提交时间：课后第二周，提交 word 电子版与纸质版。

“社会心理学”单元（模块）教学设计

单元（模块）设计活页　　　　**第 3 单元（模块）第 2 页**

步骤	教学内容	方法手段	学生活动	时间分配
1	课程导入 引导案例	提问	就问题进行思考	5 （5）
2	态度 ABC 理论	结合实例讲授	结合已有经验与知识理解	15 （15）
3	态度与行为	结合实例讲授	结合已有经验与知识理解	20
4	态度形成的过程	结合实例讲授	结合已有经验与知识理解	10
5	态度形成的影响因素	结合实例讲授	结合已有经验与知识加以理解	15
6	态度改变的理论 平衡理论 认知失调理论	结合实例讲授	结合已有经验与知识加以理解	25 （10） （15）
7	说服模型 霍夫兰说服模型 希尔斯改进说服模型 案例分析	结合实例讲授 研讨	结合已有经验与知识加以理解 研讨	50 （20） （10） （20）
8	影响说服的因素 说服者因素 说服信息的因素 被说服者的因素 情境因素	结合实例讲授	结合已有经验与知识加以理解	40 （10） （10） （10） （10）
9	偏见 偏见的概念 偏见产生 偏见消除	结合实例讲授	结合已有经验与知识加以理解	40 （10） （15） （15）
10	说服实践 按“学习任务书”要求完成案例	课外实践	按“学习任务书”要求交书面报告	课外完成
11	态度改变的研讨	研讨	研讨	40 （下周）

续图 5-22

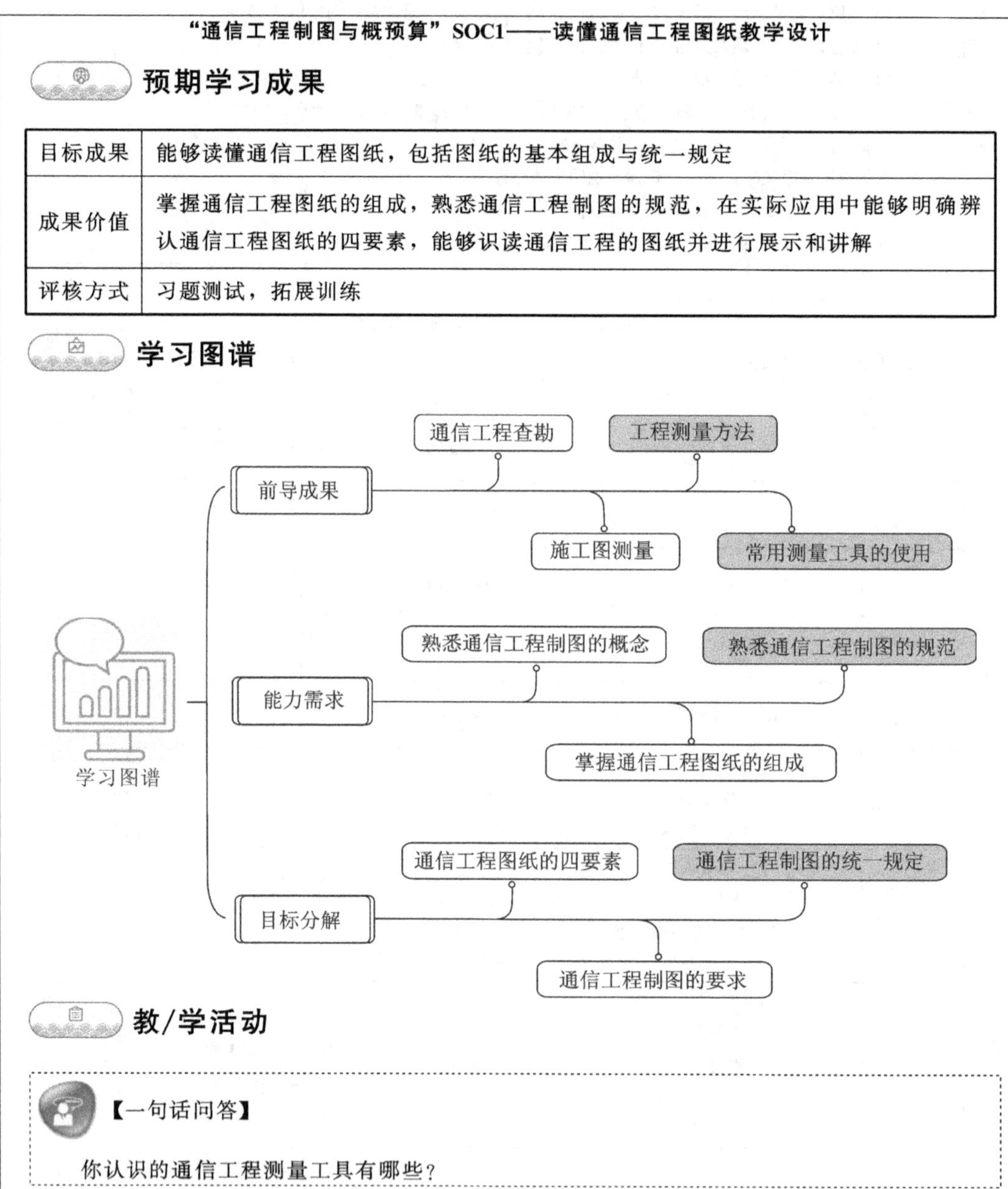

“通信工程制图与概预算”SOC1——读懂通信工程图纸教学设计

预期学习成果

目标成果	能够读懂通信工程图纸，包括图纸的基本组成与统一规定
成果价值	掌握通信工程图纸的组成，熟悉通信工程制图的规范，在实际应用中能够明确辨认通信工程图纸的四要素，能够识读通信工程的图纸并进行展示和讲解
评核方式	习题测试，拓展训练

学习图谱

教/学活动

【一句话问答】

你认识的通信工程测量工具有哪些？

1.1 通信工程制图及图纸组成

1.1.1 通信工程制图的概念

通信工程图纸是在对施工现场仔细勘察及认真收集资料的基础上，通过图形符号、文字符号、文字说明及标注来表达具体工程性质的一种图纸。它是通信工程设计的重要组成部分，是指导施工的主要依据。通信工程图纸里面包含了诸如路由信息、设备配置安装情况、技术数据、主要说明等内容。

图 5-23 “通信工程制图与概预算”预期学期成果 SOC1 之教材案例

通信工程制图就是将图形符号、文字符号按不同专业的要求画在一个平面上，使工程施工技术人员通过阅读图纸就能够了解工程规模、工程内容，并能够根据图纸统计出工程量和编制工程概预算。只有绘制出准确的通信工程图纸，才能对通信工程的施工具有正确的指导性意义。因此，通信工程技术人员必须要掌握通信制图的方法。

如图1-1-1新建宏蜂窝基站机房设备平面布置图所示。

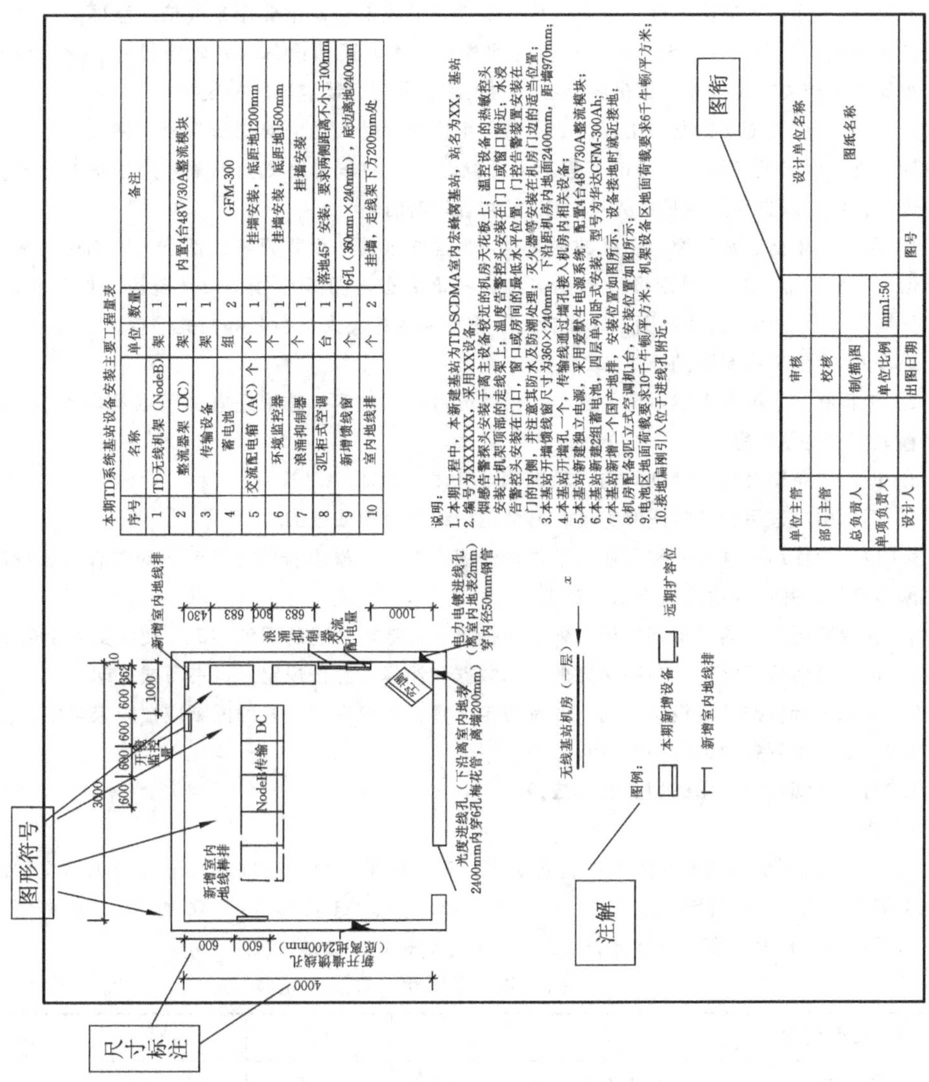

图1-1-1　新建宏蜂窝基站机房设备平面布置图

1.1.2　通信工程图纸的基本组成

从图1-1-1新建宏蜂窝基站机房设备平面布置图可以看出，通信工程图纸一般包含有如下组成部分：

1. 图形符号。如上图1-1-1所示，通信工程图纸中常常采用各种形状各异的符号来表示通信

续图5-23

工程中的各种设备和建筑、设施，如传输、电源、交换、接入等各种功能的通信设备，以及机房内的走线架、空调等辅助设施；也常用相应的图形符号来表示通信管线工程中的通信管道、人手孔、架空通信线路中的电杆、吊线、拉线等设施。总之，图形符号是通信工程图纸中表示工程施工内容的最主要手段，也是通信工程图纸中占据图纸幅面最多的一个组成部分。通信工程图纸中使用的各种图形符号常称为图纸绘制的图例。

2. 标注。标注是通信工程图纸中的另一个重要组成部分，主要用来通信工程图纸中表示各种设备或设施的空间位置、大小尺寸以及缆线规格等，如通信设备的外轮廓尺寸、通信设备在机房布局中的相关定位尺寸、通信线路各段的距离、所用光缆或电缆的规格等。

3. 注解。注解主要指通信工程图纸中的文字说明部分，用来对图形符号不便表达的通信工程设计或施工要求进行说明。通信工程图纸绘制时采用的非通用图例也常采用注解的方式在图纸中进行说明，以方便其他相关人员对图纸的理解和阅读。

4. 图衔。图衔通常又称为图纸的标题栏，也是图纸的一个重要组成部分，图衔中一般包含了通信工程的工程名称、图纸设计单位名称、图纸名称、图纸编号、设计阶段、单位和比例、出图日期，以及设计单位的绘图人、设计人、审核人等相关人员姓名等相关信息。

1.1.3 通信工程制图的要求

1. 工程制图应根据表述对象的性质、论述的目的与内容，选取适宜的图纸及表达手段，以便完整地表述主题内容。

2. 图面应布局合理，排列均匀，轮廓清晰且便于识别。

3. 图纸中应选用合适的图线宽度，避免图中线条过粗或过细。

4. 应正确使用国家标准和行业标准规定的图形符号。派生新的符号时，应符合国家标准符号的派生规律，并在合适的地方加以说明。

5. 在保证图面布局紧凑和使用方便的前提下，应选择合适的图纸幅面，使原图大小适中。

6. 应准确地按规定标注各种必要的技术数据和注释，并按规定进行书写或打印。

7. 工程图纸应按规定设置图衔，并按规定的责任范围签字，各种图纸应按规定顺序编号。

1.2 通信工程制图的统一规定

1.2.1 图幅尺寸、图线型式及其应用

1. 图幅尺寸

(1) 工程图纸幅面和图框大小应符合国家标准 GB/T 6988.1—2008《电气技术用文件的编制第 1 部分：规则》的规定，应采用 A0、A1、A2、A3、A4 及其 A3、A4 加长的图纸幅面。

图纸的幅面和图框尺寸应符合表 1-2-1 的规定和图 1-2-1 的格式。

表 1-2-1 幅面和图框尺寸（单位：mm）

幅面代号	A0	A1	A2	A3	A4
图框尺寸（B×L）	841×1189	594×841	420×594	297×420	210×297
侧边框距 c	10			5	
装订侧边框距 a	25				

续图 5-23

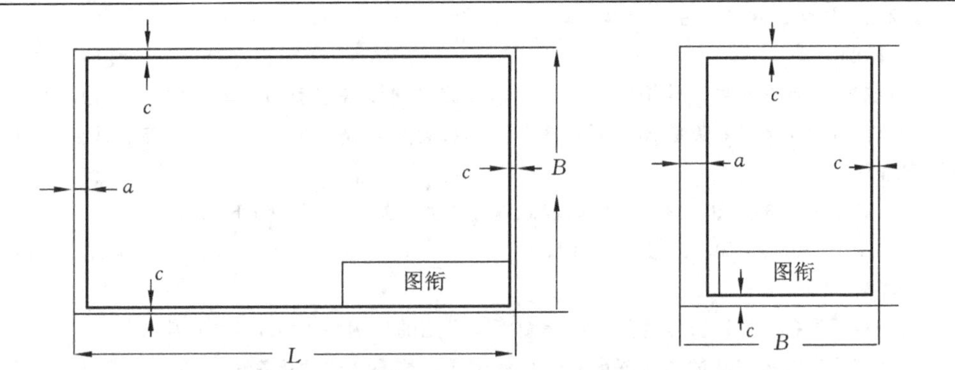

图 1-2-1　图框格式

当上述幅面不能满足要求时，可按照 GB/T4457.1《机械制图图纸幅面及格式》的规定加大幅面。也可在不影响整体视图效果的情况分割成若干张图绘制。

(2) 应根据表述对象的规模大小、复杂程度、所要表达的详细程度、有无图衔及注释的数量来选择较小的合适幅面。

2. 图线型式及应用

(1) 线型分类及用途应符合表 1-2-2 的规定。

表 1-2-2　线型分类及用途表

图线名称	图线型式	一般用途
实线	——————————	基本线条：图纸主要内容用线，可见轮廓线
虚线	— — — — — — — — — —	辅助线条：屏蔽线、机械连接线、不可见轮廓线、计划扩展内容用线
点划线	—·—·—·—·—·—	图框线：表示分界线、结构图框线、功能图框线、分级图框线
双点划线	—··—··—··—··—	辅助图框线：表示更多的功能组合或从某种图框中区分不属于它的功能部件

(2) 图线宽度一般从以下系列中选用：

0.25mm，0.35mm，0.5mm，0.7mm，1.0mm，1.4mm。

(3) 通常宜选用两种宽度的图线。粗线的宽度为细线宽度的两倍，主要图线采用粗线，次要图线采用细线。对于复杂的图纸也可采用粗、中、细三种线宽，线的宽度按 2 的倍数依次递增，但线宽种类不宜过多。

(4) 使用图线绘图时，应使图形的比例和配线协调恰当，重点突出，主次分明。在同一张图纸上，按不同比例绘制的图样及同类图形的图线粗细应保持一致。

(5) 应使用细实线作为最常用的线条。在以细实线为主的图纸上，粗实线应主要用于图纸的图框及需要突出的部分。指引线、尺寸标注线应使用细实线。

(6) 当需要区分新安装的设备时，宜用粗线表示新建，细线表示原有设施，虚线表示规划预留部分。

(7) 平行线之间的最小间距不宜小于粗线宽度的两倍，且不得小于 0.7mm。

续图 5-23

1.2.2 比例、尺寸标注、字体及写法和图衔

1. 比例

(1) 对于平面布置图、管道及光（电）缆线路图、设备加固图及零件加工图等图纸，应按比例绘制；方案示意图、系统图、原理图等可不按比例绘制，但应按工作顺序、线路走向、信息流向排列。

(2) 对于平面布置图、线路图和区域规划性质的图纸，宜采用以下比例：

1∶10，1∶20，1∶50，1∶100，1∶200，1∶500，1∶1 000，1∶2 000，1∶5 000，1∶10 000，1∶50 000等。

(3) 对于设备加固图及零件加工图等图纸宜采用的比例为1∶2，1∶4等。

(4) 应根据图纸表达的内容深度和选用的图幅，选择合适的比例。

(5) 对于通信线路及管道类的图纸，为了更方便地表达周围环境情况，可采用沿线路方向按一种比例，而周围环境的横向距离宜采用另外的比例，或示意性绘制。

【点将】

图纸上的1∶500是什么意思？

2. 尺寸标注

(1) 一个完整的尺寸标注应由尺寸数字、尺寸界线、尺寸线及其终端等组成。

(2) 图中的尺寸数字，应注写在尺寸线的上方或左侧，也可注写在尺寸线的中断处，但同一张图样上注法应一致。具体标注应符合以下要求：

① 尺寸数字顺着尺寸线方向书写并符合视图方向，数字高度方向和尺寸线垂直，并不得被任何图线通过。当无法避免时，应将图线断开，在断开处填写数字。在不致引起误解时，对非水平方向的尺寸，其数字可水平地注写在尺寸线的中断处。角度的数字应注写成水平方向，且应注写在尺寸线的中断处。

② 尺寸数字的单位除标高、总平面图和管线长度以米（m）为单位外，其他尺寸均应以毫米（mm）为单位。按此原则标注尺寸可为不加单位的文字符号。若采用其他单位时，应在尺寸数字后加注计量单位的文字符号。

(3) 尺寸界线应用细实线绘制，且宜由图形的轮廓线、轴线或对称中心线引出，也可利用轮廓线、轴线或对称中心线作尺寸界线。尺寸界线应与尺寸线垂直。

(4) 尺寸线的终端，可采用箭头或斜线两种形式，但同一张图中只能采用一种尺寸线终端形式，不得混用。具体标注应符合以下要求：

① 采用箭头形式时，两端应画出尺寸箭头，指到尺寸界线上，表示尺寸的起止。尺寸箭头宜采用实心箭头，箭头的大小应按可见轮廓线选定，且其大小在图中应保持一致。

② 采用斜线形式时，尺寸线与尺寸界线必须相互垂直。斜线应用细实线，且方向及长短应保持一致。斜线方向应采用以尺寸线为准，逆时针方向旋转45°，斜线长短约等于尺寸数字的高度。

(5) 有关建筑用尺寸标注，可按GB/T 50104—2001《建筑制图标准》的要求执行。

3. 字体及写法

(1) 图中书写的文字（包括汉字、字母、数字、代号等）均应字体工整、笔画清晰、排列整齐、间隔均匀。其书写位置应根据图面妥善安排，文字多时宜放在图的下面或右侧。

续图5-23

文字书写应自左向右水平方向书写，标点符号占一个汉字的位置。中文书写时，应采用国家正式颁布的汉字，字体宜采用宋体或仿宋体。

（2）图中的“技术要求”“说明”或“注”等字样，应写在具体文字的左上方，并使用比文字内容大一号的字体书写。具体内容多于一项时，应按下列顺序号排列：

1、2、3、……

（1）、（2）、（3）、……

①、②、③、……

（3）图中所涉及数量的数字，均应用阿拉伯数字表示；计量单位应使用国家颁布的法定计量单位。

4. 图衔

（1）电信工程图纸应有图衔，图衔的位置应在图面的右下角。

（2）电信工程常用标准图衔为长方形，大小宜为30mm×180mm（高×长）。图衔应包括图名、图号、设计单位名称、单位主管、部门主管、总负责人、单项负责人、设计人、审校核人等内容。

<table>
<tr><td>单位主管</td><td></td><td></td><td>审核</td><td></td><td colspan="2" rowspan="2">（单位名称）</td></tr>
<tr><td>部门主管</td><td></td><td></td><td>校核</td><td></td></tr>
<tr><td>总负责人</td><td></td><td></td><td>制(描)图</td><td></td><td colspan="2" rowspan="2">（图名）</td></tr>
<tr><td>单项负责人</td><td></td><td></td><td>单位、比例</td><td></td></tr>
<tr><td>主办人</td><td></td><td></td><td>日期</td><td></td><td>图号</td><td></td></tr>
</table>

30 mm

20 mm　30 mm　20 mm　20 mm　90 mm

图1-2-2　常用标注图衔

（3）设计图纸编号的编排应尽量简洁，应符合以下要求：

① 设计图纸编号的组成应按以下规则执行：

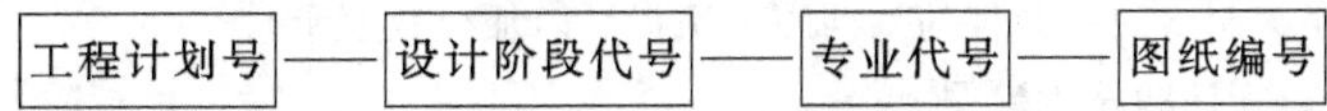

同计划号、同设计阶段、同专业而多册出版时，为避免编号重复可按以下规则执行：

工程计划号——设计阶段代号（A）——专业代号（B）——图纸编号

② 工程计划号应由设计单位根据工程建设方的任务委托和工程设计管理办法统一给定。

③ 设计阶段代号应符合表1-2-3的要求。

表1-2-3　设计阶段代号表

<table>
<tr><td>设计阶段</td><td>代号</td><td>设计阶段</td><td>代号</td><td>设计阶段</td><td>代号</td></tr>
<tr><td>可行性研究</td><td>Y</td><td>初步设计</td><td>C</td><td>技术设计</td><td>J</td></tr>
<tr><td>规划设计</td><td>G</td><td>方案设计</td><td>F</td><td>设计投标书</td><td>T</td></tr>
<tr><td>勘察报告</td><td>K</td><td>初设阶段的技术规范书</td><td>CJ</td><td rowspan="2">修改设计</td><td rowspan="2">在原代号后加X</td></tr>
<tr><td>咨询</td><td>ZX</td><td>施工图设计一阶段设计</td><td>S</td></tr>
</table>

续图5-23

④ 常用专业代号，应符合表 1-2-4 的要求。

表 1-2-4　常用专业代号表

名称	代号	名称	代号
光缆线路	GL	电缆线路	DL
海底光缆	HGL	通信管道	GD
光传输设备	GS	移动通信	YD
无线接入	WJ	交换	JH
数据通信	SC	计费系统	JF
网管系统	WG	微波通信	WB
卫星通信	WD	铁塔	TT
同步网	TBW	信令网	XLW
通信电源	DY	电源监控	DJK

注：

① 用于大型工程中分省、分业务区编制时的区分标识，可采用数字 1、2、3 或拼音字母的字头等。

② 用于区分统一单项工程中不同的设计分册（如不同的站册），宜采用数字（分册号）、站名拼音字头或相应汉字表示。

③ 图纸编号：为工程计划号、设计阶段代号、专业代号相同的图纸间的区分号，应采用阿拉伯数字简单顺序编制（同一图号的系列图纸用括号内加分数表示）。

1.2.3　注释、标注和技术数据

1. 当含义不便于用图示方法表达时，可采用注释。当图中出现多个注释或大段说明性注释时，应把注释按顺序放在边框附近。注释可放在需要说明的对象附近；当注释不再需要说明的对象附近时，应使用指引线（细实线）指向说明对象。

2. 标志和技术数据应该放在图形符号的旁边；当数据很少时，技术数据也可放在图形符号的方框内（如继电器的电阻值）；数据多时可采用分式表示，也可用表格形式列出。

当使用分式表示时，可采用以下模式：

$$N\frac{A-B}{C-D}F$$

其中，N 为设备编号，应靠前或靠上放；

A、B、C、D 为不同的标注内容，可增减；

F 为敷设方式，应靠后放。

当设计中需要表示本工程前后有变化时，可采用斜杠方式：（原有数）/（设计数）；当设计中需要表示本工程前后有增加时，可采用加号方式：（原有数）+（增加数）。

常用的标注方式见表 1-2-5，插图中的文字代号应以工程中的实际数据代替。

续图 5-23

表 1-2-5　常用标注方法

序号	标注方式	说明
01	N P P_1/P_2 | P_3/P_4	对直接配线区的标注方式 注：图中的文字符号应以工程数据代替（下同） 其中： N—主干电缆编号，例如：0101 表示 01 电缆上第一个直接配线区； P—主干电缆容量（初设为对数，施设为线序）； P_1—现有局号用户数； P_2—现有专线用户数，当有不需要局号的专线用户时，再用+（对数）表示； P_3—设计局号用户数； P_4—设计专线用户数
02	N (n) P P_1/P_2 | P_3/P_4	对交接配线区的标注方式 注：图中的文字符号应以工程数据代替（下同） 其中： N—交接配线区编号，例如：J22001 表示 22 局第一个交接箱配线区； n—交接箱容量，例如：2400（对）； P_1、P_2、P_3、P_4—含义同 01 注
03	m+n L N_1　N_2	对管道扩容的标注。其中： m—原有管孔数，可附加管孔材料符号； n—新增管孔数，可附加管孔材料符号； L—管道长度； N_1、N_2—人孔编号
04	L H^*P_n — d	对市话电缆的标注。其中： L—电缆长度；H^*—电缆型号； P_n—电缆百对数；d—电缆芯线线径
05	L N_1　N_2	对架空杆路的标注。其中： L—杆路长度； N_1、N_2—起止电杆的编号，（可加注杆材类别的代号）
06	L H^*P_n — d N-X N_1　N_2	对管道电缆的简化标注。其中： L—电缆长度；H^*—电缆型号； P_n—电缆百对数；d—电缆芯线线径； X—线序； 斜向虚线—人孔的简化画法； N_1、N_2—表示起止人孔号； N—主干电缆编号

续图 5-23

序号	标注方式	说明
07	$\frac{N-B}{C}\Big\vert\frac{d}{D}$	分线盒的标注方式。其中： N—编号；B—容量； C—线序；d—现有用户数； D—设计用户数
08	$\frac{N-B}{C}\Big\Vert\frac{d}{D}$	分线箱标注方式 注：字母含义同 07
09	$\frac{WN-B}{C}\Big\Vert\frac{d}{D}$	壁龛式分线箱标注方式 注：字母含义同 07

3. 在电信工程设计中，由于文件名称和图纸编号多已明确，在项目代号和文字标注方面可适当简化，推荐如下：

① 平面布置图中可主要使用位置代号或用顺序号加表格说明；

② 系统方框图中可使用图形符号或用方框加文字符号来表示，必要时也可二者兼用；

③ 接线图应符合 GB/T 6988.1—2008《电气技术用文件的编制第一部分：规则》的规定。

4. 对安装方式的标注应符合表 1-2-6 的要求：

表 1-2-6　安装方式标注表

序号	代号	安装方式	英文说明
1	W	壁装式	wall mounted type
2	C	吸顶式	ceiling mounted type
3	R	嵌入式	recessed type
4	DS	吊管式	conduit suspension type

5. 敷设部位的标注应符合表 1-2-7 的要求。

表 1-2-7　敷设部位标注表

序号	代号	安装方式	英文说明
1	M	钢索敷设	supported by messenger wire
2	AB	沿梁或跨梁敷设	along or across beam
3	AC	沿柱或跨柱敷设	along or across column
4	WS	沿墙面敷设	on wall surface
5	CE	沿天棚面顶板面敷设	along ceiling or slab
6	SC	吊顶内敷设	in hollow spaces of ceiling
7	BC	暗敷设在梁内	concealed in beam
8	CLC	暗敷设在柱内	concealed in column
9	BW	墙内埋设	burial in wall
10	F	地板或地板下敷设	in floor
11	CC	暗敷设在屋面或顶板内	in ceiling or slab

续图 5-23

SOC小结

该SOC主要让学生学习掌握通信工程图纸的基本组成，熟悉通信工程制图的统一规定；能够识读通信工程图纸。

通过SOC1的学习，主要培养学生在POC1.2的能力，即能够应用专业相关领域的工具、技术和方法去解决通信技术（移动通信）专业领域内特定的疑问和难题，熟练使用皮尺、测距仪、倾角仪、指南针等工具进行工程勘察后，能够在工程现场使用铅笔、纸张等传统方法完成图纸的初步绘制；同时培养学生在POC1.3的能力，即熟悉通信工程制图的统一规定，熟悉通信工程图纸的组成，能够使用熟练识读通信工程的图纸，并能够进行展示和讲解。

SOC考核

序号	评核内容	评核细则
1	习题测试	针对通信工程制图的概念、通信工程制图的组成和统一规定等，能够按要求完成相关测试习题。(40分)
2	拓展训练	针对通信工程制图前期查勘、测量工具使用、手工绘图等，能够按要求手工完成简单图纸的绘制。(60分)

习题测试

1. (10分) 什么是通信工程制图？
2. (10分) 通信工程图纸由哪几部分组成？
3. (4分) 当采用A4图纸绘图时，其图框尺寸(B*L)为(　　)

A. 841*1189　B. 594*841　C. 420*594　D. 297*420　E. 210*297

4. (4分) 当采用A3图纸绘图且横向排列时，其侧边框距c和装订侧边框距a分别为(　　)

A. 10，5　B. 10，25　C. 5，25　D. 5，10　E. 25，10

5. (4分) 工程图纸中，实线的一般用途是(　　)

A. 基本线条：图纸主要内容用线、可见轮廓线
B. 辅助线条：屏蔽线、机械连接线、不可见轮廓线、计划扩展内容用线
C. 图框线：表示分界线、结构图框线、功能图框线、分级图框线
D. 辅助图框线：表示更多的功能组合或从某种图框中区分不属于它的功能部件

6. (4分) 工程图纸中，虚线的一般用途是(　　)

A. 基本线条：图纸主要内容用线、可见轮廓线
B. 辅助线条：屏蔽线、机械连接线、不可见轮廓线、计划扩展内容用线
C. 图框线：表示分界线、结构图框线、功能图框线、分级图框线
D. 辅助图框线：表示更多的功能组合或从某种图框中区分不属于它的功能部件

7. (4分) 下面哪种图线宽度不是国标所规定的(　　)

A. 0.25mm　B. 0.7mm　C. 1.0mm　D. 1.5mm

2. 拓展训练：通信机房手工绘图实训

续图5-23

实训步骤：

- 工具准备：皮尺或激光测距仪。
- 测量机房或实训室（精确到 mm）

（1）室内长、宽，门和柱子的位置；

（2）机架的位置及尺寸（长宽），注意正反面；

（3）走线架的位置；

（4）电源箱的位置。

- 画出草图（标注设备型号、尺寸、间距等）。

格式要求：使用 A4 纸完成并提交。

考核方式：分组进行勘测（每组 2～3 人）。

评估标准：

表 1-2-8　拓展训练评估标准表

考核名称： 通信机房手工绘图实训	承接人姓名：	日期：
项目要求	评价标准	得分情况
=准备阶段（10 分）	1. 能正确使用测量工具（5） 2. 组员分工明确，合作高效（5）	
机房或实训室的测量（20 分）	1. 测量要素明确、齐全（10） 2. 测量结果记录准确、齐全（10）	
图纸绘制成果展示（30 分）	1. 图纸要素齐全（10） 2. 图形符号规范、比例适合、尺寸标注齐全（10） 3. 注释简明（10）	
评价人	评价说明	备注
个人		
老师		

【粘贴板】

按要求完成拓展训练，成功拍照后在粘贴板展示。

续图 5-23

通过以上 5 个案例的介绍，我们可以体会到基于成果导向的教学设计，可以灵活地契合高职教育各种教学内容和学习情境，与工作过程系统化行动导向的教学方法能够很好地结合，使得教学目标更加清晰和教学效果可度量，有利于提高教学质量。

其实，DQP 成果导向除了在确定专业人才培养规格、进行课程开发、教学设计与实施方面有成功应用外，应用于学分制改革也具有很好的价值。下一章将对此进行详细介绍。

第六章
DQP 在构建高职学分和学分制体系中的应用

第一节　学分制的起源及其概念的异化

一、学分制起源与标准时间单位

学分制缘起于选课制度。德国著名教育家威廉·冯·洪堡创办柏林大学试行课程选课制，从此选课制成为一种较为成熟的教学制度。1779 年，美国第三任总统托马斯·杰弗逊率先将德国的选课制度引入到美国，这促成了学分制于 19 世纪 70 年代在美国诞生。在这之前，美国各大学采用传统的学年制。率先对学年制做出改革的是美国哈佛大学校长艾略特。1872 年他首先在哈佛大学实行选科制，允许学生自由选科。这样伴随着选科制的要求，“学分制”从此诞生，一些大学也开始效仿试行学分制。

尽管是哈佛大学带头实行学分制，但是教育界对于“学分”的概念并无统一认识。19 世纪末，美国教育协会认可了“标准时间单位”（standard time unit）的概念——以学生花在一门课程的时间量，作为一种便于比较的衡量方法。但是这个概念当时并没有受到广泛的支持。

学分制受到广泛支持是 19 世纪末 20 世纪初美国中学的急剧扩张引起的。随着学生人数快速上升，申请上大学的学生人数也相应地大增，这给大学的录取造成了困难的局面，而大学教师的工作量也急剧增加。但是，许多大学为教授退休的准备工作做得太少，导致许多教授的工作时间远远超过他们或他们的学生所能承受的极限，导致一片抱怨声。这促使安德鲁·卡内基（Andrew Carnegie）开始着手解决这个与学分学时无关的问题——大学教授缺乏养老金的问题。

卡内基决定为大学教授创立一个免费的养老保险制度，并且由非营利的“卡内基教学促进基金会”（Carnegie Foundation for the Advancement of Teaching）管理。他利用这个免费养老保险制度的激励，促进改革（附设条件）规定任何想参加养老计划的高校，必须使用“标准时间单位”作为高校录取学生和衡量教师工作量的用途。从此“卡内基单位”（Carnegie Unit）便成为一个用来确定教师怎样才可以获得全职养老金资格的典范单元。教授获得这项资格，要求在 15 周的学期内教授 12 个学分。而 1 个学分等于每星期一小时的师生接触时间（faculty-student contact time）。对此，学校并没有失去什么，但可以免费参加养老金计划，这样，基于时间的标准单位（从此称为“卡内基单位”）便成为高中毕业和大学入学要求标准及核定教师工作量的基础。卡内基养老保险制度也促成了高等教育机构把自身的课程单位转换为时间单位，并且以此来确定教师的工作量“阈值”（threshold），以符合新养老金计划的要求。很快，后来被称为“学分”（credit）的单位便成为美国大学课程的基本构建块。

二、学分的概念与运用中的异化

随着“学分”概念被广泛接受，学分制就成为美国各高等学校普遍实行的教学制度。这种制度带来了个性化的教学和灵活的管理，同时也给州政府和联邦政府的资助额度提供了依据，而学生则可选择是否全职上大学，等等。相应的选课制、弹性学制、导师制也应运而生。

但是，经过多年的转变，“学分”概念的使用已经超越了作为量度时间的原本作用，而异化成了衡量学习的代替品，甚至大学的本科学历变成了只是积累 120 学分的学士学分。正如我们今天的学分概念，也演变成如此惯例——1 学分折合为 16～18 学时的课堂教学（含实验、讨论、习题课），或 1 周的集中实践教学环节课程（含专业实习、社会调查等），或一般做 1 周毕业论文（设计）。

然而，谁都明白“时间”和“学习”是不相当的。两个人可以在相同的课程花了相同的时间量但学习了非常不同的事情（或效果）。也就是采用“基于时间单位”与教育质量是并无关系的。因为从一开始就没有人打算把“学分”用作衡量学生学习或代替衡量学生学习的工具。为此，1906 年卡内基教学促进基金会声明：“卡内基单位”只是一种计算标准，说明学生花在一门课程的时间量，而不是所达到的学习结果。但是，学术机构却没有理会“学分不是学习结果”这一忠告。

于是，1938 年卡内基教学促进基金会对来自宾夕法尼亚州的 10 所大学，从大一到大四的 5 000 名学生做了一项研究：采用了一个 12 小时的综合性考试，内容包括一般文化和社会问题。试题按百分制设计，测试水平在 80 分或以上的学生，被视为拥有“相当于本科层次的知识”。按理说，学生在大学从新生到大四的整个学习过程的累积，应该有越来越高比例的学生达到或超过考试成绩的 80 分，到最终，所有即将毕业的大四学生，应该已经达到“本科层次的知识”水平。

但试验却给出了一个非常不同的事实：在四年期间每年得分在 80 分或以上的学生比例停滞在大约四分之一的地方。换句话说，虽然四分之一的学生在大一就能达到本科层次的知识水平，但是学生在余下的三年期间并无进步。如图 6-1 所示。

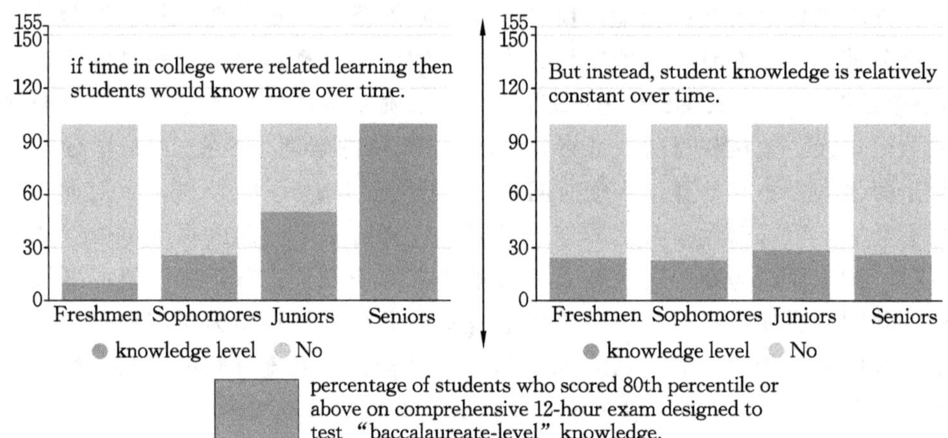

图 6-1　1938 年卡内基教学促进基金会测试 5 000 名从大一到大四学生本科水平知识的变化
（左边为预想的情况，右边为实测的结果）

卡内基教学促进基金会的测试，进一步印证了“学分不是学习结果”“时间不等于学习结果”的常识。

至此，美国人开始发现“学分学时”概念在 30 多年以前曾经有用，但对今天的美国教育已经是不够用了。在很大程度上，获取大学本科学历依然是基于用了多少课时，而并不是达到多少的学术水平。

一份 2006 年由美国教育部全国教育统计中心进行的研究发现：大多数大学毕业生都缺乏一些必要的基本技能，尤其在三个关键领域（文档能力、散文能力、定量读写能力）有惊人的不足之处。在这三个方面，今天学生的学习成果仍然普遍很差。据统计，在 1961 年只有 15％的学习成绩是 A 等；而现在，所有本科课程的成绩几乎有一半是 A 等。有那么多的 A 等，是不是大学毕业生已经变得更聪明？那为什么有三分之一的雇主说毕业生还不能成功地担当其公司的入门级职位？

如果“学分学时”能真实地反映标准化的学习单元，应该可以跨学院完全兑换。但事实上，学校经常会拒绝承认学生在其他高校所获取的学分。

有研究指出，在美国只有 41％的毕业生就读一间大学，59％就读两间或以上，其中的 24％就读了三间或更多。换句话说，59％的学生曾经转校，而学生转校通常都要失去 21～24 学分。这使学生付出巨大成本，降低了学生完成学业的机会，有一年以上的时间损失，使转校学生被迫重复修读课程。

从学分制在美国发展历史，我们可以看出：选课制是学分制的初衷，但在后来被标准时间单位“学分”度量而数量化后，“学分”概念在应用出现了异化，偏离了其设立的本意。当初美国高校所经历的这些问题，在我国高等学校学分制实施中是否也同样存在呢？下面我们进一步分析。

第二节　我国高职教育实施学分制的问题和难点分析

一、学分制在我国的发展概况

我国最早实施学分制是1919年蔡元培先生任北京大学校长期间，率先在北大将学年制改为学分制，实行了“选科制”，开创了我国高等学校实行学分制之先河。1922年，东南大学也全面采用学分制，后来其他各校纷纷效仿。此时美国学分制也正处于定型成熟阶段。学分制不仅在大学实行，我国江苏省部分中学也采取美国综合高中制度，建立分科选课制度。到1929年，民国政府教育部的大学章程明确规定“大学各学院或独立学院各科课程得采用学分制”，同时，中小学课程暂行标准也倡导学分制。

1952年我国学习苏联办学经验，进行高校院系调整，停止实施学分制，取而代之以学年制。这也顺应了当时计划经济时代的要求。1978年恢复高考后，方毅同志在全国科学大会的报告中第一次正式提出“有条件的高等院校要实行学分制”，从而兴起新中国高校学分制改革的浪潮。1983年前后，学分制先后从部分重点大学、综合院校试点，然后扩大到非重点大学、非综合院校。1985年，第二次全国教育工作会议颁布的《中共中央关于教育体制改革的决定》中明确提出要积极进行诸如学分制等各种教学制度改革探索。到20世纪90年代，为适应我国经济社会由计划经济向社会主义市场经济转型，我国大部分高校都实行这种更加注重学生个性发展的学分制教学制度。据有关统计，到2002年我国已有57%的本科院校实行了学分制。在一些学科比较齐全、师资力量比较雄厚、设施条件比较好、管理水平比较高的院校，已经由“学年学分制”向“完全学分制”转移，取得了积极的成效。学分制教学制度，也在我国后来兴办的许多高职高专院校试行。

进入21世纪，我国高等教育开始由精英教育向大众教育的转变，高等职业技术教育蓬勃发展。2001年8月，教育部在《关于在职业学校进行学分制试点工作的意见》(〔2001〕1号)中明确提出“职业学校开展学分制试验，改革教学组织和管理制度，使学生能够根据社会需要和个人兴趣、条件来选择课程和学习时间，要建立学校之间、相近专业之间学分相互承认的机制，允许学生跨专业、跨学校选择课程”的要求。从此，在职业院校也兴起学分制改革的热潮。例如，2001年上海市就在有条件的职业学校试行学分制，并建立起本地域范围校际间学分互认互换的机制。

尽管我国高职院校大都实行学年学分制，并取得了一些成绩，但是，比起一些发达国家的职业技术院校，乃至相比我国的本科院校来说，学分制对于高职教育毕竟是一种全新的教学制度，与职业教育的匹配还有待时间检验。在一些职业院校的学分制实施过程中，确实碰到不少问题，存在着许多困惑，以至于一提到学分制改革，许多院校领导都有一种畏难情绪。下面就此问题进行厘清。

二、我国高职实行学分制中存在的主要问题与困惑分析

概括起来，我国高职院校学分制实施中存在的问题和困惑主要来自以下几个方面。

一是教育理念滞后。在过去的计划经济时代，我国学习苏联模式，在高等院校基本上实行指令性计划，学年制成为一种必然的选择。学年制的实施有利于整齐划一的培养和提高效率，但忽视了学生个性化成长的需要，也不适应当今市场经济、就业竞争、多元社会的各种要求。学分制作为一种教育管理体制，一种教学理念，从它诞生之日起，就根植于市场经济的土壤之中，是适应新生资本主义工业迅速发展的需要，适应市场竞争的态势，适应美国式的开放的高等教育体系，而不断走向成熟和完善的产物。改革开放以后，我国进入社会主义市场经济建设新阶段，在高等教育领域实行学分制就成为必然。但是，过去几十年一直实行着学年制，传统的教学管理、思维习惯已深入人心，许多院校领导、教师、教学管理者对于实行学分制都有畏难情绪，不愿意改变。不少社会公众及学生，对学分制也不甚了解或者有误解，导致实际试点实施起来没有多大实质性突破。现在大多数高职院校都实行学年学分制，虽然所有课程都设有学分，但总体上学制的弹性和学生选修课程余地并不大，学分制调动学习主动性、积极性、创造性和个性发展的优势还没有充分显现出来。

二是课程设置功利化。高等职业技术教育在我国发展时间还比较短，是新生事物，它必须适应社会经济和行业、企业的需要，因此高职院校在课程设置方面，灵活多变。许多学校在课程设置上门类多，必修课多，学时量大。一些公共课程和上级主管部门统一规定的课程都不能缩减，而许多专业必修课程又是按照行业企业的要求设置，随着行业企业发展而不断变化、调整。所有这些都是高职教育的“外在要求”——服务社会需求的基本特征所决定的。这势必导致许多高职院校课程设置过于“功利化”，即企业需要什么就开设什么，就业要用什么就学什么。但是，高等职业教育作为一种教育类型（而不是培训），它也必须关注学生的“内在要求”——学生个性发展和自主选择特征。所以兼顾到“职业性”和学生“成长性”两方面，就势必对课程结构、学分学时比例和必修、选修课做出平衡处理，做到规范性和灵活性的平衡，这成为课程设置的难点，也是学分制改革取得突破的关键点之一。

三是师资和教学资源紧缺。实施学分制，让学生在学制上有弹性，课程上有更多的选择。这就势必要配备更多的师资和教学资源，须有一定的资源冗余度。学分制的实施涉及学校工作的方方面面，学分制改革能否成功，需要教学、人事、招生、就业、网络、设备、后勤服务等多方配合和保障。但是随着这些年我国高等教育大众化、普及化的发展，高职院校扩招，教育经费的投入短缺，都带来了师资和教学资源紧张局面，制约了许多学校学分制改革的意愿，宁愿先做齐步走的学年学分制，更加省事，也不愿因弹性和灵活带来麻烦。但是，另一方面看，当代新技术革命带来行业企业转型升级、职业变迁更加频繁，也势必带来更多的个性选择需求，也倒逼职业院校必须

选择和实施学分制。为此，增加教学资源投入，对于促进学分制改革也是必然的要求。

四是教学管理手段和配套制度落后。在学分制条件下教学管理，如学籍、考试、重修、质量监控、选课管理等需要处理的信息量比学年制将增加很多，且伴随着高校规模扩大，在校生人数增加，实施学分制灵活性对管理能力的要求也越来越高，这迫切需要利用现代信息技术提高管理效率。尽管许多高校都在不断加大教学信息系统的建设，但是，目前许多高职院校的教学信息化建设依然停留在各自为战、信息孤岛状况。实施学分制改革往往缺乏顶层设计、全系统推进。如果只是教务部门需要改革，而缺乏各部门的配套机制保障、师生的积极支持和参与，学分制改革很难成功。可以预见，随着云计算、大数据、物联网、人工智能技术在职业教育领域的日益渗透和应用，为高职院校实施学分制管理提供了更多的手段和工具，也必然带来深刻的教育教学和管理理念的变革。

五是院系（专业）、院校间条块分割。一方面，目前一些院校在专业选择、院系之间跨专业学习等方面，条块分割依然严重，而学分制的弹性学制、放开选课、选专业、重修、辅修第二专业等要求，势必要求打破这种条块分割。为此，学分制下人才培养方案的框架和顶层设计就非常重要，要为各院系、各专业之间打通壁垒，创造学分换算和流动的条件。另一方面，学分制改革不是一个院校可以一蹴而就的。当涉及学生在跨区域转学、转专业、交换学习的时候，就要求打破各院校之间的条块分割，实现学分在各院校之间的互认互换。这样，建立学校之间的学分互认协议，或区域院校的学分联盟就很有必要。这也要求各院校之间要认同一个共同的学分框架。可以预见，建立区域或国家的学分银行，就是解决这个问题的一条正确道路。目前我国在学分银行建设方面已经在一些地区尝试。

六是社会用人环境和偏见。学分制的实施还有赖于用人单位敢不敢接受这种非正常时间毕业的学生。在学分制这种弹性学制下，例如提前或延迟毕业的，或者选择辅修第二专业的毕业生，是否会受到用人单位的认同。例如延迟毕业就被误认为是学生犯错或学力不足等。另外，学生为了能够尽早获得毕业证书，也可能会考虑选修容易尽快修满的学分，或者容易毕业的课程学习，而避难就易，形成“凑学分”的现象，而忽视了系统的学习和知识结构的完整性，这就需要学分制制度优化和对学生选课的导师指导。

总之，学分制具有学习时限的灵活性、学习内容的选择性、课程设置的变通性以及培养过程的自主性优势。高职院校实施学分制是大势所趋，教育行政部门也有明确的要求和给予更加宽松的环境。由于职业教育与经济社会发展有紧密的联系，高职教育实施学分制，也是适应社会多样化发展和日益变化的职业需求的必然选择。学分制的改革不是把课程简单化成学分就行了，更重要的是教学思想、课程体系、教学组织、教学方法、教学管理等方面的重新设计，是高职院校教育教学管理制度的重大变革，也是一项非常复杂的系统工程。只有做好顶层框架的设计，进行系统的改革和持续推进，加大师资队伍建设和教学资源投入，高职院校才能够在学分制改革道路上顺利前行。

第三节　基于学习成果的新学分概念和学分制改革案例

一、学分学时的新内涵

前面讲述的美国学分历史的发展，对于今天我国高等教育关于学分的认识依然具有启发和借鉴价值。为了克服学分学时概念在运用中的异化问题，事实上美国教育部门已出面对“学分学时”进行了新的定义，并提出以学习成果获得学分的颁授原则。

1. 新学分定义

一个“学分学时”（credit hour）代表了以学生成绩作为证据来验证的预期学习成果所需的工作量，这工作量相当于一学期 15 周内每周不小于 1 小时上课或教师直接指导，再加上至少 2 个小时的课外学习，或与上述要求在一个不同的时间内的当量工作。新学分不强调以课时作为主要指标，而是基于学生学习量的替代指标。

2. 度量学习成果的方法

新定义提出度量学习成果可以有三种方法。

第一种方法基本上是重述了过往的定义方案，即把学分基于所花的时间之上，每周 1 小时课堂时间和每周 2 小时自学时间。

第二种方法是“基于学生成绩的证据”，可以包括任何的颁授等级和学分的过程。

第三种方法是估算实现学习成果所需的工作量；这种方法在逻辑上是针对“远程学习”所提供的异步课程，因为学生没有在课堂上花任何时间。

3. 颁授学分的原则

这样，高校颁授学分给学生，有三个可以接受的原则。

第一个原则：学生经历了一个 15 周的课程，每周 1 小时上课或 1 小时的教师指导。并且学生需要每上 1 个小时课或 1 个小时教师指导，便要做出 2 个小时的课外学习。

第二个原则：学生在不同的时间段内，执行第一个原则所描述的等值工作。

第三个原则：学生按“预期学习成果”的陈述用证据来展示学习成果，工作量应该相当于经历了 15 周每周 1 个小时的上课或 1 个小时的教师指导的课程。

允许寻求认证的新院校和专业，可以用学生的成就证据、学习成果、学生的学习工作，而不是以“课时”来定义课程范围；传统的 15 周学期，可以演变成在不同的时间内完成等值的工作量；教育创新的实践也被认可，如网络教育、自学和那些不以课时为主的学术活动，是可以等价的。

本书所介绍的 DQP 学历学位框架，事实上正是汲取了美国学分学时异化的教训，而建立在学习成果来衡量毕业标准的基础上。不仅如此，它还吸收了基于成果导向（OBE）理念和布鲁姆（Bloom）教育目标分类学理论，去刻画高校毕业生的参考标准。

下面介绍广东岭南职业技术学院应用新的学分概念推动学分制改革的经验和做法，该项改革于2019年获得广东省教育教学成果（高职教育）二等奖。

二、基于成果导向的学分与学分制改革案例

（一）学分制改革的背景及改革所取得的成效

从前文所述可见，学分制改革是高职教育改革的难点。如何在学分制改革上取得突破，广东岭南职业技术学院依据2014年10月广东省教育厅《关于普通高等学校实施学分制管理的意见》（粤教高〔2014〕5号），立足于所承担的2014年省教育综合改革试点项目（粤财教〔2014〕564号）“基于美国DQP体系的高职学分制教学改革”研究和试点基础，在学校全面推进学分制改革，并向省内外推广应用，率先将成果导向教育理念与学分制结合，开展学分制改革，形成一套教学改革的推进策略和成果导向的教学策略。学校在高职界率先引进基于OBE理念的DQP学历资格框架进行本土化转化，与学分制改革结合，用学习成果定义学分，解决传统上依学时计量、缺乏客观的学习质量标准问题。该探索为校企合作、工学交替等校内外多样化学习和学校教育与继续教育、技能证书成果认定等，开辟了有效的通路；也为学校倡导创新创业教育、学生参与课外社会实践活动等提供了交换的平台，学校的教学改革也取得了积极成效。广东岭南职业技术学院所建立的DQP成果导向的学分制教学和管理体系，所形成的“认同与参照—实践与提升—效果与探索”的改革的推进策略等，对高职学分制改革和学分银行建设具有很好的借鉴价值，具体如下。

首先，教学体系更加科学，教学管理更加规范，学生受益面广。通过学分制改革建立了一套可推广示范的基于成果导向的学分制课程体系（编制“专业规范”58份、“课程规范”1 500多份），建立了管理和质量保证体系、中高职“3＋2分段”贯通体系，建立学分制教学制度15项，改革覆盖全校100％专业，学校的选修课学分占总学时也提高到20％。学校2019届开始按照DQP标准，首批颁授了“副学士”荣誉称号。

其次，通过成果导向学分制改革，学生综合素质与通用、核心能力提升显著。例如，参加试点改革的药学专业，采用问卷调查对16届毕业生（未用DQP改革）与17届毕业生（实施DQP改革）职业能力进行评价。结果显示，无论是学生自评还是用人单位评价，17届的评价结果显著高于16届。

再次，教师积极参与，成果导向教学改革和教科研能力明显提升。学校完成了2014年广东省教育综合改革试点项目结题，配套的13个子课题也通过评审、验收。参与该项改革试点的教师发表有关DQP成果导向研究论文达23篇，出版相关学术专著2部，出版基于DQP成果导向规划教材2本。据知网统计显示，相关论文检索已超过3 000多次。

最后，激活多样化学习，产教融合、专创融合成效彰显。学校开设各类校企“双主体”办学专业和众多企业订单班，充分利用了成果导向学分制的优势；每年组织5 000多人参加“金点子”双创大赛和省市各级竞赛成果，都有相应途径换算学习成果

学分；2018 年试点校内二次招生、成果学分互认，组建“2＋1”模式跨专业创业专班、区块链专班等，均得益于这些改革。据麦可思研究院调查显示，学校 2016 年毕业生在毕业半年后自主创业的比例为 3.7％，2017 年则达到 4.7％，创新能力满足度达到 86％，均高出全省同类院校平均水平。2015 年学校荣获“广东省创新创业示范学校”称号。

学校的成果导向的学分制改革获得业界广泛界认可。2015 年在全省高职教育年会上学校就 DQP 学分制改革做典型经验介绍；DQP 改革案例被列为 2016 年省高职教育质量年报典型案例；众多院校关注，目前已有省内外 30 多所院校前来学习交流。学校成为广东省学分制改革的先锋和试点。学校对外开设了成果导向师资培训班 8 期，已培训兄弟院校教师 560 多名，已有 5 所院校应用本成果实施改革。可预见，该项教学改革成果在建立学历学位框架、推进“1＋X”制和学分银行建设等方面，都有借鉴、应用价值。

（二）解决的主要问题及解决问题的方法

1. 重点解决的问题

首先，是学分概念的内涵不明确问题。正如本章第一节所介绍，在美国学分制发展的历史上，已经出现学分概念的异化问题。这些情况在我国高等教育领域也同样存在。我们传统上认为的学分概念，也是基于学时（时间）定义学分的，已经被证明是缺乏客观性、互换性。这实质上是学分概念的内涵不明确的问题。在高职教育实践中，这会导致在校企合作、工学交替、考证和竞赛等多样化学习成果的学分认定缺乏依据，容易凭主观决定。学生在选修课程、参加实践等环节也常常盲从、无主见。

其次，是注重特定能力忽视通用和核心能力培养问题。正如前面章节分析，当前职业教育领域存在过于功利化、工具化的倾向，往往注重职业特定能力培养，却忽视职业通用能力和核心能力培养。这已经不适应当今科技迅猛发展、职业岗位迅速变迁、需要毕业生职业迁移和适应跨专业跨界的需求。而且，即使是确定职业的特定能力，在进行职业岗位分析时，常常会因为不同企业的技术、管理水平不同，由此得出的分析结果因人、因企业而异，导致由此确定的人才培养规格缺乏迁移性和普适性。在不同学校、不同专业之间也缺乏共同的语境或框架，各说各话。

再次，是培养目标及学分设定缺乏一致性和关联性问题。一些学校在制定人才培养方案时所设计的培养目标、课程学分，往往与课程实际实施的目标、学分之间脱节。也就是“人才培养方案”或“教学计划”中的目标、学分，与各门“课程标准”或“课程教学大纲”中的目标、学分缺乏整体性、关联性，导致出现随意、松散的问题。

2. 解决教学问题的方法

（1）借鉴成果导向 DQP 框架。如前面章节所述，美国学历资格框架给高校在设计学位课程时提供了一套可使用的“参考标杆”体系，它用可衡量的学习成果刻画了不同学历（含副学士、学士、硕士）学生毕业时“应该知道什么”和“能够做什么”，以适应就业、成为公民、生活所应具备能力的熟练程度，并将这些能力归纳为五大学习领域：专业知识、广泛与融合的知识、智力技能、应用与协作学习、公民与全球学习。图 6-2 是对 DQP 副学士预期学习成果条款的分析解构图。从图中可见：DQP 副学士条款以培养学生作为“职业人”和“合格的全球公民”为“核心价值”，以“解析探究、利用信息、多元视角、伦理判断、沟通技巧、定量表达、创新思维、批判思维”八项核心能力为根本，用该副学士层次所适用的布鲁姆教育目标分类学动词（即 OBE 行为动词），去描述这八项核心能力以及它们在“专业（知识）领域、广泛与融合（知识）领域、应用和协作（学习）领域、全球和公民（学习）领域”的综合应用，刻画出副学士学位毕业生所应达到的预期学习成果要求（即能力要求）。

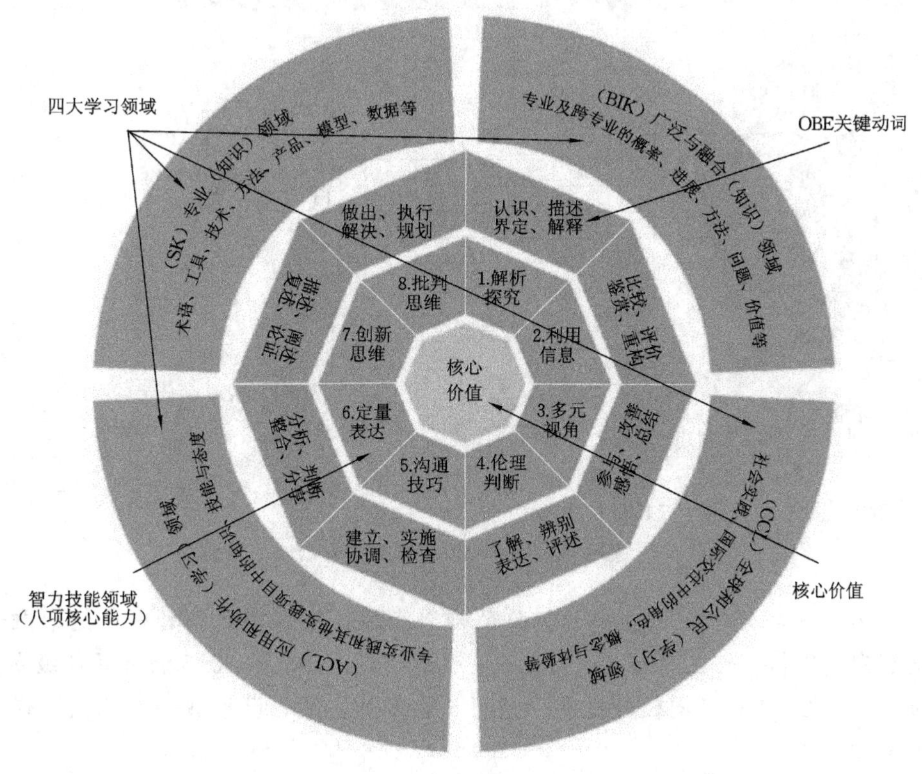

图 6-2　DQP 副学士预期学习成果条款的分析解构图

在“专业（知识）领域”，侧重于用本专业领域的术语、工具、技术、方法、模型、数据等，以 OBE 行为动词刻画学习成果；在“广泛与融合（知识）领域”，则侧重于本专业以及跨专业的概念、进展、方法、问题、价值观等，以 OBE 行为动词刻画学习成果；在“应用和协作（学习）领域”，侧重于在专业实践及其他实践项目中对知识、技能和态度的应用，用 OBE 行为动词刻画学习成果；在“全球和公民（学习）领域”，则侧重于社会实践、国际交往中的角色、观念和体验方面，用 OBE 行为动词刻画学习成果。

结合前面章节和此处图解分析，可见在 DQP 框架下对毕业生能力培养的要求将更加全面，而没有工具化倾向，符合学生可持续发展，适应社会经济和全球化的需求。借鉴 DQP 作为学分制改革的顶层框架，是一种有益的尝试。

（2）明确学分制改革思路建立成果导向课程体系。广东岭南职业技术学院应用 DQP 副学士框架推动学分制改革，结合本土特点，创新性地将其作为“用学习成果表达职业能力以赋予学分内涵”的理论框架，并通过建立基于学习成果的目标体系，涵盖院校、专业、课程、师生等各层面，系统构建了基于成果导向 DQP 框架的学分制课程体系和学分制系列制度。其改革框架和思路如图 6-3 所示。

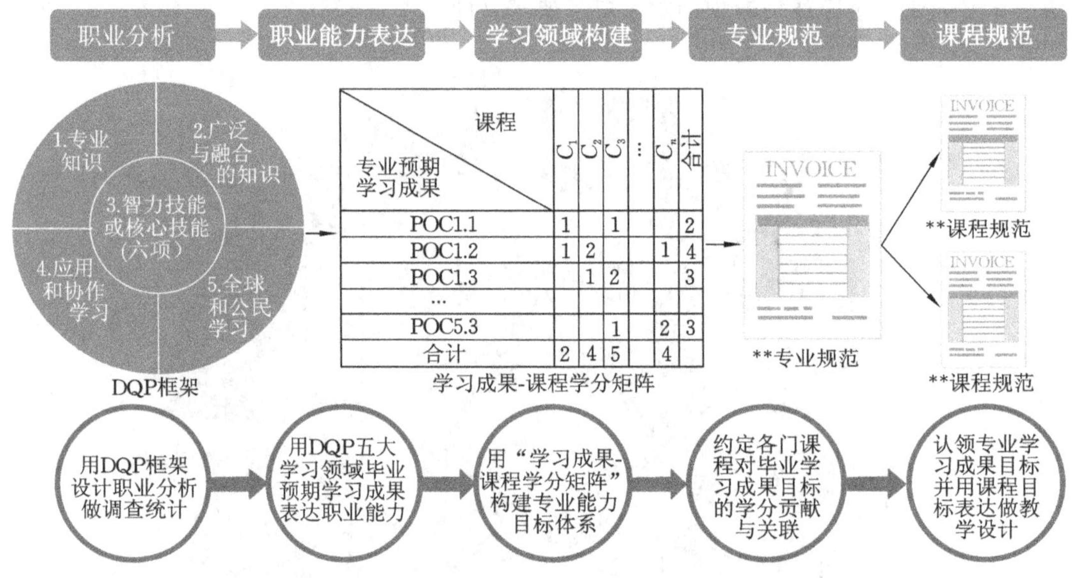

图 6-3　基于成果导向 DQP 框架学分制改革思路

2014 年 7 月，该学校成立学分制改革领导小组，在经济管理和医药健康两个二级学院全部专业进行试点的基础上，于 2015 年 3 月起，在全院 2015 级之后各级专业全面推广应用，到 2017 年已向校外推广。经历 5 年多的实践，已形成一系列值得借鉴的创新和改革成果。

（3）基于学习成果赋予学分，设置多样化学习通道。在基于成果导向（OBE）理念下，对“学分学时”赋予新的定义，如图 6-4 中所示。

新的学分学时定义

一个学分学时（credit hour）代表了以学生成绩作为证据来验证的预期学习成果所需的工作量，这相当于一学期 16～18 周内每周不小于 1 小时课堂或教师直接指导，再加上至少 2 个小时的课外学习，或与上述要求在一个不同的时间内的当量工作。

图 6-4　基于学习成果的学分新定义

在这里，课程学分的获得是依据课程预期学习成果的达成。根据成果匹配对应原则或成果评价指标达标原则。例如，学生既可以通过参加课程考试获得课程学分，也可以通过企业实习报告或者竞赛等成果进行课程的学分认定。再如，学校在境外交换生、学生创业、比赛获奖等学分认定与置换方面，均能运用这一框架。这种基于学习成果赋予学分的做法，是对传统上依据课时给学分的有效完善和补充，更重要的是它为高职教育倡导的校企合作、工学交替等教学模式和多样化学习提供制度基础，也为学校教育与网络教育、自学，以及与证书、竞赛成果的互认互通，奠定了理论基础。图 6-5 是依据预期学习成果认定课程学分的框架。

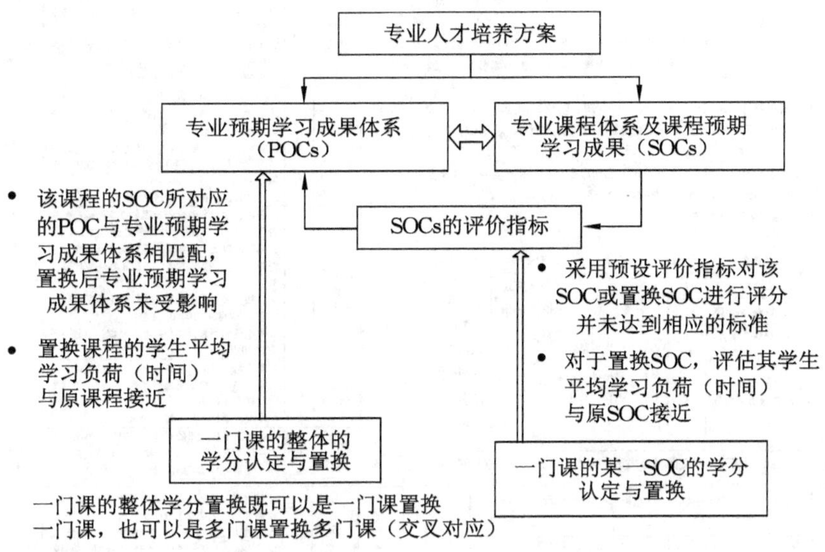

图 6-5　学生学分认定与置换的框架

在这种框架下，还可为学生课外活动学习成果进行学分认定。换句话说，用这种成果导向的新学分理念，高职院校中不论是显性的课程教学，还是隐性的课外教育活动，都可以以学习成果学分来体现。例如，在该校 2014 级人才培养方案中，为倡导大学生参与社团活动、阅读经典、创新创业和义工服务，专门设置 4 个课外选项学分，制定“分类选项活动课程学分考核暂行办法”以项目成果考核来认定学分，如图 6-6 所示。

这种框架同样也为创新创业教育的成果换算学分提供了有效的工具，图 6-7 为该校 2019 级专业规范中“创新创业实践成果考核暂行办法”。

（4）依学习成果表达能力，将 DQP 本土化，构建全面能力架构。这在前面第三章第二节已有详尽阐述。例如，该学院药学专业所制定的“药学专业专业规范”按 DQP 副学士框架“专业知识”“广泛融合知识”两个维度设 7 项学习成果条款，并按其要素进行职业分析，表达落实了职业特定能力、通用能力要求。同时在“智力技能”“应用和协作学习”“公民素养和全球学习”三个维度设有 22 项条款，表达落实了核心能力、精神价值的要求，建立起全面能力架构。这不仅满足职业教育对“职业人”的要求，而且它更注重作为“社会人”的全面发展要求。用 DQP 框架重构能力体系，克服功利化、工具化问题，突出职业通用能力、核心能力培养，适应当代产业转型、职业快速变迁的需要，以改革和重组教学内容。

附件七 分类选项活动课程学分考核暂行办法

为有效落实和规范“思政博雅”板块之“分类选项”活动课程考核，配合学校书院制博雅教育改革，特制订本暂行办法，从2014级开始试行。

一、开设分类选项课的目的与意义

分类选项课是指课堂教学之外有计划、有组织、有指导的学生课外活动项目。其学分是完成这些活动项目，用证据来展示“学习成果”的工作当量值。

开设分类选项课是我院实施博雅教育，倡导“知行合一”的有效举措，也是试点书院制学生管理，规范第二课堂管理，打造校园文化的有益尝试。

二、分类选项课范畴与开设要求

（一）分类选项课的范畴

1. **社团活动**：系指学生参与学校注册的公共社团、专业社团和书院团队活动、培训，以及在这些活动中获奖等。

2. **课外阅读**：系指学生在图书馆借阅学校指定的经典读物（含电子读物），以及课程中指定的课外参考书（含网络课件），并完成读书笔记，参与读书分享、读书小组研讨等。

3. **创新创意创业项目**：系指学生参与校内外创新、创意、创业竞赛项目，如“金点子大赛”、大学生科技创新立项、创业竞赛或创业实践项目、社会调查的论文写作等。

4. **义工（志愿者）服务**：系指学生参与校内外义工（志愿者）服务，以及参与所学课程或本专业的社会服务活动（服务学习）等。

（二）分类选项课的开设要求

所属板块	课程名称	学分	要求	开设时间	考核要求
思政博雅（三）分类选项 4学分	社团活动	1	有方案、有组织、有指导的学生课外活动，以项目成果考核	第一至五学期，每类至少完成1学分，该类学分不能代替其它课学分	考查 按照《分类选项活动课程考核暂行办法》核定
	课外阅读(经典阅读)	1			
	创新创意创业项目	1			
	义工（志愿者）服务	1			

学生在第一至五学期期间，四类课程每类至少完成1学分，如下表所示：

	读书笔记	10	一年上交两份读书笔记(每份不少于1000字)，考核通过计5分，满分10分。		
	读书分享	10	学生根据自己的读书体会，组成读书讨论分享小组，参加讨论并分享读书体会一次计1分，满分10分。	书院	
	读学视频	10	参加观看学习视频（含电子课件）活动一次计0.5分，满分10分。		
	学习研讨	20	学生根据自己的学习兴趣，组成学习兴趣小组，开展学习研讨活动一次计1分，满分20分。	二级学院	
	晨读	10	参加晨读一次计0.1分，满分10分。	书院	
	自习	10	学生自习一小时计0.1分，满分10分。		
创新创意创业项目	大学生科技创新立项	10	校级大学生科技创新项目结题者，项目主持人记4学分，成员记2学分，累计最高记10分。	教务处	
	参加金点子大赛	20	报名参加金点子大赛，通过训练8次以上，经考核认定后记10分，提交的作品（或方案）成功通过初审并获得项奖，记10分。	二级学院	
	参加金点子相关讲座	20	参加 次讲座5分，1-5学期累计不超过20分		
	论文（作品）发表	10	在公开发行的刊物上发表论文（或作品）每人每篇（第一作者）记5分；在学院学报（或同等级刊物）发表每人每篇（第一作者）记2学分，1-5学期累计不超过10分。	教务处	
	创业竞赛项目	10	报名参加校内外创业比赛，参加训练8次以上，经考核认定后记5分，获优秀奖2分、三等奖3分、二等奖5分、1等奖8分。1-5学期累计不超过10分。	二级学院（创业管理学院）	
	创业实践项目	10	组织参与研发小组，组长5分，组员2分，参加汇报展5分，1-5学期累计不超过10分。		
	三下乡活动	10	假期参加三下乡活动或社会调查，所撰写的调查报告不少于2000字，考核、评阅合格者记5学分，1-5学期累计不超过10分	学生处	
创新创意创业项目	社会调查项目	10	假期参加社会调查，所撰写的调查报告不少于2000字，考核、评阅合格者1篇记5学分，1-5学期累计不超过10分。	学生处	

三、分类选项课的考核计分办法

每项总分100分，累计达到60分，合格可以获得该项1学分。积分的高低对应本项成绩（绩点）的高低。具体计分办法如下表所示：

	项目名称	分值	认定办法	审核部门	备注
社团活动	公共社团活动	40	1. 学生至少参加一个公共社团，但不得超过两个； 2. 每学年至少参加10次社团活动，每参加一次获得2个积分； 3. 每组织一次社团活动，主要组织者获得5个积分，参与组织者获得3个积分； 4. 本项目累计总分不超过40分。	书院	
	专业社团活动	20	1. 学生每学年至少参加四次专业社团活动；每参加一次获得3个积分，超过部分每次获得4个积分； 2. 每组织一次专业社团活动，主要组织者获得5个积分，参与组织者获得4个积分； 3. 本项目累计积分不超过20分。		
	书院及以上团队活动	20	1. 学生每学年至少参加四次书院及以上单位组织的活动，每参加一次获得3个积分，超过部分获得4个积分； 2. 每组织一次书院及以上单位的学生活动，主要组织者获得5个积分，参与组织者获得4个积分； 3. 本项目累计积分不超过20分。		
	社团活动获奖	10	1. 公共社团和专业社团组织的竞赛活动，参与者每获奖一次，根据结果1-3名分别加3-1分； 2. 书院及以上单位组织的竞赛类活动，参与者每获奖一次，根据结果，1、2、3名分别获得5、3、2分； 3. 参加市级以上的竞赛，获奖者根据名次1、2、3等奖分别获得10、6、4分； 4. 单次活动不累计加分，本项目累计总分不得超过10分。		
	社团专项培训	10	1. 专项培训包括：专题讲座、专题会议； 2. 学生每学年参加培训不得少于一次，每参加一次获得5个积分； 3. 本项目累计积分不超过10分。		
课外阅读	借阅读书	30	学生针对学校列出的课外阅读书目，根据自己的实际有选择的阅读，一年借阅读书不少于15本，计15分，满分30分。	图书馆	
义工（志愿者）服务	校内义工	30	1. 校内义工服务工时一学年不的少于15小时，每服务一小时获得1.5个积分； 2. 超过15工时部分，一工时获得2个积分； 3. 服务获得投诉一次扣10分，单次服务项目不累计扣分； 4. 本项目总计积分不超过30分。	书院	
	校外义工	30	1. 校外义工服务一学年不得少于10个工时，每服务一个工时获得2个积分； 2. 超过10个工时部分，一工时获得2.5个积分； 3. 服务获得投诉一次扣10分，单次服务项目不累计扣分； 4. 本项目累计积分不超过30分。		
	专项义工	20	1. 专项服务包括专业义工服务、特长义工服务、校级组织的承办区、市、省级团市委的专项志愿服务等； 2. 专项义工服务一学年不得少于5个工时，每个工时，获得2个积分； 3. 超过5个工时部分，每多服务一工时加2分； 4. 专项义工服务获得投诉一次扣20分； 5. 本项目累计积分不超过20分。		
	项目评比	10	1. 团队义工服务项目每学期进行评比，各项目自愿报名参加评比； 2. 根据评比结果的1-5名分别给予项目参加者5-1分的加分，多个参与项目获奖不累计加分。		
	服务课程	10	1. 服务课程包括：专题讲座、综合服务能力教育等； 2. 学生每学年参加服务课程学习不得少于一次，没参加一次获得5个积分。 3、本项目累计积分不超过10分。		

四、成绩核定后，由核定部门并组织将成绩录入教务管理系统。

五、本暂行办法最终解释权属教务处。

学院教务处

2014年10月18日

图 6-6 学校 2014 级“分类选项活动课程学分考核暂行办法”

此外，DQP 是用 OBE 理论精心设计的，用 DQP 条款的“领域”“内容”和刻画“动词”这三要素，可以进行职业岗位分析，详见前面第三章第三节、第四节的阐述，在此不再赘述。总之，利用 DQP 框架能统一语境，更加精准地表达能力目标。这也解决了传统职业岗位分析因人而异、因企业岗位而异，缺乏普适性和共同语境的问题。DQP 是在能力熟练程度的广度和深度上不断递进的层级框架，对于搭建“中职—高职—职业本科”立交桥和建设国家学分银行，具有很好的借鉴价值。2016 年，该校就按照 DQP 框架，与合作“3＋2”分段招生的技校协同制定了成果目标、层次衔接的“3＋2分段人才培养方案”进行协同培养。

（5）用“成果—学分矩阵”，找到实现教学目标匹配、能力优化的新方法，将专业学习成果、课程学习成果、课程教学及评价四者匹配一致。自 2014 年试点开始，该学校首创了基于 DQP 专业学习成果与课程相匹配的学分矩阵，如图 6-8 所示。该矩阵纵坐标是某专业拟开设的各门课程，横坐标是 DQP（副学士）五大学习领域的毕业预期学习成果条款（POC），中间的分值即为该预期成果所赋予的学分。

附件 1、创新创业实践成果考核暂行办法

为了落实《以创新创业为引领全面深化教学改革的补充意见》、《创新创业真实项目实施指导意见》（岭南职院〔2019〕11 号）文件精神，根据《关于 2019 级专业规范制（修）订的指导意见》（岭南职院教〔2019〕12 号），特制订本管理办法，就创新创业实践成果考核做出如下规定，同 2019 级《专业规范》配套执行。

一、创新创业实践成果考核按下表中标准考核认定，包括 5 类 18 项成果；

二、各二级学院、书院联合成立创新创业实践成果考核认定专家组（原则上不少于 5 人），对提交的认定申请进行初审、考核；

三、对于有争议或例外情况，提交学术委员会考核认定；

四、学校将建立成果认定考核平台，并与教务管理系统对接，通过信息化手段采集佐证和建立档案；

五、本办法解释权属于教务处；

六、附件：创新创业实践成果考核认定标准（表）。

成果类别	序号/成果名称	成果等级	替换课程类别	赋予学分值	审核流程
竞赛类	1. 参加校金点子大赛获奖（前三署名者）	校级一等	双创选修+双创（5+3）实践	2+2=4	学生提供佐证材料→二级学院初审→教务、学务复核→教务录入成果学分佐证存档
		校级二等	双创选修+双创（5+3）实践	2+1=3	
		校级三等	双创选修	2	
	2. 参加校外双创比赛获奖（前三署名者） 3. 参加校外科创类专业技能大赛获奖（前三署名者）	国家级一等	双创选修+双创（5+3）实践+毕业双创成果	2+10+4=16	
		国家级二等、省厅级一等	双创选修+双创（5+3）实践+毕业双创成果	2+8+2=12	
		国家级三等、省厅级二等、市区级一等	双创选修+双创（5+3）实践+毕业双创成果	2+6+1=9	
		省厅级三等、市区级二等	双创选修+双创（5+3）实践	2+4=6	
研发类	4. 学生科研校级立项结题（前三署名者）	校级结题	双创选修+双创（5+3）实践	2+4=6	学生提供佐证材料→二级学院初审→教务、学务复核→教务录入成果学分佐证存档
	5. 参与教师科研项目结题（前三署名者）	校级结题、省厅以上级阶段结题	双创选修+双创（5+3）实践	2+4=6	
	6. 参与企业研发项目结题（前三署名者）	企业真实项目阶段完成	双创选修+双创（5+3）实践	2+4=6	
	7. 以上（4、5、6）项目参加校外评奖获奖（前三署名者）	国家级一等	双创选修+双创（5+3）实践+毕业双创成果	2+10+4=16	
		国家级二等、省厅级一等	双创选修+双创（5+3）实践+毕业双创成果	2+8+2=12	
		国家级三等、省厅级二等、市区级一等	双创选修+双创（5+3）实践+毕业双创成果	2+6+1=9	
	8. 以上（4、5、6）项目获得明显经济收益或它方资金支持（前三署名者）	2～10 万元	双创选修+双创（5+3）实践	2+4=6	同上，另“资金、收益”须由创就业处（孵化园）复核
		10～20 万元	双创选修+双创（5+3）实践	2+6=8	
		＞20 万元	双创选修+双创（5+3）实践+毕业双创成果	2+8+4=14	
实践项目	9. 参与公益、电商、专业等真实双创项目的实施方案（或路演）获得学校立项（前五署名者）	校级立项	双创选修+双创（5+3）实践	2+4=6	学生提供佐证材料→二级学院初审→学务、教务复核→教务录入成果学分佐证存档
	10. 参与公益、电商、专业等真实双创项目参加校外评奖获奖（表彰）（前五署名者）	国家级一等（表彰）	双创选修+双创（5+3）实践+毕业双创成果	2+10+4=16	
		国家级二等、省厅级一等（表彰）	双创选修+双创（5+3）实践+毕业双创成果	2+8+2=12	
		国家级三等、省厅级二等、市区级一等（表彰）	双创选修+双创（5+3）实践+毕业双创成果	2+6+1=9	
	11. 参与公益、电商、专业等真实双创项目获得明显经济收益或它方资金支持(前三署名者)(前五署名者)	2～10 万元	双创选修+双创（5+3）实践	2+4=6	
		10～20 万元	双创选修+双创（5+3）实践	2+6=8	
		＞20 万元	双创选修+双创（5+3）实践+毕业双创成果	2+8+4=14	

图 6-7　创新创业实践成果考核暂行办法

作品论文专利类	12. 个人或团队（前三署名者）作品、论文在校级公开评选活动入选，或校级学报刊登，或学校官方媒体中登载	校级	双创选修+双创（5+3）实践	2+4=4	学生提供佐证材料→二级学院初审→教务、学务复核→教务录入成果学分佐证存档
	13. 个人或团队（前三署名者）作品、论文在校际公开评选中入选，或校外学报刊登，或省厅市级官方新闻媒体中登载	校外、校际交流	双创选修+双创（5+3）实践	2+4=6	
	14. 个人或团队（前三署名者）作品、论文在公开学术刊物刊登，或国家级官方新闻媒体中登载	公开发表	双创选修+双创（5+3）实践+毕业双创成果	2+6+2=10（一般刊物、地方出版社） 2+8+4=14（核心刊物、国家出版社、国家级媒体）	
	15. 个人或团队（前三署名者）获得专利授权	专利	双创选修+双创（5+3）实践+毕业双创成果	2+6=8（外观） 2+8+2=12（实用新型） 2+10+4=16（发明）	
经历类	16. 考取本专业规定之外的含金量高的专业技术或执业资格证书	技术/执业证书	双创选修+双创（5+3）实践	2+6=8	学生提供佐证材料→二级学院初审→教务、学务复核→教务录入成果学分佐证存档
	17. 在读期间自主创业（项目负责人）有项目进驻校或区级孵化器有一年以上创业经历	创业经历	双创选修+双创（5+3）实践	2+6=8	
	18. 在读期间有参加境外国际班学习、参加交换生计划半年以上经历	境外学习与实习经历	双创选修+双创（选项）实践	2+6=8	

学院教务处
2019年8月20日

续图 6-7

学分值 学分小计 课程体系	DQP 五大学习领域					学分小计
	专门知识	广泛且融合的知识	智力技能	应用与协作学习	公民与全球化学习	
课程 1	2.5					2.5
课程 2		1			1	2
课程 3	1		0.6	1.4		3
…						…
课程 n	0.6	0.4	0.8	1.2		3
学分小计	35	18	28	25	14	120

图 6-8 用学分矩阵建立成果与课程目标匹配

利用该矩阵工具，将毕业预期学习成果与开设的课程之间匹配起来，确保 DQP 五大学习领域的要求能被所开课程所承担（贡献学分值）。各门课程的学分是基于成果所赋予的（而不是基于课时，或人为赋值），开课有根有据。而且，学分矩阵能将同类学习领域的不同课程（教师）协调起来，每门课的任课教师均采用五大学习领域的视角为人才培养做出学分贡献。

2015 年开始，学校组织所有专业用学分矩阵工具开发人才培养方案（即“专业规范”）及其配套的课程大纲（即“课程规范”），建立起培养目标匹配、学分关联承接、基于成果的课程体系，这项工作解决了传统人才培养方案与教学大纲（或标准）各说各话、因人设课、学分随意设置等难题，见图 6-9、图 6-10。更多详尽应用学分矩阵的案例，可参见第四章。

课程板块	课程名称	学分	五大学习领域学分分布					五大学习领域条款分布																						
			POC1 专业知识	POC2 广泛和融合的知识	POC3 智力技能	POC4 应用和协作学习	POC5 公民素养和全球学习	POC1 专业知识			POC2 广泛和融合的知识				POC3 智力技能							POC4 应用和协作学习				POC5 公民素养和全球学习				
								Poc1.1	Poc1.2	Poc1.3	Poc2.1	Poc2.2	Poc2.3	Poc2.4	Poc3.1	Poc3.2	Poc3.3	Poc3.4	Poc3.5	Poc3.6	Poc3.7	Poc4.1	Poc4.2	Poc4.3	Poc4.4	Poc5.1	Poc5.2	Poc5.3	Poc5.4	Poc5.5
专业教育	药学导论	2	0.5	0.5	0.5		0.5		√	√	√	√		√		√		√								√				
	实用中医药基础	2.5	1.3		0.5	0.5	0.2	√	√						√		√					√	√	√	√				√	
	微生物与免疫学	3	1	0.5	1	0.5		√	√	√	√				√	√						√								
	人体解剖生理学	4	1.5		1.5	0.8	0.2	√	√	√					√	√			√			√			√		√			
	实用药物化学	3	1		1.5	0.5		√							√									√						
	实用药理学	6.5	3	1.5	2				√	√		√		√	√		√		√			√		√			√			
	......	...	...	...	...	...	...			...		...			...			...						...					...	
	分析化学	3	1.5	0.5	0.5	0.5		√	√	√	√					√	√	√						√						
	药物检验技术	3	1.0	1.0	0.5	0.5		√	√	√	√					√	√	√						√						
	药学综合知识与技能Ⅰ	6	1.5	1.5	1	1	1		√	√		√	√			√	√						√	√						√
	药物制剂综合能力提升训练	1	0.1	0.1	0.1	0.6	0.1	√		√	√				√										√		√			
	毕业实践环节（顶岗实习）	6	1	2	1	1	1	√	√	√	√	√			√	√						√	√				√	√		
学分合计		113	27.9	17.10	32.70	15.30	20.00																							

图 6-9　2017 级“药学专业规范”之学分矩阵表（部分截图）

2.6 实用药理学

课程名称：实用药理学

所属专业：药学专业

编制人：曾琳玲

二级学院审核人：兰小群

二级学院审核日期：2017年3月20日

图 6-10　与 2017 级“药学专业规范”配套的“实用药理学课程规范”（部分截图）

总之，运用 DQP 工具（职业分析、学分矩阵工具）建立起“专业规范”“课程规范”，以学习成果表达、匹配教育目标，彻底改变了传统的人才培养目标与课程教学目标松散脱节的问题，实现能力目标的匹配和传递，更加精准和全面地表达能力要求。

（6）建立学生能力学分画像（雷达图），引导学生采取强化、弥补、扩展等策略，完善能力形态。通常在缺乏客观参照和指导时，学生选课、选项目容易出现盲从或随意现象。用学生能力学分画像（雷达图）形象表达五大领域学习成果的成长指标，用来分析各专业，乃至学生的差异和特质，进而优化其能力结构，指导其选修、课外实践，以及进行课程优化调整等。图 6-11 为该校人力资源管理专业总共 120 学分在 38 门必修课程（或项目）中的分布，及这些必修课学分分配到 DQP 五大学习领域的情况。从图中可以看出，按照 DQP 五大学习领域学分分布情况，学生能力学分画像（或能力形态）并不“丰满”，也就意味着可以根据专业培养需要，通过增加“专业选修”等方式，充实或拓展“广泛且融合的知识”“公民与全球化”方面的能力，利用雷达图分析实现专业或学生能力的结构优化。

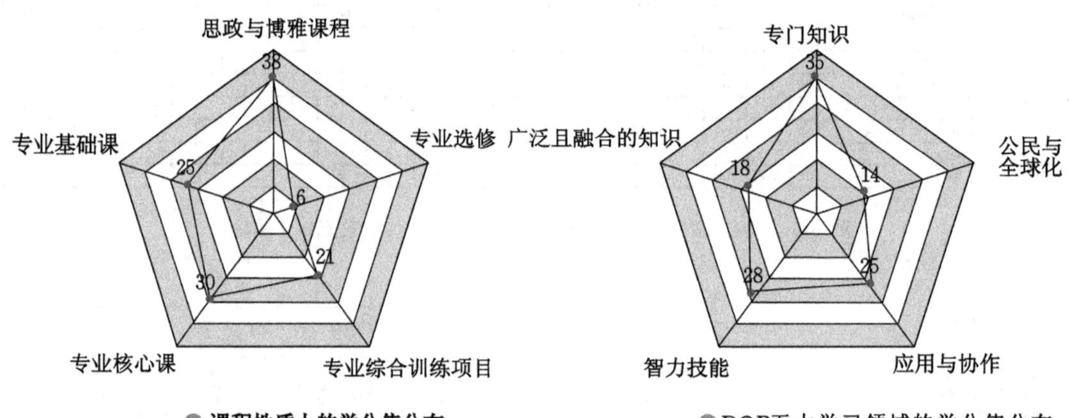

图 6-11　人力资源专业必修课程与其 DQP 五大领域学分分布图

总之，用学生能力学分画像（雷达图）描绘五大领域学习的成长形态，可分析各专业乃至学生的差异和特质，进而优化其能力结构，弥补能力形态偏差，指导课程调优和选修。

（7）建立基于成果框架的毕业标准，实现学分纵横向的互认互通。借鉴 DQP 框架可以帮助建立语境和内涵统一，纵向可贯通中职—高职—本科—硕士，横向可实现专业间、校际间、校企间乃至国际间互认互通人才质量标准，这对建立学分银行、跨界学分互通很有参考价值。目前，该学校已借鉴按 DQP 副学士标准，自 2019 届开始颁授副学士荣誉称号，并利用 DQP 框架已与“3＋2 分段”联合招生的中职学校建立同构的贯通培养方案。同样，这种框架也可与合作的本科学校建立同构、贯通的专业培养方案。

（三）成果导向学分制的制度设计与完善

根据上述改革思路，形成了如图6-12所示的基于DQP框架和学习成果的教学运行体系：（1）依据国家和区域经济社会发展对高职教育的需要、行业产业发展及其职业岗位需要的调研分析（可用DQP工具进行职业岗位分析，详见前面章节），并根据学校办学定位及发展目标、学生发展及家长、校友的期待，确定专业培养目标（即学生毕业3～5年在职业和专业上所要达到的成就）。（2）由专业培养目标确定毕业要求（最好用DQP的5个维度的概括要求），并具体用专业预期学习成果表达清楚（即DQP的副学士毕业预期学习成果条款POC）。（3）通过“学习成果-课程矩阵”建立各门必修课程的成果和学分分担体系，实现所有专业预期学习成果（含学分）被课程分担且无遗漏，从而建立目标统一、内容关联的课程体系，编制成“专业规范”。（4）根据“专业规范”中对应课程所分担的专业预期学习成果（含学分）作为目标，进行相应课程的教学内容和教学方法设计、教学资源组织、教学条件准备，以及课程学习成果（SOC）的教与学评价设计，编制成相应课程的“课程规范”（含单元/模块教学设计）。（5）根据相应课程的“课程规范”和“单元/模块教学设计”要求，编排课表，教师进行备课，按照课表组织实施教学（以成果导向的教学形态是多种多样的，可以是课堂教学，也可是课外项目等），教学过程中要注意预期学习成果的达成，教师、学生要随时自主进行评价和诊断，并对教与学的过程不断改进完善，同时学校也要安排定期对课程的教学质量进行评价和诊断，以不断改进课程开发建设和课程实施的过程。（6）经过每学期各门课程的教学实施，包括学生自己选修课程，学生获得了各门课程的预期学习成果，在三年或弹性学制里，最终汇聚成专业预期学习成果，实现专业毕业要求。学校通过每年的常规评价和三年的总结评价、诊断，对专业人才培养质量、专业建设与课程建设、教学运行管理、教学质量保证等进行评价和诊断，改进从课程开发与建设到教学运行管理的全过程。（7）专业的培养目标是否达到预期，最后需要学生走向职业岗位，在继续教育和岗位学习后，经过3～5年的岗位锻炼来得到检验。反过来，这也为学校开办该专业、确定培养目标、优化专业设置、专业建设和课程建设等提供依据。

为了保证上述步骤的实施，就需要在教学制度上予以设计。自2015年起该校陆续制（修）定了“关于制定专业规范和课程规范的指导意见”“专业人才培养方案（专业规范）管理办法”“课程规范管理办法”“学分制实施细则（试行）”“学生学籍管理实施细则”“教学评价方案”“学生转专业管理办法（试行）”“内部质量保证体系建设与运行方案（试行）”等15项制度，建立起包含“专业发展与建设—课程开发与建设—教学运行管理—教学评价与诊改—专业评价与诊改”的成果导向DQP体系三级闭环的教学管理制度体系。学校还与企业合作开发了一系列配套的信息化教学管理平台以支持这些制度的运行。2017年制定的“学分制收费管理办法”经上级部门批准开始试行按学分收费。2019年，为激励优秀学生并与国际接轨，按照DQP副学士标准，制定“副学士荣誉称号颁授试行办法”在校内试行并颁授“副学士”荣誉称号。这一制度体系如图6-13所示。

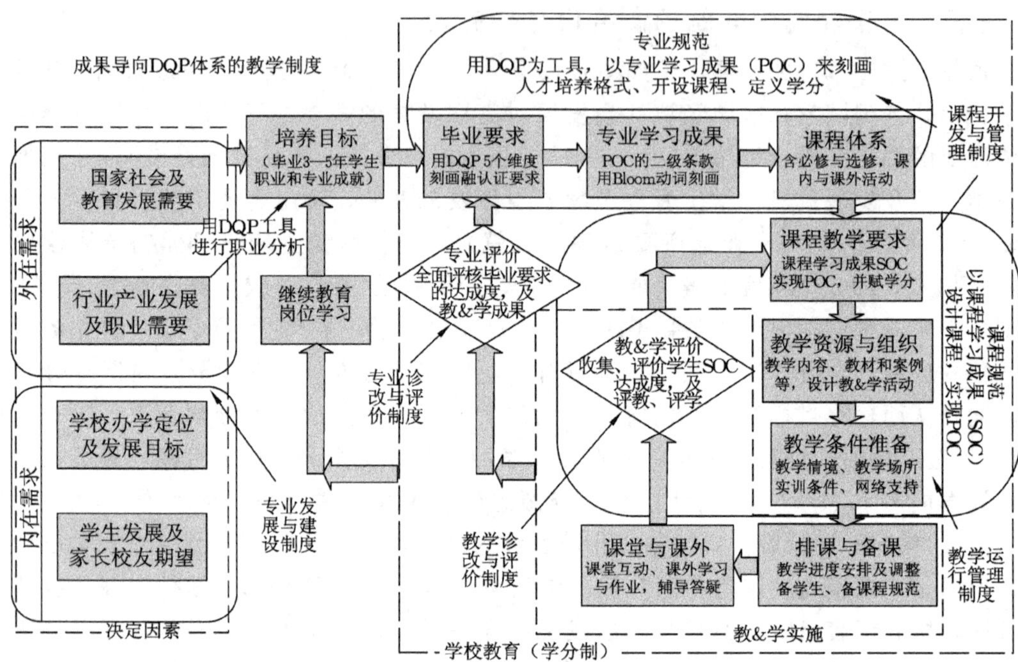

图 6-12　基于 DQP 框架的学习成果教学制度建设示意图

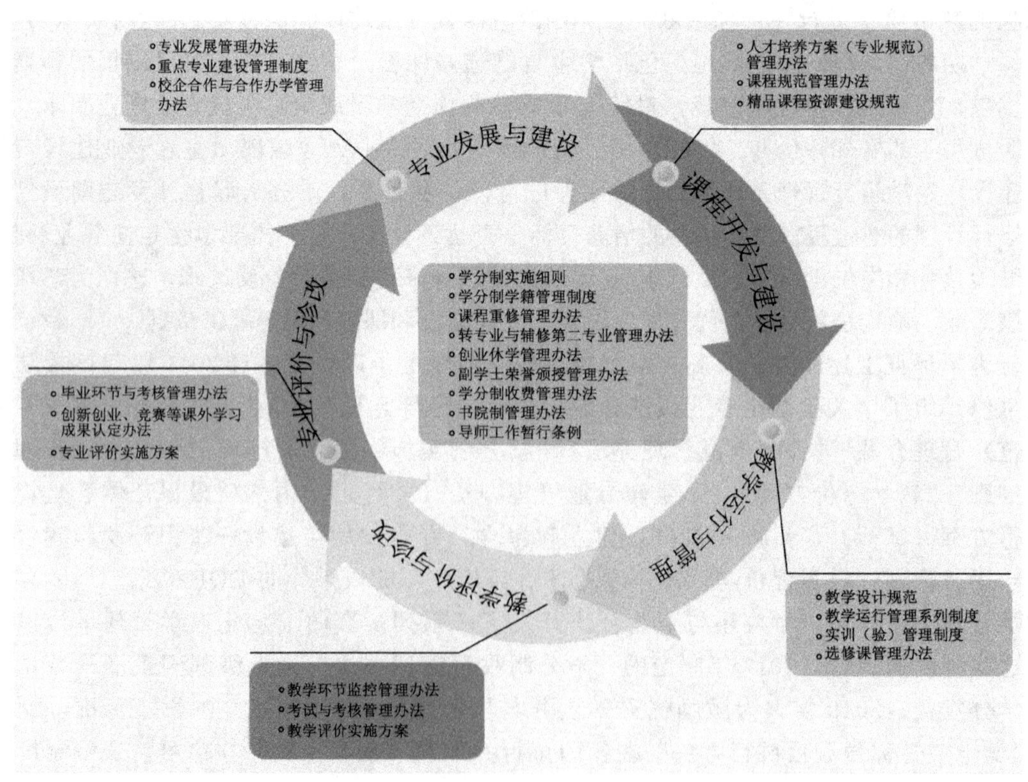

图 6-13　DQP 成果导向的闭环教学管理制度体系示意图

第四节　用成果导向DQP框架构建学分制教学制度——以“学分制实施细则”为例

下面以广东岭南职业技术学院的“学分制实施细则”为例，介绍用成果导向DQP框架构建学分制教学制度的案例。该“学分制实施细则”是学校学分制教学系列制度的上层制度，它为各项学分制相关制度建立框架，尤其是对各项制度中涉及学分的要求，作出概要性规定。下面重点介绍该项制度的建设要点和思路，供读者参考。

一、明确制定本制度的上位依据

学分制制度属于学校的基础性教学制度，是学校教育教学改革的关键。因此，在制定学分制制度的时候需要找到上位依据，如教育法规或依据文件等。2014年7月，广东省教育厅出台了《广东省普通高等学校实施学分制管理的意见（征求意见稿）》，笔者曾参加了征求意见的专题研讨会。在征求意见稿中，对高校学分制管理和学分制收费都作了非常具体的规定。经过几个月的征求意见，省教育厅最终于2014年10月9日正式发布了《广东省教育厅关于普通高等学校实施学分制管理的意见》（粤教高〔2014〕5号）。正式发布版考虑到了全省各类普通高校、职业院校的发展水平不一，学分制改革的基础不同、目标不同。因此，正式版只对学分制管理做了框架性、概要性的基本要求，没有做出更多的限定或定量指标，以便为各类院校自主开展各具特色的学分制改革，制定自己的实施细则提供可能，如图6-14所示。

随后，广东省教育厅先后出台了《广东终身教育资历框架等级标准》（DB44/T 1988—2017）以及《广东省职业教育条例》《广东终身教育学分银行建设工作方案》（粤教高〔2015〕125号），建立和完善了广东省学分银行管理制度，为实现学分认定、积累和转换，促进各级各类高等教育的沟通和衔接，搭建人才成长“立交桥”，建立制度基础。2019年10月24日，省教育厅又发布了《关于高等教育学分认定和转换工作实施意见（试行）》，力图“初步建立高等教育学分认定和转换体系，促使各级各类高等教育的沟通和衔接方式更加灵活、渠道更加畅通，成为全民学习、终身学习的学习型社会的有力支撑”，实现“境内外高等学校本专科之间、高等教育自学考试及非学历学习成果学分认定和转换”。该项制度试行3年，以观成效。所有提到的这些上位文件和制度，都是制定本实施细则的依据。

二、确定本制度所包括的基本要素和框架

在分析研究国内外各类学校学分制度的基础上，结合上位文件要求，确定该项制度所包括的基本内容和框架，即“学分制实施细则”应包括如下几个方面：学分的定义、

广东省教育厅关于普通高等学校实施学分制管理的意见

粤教高〔2014〕5号

各普通高等学校（含独立学院）：

为主动适应我省经济结构调整和产业转型升级对高等教育人才培养的需求，满足广大学生自主发展、多样化成才的需要，深化人才培养机制改革，不断提高高校人才培养质量，依据《中华人民共和国高等教育法》、《普通高等学校学生管理规定》（教育部令第21号）等法律法规和《教育部关于全面提高高等教育质量的若干意见》（教高〔2012〕4号）等文件精神，结合我省实际，就普通高等学校（含独立学院，下同）实施学分制管理提出以下意见。

一、指导思想

以转变教育思想和人才培养观念为先导，坚持育人为本，树立人人成才观念，立足国际视野和学校办学实际，积极创新教学管理模式和人才培养模式，优化教学资源配置，促进学生个性化发展，不断提高办学水平和人才培养质量。

二、实施目的

加强素质教育，促进学生自主构建知识体系，优化学生的知识、能力和素质结构；推动因材施教，促进学生的个性化发展与创新创业能力的培养，培养多类型、多规格、多层次应用型、复合型、技能型人才，满足经济建设和社会发展对人才的多样化需求；促进学校管理现代化和信息化，优化学校教育教学资源配置，提高办学效益；推动学校人才培养机制创新，调动师生教与学的积极性和主动性。

三、基本思路

以建立健全选课制、导师制、学分计量制、学分绩点制、补考重修制、主辅修制、学分互认制等学分制管理制度体系为基础，以完善人事管理、学生管理、后勤管理等为保障，以构建现代学分制教学管理信息系统为平台，形成充满生机活力的教学运行机制。

四、人才培养方案

1. 优化人才培养方案。遵循高等教育教学规律和学生成长成才规律，制定和修订学分制人才培养方案，在培养方案中应明确学生毕业的最低学分要求，规定课程修读办法。

2. 改革人才培养模式。鼓励制订大类培养、跨学科专业培养等人才培养方案，与校内相关院系，与外校、科研院所、行业、企业等协同育人。

3. 强化实践创新创业能力培养。要把培养学生的创新能力、实践能力和创业精神列入人才培养方案，积极开发创新创业类课程并纳入学分管理。增加实践教学比重，确保各类专业实践教学学分。鼓励学生通过社会实践、发明创造或参加科技、竞赛活动获取创新实践学分替代选修课学分。对毕业论文（设计）、专业论文、调研报告被社会有关部门采用或在解决生产实际问题中，取得较好的社会效益和经济效益者，可适当获取部分学分替代选修课学分。

五、课程与学分

1. 加强课程资源建设。不断丰富课程资源，提高课程教学质量；调动教师课程开设积极性，增加课程数量，满足学生课程修读的需要。要逐步实现每门课程都有2名以上教师授课，学生可以自主选择授课时段、任课教师，确定学业进程。

图6-14　广东省教育厅关于普通高等学校实施学分制管理的意见

2．加强教育教学信息化建设。充分发挥信息技术在学分制改革中的作用，促进信息技术与教学的深度融合，加快对课程和专业的数字化改造，建设优质信息化教育教学资源，利用校外MOOC平台、课程学习网站、微课等，创新信息化教学与学习方式，提升个性化互动教学水平。

3．规范学生选课。鼓励学生根据自己的学习基础、学习能力、身体状况、经济条件等实际情况，按照学校公布的开课计划和选课规定跨学期、跨专业、跨班级选课。学生选课时首先保证必修课的修课；有先修后续关系的课程，应先选先修课；选课数量应与学生的学习能力相符。具体选课办法和要求由学校规定。

4．探索校外选课。鼓励学生在外校或基于互联网学习平台选修课程。所修课程，经过学校批准，可替代学生所在专业课程计划中要求的必修课程或选修课程。课程替代以不影响实现培养目标为前提，且原则上替代和被替代课程的内容相近，替代课程的学分不低于被替代课程的学分。具体课程替代和学分换算办法由学校依规自主确定。

5．建立学分互认制度。鼓励区域内高校联合开设优质课程并推进师资、课程的共享与学分互认。探索建设高校课程互选、学分互认联盟。学生可以根据校际间协议跨校修读课程，在他校修读的课程学分（成绩）由本校审核后予以承认。

6．完善补考重修制度。学生所修读的课程均应参加考核，考核成绩合格可获得该课程学分。考核不合格的课程，学校应提供一次免费补考机会，补考形式及难度与正常课程考核一致。补考仍不合格的，必修课应按规定重修，选修课可按学校规定重修或另选修其他课程。重修课程与正常修读课程的考核要求一致。

六、导学助学

1．实行学业导师制度。学校应为学生配备学业导师，帮助学生制定学习计划、安排学习进度，指导学生每学期选课、学习。学校应建立健全激励机制和约束机制，保障导师负起指导学生的责任。

2．开展大学生同辈互助学生活动。建立大学生互助学习激励机制、同辈教育与学业互助机制等。学校应积极创造条件，为各年级各专业学生之间互助学习提供必要的制度支持与硬件条件支撑。

七、修业年限

根据本校实际，以专业学制年限为参考，确定弹性修业年限的范围；规定学生每学期或每学年所应修读的最低或最高学分数；确定学生保留入学资格、保留学籍、休学、停学创业等有关期限。在学校规定的弹性修业年限范围内，学生可连续在籍学习，也可根据个人的特殊需要和实际情况申请暂时中断学习，分阶段完成学业；提前修满规定学分的学生，准予提前毕业。

八、辅修专业

鼓励学生在学好本专业的同时，修读辅修专业，达到学分要求者，学校可发给辅修专业证书。

九、制度保障

1．建立健全教学管理制度体系。必须建立与学分制管理相适应的教学管理制度、内部质量保障体系和配套的管理制度，改革原有的招生就业制度和学生管理体制，开展人事管理改革，完善后勤保障机制，为学分制的实施提供政策支持和服务保障。

2．优化高校办学条件。积极创新引才模式，充实教师数量，优化教师队伍结构，着力加强青年教师队伍建设；建设一支熟悉教育教学规律，具有较强服务意识，掌握现代化管理手段和技术的教学管理队伍；加强教室、实验室、体育场所、校园网、图书馆等教学基础设施建设，确

续图 6-14

保在数量、规格和功能等方面满足教学需要并正常运转。

十、学分收费

实施学分制的高校应严格执行国家和省有关学费收费规定。鼓励探索并逐步健全与学分制管理相适应的收费制度。

广东省教育厅
2014 年 10 月 9 日

续图 6-14

学分的计量、成绩考核与绩点计算、补考与重修、主辅修制、学分互认办法、学分收费和选课制、导师制等。鉴于搭建各类型高等教育“立交桥”还需要大的政策环境的支持，本制度暂不涉及对不同类型学历教育、非学历学习成果的学分互认方面。

三、用成果导向理念构建学分制度基本内容的要点

有上述广东省教育主管部门关于学分制教学管理的框架意见，在具体制定学分制度时，需要结合学校的实际条件和学分制改革的重点进行。例如，广东岭南职业技术学院结合成果导向 DQP 框架开展的学分制改革，重点是用学习成果定义学分，以此拓展了学分获取的途径，为职业院校的校企合作、工学结合和多样化学习、多样性成果获得学分提供了广阔天地。在职业院校教学资源相对紧张、学制较短的情况下，不以增加选修、完全弹性学制作为侧重点。具体到制定“学分制实施细则”中，主要需要考虑到如下几点。

（1）人才培养的核心是课程，学分是依附于课程而存在的，所以先要规定人才培养方案有哪些课程类型。在学分制下，除了有必修课、选修课两类（还可以把两者进一步细分）以外，按照成果导向的理念，还可以把课程分为课内课程、课外活动两类。课外活动是以学生自主学习取得相应学习成果，来获得学分的途径。这也是该学校学分制实施细则的特色之一。

（2）正如前文所介绍的成果导向理念，这项制度是依据学习成果来赋予学分的，定义了一个学分的成果内涵和应用场景，并提供了 2 种核算学分的办法，具体见图 6-15。

（3）结合目前国内高职院校学制的特点，虽然该校没有实行完全学分制，但该项制度为学生在 2～6 年内的学制弹性提供了基本依据。也就是学生可以提前到 2 年就毕业，或者推迟到第 6 年再毕业。这有利于构建职业院校校企合作、工学结合以及学生工学交替的灵活学习机制。

（4）该项制度结合学校具体条件，对学生的选修、重修、免修、免听也作出相应规定。例如，允许学生有一次补考机会后再安排重修，重修将会按学分收重修学费；而免修、免听则是学生通过其他途径获得的相应学习成果替换相应课程学分的途径。

（5）学校采用绩点制来衡量学生学业水平差异，以此作为考核学生学业水平的主要依据，这也是与国际通行规范接轨的。该学校自 2019 年开始，主要依据平均学分绩点，授予学生“副学士荣誉”称号。

四、某校“学分制实施细则”案例

广东岭南职业技术学院学分制实施细则

一、总则

为充分调动学生学习积极性和主动性，让学生在一定程度上自主决定学习内容和学业进程。根据《广东省教育厅关于广东省普通高等学校实施学分制管理的意见》（粤教高〔2014〕5号），结合学校学分制改革情况，特制订本细则。

二、课程与学分

1. 各专业课程的编制应按照当年《关于制定专业规范（或人才培养方案）的指导性意见》编制，并遵照严格的程序制定和修订。凡纳入《专业规范》（或人才培养方案）的课程均有相应学分要求。

2. 学校课程分为必修课和选修课两大类，具同等重要性。

（1）必修课是指根据培养目标和基本培养规格，要求学生必须修读的课程。包括公共必修课、专业通用必修课、专业核心必修课和专业综合训练（或双创实践）等。

（2）选修课是指为反映专业培养方向，扩大学生知识面，满足学生个性化发展需要，提高学生文化科学素质和专业素养，根据学生本人意愿选择修读的课程。包括公共分类任选课、公共分类选项课（活动课）、专业分类选修课、创新创业实践项目等。

（3）学校将根据各专业人才培养需要和教学条件的改善，逐步开设更多让学生自由选择的课程（包括开发网络课程），逐步提高选修课的比例。同时，学校经评估后，允许符合专业培养目标的互联网公开课，纳入选修课程，建立相应的管理办法。

3. 学分的定义。1个学分——代表以学生成绩作为证据来验证的预期学习成果所需的工作量，相当于：

（1）16个学时的课堂学习，或1周的集中实践训练，或1周毕业设计（论文），以及与之相匹配的课外学习时间。

（2）学生按"预期学习成果"的要求用"证据"来展示"学习成果"工作量相当于上述第（1）条的等值工作。

（3）预期学习成果按照《课程规范》所提出的要求规定，应符合对学生知识、能力、素质培养的有关要求。

4. 按照以上定义，课程学分的认定方法如下图所示：

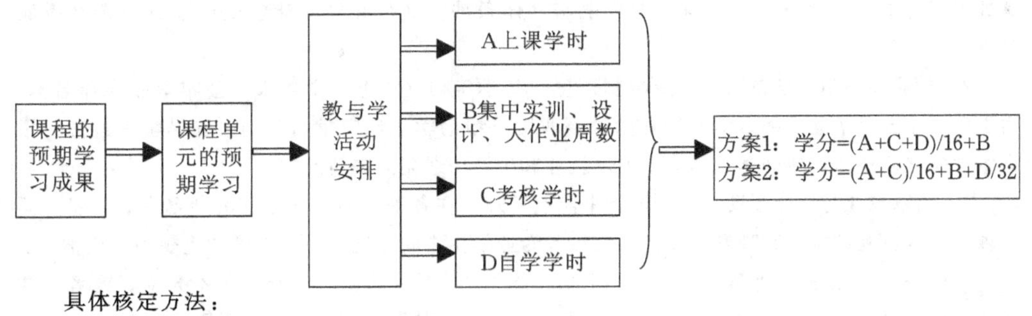

具体核定方法：

（1）学生在校全日制学习，按照方案1核算课程学分。

（2）学生参加业余或函授学习，按照方案2核算课程学分。

图6-15 某校"学分制实施细则"

(3) 学生经过学校批准，在外校（含境外）或基于经学校认定的互联网学习平台上所学课程与本专业的相同或相近，并取得合格以上成绩，可参照方案 1 或方案 2 核算替换标准，置换相应必修课或选修课学分。

(4) 不参与排课的课外活动、竞赛、双创实践项目，按照上述 3.（2）款，提供证据，比照取得方案 1 或方案 2 的学习成果工作量，经学校批准后，按照《专业规范》的相应要求核算学分。

5. 以基本修业年限计算，一般每学年 40 学分左右。各层次、各专业《专业规范》对学生毕业规定的最低学分，应根据基本学制修业年限、专业特点等因素确定。原则上 3 年制高职高专毕业最低学分总计不低于 120 学分（以实际学年的专业规范为准）。

6. 为保证学生的学习进度和学习质量，学生每学期修读课程的总学分数的下限为 15 学分、上限为 30 学分。

三、学习年限

1. 以《专业规范》规定的基本修业年限（即 3 年）为参考，实行弹性修业年限，允许学生提前或者延期毕业。提前毕业的，原则上只能比基本修业年限提前 1 年。学生在基本修业年限内未能修满培养计划规定学分的，可以延长修业时间，延长时间不得超过专业培养计划规定的基本修业年限（即 6 年）。

2. 对有特殊原因、特别困难的学生，经学校批准可以勤工助学。学生因生病或者创业等原因不能连续完成学业，可以实行间修制，允许其中断学习，保留学籍。每次中断学习时间，一般以 1 年为限，累计中断次数不得超过 2 次。学生从入学到毕业的年限不得超过上述第 1 条规定的时间（不包括应征入伍者，应征入伍者保留其学籍至退役后一年）。被批准休学工作、创业和因病休学的学生，其休学时间计入上述第 1 条规定时限范围。

四、课程的选修、重修、免修、免听

1. 选课。学校实行缴费注册选课制度，学生在交纳专业学费办理注册手续后，方能取得选课资格。学生可以在学校规定范围内遵循相关规定自主选专业，依据所选专业《专业规范》要求，在学业导师指导下自主选择课程、学习进度和任课教师。学生根据自己的学习基础、学习能力、身体状况、经济条件等实际情况，按照学校公布的开课计划，可以跨学期、跨专业、跨班级选课。学生选课时，首先保证必修课的修读；有先修后续关系的课程，应先选先修课；选课数量应与学生的学习能力相符。学校根据具体条件，试行必修课让学生可以自主选择授课教师。

2. 学业导师制。学校试行学业导师制度，每学年初（或上一学年末）公布学业导师名单，由学生自主选择学业导师。学业导师的主要职责是帮助学生制定学习计划、安排学习进度，指导学生每学期选课，帮助学生解决学习、就业和生活中遇到的其他问题。

3. 同辈教育与学业互助。学校试行书院制管理，在各书院的大学生互助学习中心，建立同辈教育与学业互助机制，鼓励和支持各年级各专业学生之间互助学习，促进学生顺利完成学业。

4. 重修。学生必修课程正常考核不合格，给予一次补考机会；如补考仍不合格、或者正常考核合格但对成绩不满意的学生，可以申请重修；重修课程考核不合格，不再安排补考。学生选修课程正常考核不合格，不安排补考，可以申请重修或选修其他学分；已满足毕业要求的，也可放弃考核不合格的选修课。

续图 6-15

5. 免修。学校试行免修制度，学生对《专业规范》规定的课程已经修读过，或通过互联网等多种自学途径完成课程学习，或通过相关岗位工作任务的实习并达到课程预期学习成果要求，或参加境外院校交换生项目完成规定课程的学习，可以申请免修。免修课程以课堂理论教学课程为主，思想政治理论课、体育课、选修课、包含实验环节的课程、独立实验（训）课、军训及实习、毕业论文（设计）等原则上不得免修。

学校将制定课程免修管理办法，明确免修标准、申办流程并对免修课程进行免修考核，免修考核的形式及难度与正常课程考核一致，通过免修考核的课程可以办理免修手续并获得该课程学分。

6. 免听。对学习成绩好、学习能力强的学生，经批准可以不跟班听课，免听课程的部分或全部内容。重修课程如果与其他正在修读的课程上课时间冲突，经批准可以办理免听手续。办理免听手续后，学生需提交课程学习成果、跟班参加课程正常考核，成绩合格者获得该课程学分。经学校确认原则上不得免修的课程，不得免听。

7. 学生因身体疾病或某种生理缺陷，经医院证明不宜上体育课或特殊课程者，可免予跟班上课，但应参加学校和专业教师指定的其他项目的学习和训练，经考核合格给予相应的成绩和学分。

8. 学生每学期免修或免听课程一般不超过10学分。

五、成绩考核

1. 课程考核。学生所修读的课程均应参加考核，考核成绩合格可获得该课程学分。课程考核按照《课程规范》的具体要求实行。考核一般采用百分制，也可采用优秀、良好、中等、及格、不及格五级记分制或其他记分方式。

2. 补考。必修课正常考核不合格的学生，可参加1次免费补考，补考形式及难度与正常课程考核一致。补考仍不合格的，应按规定重修。重修课程与正常修读课程的考核方式一致。

3. 缓考。学生因公、因病、因同时修读的不同课程考核时间冲突或因其他不可抗拒的因素，不能参加课程正常考核，经批准可办理缓考手续。经批准缓考的学生，应在学校规定时间内重新参加课程考核，缓考形式及难度与正常课程考核一致。

4. 旷考。学生无故不参加课程正常考核视为旷考。旷考学生不得参加相关课程的补考或缓考，只有重修该课程并经考核合格，才能取得该课程学分。

5. 学分绩点。为衡量学生课程的学习质量，采用学分绩点来计量学生学业水平的差异。平均学分绩点可用作对学生进行奖励、评价和推荐选拔的依据。原则上按以下方法计算学分绩点：

（1）课程绩点（以课程成绩百分制计算）：课程绩点＝（课程成绩÷10）－5，课程成绩不足60分的，课程绩点为0；采用优秀、良好、中等、及格、不及格五级记分制的，课程绩点分别为：4.5、3.5、2.5、1.5、0。

（2）课程学分绩点：课程学分绩点＝课程绩点×课程学分数。

（3）平均学分绩点：平均学分绩点＝符合条件的课程学分绩点之和÷相同条件的课程学分之和。

（4）平均学分绩点计算的课程范围，目前包括全部必修课程和专业选修课程。计算结果用于评价同一时段内学生学习成果与质量的差异。

（5）学校将探索完善其他更加科学合理的方法计算学分绩点。

续图6-15

6. 旷考和补考不合格的课程，课程绩点为 0；补考合格的课程，无论成绩高低，课程绩点为 1；缓考和免修的课程，按照第 5 的方法如实计算课程绩点；重修的课程，同样按照第 5 条的方法如实计算课程绩点。

7. 成绩记载。学生考核成绩记入本人档案。多次重修的课程按最高成绩记载，课程学分数不变，重修的课程将注明“重修”字样。

六、辅修专业、转专业

1. 辅修专业制度是学生在完成所在专业《专业规范》要求的所有课程和学分的同时，修读另一个专业的课程，完成规定的课程和学分，由学校颁发辅修专业证书的制度。学校将根据专业特点和实际条件，建立辅修专业制度，定期公布符合条件的可辅修专业名单，并将辅修专业教育课程纳入学校课程平台统一管理，确保课程学分及修读质量。

2. 学校将制定辅修专业的修读条件，公布最低应修课程门数、课程名称、学分要求及成绩标准。主修专业与辅修专业相同或相近的课程，经学校批准可以在其中一个专业进行学分互认。辅修专业的选课、重修、免修、免听等，按照第四条的相关规定办理。辅修专业课程考核不合格，不影响主修专业的学分及毕业。

3. 修读辅修专业的学生，不再另行延长学习时间，其学习年限按照第三条的规定办理。

4. 涉及跨校修读辅修专业，需两高校之间建立了协同育人协议，就辅修专业的条件、程序、过程管理及学业考核等事宜，制定了具体管理办法。

5. 学生可以在第一学期期末或第二学期期末考试（17～18 周）之前，提出转专业的要求，按照转专业流程办理相关手续。

6. 学生转专业后，原专业所学课程所获得学分，可以迁移到转入专业相同（或相应）课程的对应学分。在转入专业中所缺的课程学分，学生需要申请重修，按照重修方式获得学分。

七、退学

1. 学生有下列情况之一者，学校可令其退学。

（1）一学期修读课程的总学分数低于 15 学分的，给予退学预警，并责成学生于下一学期增加修读相应的学分；累计一学年修读课程的总学分数低于 30 学分的，则令其退学；

（2）学生不论何种原因（含休学、保留学籍等）在校学习时间超过第三条规定者；

学生因其他原因退学，按教育部《普通高等学校学生管理规定》办理。

2. 学生退学，由学校审批，并报广东省教育厅备案。

3. 退学的学生不得申请复学。

八、毕业、结业、肄业

1. 毕业。学生在学校规定的学习年限内（含允许延长的学习时间），修完《专业规范》规定的全部课程，取得规定的最低总学分，并达到学校规定的其他毕业要求，准予毕业，由学校颁发毕业证书；符合提前毕业条件的，经学校同意，可以提前毕业，按有关规定报省级教育行政部门办理学籍管理相关手续；落实就业单位的，可以予以办理就业手续。

2. 结业。学生在学校规定的基本修业年限内，修完《专业规范》规定的全部课程，未达到毕业要求，准予结业，由学校发给结业证书。已结业的学生，在学校规定的学习年限内（含允许延长的学习时间），按照学校的规定，通过重修课程获得学分，达到毕业要求，可换发给毕业证书。结业后换发毕业证书的，毕业时间按换发日期填写。

续图 6-15

3. 肄业。学生未修完《专业规范》规定的课程，但在校学习满一年，并取得的总学分达到本专业《专业规范》规定的毕业最低学分的 25%者，发给肄业证书。

4. 学分积累。在校学习不满一年，以及所取得的学分不足本专业《专业规范》规定的毕业最低学分的 25%者，通过考核的课程发给课程学习证明。

5. 取得肄业证书或课程学习证明的学生，所修读课程取得的学分，可纳入全省高等教育学分银行管理系统予以积累。

九、收费

1. 学校按照学生在学制规定时间完成学业所交纳的总学费，不高于物价部门现行规定的学年制学费总额原则下，改成按学分学费和专业学费两部分计收的教育收费制度。学年学费收费标准，以当年上级主管部门批准的为计算依据作相应调整。

2. 学分学费是指以每类专业应修最低总学分为计算基础，在学年制学费总额度内确定的每学分应交纳的费用（全校不同专业学生学习同一门课程的学分收费标准相同）；专业学费是指以不同专业的生均培养成本为计算基础，在学年制学费额度内扣除学分学费后，对不同专业每学年收取的学费。学分学费按学年中学生实际选定课程规定的学分计收，专业学费按学年计收。

3. 具体学分收费标准，另行制定《学分制收费管理办法》，报所属地发改委物价部门批准执行。

十、附则

1. 本规定中未涉及的学生管理事项按照《普通高等学校学生管理规定》（教育部令第 21 号）执行。

2. 学校将根据本实施细则制定相关的教学管理、人事管理、学生管理、后勤管理等有关配套规章制度。

3. 本规定自公布之日起试行，由教务处负责解释，学校原有学分制管理制度同时废止。

教务处
2015 年 9 月 7 日

续图 6-15

（6）在主修某专业的前提下，允许学有余力的学生辅修第二专业。这满足了学生拓展了就业适应面和个性发展的需求；同时，该制度也规定在第一学期和第二学期末，学生有 2 次机会可以转专业，让学生找到适合自己的专业（职业）领域。

（7）对于学生通过自学、学习互联网公开课以及参加各类职业技能竞赛、考取职业技能证书等获得的学习成果，也可以替换相应课程的成果学分（通过相应学分替换的制度）。

（8）学校既然不是实行的完全学分制，所以对每个学期学生修读学分还是有下限规定的。学生达不到要求修读最低学分的，可能面临学分预警，直至勒令退学；或者学生毕业时未达到规定学分、超过修业年限的，可能面临结业或肄业局面。

（9）关于学分收费的规定，要按照当地发改委物价部门的要求和教育主管部门的规定执行。目前国内通行的做法是，把全部学费的一定比例（例如 60%）作为专业学费，其余部分（例如 40%）按学分收费。很少有学校把全部学费都折算成学分，去收学分学费。

总之，建立学分制教学制度是与学校的发展水平和教学改革需要相适应的，没有一蹴而就的万全的解决方案。学校不同的发展阶段都有不同重点，教学制度都会相应地针对不同阶段的重点来建立，并会随着学校的发展而不断地完善。在现阶段我国高等职业技术教育适应转型升级、扩大规模、构建职业教育“立交桥”的新形势下，各职业院校都面临着教学资源紧缺、课程教学内容需不断更新的局面。在这种时候建立学分制教学制度，重点不是开设更多选修课、使得学制更具有弹性，重点在构建基于对学习成果认同的学分体系，要为校企合作、工学结合以及各类型学习方式的打通、各种途径的学习成果互认奠定基础。广东岭南职业技术学院的学分制改革及其制度建设可以作为一种借鉴。

第七章
DQP 在教学质量保证体系建设中的应用

第一节　质量管理理念的发展概述

一、质量管理的发展概述

质量的观念是伴随着人类商业的发展和产品交换而产生的，最初的质量观念就是产品的规格。但在工业革命以前，质量（或产品的规格）主要靠感觉来确定，质量的控制主要靠手工操作者的手艺和经验来把关。真正的质量理念和质量管理产生于工业革命后，18 世纪中叶欧洲进入工业化时代，新技术的应用导致工厂的大批量生产取代了传统手工作坊生产。大批量生产必然对零件的互换性、标准化和工装、测量精度等提出要求，这就促进了质量管理科学的诞生。尤其是 20 世纪初，美国人泰勒的“科学管理”提出分工的要求，并将计划与执行职能分开，中间加了一个检验环节，以便监督、检查对计划、设计、产品标准等项目的贯彻执行。也就是说，工厂质量检验机构被独立出来，有人专职于质量检验工作。因此，这个阶段的质量管理也称“质量检验阶段”。这个时候的质量控制实际上是使用各种检测设备和仪表，对成品百分之百地进行检验，挑出不合格产品，以确保产品出厂的质量。但这种事后的检验把关，无法在生产过程中起到预防、控制的作用。废品已成事实，很难补救，且百分之百的检验，费时费钱。当生产规模进一步扩大，大批量生产时，其弊端就突显出来。

1924 年美国人休哈特提出了控制和预防缺陷的概念，把数理统计方法引入质量管理中，发明了“控制图”。他认为质量管理不仅要进行生产后检验，而且要在发现有废品产生的先兆时就进行分析改进，从而预防不合格产品的产生。第一次世界大战后期，美国国防部为解决采购的大批军装的规格能够适应 300 万参战士兵身材的问题，采纳了他的建议，按照正态分布，将军装按十种规格的不同尺寸去加工，并且按统计原理抽样检验（而不是件件检验）。这样既保证了军装的质量，又更加经济和高效，满足了战时需要，制成的军装基本符合士兵体型要求。随着统计学引入，质量管理正式成为一门科学。在休哈特创造“控制图”以后，他的同事在 1929 年发表了《抽样检查方法》。1931 年休哈特出版了《工业产品质量经济控制》，标志质量管理进入到“统计质量控制”阶段。

第二次世界大战开始以后，由于战争的需要，美国军工产业急剧发展，产品积压待检的状况日益严重。尽管有时进行了检查，结果还是有不少残次品流入战场，经常发生武器弹药的质量事故。为此，美国军政部门组织一批专家和工程技术人员，于 1941～1942 年间先后制定并公布了《质量管理指南》《数据分析用控制图》《生产过程中质量管理控制图法》，强制武器弹药生产厂商执行，收到了显著效果。从此，统计质量管理方法得到了推广和应用。

第二次世界大战结束后，除了原来的军火厂商推行质量管理方法外，美国许多民营企业也纷纷学习这样的方法。它也传播到美国以外，如加拿大、法国、德国、意大利、日本的企业也陆续推行统计质量管理，都取得了积极成效。但是，统计质量管理过分强调质量控制的统计方法，使人们误认为“质量管理就是统计方法”，“质量控制是统计专家的事”，让多数人感到统计质量管理高不可攀，从而对其望而生畏。同时，该方法对质量的控制和管理只局限于制造和检验部门，忽视了其他部门的工作对质量的影响，这样就不能充分发挥各部门和全体员工的能动性和质量控制的作用。

20 世纪 50 年代，随着科学技术日新月异和工业生产的迅速发展，尤其像航空航天这类具有复杂性、挑战性，对安全性、可靠性、经济性要求很高的领域，对产品质量提出了更高、更严苛的要求。人们开始用“系统工程”的理念，把质量问题作为一个有机整体加以综合分析研究，实施全员、全过程、全企业的管理。尤其是 20 世纪 60 年代在管理理论上出现了“行为科学论”，主张改善人际关系，调动人的积极性，重视“人的因素”在管理中的作用。并且随着国际市场竞争的加剧，各国企业都很重视产品责任和质量保证，加强内部质量管理，提高产品质量，促使了“全面质量管理”理论逐步形成。最早提出“全面质量管理”概念的是美国通用电气公司的阿曼德·费根堡姆，1961 年，他的著作《全面质量管理》问世。他提出“全面质量管理是为了能够在最经济的角度，并考虑到充分满足用户要求的条件下，进行市场研究、设计、生产和服务，把企业各部门的研制质量、维持质量和提高质量活动构成为一体的有效体系”。六十年代以来，费根堡姆的“全面质量管理”概念逐步被世界各国所接受，在运用中各展所长，如在日本叫作“全公司的质量管理”（company-wide quality control，CWQC）。我国自 1978 年开始推行全面质量管理（total quality control，TQC），在实践上、理论上也有所探索和发展。在这个“全面质量管理”阶段，质量管理的理论更趋完善、科学和实用。

随着国际贸易的迅速扩大，产品和资本的流动日益国际化，国际产品质量保证和产品责任问题日益突出。由于不同民族、不同国家、不同文化背景的人们质量观念不尽相同，这在国际贸易中会妨碍对质量准则的理解和把握。为了适应产品和资本流动的国际化趋势，寻求消除国际贸易中技术壁垒的措施，国际标准化组织（ISO）于1979年单独建立质量管理和质量保证技术委员会，负责制定质量管理国际标准，1987年3月正式发布《ISO9000-9004质量管理系列国际标准》。该标准总结了各先进国家的管理经验，将之归纳、规范。发布后引起世界各国企业的关注和应用，适应了全球化贸易发展的需要，使得质量管理进入“标准化质量管理”时代。

质量观念的进步伴随着质量管理工具和技术的提升。如20世纪20年代休哈特等人的统计抽验检验方法，使生产过程监控减少了对检验的依赖。第二次世界大战后，戴明与朱兰将一系列质量改进方法，包括统计法和戴明循环（Deming Cycle，又称PDCA循环）等带到了日本，使日本企业从低廉、低附加值产品的生产者，一跃发展成为举世闻名的高质量、精加工的制造商。日本企业创造的全面质量管理方法（TQC）风靡全球。质量运动在许多国家展开，不仅被引入生产企业，而且被服务业，甚至医院、机关和学校所采用来提高生产力和竞争力。正如“零缺陷”理论提出者克罗斯比所说的“质量是免费的”，他突破了传统上认为高质量是以低成本为代价的观念，提出高质量将给企业带来高的经济回报。朱兰博士指出“即将到来的世纪是质量的世纪”，许多世界级企业的成功经验都证明全面质量管理是使企业获得核心竞争力的关键。质量的观念也从狭义的符合规范，发展到以“顾客满意”为目标，全面质量管理不仅提高了产品和服务的质量，而且在企业文化的改造与重塑层面上也产生深远的影响，使企业获得持久的竞争力。

二、现代质量观念

在今天，关于对“质量”的认识依然众说纷纭。在《辞海》中，质量被定义为“产品或工作优劣程度”。而在企业界来看，则要求更高，如美国波音公司认为质量就是“向我们的消费者提供能够持久满足他们需要和期望的产品和服务”；美国联邦快递将质量定义为“符合消费者期望的标准的行为”；IBM的定义是“质量即顾客满意”，“质量包含着企业的每一个方向，而且对于消费者来说，实际上是一种情感的体验（emotional experience）。消费者希望他们的购物感觉良好，感觉到他们获得了最好的价值。他们希望知道自己的钱用得最为恰当，而且他们有了一种高质量的想象，对与公司的合作感到自豪”。

学界对此也多有讨论。朱兰认为质量“意味着能够满足顾客的需要，从而使顾客满意的那些产品特征”；“高质量的目的旨在实现更高的顾客满意，人们期望以此来实现收益的增加”；质量“意味着免于不良——没有那些需要重复的工作（返工）或会导致现场失效、顾客不满、顾客投诉等差错”。戴明将质量定义为“是由客户决定的，但是组织应该能把握并满足客户未来的需要”。他认为客户和组织本身共同对质量起作用，组织可以发挥主观能动性来满足客户的质量要求。戈德茨和戴维斯在其1994年出版的《全面质量导论》中提出："（1）质量在于满足或超过消费者的期望；（2）质量适用于产品、服务、人员、过程和环境；（3）质量是一种不断变化的状态。"菲力普·克劳斯则认为质量是"零缺陷"，"第一次就做对，每一次都做对"，他将质量界定为"符合要求"，因为"顾客的要求是产品符合标准；合乎规范就意味着具有了质量，而不合格自然就缺乏质量"，"合格即质量"。

在 ISO9000（1994 年版）中"质量"的定义为"质量是反映实体满足明确或隐含需要的能力的特性总合"。后来的 ISO9000（2000 年版）对质量作出了更为详细的阐述。

质量（quality）是一组固有特性满足要求的程度。

这里的关键词"质量"，可使用形容词（如差、好或优秀）来修饰；"固有的"（其反义是"赋予的"）就是指在某事或某物中本来就有的，尤其是那种永久的特性；而"要求"（requirement）是指明示的、通常隐含的或必须履行的需求或期望；"通常隐含"是指组织、顾客和其他相关方的惯例或一般做法，所考虑的需求或期望是不言而喻的。特定要求可使用修饰词表示，如产品要求、质量管理要求、顾客要求；规定要求是经明示的要求，如在文件中阐明；而且要求可由不同的相关方提出。

与此相关联的概念有：

（1）等级（grade）是对功能用途相同但质量要求不同的产品、过程或体系所作的分类或分级。例如，飞机的舱级和宾馆的等级分类。在确定质量要求时，等级通常是规定的。

（2）顾客满意（customer satisfaction）是对其要求已被满足的程度的感受。注意，顾客抱怨是满意程度低的最常见的表达方式，但没有抱怨并不一定表明顾客很满意。即使规定的顾客要求符合顾客的愿望并得到满足，也不一定确保顾客很满意。

（3）能力（capability）是组织、体系或过程实现产品并使其满足要求的本领。尽管质量的概念包括的要素很多很复杂，如果用一个简单的公式概括起来表示就是"质量＝组织的业绩行为或效果（产品）＋顾客的期望值（需要）"。

第二节　全面质量管理在学校管理中的应用概述

一、教育（教学）质量管理的含义

自从 20 世纪 90 年代企业界盛行推进全面质量管理（TQM）及 ISO9000 以来，教育管理的理论工作者们也发表了大量文章和论著，帮助学校认识、理解和推行质量管理。学校和教育管理部门，都认识到质量理念和技术对于教育教学和管理改革的重要性，教育领域也兴起了贯彻 ISO9000 族标准的热潮。据有关资料统计，截至 2000 年底，全球通过ISO9000认证的学校和教育机构约525所（其中北美洲有139所，欧洲有263所，亚洲有123所）。这些学校中还包括了哈佛、剑桥、牛津等这样的一流大学。紧跟国际趋势，我国在稍后也有许多院校通过了ISO9000质量体系认证，包括国防科技大学计算机学院、大连海事大学、上海海运学院、哈尔滨工业大学、上海水产大学和上海建平中学等院校。

如果冷静地看待这股热潮，就必须弄明白这些学校为什么要引入质量管理到教育领域，或者说，究竟什么才是学校或教育（教学）质量管理？

事实上，学校的教育活动本质上是培养人的社会活动，这与企业活动有着本质的区别：一是，企业的活动是以营利为主要目的，而学校教育更侧重于社会效益；二是，企业生产活动的对象是“物”或“精神”产品，而教育的对象则是活生生的“人”，其目的是促进人的身心发展；三是，企业活动的顾客比较单一，而教育活动的顾客包括学生、家长、用人单位等，非常复杂；四是，企业的生产过程可控性强，而教育活动是诸多非可控因素共同作用的过程。

如此可以这么认为：学生是学校所服务的对象，他们是学校的顾客，要享受学校所提供的服务，不能够说通过某个质量管理体系的监控，可使得每一个学生都像一个个标准零件一样被学校生产出来了。在这个教育过程中有学校的努力、教师的努力、学生个人的努力、学生家长的努力，还有各种各样的机缘和天分，最终使这个学生成长起来了。能够被客观监控和管理的是学校对每一个学生所提供的服务。因此，不可生搬硬套企业质量和质量管理的概念。在学校如果把教育作为一种准服务，那么引入ISO9000质量管理体系，所管理的是学校教育服务中各个环节以及过程的质量——这才是质量和质量管理两个核心概念之于学校的意义，也就是教育（教学）质量管理的本意。

因此，教育（教学）质量管理应该被定义为“对学校所提供的教育服务体系的监控，对服务过程的监控”。每一个学生都是不一样的个体，学校不可能用相同的控制手段来对待不同的学生，也不可能用某种质量管理体系来确保学生达到共同标准的质量，但是学校可以通过教育（教学）质量管理体系，对自身教育教学及管理服务的各个环节、过程做出一定的阐释和规定，使学校提供的教育及管理服务是完善的、高质量的，从而对学生的培养产生好的、良性的影响，间接地提高每个学生的教育质量。

二、全面质量管理对提高教育教学质量的价值

从上述阐述可以看到，推行全面质量管理，包括开展ISO9000体系认证，对于提高学校教育教学的服务质量还是颇有价值的。其价值具体有如下几点。

一是，可以促进学校树立“以顾客为中心”和“持续改进”的观念。以顾客为中心，要求学校教学和管理要以各类顾客（学生、家长、企业、社会、政府等）为关注焦点，致力于满足他们的当前和长远需求。这种需求不仅包括明确需求（比如国家规定的教育方针、就业要求、专业标准、课程标准、教学大纲等），还包括不言而喻的需

求（例如家长希望学校、教师公正地对待自己的子女，社会希望学校能够教好学生以免成为社会负担，学生希望通过考核顺利毕业等）。如此，学校管理者和教师，就势必更多地从顾客角度来看待管理和教学——而不是唯我独尊、过于重视师道尊严、以教师为中心。当然，以“顾客为中心”并非让学校和教师一味迁就学生。一方面，学校作为教育机构，肩负着国家赋予的培养什么样的人的责任，对学生的不合理、有悖于健康发展的需求显然是要引导或管制的，这也是为学生健康成长的需求。另一方面，在学校推进全面质量管理和 ISO9000 体系，要求学校的教学、管理和服务工作“持续改进”，这和“教育永无止境”“没有最好、只有更好”的教育理念是一脉相承的，有利于全面改善学校的各项工作，把不断提高工作质量作为一个永恒的目标。学生既是学校服务的顾客，也是教学相长过程的参与者，所以让学生参与到“持续改进”过程当中，这才是真正的全面质量管理。

二是，促成了全员参与、全程管理、系统推进的教学质量内生体系的建立。全面质量管理的精髓就是质量是从“人人、处处、事事”中生成的，而不是事后检验出来的。在影响教育教学质量的诸多因素中，人的因素是首要的。提高教学质量的根本途径在于提高学校全体教职工特别是教师的素质和能力，充分调动和发挥人的积极性和创造性。推进全面质量管理，就会促使学校建立一套能够激发人人参与提高工作质量的机制，包括组织机构、责任制度、检查机制等，也包括调动学生学习积极性的机制和营造更加有利的成长环境（包括家庭、社会甚至网络环境）。而全过程管理，就是要将教学工作以及构成影响教学工作的资源和活动都放到过程中来，以便更高效地得到预期的结果。所谓过程，就是将输入转化为输出的一组彼此相关的资源和活动。学校各个层面的工作都可以归入某个过程，教学质量必须通过这些过程来实现，过程的质量又取决于所投入的资源和活动，而活动的质量则通过实施该项活动所采用的途径和方法予以确定。所以全过程管理，就要求在过程的不同时刻、节点上设置检测的机会，有效控制每一步目标的达成。所谓系统推进，就是将相互关联的过程作为系统加以识别、理解和管理，这样有助于组织提高实现其目标的有效性和效率。学校作为一个有机的教育整体，教学的各个环节和各项工作是紧密联系的。从专业的设置、培养方案的设计，到资源的投入、师资的配备，再到教学过程管理、毕业就业等各个组织、各个环节，都会影响到教学质量。系统推进就是要注意各个过程之间的衔接，明确接口职责，避免条块割裂和“三不管”，这样就建立起教学质量的内生体系，实现了全面质量管理。

三是，它为学校提供的是一套可操作的质量管理的方法。在学校推进全面质量管理，在理念上能够促进树立全员质量意识和提升服务能力；在组织上会建立起质量责任机制，明确学校各部门各岗位的责权和边界、衔接关系；在内涵上会促进各项工作的标准化、信息化，使得学校教育教学各项工作有章可循、用数据说话。在学校推进全面质量管理，通常有三种可行方法。第一种是将戴明循环（即 PDCA 循环）引入教学全过程，即计划 P（plan）—执行 D（do）—检查 C（check）—处理 A（action）。将教学过程通过大循环套小循环，彼此协同，互相促进，循环前进，阶梯上升，持续改进和提升教学质量。第二种是把“全面质量管理”理解为维护一个组织正常供求关系的系统来管理。加拿大人斯蒂芬·默戈特洛伊德（Stephen Murgatroyd）和英国人科林·摩根（Colin Morgan）在他们合著的《全面质量管理与学校》（*Total Quality Management and the School*）一书中提出适合学校的全面质量管理必须具备五个要素（愿景、战略、挑战性目标、团队和日常管理工具）、三个基础（承诺、沟通和文化），并提供了“起联合作用并普遍承诺的共同愿景”“以消费者为导向的战略和过程”“以工作团队为中心的组织架构”“富有刺激和挑战性的目标”以及运用“进行系统的日常管理的技术方法”这几大策略。第三种就是借助 ISO9000 质量认证体系，甚至借力外部机构的认证。目前有 ISO9001（质量保证标准）和 ISO9004（质量管理标准），它们有不同的要素和标准。前者更多考虑的是组织外部顾客的需要，主要用于指导组织建立质量保证体系，用于向外部提供质量有保证的信任，或用于学校质量体系认证；后者更多考虑的是满足所有相关者的利益和要求，主要用于指导组织完善质量管理体系，提高组织的总体业绩水平。具体选择哪种类型，要看学校的具体需要和发展阶段。

第三节　我国高职教育教学质量管理的发展阶段和主要理念

一、我国职业院校教学质量体系的建设的三个阶段

第一阶段是学校自主对标阶段。如前所述，在 20 世纪 90 年代后期，我国已有许多学校引入了全面质量管理和 ISO9000 标准。尤其在职业院校，引入 ISO9000 后，将学校教学质量体系的要素，从专业设置、教学计划和教学大纲、师资队伍、教学设施/设备，到招生入学、教学编排、教学过程、实训实习、考试考核、毕业就业等的全过程，建立质量管理体系文件（包括质量手册、程序文件、作业文件和质量记录）。学校按照这套质量体系文件，以“做你所写的，记录你所做的，检查你所做的，改正不符合的”原则进行运行和改进。及时收集质量信息，以数据和事实说话，并按照“运行—评审—改进—再运行—再评审—再改进”不断循环往复，不断提高学校教学、管理和服务的质量。有许多院校通过了 ISO9000 认证，并定期接受外部评审，促进了质量提升。

第二阶段是以评估促建设阶段。进入新世纪，我国职业教育随着经济的崛起也迅速发展，为了促进并规范高职教育的发展，2004 年教育部出台了《关于全面开展高职高专院校人才培养工作水平评估的通知》（教高〔2004〕16 号），开启了高等职业院校人才培养工作评估。评估每 5 年一轮，经过十年的风雨，它有效地促进了我国高职高

专院校在办学初期、快速发展阶段的教育教学水平的提升。同时，评估中所显现出来的“标准单一，有同质化倾向”“流于形式，内生动力不足”“自说自话，权威不够”“重结果，轻过程”“机制滞后，难成常态”等问题也暴露无遗，亟待解决。

更重要的是，新世纪我们进入了一个经济全球化、信息化和新技术革命的时代，传统产业面临转型升级，新经济、新业态、新生产方式不断涌现。企业竞争的主题不再是规模和速度，“创新、发展和质量”成为主题，以质量效率为核心，提升结构质量、提升发展质量。

第三阶段是质量诊改阶段。经过改革开放 30 多年快速发展，我国职业教育伴随经济社会进步，同样也进入到以内涵、特色为主，突出质量核心的历史阶段。2015 年，教育部出台了《教育部办公厅关于建立职业院校教学工作诊断与改进制度的通知》（教职成厅〔2015〕2 号）、关于印发《高等职业院校内部质量保证体系诊断与改进指导方案（试行）启动相关工作的通知》（教职成司函〔2015〕168 号）、《关于做好中等职业学校教学诊断与改进工作的通知》（教职成司函〔2016〕37 号），正式以官方文件，推动我国职业院校启动全面质量管理工作。这既是对已经通过评估的职业院校的继续鞭策，促进其内涵、特色发展的需要，也是克服评估本身的弊端，实现政府职能转变，实现“管办评分离”的需要。

二、教学质量保证体系诊断与改进的理论依据

根据教学质量保证体系诊断与改进（简称“诊改”）文件和方案的主要起草人杨应崧教授的解释，它包括以下几点。

1. 零缺陷管理理论

零缺陷管理思想由菲利浦·克劳士比（Philip B. Crosby）在 20 世纪 60 年代初提出，并在美国推行零缺陷运动。后来，该理论传至日本，在日本制造业中得到了全面推广，使日本制造业的产品质量得到迅速提高，并且领先于世界水平，继而进一步扩大到工商业领域。该理论强调第一次把正确的事情做正确（包含了三个层次：正确的事、正确地做事和第一次做正确，三个因素缺一不可）。在教育领域，人的成长是不可重复的，所以第一次就把事情做对，对于学校教育来说是很有必要的，这才不会耽误学生的青春年华。“零缺陷”所说的“质量”就是符合要求，质量的工作准则就是零缺陷，要预防产生系统性的质量问题，甚至须用质量代价（金钱）来衡量质量表现。

2. 全面质量管理理论

在前面部分已经介绍过全面质量管理理论。它是以质量管理为中心，以全员参与为基础，目的在于通过让顾客满意和本组织所有者、员工、供方、合作伙伴或社会等相关方受益而使组织达到长期成功的一种管理理论。它强调从“质量计划—质量控制—质量提升”全过程中进行“三全”质量保证。运用到学校，就是要对教育服务中各个环节以及过程的质量，进行全员、全过程、全方位的管理。每个环节都可用戴明质量管理思想（PDCA 循环）进行质量控制。

3. 目标管理理论

目标管理，是以目标为导向，以人为中心，以成果为标准，而使组织和个人取得最佳业绩的现代管理方法。它将组织的整体目标转化为各层级单位和个人的具体目标。强调在目标设置过程中各层级管理人员的共同参与，充分调动员工积极性，通过个体与群体的自我控制与协调，以实现各级目标达成共同成就。在学校中，最终是要达成教育目标。但是教育目标是复杂和多元的，并且有宏观到微观的各个层面。在职业院校，从教师和学生来说，就是要达成学习成果目标；从专业层面，则要实现毕业生就业率和就业质量目标；从学校管理层面，则是要使得专业从招生、培养到就业全过程的各个环节都更有效率和质量。所以，目标管理要求用目标来激励各级各层，并与奖惩机制结合起来。

4. 知识管理理论

知识管理是知识经济时代涌现出来的一种最新管理思想与方法，它融合了现代信息技术、知识经济理论、企业管理思想和现代管理理念。它是对知识、知识创造过程和知识的应用进行规划和管理的活动。它要求在组织中构建一个量化与质化的知识系统，让组织中的资讯与知识，透过获得、创造、分享、整合、记录、存取、更新、创新等过程，不断地回馈到知识系统内，永不间断地累积个人与组织的知识，使其成为组织智慧的循环，在企业组织中成为管理与应用的智慧资本，有助于企业做出正确的决策，以适应市场的变迁。从管理内容上，要遵循“发现（F）—获取（A）—使用（U）—学习（L）—创造（C）—储存（S）”的循环过程。对于职业院校来说，学生和教师是教学相长的学习个体，知识的学习和管理自有其规律。一个教研室、一个专业、一个部门乃至整个学校，都是一个学习组织，在当今知识经济时代，应对瞬息万变、市场竞争激烈的挑战，知识管理成为提升组织核心竞争力的重要手段和必然。

三、教学质量保证体系诊断与改进的主要理论

1. 诊断与改进的主要概念

根据全国诊改专家委员会对“教学质量保证体系诊断与改进”的定义：“教学质量保证体系诊断与改进，是指质量生成主体以服务发展需求为宗旨，为高质量地全面达成计划目标并不断创造性地超越原定目标，以事实和数据为基础，以体系化制度为保证，根据按目标影响要素制定的指（座）标体系对现实工作状态进行常态化自我定位、诊断，进而激发内在学习、创新动力，实现持续改进、同步提升的工作模式。”

这里有几个关键词：一是，诊改的主体是质量的生成者、创造者（学校和专业作为“设计”方，教师和学生作为“生产”方，以及学校管理者作为“管理”方，都是诊改的主体）；二是，诊改的目的是全面达成并不断超越原定目标，从而激发内在动力，实现同步（组织和个人）的提升；三是，诊改的要素包括学校的办学理念、办学定位、人才培养目标，专业设置与条件、教师队伍与建设、课程体系与改革、课堂教学与实践、学校管理与制度、校企合作与创新、质量监控与成效等人才培养工作要素；

四是，诊改的依据是事实和结果，以及要求即时采集、源头生成的数据和信息；五是，诊改的方法重在常态自我定位、诊断，持续问题导向，不断改进；六是，诊改的保证，是以“8”字形“质量改进螺旋”为基本单元的内部质量保证体系，如图 7-1 所示。每一次质量改进循环，围绕着教学目标，有若干关键环节。通过诊断、激励、学习和创新，实现改进，提升到新的层次，确立新的目标，然后进入新一轮的质量改进循环，如此循环往复。

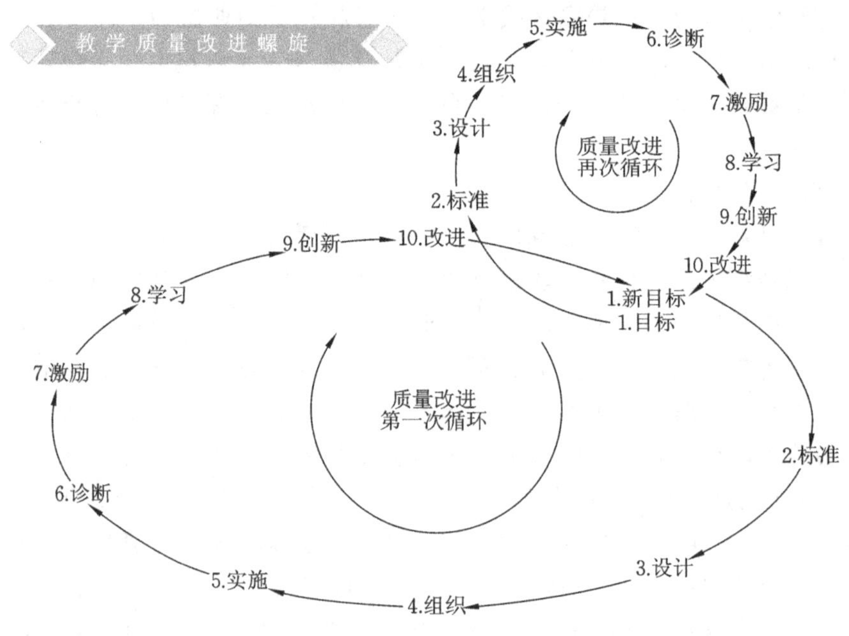

图 7-1　教学质量改进“8”字螺旋

总之，教学质量保证体系诊断与改进的初衷，是让职业院校建立全新的、长效的人才培养质量保障体系，靠质量生存、发展，自主保障为主，它方评估为辅。所以，“人才培养工作水平评估”与“诊断改进”具有如表 7-1 所示的区别。

表 7-1　“评估”与“诊改”的对比

对比项	人才培养工作水平评估	教学质量保障体系诊断改进
组织主体不同	不含质量管理方、办学方的其他利益相关方或第三方	质量保证直接责任方（设计、生产、管理）
标准设置不同	组织者设定，相对固定	质量生成主体设定，与时俱进
运作动力不同	外部，行政指令	内在，实际需求、自身需要
运作形态不同	项目性质，阶段性	与工作融为一体，常态化

2. 诊断与改进体系的要求

按照全国教学质量保障体系诊断改进专家委员会的研究和报告会的精神，职业院校要建立内部质量保障体系，需要满足“55821”的要求。其具体含义如下。

(1) 第一个“5”，指的纵向五个系统，包括决策指挥（领导体制、组织结构、制度建设、协调管理等）、资源建设（组织、人事、校内外教学、资源开发、储存、使用、管理等）、质量生成（教学、学生工作组织实施、校园文化建设等）、支持服务（生活服务、社会服务、合作平台、数字化校园建设、安全保障等）、监督控制（质量数据、信息采集、汇总、分析、质量报告、预警发布等），要全要素、网络化、制度化、常态化、信息化地实现诊断改进。

(2) 第二个“5”，指的横向五个层面（主体），包括学校层面、专业层面、课程层面、教师层面和学生层面全覆盖，既相对独立完整又相互关联支撑。以目标、标准为起点，以监控、预警为常态化过程，以诊断、改进作为提升手段。

(3) 第三个“8”，指的以“8”字形质量改进螺旋作为基本单元，构建通过制度落实的全员参与的工作模式。“8”字形质量改进螺旋的关键是质量生成主体的自我诊改和不断学习创新，进而形成诊改的常态机制和组织的核心竞争力。

(4) 第四个“2”，指的以两个“引擎”（即文化引擎、机制引擎）作为动力机制，以两个“链”（即目标链、标准链）作为诊改的起点。文化引擎包括社会主义核心价值观、先进人才观、成才观、教育观和质量观；机制引擎包括自我激励机制和考核激励机制；目标链是人才培养的规格和要求的传递体系；标准链是实现目标链的人才培养规范（文本）和标准体系。

(5) 第五个“1”，指的是一个教育教学管理信息化平台，实现信息源头采集（人人是源头数据采集者）、即时采集（源头数据生成即予采集）、开放共享（人人是数据使用者、监督者），力图达到教育教学管理智能化的目标。

第四节　用 DQP 构建成果导向教学质量保证体系的案例

一、基于成果导向的教学质量保障体系流程

如前所述，“诊断改进”实质上是对职业院校教育服务体系的全要素，进行全方位、全过程、全员参与的监控和过程管理，促进教与学质量的提升。它显然已超越简单地用戴明循环或 ISO9000 认证进行学校质量管理的层次，在理论上融合了各种现代管理思想并有所创新，在实践上也结合当前我国职业教育发展阶段的要求并有所侧重。它要求在学校、专业、课程、教师和学生五个层面都进行“诊改”，并要与各层面所订立的目标、标准去比较，诊断和改进工作。但实际上，从学生个体来看，每一个学生的天资、条件以及个人的目标追求不尽相同，一刀切地用一套质量管理体系不能确保不同的学生都达到共同的标准质量。因此，如何使得每个学生都能在这个体系中发挥潜力、各有成长，才是教学的根本。

在前文所介绍的 DQP 就是对高等教育质量定义的框架工具，再加上其调优（实质上就是定期改进）的机制，它对我们进行高等教育教学质量诊断改进，具有很好的借鉴价值。DQP 是基于学习成果导向的，它是一种以学习者为中心、适应个性化成长的质量管理方案。在 DQP 框架学习成果导向所建立的课程体系中，专业预期毕业学习成果的条款，都会转化成课程学习成果，由各项教学环节所落实。每一项学习成果要求，都是对教师和学生在教与学互动后的共同质量要求（底线标准），它不仅要教师从“教”的方面努力，也必然要求学生在“学”的方面配合，当“教”或者“学”有障碍和问题时，这套“诊断改进”的机制就要求教与学双方（甚至多方）共同找原因、想办法去改进，最终促进每个学生达成成果目标，实现成长。图 7-2 是广东岭南职业技术学院基于成果导向的教学质量保障体系流程图。

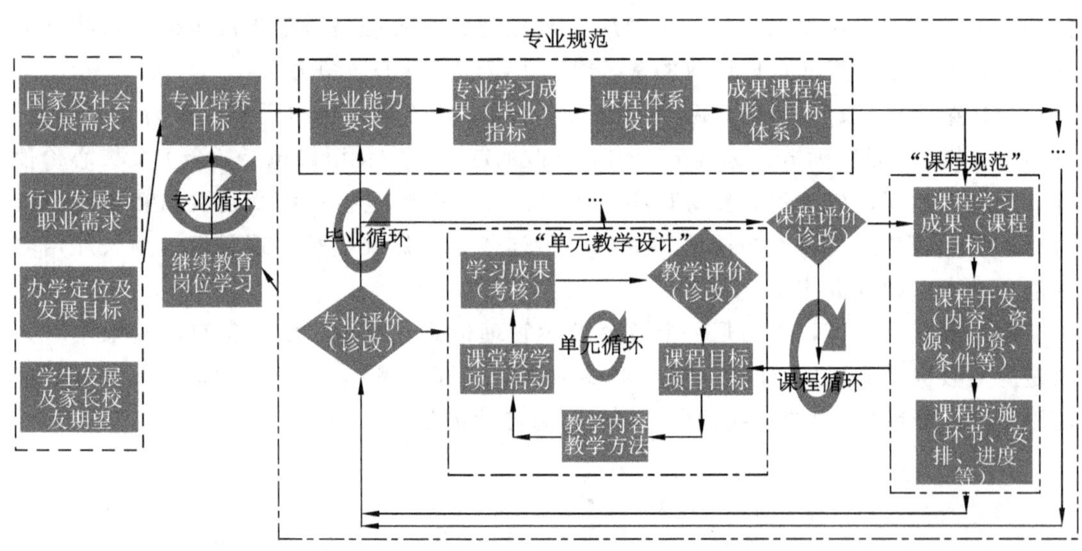

图 7-2 某校基于成果导向的教学质量保障体系流程图

其要义如下。

（1）目标传递与成果构建：将“专业培养目标”（即学生毕业 3—5 年的职业和专业成就），转化为在校学习的“毕业能力要求”，并通过 DQP 表达为“专业学习成果”（例如 DQP 副学士学位有 28 条），由此设计专业课程体系，尤其是建立“学习成果-课程矩阵表”将专业学习成果分解到各门课程当中，再依据分解的确立“课程学习成果（课程目标）”，并将这些目标分解到单元或模块教学中，以单元或模块的学习成果考核学生（同样以学生成果的达成考核老师）。这样课程的各次课堂（或项目）的成果达成，也就实现了这门课程的学习成果（课程目标）。而专业所有课程的学习成果达成，也就实现了专业学习成果（毕业指标）要求。由于对学习成果的要求（在 DQP 中用布鲁姆动词描述）是有底线的，而具体成果的形态会因人而异，因学生的潜质和努力而异，这符合个性化成长的需要。

（2）标准与设计文本：在这个成果导向 DQP 课程体系中，表达专业培养目标的标准与设计文本是“专业规范”，它实现了将专业培养目标向课程目标的传递（以学习成果方式）和实施路径的设计；表达课程目标的标准与设计文本是“课程规范”和配套的“单元或模块教学设计”，它们完成了将课程目标转化为教与学的行动目标（以学习成果方式）的过程及其设计。

（3）质量改进循环：如图所示，所谓“诊断改进”就包含在四个质量改进循环之中。最快速循环的是“单元循环”（就好比秒针走一圈，分钟走一格），它是在某门课程之每个单元或模块的教学完成时，对其达成学习成果的教与学过程的一次质量改进；再大些的循环为“课程循环”（就好比分针走N格，其中的N个单元教学都循环了一圈），它是完成某门课程教学时，对其课程学习成果目标达成的全过程进行一次质量改进；更大的循环是“毕业循环”（就好比每门课程所代表的分针都循环完成各自圈数，最后时针走了三格，一格代表一个学年），它是在完成所有课程教学后，就这一届毕业生是否达到毕业能力要求，对整个培养过程的一次质量改进；而最大的循环是“专业循环”（就好比时针走了几个3格），它一般是考察某专业学生毕业3～5年后，是否达到专业培养目标要求、其职业岗位和社会适应能力如何，进而反思整个专业人才培养全过程的一次质量改进。

总之，这些“秒针、分针、时针”周转的质量改进循环，环环相扣，始终围绕学习成果形成的要素和教学过程去进行持续改进，按照“8”字螺旋不断改进培养过程，最终提升人才培养质量。

二、成果导向的教学质量保障体系诊断改进设计

比照全国教学质量保证体系诊断与改进专家委员会关于诊改体系的“55821”要求，按照成果导向DQP框架学分制改革的具体需要，广东岭南职业技术学院构建了图7-3所示的成果导向教学质量保证体系诊改系统。

如图7-3所示，该校将“学校、专业、课程、教师、学生”五个横向层面的诊改工作，简化为“教学诊改（含课程、教师、学生，图中实线内圈）、专业诊改（图中虚线外圈）、学校复核”三个横向层面。简化的具体解释如下。

（1）教学诊改。因为从成果导向理念来看，学校的质量生成活动，核心就是围绕课程的教学活动，是师生围绕着课程目标（在这里是课程学习成果）的一系列教与学的互动过程，教学质量生成于“秒针、分针”的旋转过程中，让教师、学生紧密结合具体的课程（含单元课程）来控制质量生成，这就把握了学生学习成果达成这一关键价值链，专业培养目标（专业预期学习成果）也累积达成。因此，单独开展课程、教师、学生诊改工作，虽然考虑了影响培养质量的更多因素（例如学生的职业规划，教师的学识、努力和职业发展，教学资源的建设与开发，教学管理与监控，服务与保障等教学的外围因素），但归根结底，都要落实和反映在教学核心层面——学习成果的生成上（即图中用实线圈入的部分）。所以，基于成果导向教学质量保障体系诊断与改进的核心是围绕着学习成果的达成来展开的，是针对个体的质量改进循环。

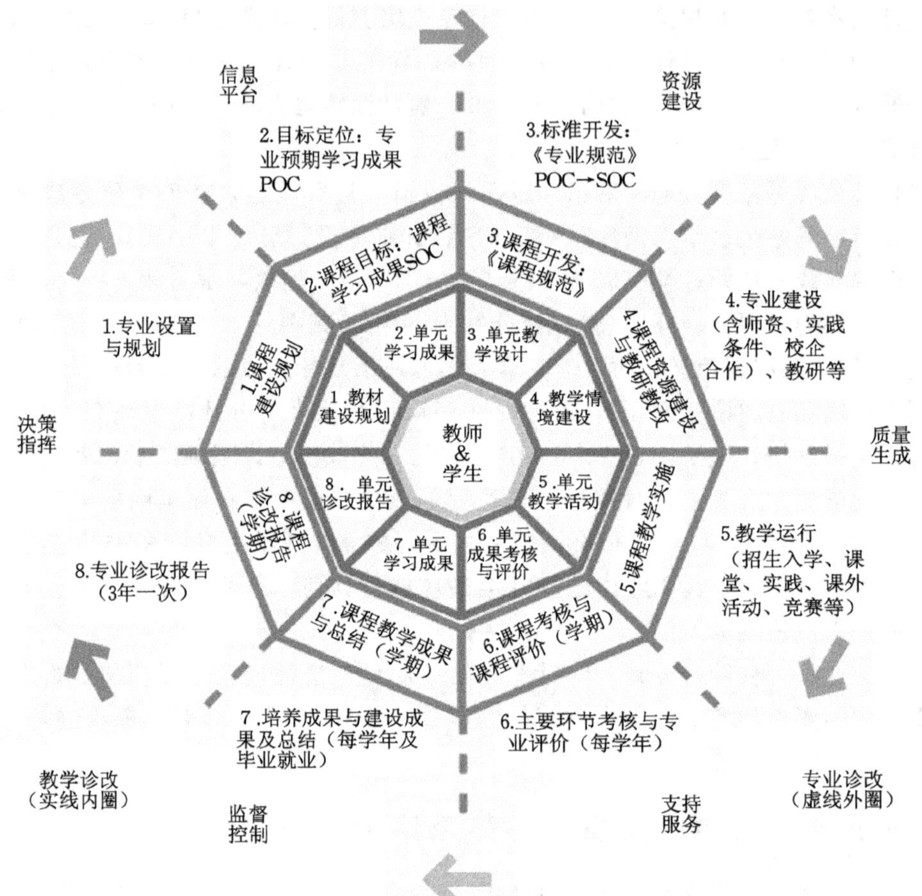

图 7-3　某校成果导向教学质量保证体系诊改系统图

（2）专业诊改。相较于“教学诊改”关注课程学习成果、学生和教师的教学相长等微观层面，“专业诊断”属于中观层面，它也必然包含微观层面的每门课程、每个师生在教学层面所生成的质量（课程学习成果的达成），甚至还包括课程之外的教育环境（比如社团活动、社会实践等隐性课程）对专业培养目标达成的影响。但是，专业作为回应社会经济需求的载体，要求“专业诊改”更多地反映了职业教育的“外在需求”，即一个专业在总体上的培养质量和适应度，而不会针对具体的学生、教师个人成长的“内在需求”去诊断改进。因此，专业诊改一般包括专业设置与规划、课程开发、专业建设、校企合作、工学结合、教学实施与主要环节、人才培养质量、教科研与社会服务等方面，这些都与学校宏观层面的体制机制、服务保障、信息系统、监督考核等密切相关。可见专业诊改是针对群体及其环境的质量改进循环。

（3）学校复核。它属于宏观层面，虽然包含了中观层面“专业诊改”、微观层面“教学诊改”，但其侧重点是按照前述“55821”的要求，考察职业院校自主建立的内部质量保障体系和环境的完备性、有效性和改进成效。教育部关于印发《高等职业院校内部质量保证体系诊断与改进指导方案（试行）启动相关工作的通知》（教职成司函

〔2015〕168 号），提出了学校复核层面的指导方案，各省根据该指导方案制定了各自的学校复核实施方案。例如，广东省教育厅就出台了关于印发《广东省高等职业院校内部质量保证体系诊断与改进实施方案（试行）的通知》（粤教高函〔2016〕81 号），部署了广东高职院校的诊改与复核工作要求与安排。教职成司函〔2015〕168 号所提出的“高职院校内部质量保证体系诊断项目参考表”如图 7-4 所示。

高职院校内部质量保证体系诊断项目参考表

诊断项目	诊断要素	诊断点	影响因素参考提示	数据管理平台相应编号
1. 体系总体构架	1.1 质量保证理念	质量目标与定位	学校发展目标定位是否科学明确；人才培养目标、规格是否符合区域经济和社会发展要求，是否符合学生全面发展要求；质量保证目标与学校发展目标、人才培养目标一致性、达成度。	1.3/7
		质量保证规划	质量保证体系建设规划是否科学明晰、符合实际且具有可操作性；实际执行效果是否明显。	1.3/7
		质量文化建设	师生质量意识，对学校质量理念的认同度；质量保证全员参与程度；质量文化氛围；持续改进质量的制度设计是否科学有效，是否实现持续改进。	2.2/8
	1.2 组织构架	质量保证机构与分工	学校、院系各层面质量保证机构、岗位设置是否科学合理，分工与职责权限是否明确。	8
		质量保证队伍	质量保证队伍建设是否符合质量保证体系建设规划要求；人员配备是否符合岗位职责要求；对质量保证机构、人员是否有考核标准与考核制度；考核机制是否严格规范；能否实现持续改进。	8.2/8.6
	1.3 制度构架	质量保证制度	学校、院系、专业、课程、教师、学生层面的质量保证制度是否具有系统性、完整性与可操作性。	8.1
		执行与改进	质量保证制度落实情况与改进措施是否具体务实；质量保证制度是否不断改进和完善；是否定期发布质量年度报告，质量年度报告结构是否规范、数据是否准确；院（系）、专业自我诊改是否已成常态。	8.7
	1.4 信息系统	信息采集与管理	是否重视高职院校人才培养工作状态数据采集与管理平台建设；人财物是否有保障，管理是否到位，运行是否良好；是否建立信息采集与平台管理工作制度，数据采集是否实时、准确、完整。	3.4/8.1
		信息应用	是否运用平台进行日常管理和教学质量过程监控，各级用户是否定期开展数据分析，形成常态化的信息反馈诊断分析与改进机制。	3.4

图 7-4　高职院校内部质量保证体系诊断项目参考表（教育部职成司）

诊断项目	诊断要素	诊断点	影响因素参考提示	数据管理平台相应编号
2. 专业质量保证	2.1 专业建设规划	规划制定与实施	专业建设规划是否符合学校发展实际，是否可行；规划实施情况如何，专业机构是否不断优化。	1.3/7.1-7.6/9.2
		目标与标准	有无明确的专业建设目标和标准；专业人才培养方案是否规范、科学、先进并不断优化。	7.1/7.3/7.4
		条件保障	新增专业设置程序是否规范；专业建设条件（经费、师资、实验实训条件）是否有明确的保障措施。	3.4/4/5.1/5.2 6/7.4/7.5
	2.2 专业诊改	诊改制度与运行	学校内部是否建立常态化的专业诊改机制；是否能够促成校内专业设置随产业发展动态调整。	3.4/8.1/8.7/9.1/9.2
		诊改效果	诊改成效如何，人才培养质量是否不断提高；校企融合程度、专业服务社会能力是否不断提升；品牌（特色/重点）专业（群）建设成效、辐射影响力是否不断增强。	4/5/6/7/9
		外部诊断（评估）结论应用	是否积极参加外部专业诊断（或评估、认证）；外部诊断（评估）结论是否得到有效应用，对学校自诊自改是否起到良好促进作用。	4/5/6/7/9
	2.3 课程质量保证	课程建设规划	课程建设规划是否科学合理；是否具有可行性与可操作性。	7.2/7.5
		目标与标准	课程建设规划目标达成度；课程标准是否具备科学性、先进性、规范性与完备性。	7.2/7.3
		诊改制度实施与效果	校内是否开展对课程建设水平和教学质量的诊改，形成常态化的课程质量保证机制；是否对提高课程建设水平和教学质量产生明显的推进作用。	3.4/7.2/8.1/8.2/8.5/8.6/8.7
3. 师资质量保证	3.1 师资队伍建设规划	规划制定	学校、院系、专业等层面师资队伍建设规划的科学性、一致性和可行性；规划目标达成度。	6.1/6.2/6.3/6.4
		实施保障	是否能为师资建设规划目标的实现提供必需的外部环境、组织管理、资源支撑、经费等保障。	5.2/7.1/7.2/8.1/
	3.2 师资建设诊改工作	诊改制度	是否制定专兼职教师、专业带头人与骨干教师聘用资格标准；是否开展对师资队伍建设成效的诊改，形成常态化的师资质量保证机制。	6.1/6.2/6.3/6.4/7.2
		实施效果	教师质量意识是否得到提升；教学改革主动性是否得到提高；师资队伍数量、结构、水平、稳定性、社会服务能力等是否得到持续改善；学生满意度是否得到持续提升。	6.1/6.2/6.3/6.4/8.7

续图 7-4

诊断项目	诊断要素	诊断点	影响因素参考提示	数据管理平台相应编号
4. 学生全面发展保证	4.1 育人体系	育人规划	是否制定学生综合素质标准；学生素质教育方案制定是否科学，培养目标定位是否准确；是否因材施教，注重分类培养与分层教学；是否实施全员全过程全方位育人，加强创意、创新、创业教育。	5.2/8.3/8.4
		诊改制度	是否实施对育人部门工作及效果的诊改。	8.1
		实施与效果	育人工作是否已形成常态化诊改机制；育人目标达成度；学生自主学习能力、主动学习积极性、职业能力和创新创业能力是否得到提高。	2.2/3/7.2/9.2
	4.2 成长环境	安全与生活保障	是否实施对服务部门服务质量的诊改，并形成常态化安全与生活质量保证机制；学校安全设施是否不断完善；学生生活环境是否不断优化；学生诉求回应速度、学生满意度是否持续提高；意外事故率是否不断降低。	
		特殊学生群体服务与资助	建立家庭困难学生、残障学生、少数民族学生等特殊学生生活保障管理运行机制情况；建立学生心理健康教育活动体系与运行管理机制情况；能否为特殊学生群体提供必要的设施、人员、资金、文化等保障。	5.2/8.8
5. 体系运行效果	5.1 外部环境改进	政策环境	能否促进社会资源引入、共享渠道的拓展；政策环境是否利于学校的质量保证体系和人才培养质量持续改进与完善。	
		资源环境	是否能够促进校内办学资源的不断优化；学校资源环境能否促进质量保证体系和人才培养质量持续改进与完善，改善学校的办学条件。	
		合作发展环境	学校自主诊改机制是否有利于政校合作、校企合作、校校合作的不断优化；合作发展的成效与作用是否不断呈现。	7.5/9.3
	5.2 质量事故管控	管控制度	是否建立质量事故管控反馈机制，制定质量事故分类、分等的认定管理办法，对质量事故处理及时有效；是否建立学校、院系两级质量事故投诉受理机构，制定质量事故投诉、受理、反馈制度；是否定期开展质量事故自查自纠，形成质量事故管控常态化管理反馈机制。	8.1

续图 7-4

诊断项目	诊断要素	诊断点	影响因素参考提示	数据管理平台相应编号
5. 体系运行效果	5.2 质量事故管控	发生率及影响	学校质量事故的发生率、影响程度；处理安全事故、群体性事件的速度与能力；学校质量事故与投诉发生率是否逐年减少。	
		预警机制	是否建立过程信息监测分析机制与质量事故预警制度；是否有突发性安全事故、群体性事件应对工作预案；是否有近三年质量事故分析报告及其反馈处理效果报告；	8.1
	5.3 质量保证效果	规划体系建设及效果	各项规划是否完备、体系是否科学，实施是否顺利，目标达成度如何。	
		标准体系建设及效果	专业、课程、师资、学生发展质量标准是否完备、先进、成体系；能否在诊改过程中不断调整优化；社会认可度如何。	
		诊改机制建设及效果	内部质量保证体系是否日趋完备；持续改进的机制是否呈常态化并步入良性循环，人才培养质量是否得到持续提升。	
	5.4 体系特色	学校质量保证体系特色	学校自身质量保证体系能否形成特色，应用效果好，并能发挥辐射与影响作用。	

续图 7-4

三、成果导向的“教学诊改”和“专业诊改”案例

下面以广东岭南职业技术学院的案例介绍成果导向“教学诊改”和“专业诊改”的具体做法。

（一）成果导向教学诊改案例

该校设计的“成果导向教学诊改（含课程、教师和学生诊改）汇总表”如图 7-5 所示。

现就“电子商务概论”课程实施近一个学期后，任课教师开展的自主教学诊改为例，说明其“教学诊改”情况。如图 7-6 所示，从图中可见如下要点。

其一，诊改的周期是该门课程实施的一个学期（选择第十五周开展自主诊改）。在这 15 周里，课程的各教学单元（该门课依据学习成果有 5 个教学单元）均已完成，相应的各单元中的每堂课也已完成。因此，微观层面的自主“教学诊改”（包括单元、教师、学生）是发生在每堂课及其课后、每个单元及其成果达成之后进行的，在图示的诊

成果导向教学诊改（课程·教师·学生）汇总表

诊改项目	诊改层面	参考点及文本	诊断标准	诊断结果	对标等级	备注
1. 规划与建设	C. 课程	1. C. 1 课程建设规划	1. 有/无 2. 数量（项/投入(万元) 3. 完备性 4. 进展（进度比例%） 5. 评价等级（A/B/C/D）			
		1. C. 2 课程建设方案（含投入）				
		1. C. 3 课程实践条件建设方案（含投入）				
		1. C. 4 教材与资源建设方案（含投入）				
	T. 教师	1. T. 1 教师职业发展规划				
		1. T. 2 教学研究与教科研立项				
		1. T. 3 参加的学习进修、服务项目				
	S. 学生	1. S. 1 学生职业规划				
		1. S. 2 学习地图/选修计划				
2. 目标定位与标准开发	C. 课程	2. C. 1 对应的“专业规范”及 POC 条款	1. 有/无 2. 数量 3. 匹配性 4. 规范性 5. 参与度（师、生） 6. 评价等级（A/B/C/D）			
		2. C. 2 开发的“课程规范”及 SOC 条款				
	T. 教师	2. T. 1 开发的“单元/模块教学设计”				
		2. T. 2 开发的“课件”或数字资源				
	S. 学生	2. S. 1 学生的学习计划				
3. 运行管理与检查评价	C. 课程	3. C. 1 课表或教学安排（含实训、实习、毕业实践）及其调整	1. 有/无 2. 数量 3. 合理性 4. 达成度（师、生） 5. 自主诊改有效性 6. 评价等级（A/B/C/D）			
		3. C. 2 课外实践项目安排（含 5＋3 项目等）及其调整				
		3. C. 3 常规（环节）教学检查记录/教学事故记录				
		3. C. 4 课程学期评价（评课、评教、评学）				
		3. C. 5 第三方评价（评课、评教、评学）				
	T. 教师	3. T. 1 教学过程记录（基于教学信息平台，含课前、课中、课后环节与互动）				
		3. T. 2 单元学习成果（含课后作业）及评阅、反馈				
		3. T. 3 单元诊改记录				

图 7-5 某校成果导向教学诊改（含课程、教师和学生诊改）汇总表

诊改项目	诊改层面	参考点及文本	诊断标准	诊断结果	对标等级	备注
3. 运行管理与检查评价	S. 学生	3. S. 1 教学过程记录（基于教学信息平台，含课前、课中、课后环节与互动）				
		3. S. 2 单元学习成果及改进				
		3. S. 3 课程考核成绩及代表性成果				
4. 成果总结与诊改报告	C. 课程	4. C. 1 课程教学成果（含代表 SOC、成绩、竞赛、课外实践等）	1. 有/无 2. 数量 3. 成果级别 4. 参与度（师、生） 5. 达成度（师、生） 6. 评价等级（A/B/C/D）			
		4. C. 2 课程建设成果（含教材、资源、实践条件、工学结合、社会服务等）				
		4. C. 3 课程总结与诊改报告（学期）				
	T. 教师	4. T. 1 课程教改与研究成果（含教学竞赛）				
		4. T. 2 教师课件与数字资源建设				
		4. T. 3 教师学期总结与诊改报告				
	S. 学生	4. S. 1 学生代表性成果（含实践、服务、竞赛成果）				
		4. S. 2 学生学期总结与诊改报告				
5. 支持保障	U. 学校	5. U. 1 课程开发、建设制度与执行	1. 有/无 2. 数量（项） 3. 有效性 4. 参与度 5. 6. 评价等级（A/B/C/D）			
		5. U. 2 教学运行制度、规范与执行				
		5. U. 3 项目建设经费与保障				
	P. 专业	5. P. 1 教研组建设与教研活动				
		5. P. 2 教学检查与诊改活动				

续图 7-5

改汇总表中，主要体现在 2. C. 1/2. C. 2/2. T. 1/2. S. 1/3. C. 1-5/3. T. 1-3/3. S. 1-3 这些诊改参考点中。可以利用课堂信息化手段（例如该教师利用“喜鹊儿”课堂 APP），按照各单元学习成果进行随堂诊改——这些就是教学质量生成的“秒针、分针”旋转过程，是“教学诊改”的核心环节。

其二，在教学质量生成的更大时间尺度“分针、时针”上（在这里即一个学期），对这门课程教学（包括课程、教师、学生）质量生成的影响因素，包括规划与建设、目标与标准开发、成果总结以及支持保障等进行诊断，进而提出改进措施，这是教学诊改的重要环节。

《电子商务概论》教学自主诊改案例

1. 基本信息

开课学期：2019—2020 学年第一学期　检查时间：第十五周
二级学院：外语外贸学院　课程所属专业名称：国际商务
课程名称：电子商务概论　授课教师：＊＊＊
授课班级：18 级国际商务 1 班（共 40 人）

2. 教学诊改汇总表

诊改项目	诊改层面	参考点及文本	诊断标准	诊断结果	对标等级	备注
1. 规划与建设	C. 课程	1. C. 1 课程建设规划	1. 有/无 2. 数量［项/投入（万元）］ 3. 完备性 4. 进展（进度比例%） 5. 评价等级（A/B/C/D）	有 1 份课程建设规划	A	
		1. C. 2 课程建设方案（含投入）		制定了课程建设方案，拟投入 15 万元，目前完成进度 50%	B	经费主要教材建设
		1. C. 3 课程实践条件建设方案（含投入）		已有配套电商实训室 2 间，另有校外实训基地 3 个	A	实训室与电商专业共用
		1. C. 4 教材与资源建设方案（含投入）		规划建设数字化教材《电子商务概论》1 本，目前完成 65%	B	该教材为通用教材
	T. 教师	1. T. 1 教师职业发展规划		该教师参与学校青年骨干教师培养计划	A	
		1. T. 2 教学研究与教科研立项		有配套教研课题立项 1 项	A	
		1. T. 3 参加的学习进修、服务项目		该教师获得国内访问学者进修计划	A	
	S. 学生	1. S. 1 学生职业规划		没有收齐学生个人职业规划	D	逐个核查
		1. S. 2 学习地图/选修计划		该门课成为国际商务专业通用必修课	C	逐个核查
2. 目标定位与标准开发	C. 课程	2. C. 1 对应的“专业规范”及 POC 条款	1. 有/无 2. 数量 3. 匹配性 4. 规范性 5. 参与度（师、生） 6. 评价等级（A/B/C/D）	对应有“国际商务 18 级专业规范”相应条款 POC1. 3. 1/POC4. 2 的要求共 2 条	A	
		2. C. 2 开发的“课程规范”及 SOC 条款		有“电子商务概论课程规范”，设计有课程学习成果 SOC 共计 5 项，经核查基本能呼应“国际商务专业规范”相应 POC 条款的要求	B	

图 7-6　某校“电子商务概论”教学诊改案例

诊改项目	诊改层面	参考点及文本	诊断标准	诊断结果	对标等级	备注
2. 目标定位与标准开发	T. 教师	2. T. 1 开发的《单元/模块教学设计》		有教师按照5个“SOC的单元教学设计”，教学活动设计合理，充分利用了校内外电商实训资源	B	可以加强真实电商实训资源
		2. T. 2 开发的课件或数字资源		已开发了3个单元的电商案例库资源	C	有待充实
	S. 学生	2. S. 1 学生的学习计划		没有收齐学生配套学习计划	D	有待核查
3. 运行管理与检查评价	C. 课程	3. C. 1 课表或教学安排（含实训、实习、毕业实践）及其调整	1. 有/无 2. 数量 3. 合理性 4. 达成度（师、生） 5. 自主诊改有效性 6. 评价等级（A/B/C/D）	排课合理，没有随意调课，目前完成进度85%，符合计划进度	B	
		3. C. 2 课外实践项目安排（含5+3项目等）及其调整		有配套课外实践项目，基本按计划进行，目前完成进度75%	B	课外实践有待核查
		3. C. 3 常规（环节）教学检查记录/教学事故记录		核查期中教学检查记录，没有教学事故	A	
		3. C. 4 课程学期评价（评课、评教、评学）		合并开展“评课和评教”结果为88分，即“优良”；有各单元学习教师对学生学习成果反馈和评价	A	
		3. C. 5 第三方评价（评课、评教、评学）		督导和同行听课，合并评课评教结果85分	B	
	T. 教师	3. T. 1 教学过程记录（基于教学信息平台，含课前、课中、课后环节与互动）		基于“喜鹊儿”平台和APP，每个单元均有教师课前、课中、课后布置教学互动环节记录（含考勤等），记录完成	A	
		3. T. 2 单元学习成果（含课后作业）及评阅、反馈		基于“喜鹊儿”平台和APP，每个单元均有布置学习成果，有教师评阅和对学生反馈意见	A	
		3. T. 3 单元诊改记录		有教师对每个单元的教学质量诊断和改进记录	A	

续图7-6

<table>
<tr><th>诊改项目</th><th>诊改层面</th><th>参考点及文本</th><th>诊断标准</th><th>诊断结果</th><th>对标等级</th><th>备注</th></tr>
<tr><td rowspan="3">3. 运行管理与检查评价</td><td rowspan="3">S. 学生</td><td>3.S.1 教学过程记录（基于教学信息平台，含课前、课中、课后环节与互动）</td><td rowspan="3"></td><td>基于“喜鹊儿”平台和APP，均有每个学生参与课前、课中、课后教学互动记录，少部分学生缺项</td><td>B</td><td></td></tr>
<tr><td>3.S.2 单元学习成果及改进</td><td>有每个单元学生完成学习成果（含作业）记录和教师反馈意见，学生修改记录，少部分学生缺项</td><td>B</td><td>部分缺项学生有待核查</td></tr>
<tr><td>3.S.3 课程考核成绩及代表性成果</td><td>有期末课程考核成绩，收集了学生小组的代表性学习成果20项</td><td>B</td><td></td></tr>
<tr><td rowspan="6">4. 成果总结与诊改报告</td><td rowspan="3">C. 课程</td><td>4.C.1 课程教学成果（含代表SOC、成绩、竞赛、课外实践等）</td><td rowspan="6">1. 有/无
2. 数量
3. 成果级别
4. 参与度（师、生）
5. 达成度（师、生）
6. 评价等级（A/B/C/D）</td><td>有学生代表性学习成果推荐参加学校“金点子”大赛取得二等奖2项，有学生“电商兴农”项目1项</td><td>B</td><td></td></tr>
<tr><td>4.C.2 课程建设成果（含教材、资源、实践条件、工学结合、社会服务等）</td><td>校企联合开发《电子商务概论》数字化教材获批立项为校级立项建设校本教材，新开拓校外电商实践基地2个，“电商兴农”项目列为校级社会服务项目</td><td>B</td><td></td></tr>
<tr><td>4.C.3 课程总结与诊改报告（学期）</td><td>有课程总结与诊改报告，内容详实</td><td>A</td><td></td></tr>
<tr><td rowspan="3">T. 教师</td><td>4.T.1 课程教改与研究成果（含教学竞赛）</td><td>任课教师的“基于校企合作课程电商概论的教学质量保障体系研究与实践”通过验收结题</td><td>B</td><td></td></tr>
<tr><td>4.T.2 教师课件与数字资源建设</td><td>有收集各单元教学课件13份，有学生学习成果案例库20份</td><td>B</td><td></td></tr>
<tr><td>4.T.3 教师学期总结与诊改报告</td><td>有教师学期教学总结与诊改报告</td><td>A</td><td></td></tr>
</table>

续图7-6

诊改项目	诊改层面	参考点及文本	诊断标准	诊断结果	对标等级	备注
4. 成果总结与诊改报告	S. 学生	4.S.1 学生代表性成果（含实践、服务、竞赛成果）		有学生代表性学习成果 20 项，以及 2 项校级“金点子”大赛二等奖，1 项“电商兴农”校级社会服务立项，学生期末课程考核平均成绩 83.5 分	B	
		4.S.2 学生学期总结与诊改报告		有收到 12 名学生个人学期总结，其他未交	C	缺项学生有待核查
5. 支持保障	U. 学校	5.U.1 课程开发、建设制度与执行	1. 有/无 2. 数量（项） 3. 有效性 4. 参与度 5. 6. 评价等级（A/B/C/D）	有相应制度，执行有效	A	
		5.U.2 教学运行制度、规范与执行		有相应制度，执行有效，对学生参与教学活动的约束制度有待完善	B	完善相关制度
		5.U.3 项目建设经费与保障		有课程建设经费 15 万元，目前花费 7 万元，后续还有要报账	C	
	P. 专业	5.P.1 教研组建设与教研活动		有教研活动记录，缺乏针对本课程的相关活动记录	C	
		5.P.2 教学检查与诊改活动		有教研室同行听课、评课记录	B	

3. 教学质量自我诊改报告

（1）各单元学习成果达成情况统计汇总如下表

授课班级	18 国际商务 1 班		学生总数		40		课程预期学习成果总数		20 份	
等级 / 人数 占比 / 学习成果	优秀（分数≥90）		良好（90>分数≥80）		一般（80>分数≥60）		不合格（分数<60）		未正常考核	
	人数	占比	人数	占比	人数	占比	人数	占比	人数	占比
SOC1	37	92.5%	2	5%	1	2.5%	0	0	0	0
SOC2	37	92.5%	2	5%	1	2.5%	0	0	0	0
SOC3	36	90%	3	7.5%	1	2.5%	0	0	0	0
SOC4	35	87.5%	4	10%	1	2.5%	0	0	0	0
SOC5	35	87.5%	4	10%	1	2.5%	0	0	0	0
课程综合成绩	36	90%	3	7.5%	1	2.5%	0	0	0	0

续图 7-6

（2）教、学过程自我诊断与改进报告表

诊断项目	诊断要素	自我诊断意见	改进措施	改进成效
1. 理论教学	1.1课程教学目标	1. 课程学习成果基本能有效支撑专业预期成果的达成，基本能有效促进学生达到专业毕业要求 2. 课程学习成果基本符合专业职业能力需要，有实际价值、创新空间并适宜学生通过所学达成 3. 课程学习成果数量基本合适，每个学习成果体量基本恰当 4. 成果与成果之间的衔接和贯通，由于分项目独立教学，成果融通性问题必须加以解决	项目教学阶段性结束后，单独安排专用时间，将所有成果返回给学生，让学生将所有学习成果进行衔接和贯通	解决了学习成果融通性问题，让学生充分掌握电子商务全流程知识和技能
	1.2单元教学设计	1. 确实围绕单元目标做好教学内容组织、教学环节设计、数字资源制作、实施方式与策略选取、教案编写等准备工作 2. 确实根据单元重点和难点需要提供有效资源供学生课前预习；大部分学生具有良好的自主学习习惯；完成课前预习任务的学生所占比例大概为85％ 3. 上节课布置给学生的下节课SOC项目任务课前预习及准备工作，课程编排间隔时间较短，导致学生完成不充分、效果不佳等问题	根据实际课程编排时间，弹性自主调整课前SOC项目任务布置设计，将每周第2至第3次课的项目任务调整为易执行性强的小任务，将隔一周的课前任务调整为重难点，需要学生花时间才能真正完成的项目任务	结合实际情况，弹性调整后，学生有足够时间完成重难点项目任务，完成效果也比较好，充分调动了学生学习的自主性
	1.3单元教学实践	1. 学生基本持有明确的学习目的到堂上课 2. 教学方式与策略基本能够促进学生产生兴趣，学懂内容，增强信心 3. 到课率稳定地处于较高水平 4. 教学的语言表达、内容处理、环节组织、授课艺术、电子资源利用等营造了良好的课堂学习氛围，吸引学生投入学习	1. 将班级根据学生的差异性进行分组优化组合，建立互助小组 2. 进一步优化教学进度、细节，差异化开展教学 3. 通过各种渠道，精准指导弱势学生	通过改进措施以及一学期的落实，学生学习各方面表现的差异性逐渐萎缩，学生学习整体效果较为明显提升，

续图7-6

诊断项目	诊断要素	自我诊断意见	改进措施	改进成效
1. 理论教学	1.3 单元教学实践	5. 教学方式与策略基本能够引导学生有效学习，逐步思考分析，不断解决问题，最终达成预期学习成果 6. 学生综合能力和素质明显得到提升；绝大部分学生听课状态良好 7. 教学过程实施了恰当的教学评价来适时掌握学生的单元学习成效；绝大多数学生达成单元学习目标 8. 对学生完成学习成果过程中遇到的问题给予及时指导；绝大多数学生自觉完成学习成果 9. 单元教学实践过程，如上所述，基本都能够按照自己的教学设计及教学风格开展有效教学，达到目标及预期效果。但由于每个班级的具体情况不同，以及学生学习主动性，学习能力，领悟力，执行力的差异性，导致某些更好的想法和设计较难开展	4. 采取更加多元的学习积分激励措施，调动弱势学生的积极性	学习目标及预期学习成果取得更好的效果
	1.4 学习成果评价	1. 教学确实做到以学习成果考核学生课程成绩；绝大多数学生学习成果获合格以上等级 2. 根据学习成果评价情况适时改进教学 3. 进行学习成果评价并向学生反馈过程中，发现还是存在有部分学生对于评价不敏感、不重视、得过且过等问题	每一学习成果评价，都进行公开公布，并采取奖优罚后措施，同时，不断督促弱势学生改进学习成果作业效果，激励其创先争优，帮助其建立自信	经过多个学习成果的评价改进后，学生不但非常重视分值与排名，且更加注重自身职业素质养成
2. 实训教学	2.1 教学条件	1. 实训仪器设备完好率基本能够保障教学正常开展 2. 实训耗材、师生资料准备充分，能够保障教学顺利开展 3. 由于实训机房电脑老旧及网络带宽有限，开展电子商务沙盘实训教学过程中，还是遇到了系统崩溃、卡机等问题	及时与机房实训管理员进行沟通联系，同时制定机房实训学生注意事项	多方举措，基本确保实训过程设备没有出现大的故障，保障了实训教学任务的圆满完成

续图 7-6

诊断项目	诊断要素	自我诊断意见	改进措施	改进成效
2. 实训教学	2.2 项目设计	1. 学习成果要求明确，体量恰当，能有效促进学生达到专业毕业要求 2. 结合职业能力培养、职业技能竞赛等需求设置综合性、创造性的训练内容 3. 由于电子商务模拟经营沙盘没有自带的供教学可用的数据、案例，导致自己设计的某些数据及案例与系统发生冲突，影响实训竞赛的顺利进行	通过与软件开发商的不断沟通联系，及自己的不断摸索、创新、改进，逐步建立起一整套可行性较强的电子商务模拟沙盘实训教学数据及案例	积累了实训教学案例，建立了实训教学数据库，保障了实训教学的圆满顺利完成
	2.3 项目实践	1. 学生有明确的学习目的 2. 教学方式与策略能够促进学生产生兴趣，学懂内容，增强信心 3. 到课率处于较高水平 4. 实训演示规范，讲解清晰，“讲”与“做”的时间分配合理 5. 专业技术及新技术训练符合工作过程所需的技术特征 6. 教学顾及学生差异性需求，采用有效方法，分层指导学生完成实训项目 7. 绝大多数学生认真参与实训，并自觉完成实训项目；部分学生能拓展至举一反三，绝大多数学生按规定完成实训项目 8. 实训教学确实以职业技能竞赛模式开展，但由于不同角色方都处在同一教室进行业务操作和电子商务交易，导致部分学生投机取巧，进行内幕交易，扰乱电子商务市场	采取正确的规避措施。优化调整竞赛规则，建立奖惩机制，对投机取巧者取消当次竞赛得分，对于正常交易并达到预期目标者进行加分奖励	维护了正常的电子商务沙盘模拟经营的公正性和公平性，同时也帮助学生树立正确的市场核心价值观念
	2.4 考核评价	1. 以项目学习成果考核学生实训成绩；绝大多数学生学习成果获合格以上等级 2. 由于实训考核评价分值为电子商务软件系统自动生成，部分学生付出了巨大的努力，由于竞争的激烈性，分值一直很难达到预期目标	增加多轮实训对抗演练，同时细化指导竞赛方法，并建立额外鼓励加分机制	调动了学生参与竞赛的主动性积极性，同时提升了学生市场竞争意识和能力

续图 7-6

（3）自主诊改结论

通过一个学期“电子商务概论”的课程教学实践，本课程规划建设目标、教学目标基本达成，教学实施尤其是学生的课程学习成果达成度占比较高，说明教学安排、单元教学设计与实施到位，教学方法运用合理，尤其学生通过课内学习课外实践，取得了可喜的校级竞赛、社会服务成果，教师也通过课程教学实现了教学相长，完成了相应教研课题和课程建设任务。

有少数学生在配合教师教学，提交和改进学习成果方面，以及在参与课外实践活动方面表现不积极，需要改进相关制度，加强约束，也需要改进教学设计，避免部分学生“搭便车”。

任课教师：＊＊＊

2019 年 11 月 15 日

续图 7-6

其三，这份教师的自主教学诊改案例中，“教学质量自我诊改报告”是教师根据所在院系要求进行的，其反思改进部分主要集中在各单元学习成果的生成质量上，包括对课程教学设计、教师的“教”和学生的“学”的反思改进。当然，对于中观层面的影响因素，也是可以反思改进的。

其四，“诊断结果”是依据事实的一系列佐证材料得出的。“对标等级”只是作为参考依据，需要具体对应进行诊断改进，可见对“教学诊改”总体上给出一个等级是没有意义的。

其五，以下“电子商务概论”教学诊改所给出的只是一个汇总结果。实际上每个“诊改参考点”还可细化到具体的指标，在此就不作赘述。

（二）成果导向专业诊改案例

该学校设计的“专业诊改汇总表”如图 7-7 所示。现说明如下。

（1）三年制高职院校诊改的周期一般是“三学年一诊改，每学年一评价”。所以，专业诊改包含了每学年的专业评价，甚至邀请第三方评价的内容。当然，专业诊改不仅考虑毕业的当下情况，也可考查更长时间，例如学生毕业 2—3 年后的适应性数据。

（2）“专业诊改”与前述“教学诊改”是“秒针、分针、时针”的关系，即专业运行的质量数据是由师生在每节课（相当于秒针转一圈）、每个单元/模块（相当于分钟走一格）、直至每门课程（相当于分钟走几格）的教与学活动中生成和累积的结果。因此，“教学诊改”是从微观层面对教学质量保证体系及其运行，尤其是对学习成果达成有效性的诊断，并提出改进措施。但是，“专业”作为职业院校对应职业岗位的教学基本单位，其诊断改进还要关注影响教学质量的专业建设、教学改革和专业发展等中观层面因素，尤其是专业与社会需求、市场需求的适应性方面的因素，例如就业率、就业质量、用人单位满意度、毕业生满意度等。

（3）最后，专业诊改标准是“动态的”“过程生成的”的要求，与学校重点（品牌）专业建设标准的“静态的”“结果评价的”要求不同。虽然有些观察点是相同的，但“专业诊改”更重视质量体系运行的有效性，而重点建设更注重质量结果的达标性。

专业诊断改进汇总表

诊改项目	诊改层面	参考点及内容	诊断标准	诊断结果	对标等级	备注
1.决策指挥	1.1专业设置与规划	1.1.1专业设置与年度调研报告	1. 有/无 2. 数量（项） 3. 完备性 4. 可行性 5. 投入（万） 6. 评价等级（A/B/C/D）			
		1.1.2专业设置与备案材料（报文）				
		1.1.3学校专业建设规划与专业建设标准（文件）				
		1.1.4专业建设规划（专业群/本专业）				
	1.2目标定位	1.2.1学校编制专业规范的指导意见（文件）				
		1.2.2专业的职业岗位分析报告				
		1.2.3专业人才培养目标与规格（可见专业规范描述）				
2.教学建设与改革	2.1标准开发	2.1.1“专业规范”（含毕业预期学习成果）	1. 有/无 2. 数量（项） 3. 规范性 4. 匹配性 5. 投入（万） 6. 评价等级（A/B/C/D）			
		2.1.2配套的“课程规范”（每门专业课程/精品课程立项）				
	2.2专业建设与改革	2.2.1“专业建设与改革方案”				
		2.2.2配套“师资配备与建设方案”（含专任/兼职/教改立项）				
		2.2.3配套“实践条件配备与建设方案”（含校内/校外/教改立项）				
		2.2.4配套“教学资源配备与建设方案”（含课程/图书与资源库/教材/教改立项）				
		2.2.5专业校企合作资源配备与拓展方案（含合作基地/教改立项等）				
3.质量生成	3.1教学运行	3.1.1招生与入学记录（含在校生规模/录取率/报到率/转学率/入学教育）	1. 有/无 2. 数量 3. 合理性 4. 真实姓 5. 达成度			
		3.1.2课堂（含实践）教学记录（含教学计划安排/教学调整/课程教・学诊改情况/课程・学生典型学习成果等）				

图7-7　某校专业诊改汇总表

诊改项目	诊改层面	参考点及内容	诊断标准	诊断结果	对标等级	备注
3. 质量生成	3.1 教学运行	3.1.3 课外活动与竞赛记录（含课外活动、竞赛参与率/项目数/课外活动学习成果等）	6. 成果级别 7. 评价等级（A/B/C/D）			
		3.1.4 选修课记录（含学生选修/选项/辅修第二专业情况）				
		3.1.5 学期考核与评价记录（含学生期末考核成绩·绩点/补考重修情况）				
	3.2 主要环节	3.2.1“5＋3”双创实践记录（含完成率/成果孵化率）				
		3.2.2 专业综合训练记录（含通过率/考核优秀率）				
		3.2.3 毕业实习与毕业考核记录（含通过率/考核优秀率）				
	3.3 成果与质量	3.3.1 毕业生质量佐证（含应届与往届毕业生平均成绩绩点/副学士获取率/用人单位满意度/优秀案例）				
		3.3.2 就业创业佐证（含初次就业率/就业起薪/创业率/创业案例）				
		3.3.3 职业技能证书佐证（含 1＋X）（含取证率/高级证书项目与取证人数）				
		3.3.4 学生获奖成果佐证（在校期间各类校级以上竞赛获奖）				
		3.3.5 国际发展成果佐证（含合作项目/师生交换数/合作成果等）				
		3.3.6 专业建设与改革成果佐证（含课程与资源/实践基地/师资队伍/教学竞赛等成果）				
		3.3.7 教科研成果佐证（含教研/科研/论文/专利等成果）				
		3.3.8 社会服务成果佐证（含社会培训/横向技术服务/乡村振兴等成果）				

续图 7-7

诊改项目	诊改层面	参考点及内容	诊断标准	诊断结果	对标等级	备注
4. 监督控制	4.1 教学检查	4.1.1 学期听课、评课记录	1. 有/无 2. 数量 3. 参与度 4. 自主诊改的有效性 5. 评价等级(A/B/C/D)			
		4.1.2 学期教学检查（期中教学检查）记录				
	4.2 专业评价与诊改	4.2.1 专业评价情况（学年）与佐证				
		4.2.2 专业诊断改进报告（3年）				
		4.2.3 第三方专业评价情况				
5. 支持服务	5.1 组织制度	5.1.1 专业带头人与组织机构（专业带头人/专业教师/企业兼师等基本情况）	1. 有/无 2. 数量（项） 3. 有效性 4. 评价等级(A/B/C/D)			
		5.1.2 专业、课程建设配套制度				
		5.1.3 其他相关教学、科研制度				
	5.2 资金保障	5.2.1 专业建设与运行资金投入佐证				
		5.2.2 专项资金管理制度				
	5.3 信息平台	5.3.1 专业调研与人才培养方案开发平台记录				
		5.3.2 课堂教学与课程资源平台记录				
		5.3.3 学校多系统之数据中心（专业数据挖掘与智能分析）统计结果				

续图 7-7

物流管理专业的专业自主诊改报告如图 7-8 所示。

物流管理（2017/2018 级）专业诊断改进报告案例

一、基本信息

所属二级学院：管理工程学院　专业名称：物流管理　年级：2016、2017、2018 级
在校生数：356 人　诊改时间段：2016.09.30 至 2019.08.31
专业负责人：＊＊＊　完成时间：2019.09.30

二、专业诊改汇总表

诊改项目	诊改层面	参考点及内容	诊断标准	诊断结果	对标等级	备注
1.决策指挥	1.1 专业设置与规划	1.1.1 专业设置与年度调研报告	1. 有/无 2. 数量（项） 3. 完备性 4. 可行性 5. 投入（万） 6. 评价等级（A/B/C/D）	有 2016 年、2018 年专业调研报告各 1 份，结构完整，内容详实	A	
		1.1.2 专业设置与备案材料（报文）		专业开设于 2005 年，有备案材料	A	
		1.1.3 学校专业建设规划与专业建设标准（文件）		该专业 2017 年被立项为学校重点建设专业，学校有建设标准文件	B	
		1.1.4 专业建设规划（专业群/本专业）		有“物流管理专业建设规划方案（2017—2021）”，结构完整，内容详实，总投入经费 108 万元，目前完成进度 70％	B	
	1.2 目标定位	1.2.1 学校编制专业规范的指导意见（文件）		有 2016、2017、2018 年学校编制专业规范指导文件，并依此修订	A	
		1.2.2 专业的职业岗位分析报告		有 2019 年 7 月用“职教桥”平台问卷调查的专业职业岗位分析报告 1 份，内容完整、详实	B	
		1.2.3 专业人才培养目标与规格（可见专业规范描述）		有历年物流管理“专业规范”，依据调研结果，人才培养定位清晰、明确	A	

图 7-8　物流管理专业的专业诊改案例

诊改项目	诊改层面	参考点及内容	诊断标准	诊断结果	对标等级	备注
2. 教学建设与改革	2.1 标准开发	2.1.1“专业规范”（含毕业预期学习成果）	1. 有/无 2. 数量（项） 3. 规范性 4. 匹配性 5. 投入（万） 6. 评价等级（A/B/C/D）	有历年物流管理“专业规范”3份，对预期毕业学习成果描述清晰、明确，“学习成果-课程矩阵”设计完整、合理，但缺乏定期“调优”完善	B	每3年应该对“专业规范”修订调优
		2.1.2 配套的“课程规范”（每门专业课程/精品课程立项）		有与物流管理“专业规范”配套编制的专业课（必修、限选）的“课程规范”16份。其中“仓储管理实务”被立项为校级精品建设课程，建设进度达85%	A	
	2.2 专业建设与改革	2.2.1“专业建设与改革方案”		有“专业建设规划方案”包含实训条件建设和依据校内快递点实践教学改革方案、精品课程建设与改革方案	B	
		2.2.2 配套“师资配备与建设方案”（含专任/兼职/教改立项）		有师资队伍五年建设规划，本专业有校级名师1人，教师校级以上教研教改立项3项	A	
		2.2.3 配套“实践条件配备与建设方案”（含校内/校外/教改立项）		有校内实训基地建设方案，总计投资108万，目前已完成进度70%；有基于校内快递点实践教学改革的立项1项	B	
		2.2.4 配套“教学资源配备与建设方案”（含课程/图书与资源库/教材/教改立项）		有物流数字化教学资源库建设方案，已完成进度60%；新编校本规划教材2本	B	
		2.2.5 专业校企合作资源配备与拓展方案（含合作基地/教改立项等）		已与菜鸟驿站合作建立校内快递点2个，并与京东、顺丰等开展项目合作	B	

续图 7-8

诊改项目	诊改层面	参考点及内容	诊断标准	诊断结果	对标等级	备注
3. 质量生成	3.1 教学运行	3.1.1 招生与入学记录（含在校生规模/录取率/报到率/转学率/入学教育）	1. 有/无 2. 数量 3. 合理性 4. 真实姓名 5. 达成度 6. 成果级别 7. 评价等级(A/B/C/D)	有历年招生、报到记录，2016、2017、2018 年报到率为 75.3%、78.5%、80.2%，逐年递增；截至 2019 年 7 月在校生规模达 356 人，3 年转学人数 3 名	B	
		3.1.2 课堂（含实践）教学记录（含教学计划安排/教学调整/课程教・学诊改情况/课程・学生典型学习成果等）		系统中有每学期专业各门课程教学安排和调课记录；有三年各专业课的“教学诊改”记录 13 份；教学诊改还欠完整，诊改内容有待完善；有部分课程的学生典型学习成果 45 份	C	“教学诊改”应该覆盖专业全部课程，需完善
		3.1.3 课外活动与竞赛记录（含课外活动、竞赛参与率/项目数/课外活动学习成果等）		缺乏课外活动计划，有参加技能竞赛成果 14 份	C	需完善
		3.1.4 选修课记录（含学生选修/选项/辅修第二专业情况）		通过教务系统查询本专业学生选修情况；暂时没有辅修第二专业学生	C	要完善学生知识结构
		3.1.5 学期考核与评价记录（含学生期末考核成绩・绩点/补考重修情况）		有各学期各门课程学期考核记录和补考重修记录（补考重修占比约 8%左右）；该专业 2018 级专业必修课成绩平均绩点 2.64	B	
	3.2 主要环节	3.2.1“5＋3”双创实践记录（含完成率/成果孵化率）		有 2018 级“5＋3 双创实践”记录，共计有项目 23 个，参加者 112 人，目前完成率 40%—60%不等	B	
		3.2.2 专业综合训练记录（含通过率/考核优秀率）		2016、2017 级安排有校内物流综合训练，考核通过率 89%，优秀率 15%	A	

续图 7-8

诊改项目	诊改层面	参考点及内容	诊断标准	诊断结果	对标等级	备注
3.质量生成	3.2主要环节	3.2.3毕业实习与毕业考核记录（含通过率/考核优秀率）		2016级有毕业实习和毕业论文考核记录，考核通过率95%，优秀率12%	B	
	3.3成果与质量	3.3.1毕业生质量佐证（含应届与往届毕业生平均成绩绩点/副学士获取率/用人单位满意度/优秀案例）		2016级毕业生平均成绩绩点2.45，获得副学士荣誉10人（占比9%）；没有开展往届毕业生用人单位满意度调查资料，有3个优秀毕业生案例	B	建议开展往届毕业生用人单位满意度调查
		3.3.2就业创业佐证（含初次就业率/就业起薪/创业率/创业案例）		2016级毕业生初次就业率99.2%，创业人数7人，创业率6.2%，有收集创业案例	A	
		3.3.3职业技能证书佐证（含1+X）（含取证率/高级证书项目与取证人数）		2016级“物流管理师”“国际商务单证员”“供应链管理从业能力等级证书”合计取证95人（占比达85%，其中“物流管理师”取证8人，占比8%）。随着国家职业技能考证改革和推行1+X证书制度，需要调整考证思路	B	建议调整考证思路
		3.3.4学生获奖成果佐证（在校期间各类校级以上竞赛获奖）		截至2019.07.31，2016/2017/2018级学生获得校级以上技能、双创竞赛奖项5项，其中省级二等奖2项	A	
		3.3.5国际发展成果佐证（含合作项目/师生交换数/合作成果等）		本专业参与了“马来西亚物流协会跨境电商”项目，目前没有与境外院校开展师生交换	D	需要拓展专业国际合作项目

续图7-8

诊改项目	诊改层面	参考点及内容	诊断标准	诊断结果	对标等级	备注
3. 质量生成	3.3 成果与质量	3.3.6 专业建设与改革成果佐证（含课程与资源/实践基地/师资队伍/教学竞赛等成果）		专业 2017 年立项为学校重点建设专业，建设任务完成率达 75%；取得省教技能竞赛二等奖 2 项，教师获省级教学信息化大赛二等奖 1 项（3 人）	A	
		3.3.7 教科研成果佐证（含教研/科研/论文/专利等成果）		专业教师完成校级教研项目 4 项，获 2019 年校级教学成果一等奖 1 项	A	
		3.3.8 社会服务成果佐证（含社会培训/横向技术服务/乡村振兴等成果）		2018 年配合顺丰公司开展企业员工岗位技能培训达 300 人次；目前校内物流点快递流量累计达 5 万多件	A	
4. 监督控制	4.1 教学检查	4.1.1 学期听课、评课记录	1. 有/无 2. 数量 3. 参与度 4. 自主诊改的有效性 5. 评价等级（A/B/C/D）	有每学期听课、评课记录	B	
		4.1.2 学期教学检查（期中教学检查）记录		有每学期其中教学检查记录	B	
	4.2 专业评价与诊改	4.2.1 专业评价情况（学年）与佐证		有 2017、2018、2019 三年专业评价佐证，排名逐年上升，2019 年专业评价在学校排名为第 8 名	A	
		4.2.2 专业诊断改进报告（3 年）		有专业诊断改进报告，结构完整，内容详实	A	
		4.2.3 第三方专业评价情况		有第三方专业评价，全校综合排名第 11 名	B	
5. 支持服务	5.1 组织制度	5.1.1 专业带头人与组织机构（专业带头人/专业教师/企业兼师等基本情况）	1. 有/无 2. 数量（项） 3. 有效性 4. 评价等级（A/B/C/D）	专业带头人符合要求，有专业指导委员会，聘请企业专家任课	B	
		5.1.2 专业、课程建设配套制度		学校有专业、课程建设制度，并遵守执行	B	
		5.1.3 其他相关教学、科研制度		学校有教学、科研管理制度，并遵守执行	B	

续图 7-8

诊改项目	诊改层面	参考点及内容	诊断标准	诊断结果	对标等级	备注
5. 支持服务	5.2 资金保障	5.2.1 专业建设与运行资金投入佐证		该专业2017年立项为学校重点建设专业，投入108万建设	B	
		5.2.2 专项资金管理制度		有专项资金管理制度，并遵守执行	B	
	5.3 信息平台	5.3.1 专业调研与人才培养方案开发平台记录		利用“职教桥”平台和物流行业协会，开展职业岗位调研，有记录、有分析	A	
		5.3.2 课堂教学与课程资源平台记录		有“喜鹊儿”等课堂教学全过程管理APP，用“得实”平台开发了课程教学资源库2个	B	
		5.3.3 学校多系统之数据中心（专业数据挖掘与智能分析）统计结果		学校建立了数据中心，该专业暂时还没利用其开展数据挖掘和智能分析，有待系统进一步二次开发和对接	C	希望利用数据挖掘分析

三、专业自主诊改结论

自2017年物流管理专业立项为校级重点建设专业以来，按照DQP成果导向理念，重构了专业课程体系，完善了专业建设规划方案，利用学校提供的108万建设资金，加大了实训条件建设、教学资源建设和师资队伍建设，推动成果导向、工学结合教学改革，取得了积极成效。专业评价综合排名逐年递增（2019年排名升至第8），毕业生综合质量显著提高，师生参加各类技能大赛获奖比例增加，本专业教师荣获2019年校级教学成果一等奖。

建议：结合对往届毕业生用人单位和毕业生满意度调查等，进一步加强专业课程调优，增加1＋x证书试点。加强课程教学诊改，拓展国际合作项目，并希望学校加大对物流相关专业群的建设投入和改革支持力度。

物流管理专业

2019年9月30日

续图7-8

第八章 DQP学历资格框架的应用展望

第一节　对高职院校试行副学士学位的展望

一、国内外颁授副学士学位的概况

学位制度源于中世纪欧洲。学位是授予个人的学力称号或学术性荣誉称号，表示其受教育的程度或在某一学科领域里已经达到的学历水平，或是表彰其在某一领域中所做出的杰出贡献（荣誉学位）。我国为高校毕业生颁发的证书有毕业证书和学位证书两种，其中毕业证书主要代表学历，而学位证书则代表学力。学位的授予是建立在严格的科学训练和考核基础上，因此可以说，学位证蕴含了毕业证的所有要求，学位证书高于毕业证书的要求。

目前，我国的高等教育已形成“普通高等教育”和“高等职业教育”两大类型。在普通高等教育的专科、本科、硕士研究生、博士研究生四个层次中，只设置了学士、硕士、博士三级学位，专科没有学位。在高等职业教育类型中，目前还没有对应的学位设置。

很显然，这种现状是不适应我国“建设中职高职衔接、职业教育与普通教育相互沟通，体现终身教育理念，具有中国特色、世界水平的现代职业教育体系”的职业教育改革发展目标要求，也不适应我国高等教育大众化的需要。在高等职业教育这一类型中设置学位，让高职高专毕业生有获得学位的权利，乃至未来还可以晋升到学士、硕士甚至博士相应层次的学位，这是历史的必然，也只是时间问题。为此，在高等职业教育序列中，设置“副学士学位”，将是一个必然的开端，也可充分借鉴国外的经验。

副学士学位（associate degree，也有译为准学士学位）最早始于英国。1865 年，德汉姆大学将这个学位授予中学毕业后又上了两年大学的学生。19 世纪末期，美国也开始授予副学士学位。最先由芝加哥大学校长威廉·哈珀提出："那些天生不适合获得学士学位的学生，在二年级结束时可以自然……地终止学习。"1892 年，他把四年制的芝加哥大学分为两部分：一、二年级学生进入专科学院学习，三、四年级学生则进入大学学院学习。1896 年，专科学院和大学学院分别改称为初级学院和高级学院，他在 1899 年把发给初级学院完成两年学业的学生的证书改称为副学士学位。初级学院与一般大学前两年课程相同，属于基础性课程，为州高等教育委员会认可，修满学分就可获得副学士学位，学分还可以转入大学，继续学习两年，如果达到相关要求，就可以获得学士学位。

第二次世界大战后，随着科学技术的飞速进步和经济的快速发展，对技术工人和专业技术人员需求不断增长，这对当时美国的高等教育提出了挑战，激发了美国高等教育结构的改革。其重点之一就是加速建立社区学院，培养技术工人、初中级技术人员和服务业所需要的各种专门人才。社区学院成为美国高等职业教育的主体，其培养目标的多样性、职业性更加明显，两年制的社区学院也延续了美国高等教育授予副学士的传统，逐步发展成为独具特色的社区学院教育体系。据有关统计，1997—2007 年，美国教育机构授予的副学士学位数量从 57.1 万个增加到 74.5 万个，增长了 30%。根据预测，这一比例到 2020 年还将增长 30%，其增幅远远大于学士学位的实际和预期增幅。目前，美国 3 389 所高等院校中有社区学院（主要培养副学士）1 368 所，占全部高校的 40%（大约有三分之二的社区学院为公立学院），在校学生总数也占全美大学生总数的 40%以上。美国高等教育的净入学率已经达到 80%以上，但美国却不是一个学历高消费国家，主要原因就在于副学士这个层次的教育担负了人才培养的大部分任务。

英国从 1994 年开始探讨建立职业技能教育与学历提升相结合的高等教育专科学位。经过多年的调查咨询，2000 年 2 月，英国正式公布新的高等教育资格计划，提出从 2001 年秋季开始增设一种两年制工作本位的新学位——基础学位，主要面向职教学生，是国家现代学徒制的一部分。该学位由高等院校授予，强调能力本位，采用弹性、多样的学习形式。取得"基础学位"后，可继续全职学习 15 个月或在职学习相等学时，得到大学的"荣誉学位"。多年的实践表明，这种学位设置吸引了更多的少数民族学生、成年学生以及较低社会经济背景的学生前来学习。2003—2010 年，英国基础学位学生数量从 2.3 万名增长到 10 万名。

欧盟国家荷兰于 2006 年也开展副学士学位为主的高等专业教育，其主要目标是为更多的高中阶段职业教育与培训毕业生和已就业人员提供获得高等教育的资格及继续学习的机会。同时，这一学位也与学士学位建立了紧密的衔接关系，副学士学位获得者还可以继续获得学士及硕士学位。不仅如此，副学士学位还具有鲜明的职业导向性特征。2011 年，将近 4 000 名学生进入这一学位学习，比 2006 年增加了 1 500 名。根据相关数据，荷兰副学士学位中 63%的学生来自高中阶段职业教育与培训，这一比例是进入四年制大学的两倍。

澳大利亚 2004 年在其学历资格框架中新增了两年制高等教育副学士学位，大学和其他有权颁发学历学位证书的院校及技术与继续教育学院（Technical And Further Education，TAFE）和注册培训机构（RTO）都有权授予，获得副学士学位的学生可以进入大学继续学习，获得学士学位，或者入读高级专科文凭课程。

除了欧美国家，亚洲的日本、韩国、泰国、菲律宾、黎巴嫩、巴林、印度尼西亚等国家，以及中国香港和台湾地区，也都建立了副学士学位体制。例如我国香港 2001 年为扩大公民进入高等教育的机会，开始把副学士学位作为高级文凭下的一个次级学历项目，由高等教育机构实施，并把其定位为“基于广泛定位”的职业导向资格，仅仅对于少数高需求技能领域的学科专业通过职业培训理事会给予经费资助，其他专业类别的副学士学位都要通过收取学费的形式实施。同时，这一项目还积极致力于通过学分转换，促进这一学位与学士学位的衔接。2001—2010 年间，虽然政府减少了经费资助的名额，但香港收取学费的副学士学位招生人数从 3 151 人增长到 15 563 人，远超过学士学位招生增长的速度，总招生人数已超过公共资助的学士学位招生人数。

总体来看，国际上一般把副学士学位定位在“职业”和“学术”之间，作为进入高等教育机构的一个路径及进入职业领域的一个入口。这对于扩大公民进入高等教育的机会，增加弱势人口群体对高等教育的参与，解决国家职业和专业技能人才的短缺问题，激发职业院校学生努力学习，都有积极意义。因此，可以预见我国正式将副学士列入学位体系指日可待。

二、借鉴 DQP 框架颁授副学士学位的尝试

尽管我国 1980 年 2 月颁布的《中华人民共和国学位条例》及 1981 年 5 月实施的《中华人民共和国学位条例暂行实施办法》只有学士、硕士、博士三级学位的学术标准，至今还没有设置副学士学位，但是，随着我国高等职业教育的蓬勃发展，一些地方和学校都在尝试自己颁授副学士。《中国教育报》2008 年 3 月 11 日转载了《楚天都市报》3 月 10 日的一篇文章，该文章题目是《政协委员彭志敏：建议授予高职毕业生专门学位》。2014 年 6 月，湖北职业技术学院为 2014 届毕业生试点颁授“工士学位”，为将来构建“工士—学士—硕士—博士”四级学位体系做准备。不过，后来这次尝试以官方出来表态“这只是学校自己行为，并不代表国家已设立该学位”而草草收场。据报道，厦门华夏职业学院早在 2010 年就开始试行颁授“专业副学士荣誉”并一直坚持到至今。广东岭南职业技术学院自 2014 年引进美国学历学位框架，并借鉴 DQP 副学士标准，赋予学分、开发课程、建立本土化标准，经过 4 年多的试点，于 2019 年 6 月给 787 名优秀毕业生首次颁授“副学士荣誉”称号。

虽然副学士还没有被纳入国家学位序列，但作为学校层面的尝试，颁授副学士荣誉称号还是值得探索的一条路径。以广东岭南职业技术学院为例，其具体做法如下。

（一）制定标准成立组织

1. 研究和制定标准。

由学院教务处牵头，与高职研究所一起组织开展调研，并按照 DQP 副学士标准，进行本土化改造，制定适应本校实际情况的“副学士荣誉称号授予实施办法（试行）”，明确评定机构、颁授范围、颁授条件、颁授流程和争议解决机制等要点。

2. 学术委员会审定。

召开学校学术委员会全体会议，审议“副学士荣誉称号授予实施办法”，进行修订，报校长办公室审定，公布发文。

3. 成立评定委员会。

根据评定标准和要求，组建副学士荣誉称号评定委员会。委员会的职责包括制定、修订、解释学院副学士荣誉称号授予规定及其实施办法；审定授予副学士荣誉称号的学生名单；撤销因违反规定而授予的副学士荣誉称号；研究和处理授予副学士荣誉称号工作中的其他重大事项等。副学士荣誉称号评定委员会设主席 1 人，副主席 1 至 2 人，秘书 1 人，负责处理日常工作。委员会成员由二级学院负责人、副教授以上（或相当职称）的教师、相关职能部门负责人组成，副学士荣誉称号评定委员会主席一般由校长出任，副主席由主管教学和学务的两名副校长出任。秘书处设在教务处。

（二）授予副学士荣誉称号的条件

1. 凡高职毕业生同时具备下列条件者，可授予副学士荣誉称号。

（1）拥护中国共产党的领导，拥护社会主义制度，坚持四项基本原则，愿意为国家建设事业服务，遵纪守法，品行端正；

（2）学生在学习年限内修完了“专业规范”规定的全部课程，获得所规定的毕业最低学分，并符合学校所规定的其他毕业条件要求（含博雅教育证书、专业技能考证等要求）；

（3）学生学习本专业的平均学分绩点（包括全部必修课程和专业选修课程）等于或超过 3.5 分（具体按照《广东岭南职业技术学院学生学籍管理实施细则》计算）。

2. 有下列情况之一者，不授予副学士荣誉称号。

（1）有违反本办法 1.(1)条的具体行为，思想品德鉴定不合格者；

（2）受到校规校纪“严重警告”及其以上处分者；

（3）在校期间受过党、团组织“警告”及其以上处分者；

（4）违反国家法律、法规受到刑事处罚者；

（5）本专业的平均学分绩点（包括全部必修课程和专业选修课程）未达到 3.5 分及以上。

3. 学分绩点达到 3.2 分及以上的，有下列情况之一者，可以授予副学士荣誉称号。

（1）毕业时“专升本”考取本科的；通过自学考试（或其他形式）完成全部学业取得本科毕业证书的；

（2）参加教育厅组织（或同等级别）的省级以上专业技能竞赛或创新创业竞赛，获得二等奖以上成绩的（团体获奖的以前三名为准）；

（3）获得学校学生科研立项并结题（前三名）；

（4）获得省级以上学生项目立项（前三名）；

（5）获得实用新型专利或国家发明专利（前三名）；

（6）获得专业领域顶级职业（执业）技能证书的（副学士荣誉称号评定委员会对此有解释权）。

（三）授予副学士荣誉称号的程序

1. 由学生提出申请。

2. 各有关二级学院、职能部门，根据本办法所列各条件，对每位申请学生逐项审核学习成绩、毕业要求的相关证书、竞赛荣誉和有关材料，提出审核意见，经教务处汇总后提出授予副学士荣誉称号的学生名单，报学院副学士荣誉称号评定委员会审批。

3. 副学士荣誉称号评定委员会通过审查上报名单，确定授予副学士荣誉称号的学生名单。

4. 学校根据学校副学士荣誉称号评定委员会确定的名单，在学生毕业典礼上颁发副学士荣誉证书。

广东岭南职业技术学院在 2015 年开始全校试行 DQP 框架成果导向的学分制，2017 年经上级批准，学校试行按学分收费，2018 年 10 月正式颁布《广东岭南职业技术学院副学士荣誉称号授予实施办法（试行）》，并向全体学生宣布。2019 届 6 006 名毕业生中，经评定有 787 名学生获得副学士荣誉称号，占毕业生总数的 13.1%。副学士荣誉的首次颁授在学生中产生很大反响，激发了学生积极向上的学习热情。在试行的基础上，学校未来还可以根据 DQP 副学士预期学习成果条款，对获得副学士荣誉的学生进行考核、检验。

第二节　对学分互换、建设国家学分银行和国家资历框架的展望

一、校际学分互换的几种形式

校际间学分互换，是指在实行学分制的协议院校之间，学生不仅可以在本校获得课程学分，也可以学习其他院校的相应课程获得学分，所修得的学分在本校和协议的院校均被承认。这种学分互换的历史，最早可以追溯到 1953 年在巴黎召开的“关于进入别国大学学习时文凭等值的欧洲大会”，参会的 32 个国家承诺实行学分互换。这样，校际之间的藩篱被打破，方便了学生的流动、交换和转学。经过半个世纪的发展，在

欧洲和北美自由贸易区已经建立起了比较系统和完善的学分互换系统。

在美国，学生流动性强，转学的情况很常见。从学分互换的类型来看，有相同层次高校间的互换，也有不同层次间的互换。例如，美国加州公立高校系统由加州大学群、州立大学群、社区学院和专科学校群三层次的院校组成，这些院校实施“共同开发与实施通识教育类课程（inter-segmental general education transfer curriculum，IGETC）项目”，为计划或希望跨校或转学的学生提供方便。专科学生在校学习“IGETC 项目”目录中规定的课程获得学分，转入四年制本科高校后，原已修读的“IGETC 项目”课程学分将获得认可。学生也可在加州境内其它被认可的高校学习“IGETC 项目”目录内课程获得学分。学校加入“IGETC 项目”要通过加州大学各高校的专家组的严格评审，评审内容涉及课程的教学内容、教学方式、教材以及学分等，以确保课程的质量。学校会为学生参加“IGETC 项目”提供咨询和必要的指导。这是一种建立在共同协定项目下通识课学分互换方式。

欧洲学分互换系统（European credit transfer system，ECTS）属于相同层次高校之间的学分互换。ECTS 被纳入欧洲高等教育“伊拉斯谟”计划，其目的是使得学生能方便地从一所欧洲院校换到另一所欧洲院校，使其在其他国家学校获得的学分在本国学院获得完全认可。ECTS 系统包括信息包裹、学习协议和成绩档案 3 方面文件。信息包裹提供的本机构的地理位置、住宿情况、注册程序、校历、课程内容、要求、评估模式、课程类型、教学方式、学分等信息的描述；学习协议是学生进行海外学习前与有关机构签订的协议，上面标注了将要海外学习的课程；成绩档案用于出示学生海外学习之前和之后的学习成果，并对其 ECTS 学分和评估等级进行描述。学生获得双方院校的学分转换，需要完成如下步骤：（1）与交流学校交换信息包裹；（2）准备学生的申请表；（3）双方签订学习协议；（4）交换学生的成绩单；（5）相互认可学分。这是建立在不同国家同层次院校之间对学生学习进行全面评估的学分互换方式。

其实，DQP 学历学位框架可以建立另一种学分互换方式——即基于共同框架和学习成果的学分互认方式。因为 DQP 是基于五大学习领域将副学士、学士和硕士贯通的，对学习成果的进行普适描绘的体系，美国参与试点的 800 多所院校，如果建立类似“IGETC 项目”的联盟的话，可以以此作为学习成果学分的转移平台，在垂直方向上，从两年制到四年制，再到硕士层次，随着对同一领域学习成果要求的不断深化，后续学位的成果不必重复前序学位已积累的，相应课程的学分可以互换，这样为学生减少许多负担；从横向来看，加入 DQP 互认协议的机构，无论是高等院校，还是继续教育或者是在线教育机构，只要认同该框架并经过审核机构的认定，都可将其学生的相应学习成果换算相应课程的学分。可见，只要能够建立起类似欧洲“伊拉斯谟”的协议联盟——如 DQP 协议联盟，则实现更科学有效的校际学分互换不是没有可能。

二、对建设国家学分银行的展望

校际联盟的学分互换只是局域性的，要想实现更大范围的互换，就要建设国家学分银行。“学分银行”是实现高等院校以及各种教育资源共享的一种管理模式，它是借鉴和模拟银行的功能特点，给学生提供一个自由选择学习时间、学习地点以及学习内容的方便机制。实质上，学分银行的构建是高等院校、行业企业、继续教育与终身教育机构协同育人的大合作。它在制度设计上，使学生可以跨校、跨地区选课，而且规定只要修完一门课、参加技能培训、考证或者获得荣誉证书都计学分，获得的所有原始学分转换为标准学分，并可以累积；同时，学生也可以不按常规的学习时间自主学习，学习时间可集中也可中断，存储于学分银行之中，并进行学分的转换、积累、消费以及结算。

这种尝试在一些发达国家和地区已有先例。如上一节所介绍的欧洲学分转换系统就提出“依照派出国大学颁发的证书，接受国大学可以按照相关标准吸纳派出国的学生入学”。到目前为止，ECTS 的使用已经遍布欧盟成员国和欧洲自由贸易联盟（European Free Trade Association，EFTA）的 145 所大学，并在 1 000 多所教育机构中得到实行。韩国的学分银行制度更具现代意义。该制度一经推出，就得到了政府的极大重视，因此该制度发展非常迅猛，政府对学分银行制度不仅进行了整体性的结构设计，还建立了职责明确的各级组织机构，并设立了综合性的信息服务系统，制定了学分认证相关法律，确保该制度顺利运行。韩国的学分银行制度是开放性质的，它以学分为载体，记录了学习者的学历、成果以及经历，已经实现了对其他学校学历、资质的认定和转换。目前，韩国的学分银行制度对正规大学和大学专科等高等教育机构、非正规教育机构、非正式的教育途径所获得的学习成果予以认定，并通过学分银行制度中学分累积的方式向学位认定和授权机构申请大学专科或者学士文凭。

在我国，由于不同地区经济、社会和教育发展的差异性较大，要想以统一标准，整齐划一地推行学分银行制度，需要克服许多困难。2001 年，教育部为指导学分银行建设颁布了一系列重要文件，在 2006 年和 2008 年，又结合在中职教育中进行学分银行的试点，相继推出一系列文件，将学分银行建设从职业教育领域推向其他领域。2010 年 12 月，国务院发文将北京、上海、广东省等省市作为试点，中央广播电视大学与国家开放大学作为试点学校，以建立学分银行和学习成果认证制度。2012 年 6 月，教育部对中央广播电视大学与国家开放大学的国家继续教育学习成果认证、积累与转换制度的研究与实践批准立项，该项目是国内唯一的国家级学分银行试点项目，表明国家和地方的学分银行实践不断深入。

目前，我国学分银行的试点由国家开放大学牵头，在一些经济发达地区进行了试点，如果要想更多高校和地区参与进来，还有很长的路要走。这里的一个核心问题是，虽然各高校都实行学分制，但是各校对课程怎样赋予学分并无共识和协定，更何况还要将继续教育、网络教育和各类技能证书的学习成果认定相应课程学分，导致一般院校态度积极，而优质院校却不愿降低身段去认可，担心出现文凭缩水的局面。因此，借鉴美国学历学位框架，建立基于共同学习领域的学习成果参照标准，对于解决学分银行里不同院校、不同类学习形式的学分内涵问题，确为一条可取的途径，值得进行研究和尝试。

三、对建立国家学历学位框架建设的展望

2004 年，经专家研究，欧盟委员会提出制定以学习成果为基础、由 8 个级别组成的框架。2008 年 4 月 23 日，欧盟理事会和欧洲议会正式批准建立欧洲终身学习资格框架（EQF）。该框架涉及各级各类教育和培训体系，它的建立有利于资格获得的透明度与可比性，对推动终身学习制度的实施和欧盟教育的发展具有深远的影响。通过本书前面章节的介绍，我们知道 DQP 是借鉴了 EQF 建立起的纵向贯通的学历框架体系。

欧洲学历资格框架既有纵向贯通，又能横向互认。在纵向上，EQF 按照一定的标准，对个人取得的学习成果进行评价和认可。EQF 确立了学校教育与职业培训的 8 个级别体系，适用于从义务教育结束后（级别 1）到接受最高层次的专业教育和培训（级别 8）全过程所能获得的所有资格。EQF 将每个级别都分为三个维度：知识、技能和能力。从第 6 级到第 8 级与欧洲高等教育的三级学位体制相对应，即第 6 级相当于本科毕业（学士），第 7 级相当于研究生毕业（硕士），第 8 级相当于博士毕业。EQF 的 8 级体系以学习成果为基础，覆盖了普通教育、职业教育、大学的培训和继续教育等领域，支持多种多样的学习形式，促进了终身学习的发展和学习型社会的建立。在横向上，为了实现欧盟各国的学历学位互认，EQF 运作的核心任务就是要与各参与国的国家资格框架（NQF）衔接，这就要求参与国必须为衔接过程提供法律支持和保障；参与国在建立 NQF 时必须规范透明，与 EQF 要求相符；对衔接过程加以监督，监督时要有第三方质量保证团队，整个过程需要有国际专家参与；两者衔接完成后要公开，被大众了解。其实 EQF 在欧洲范围内实行，并没有替换各参与国原来的 NQF，而是将 NQF 与 EQF 衔接的工作执行权交给各参与国。参与国将具体的行业能力资格与 NQF 衔接，再将这个结果衔接到 EQF，从而实现行业间的跨国衔接。这样做保证了参与国的自主权，让其可以根据本国的实际情况在衔接的过程中进行适当调整，保持其参与 EQF 的积极性。

由于 EQF 从三个维度知识、技能和能力描述学历学位资格，仍显得比较粗放。在实际运用中，无论是纵向还是横向认定，都依然存在一些问题。例如，对一个学习者（工作者）资格的认定，应当根据知识、技能和能力三者的综合评价来执行。而在 EQF 中由于知识、技能和能力三者当中的一个或两个的差异，学习者（工作者）们可能会被分到不同的层级中。比如，参与国的资格级别和 EQF 在实施衔接的过程中，EQF 的对应级别 4 “能力” 维度的描述为 “掌握 ‘某个专业或者学习领域中广泛的理论和实践知识’”，对级别 5 “能力” 维度的描述为 “掌握 ‘某个专业或者学习领域的广泛的、专门的理论和实践知识，对这些知识的界限有着明确的认识’”。如果在某参与国的 NQF 中，某个级别同时但并不完全包含了这两类资格，那就很难与 EQF 进行衔接。再如，EQF 将资格分成从低到高的 8 个级别，在实际操作上，资格级别分类的跨度很难做到完全相同。衔接过程中，由于各参与国内部的情况千差万别，衔接中可能出现 NQF 级

别重合等问题。比如 EQF 的级别 6 跨度较大，A 参与国的 NQF 中的级别 5 和级别 6 都只能和 EQF 的级别 6 对应，而在 B 参与国的 NQF 中，级别 4、5、6 都与 EQF 的级别 6 对应，这就造成了 A 国的级别 5、6 和 B 国的级别 4、5、6 的资格处在同一个欧洲资格级别中，但在实际情况中，A 国级别 6 的实际知识、技能和能力水平很可能比 B 国的级别 6 要高，把它们放在同一个资格级别有可能会产生不公。

美国学历学位框架（DQP），汲取了 EQF 的经验，同样是基于学习成果来进行资格级别描述，但 DQP 则更加细分和明晰地从五个维度（专业知识、广泛与融合知识、智力技能、应用和协作学习、公民和全球学习）来描述学历学位（参见前面章节的介绍）。它适合从纵向上深化对学历学位资格的描述，克服 EQF 仅从三个维度描述的粗放性问题。DQP 更加适合在学历教育体系中打通同一院校不同专业之间、参与 DQP 协议的院校之间的学习成果互认的问题，用于建立一个共识的学历学位框架标准。

鉴于 EQF 和 DQP 两种学历框架各有千秋，因此，在建立我国学历学位框架时，可以借鉴两者的长处，构建我国特色的国家学历学位框架体系。欧盟学历学位转换体系如图 8-1 所示。

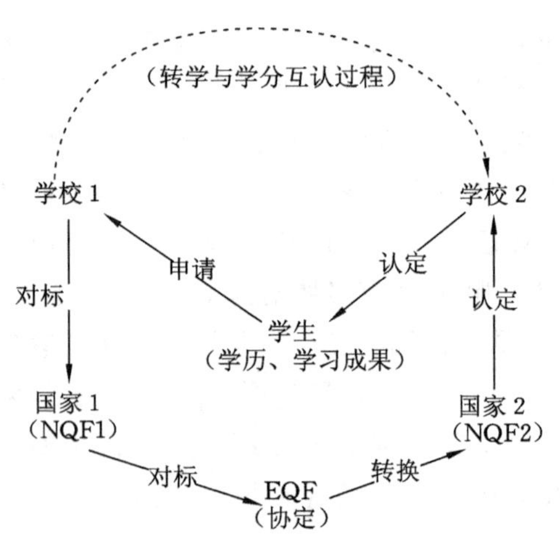

图 8-1　EQF 的实施过程示意

从图 8-1 可见，在欧盟 EQF 体系中，学生申请从本国（国家 1）学校 1 转学到另一国家（国家 2）学校 2 的过程，实际上是国家 1 资格框架（NQF1）对标并通过欧盟 EQF 协定转换成国家 2 资格框架（NQF2）的相应层级的过程。在这里，EQF 起到一个转换中介和翻译的作用。我国在建立国家学历框架时，可以借鉴 EQF 这种转换中介和对标翻译的价值，不涉及跨国问题。

但是 EQF 框架毕竟是粗线条的，要构建更加科学有效的国家学历框架，还可吸收美国学历学位框架（DQP）体系内涵一致性的优点，至少可以保证学历教育的学校系统之间学习成果认定标准的统一和可互换性。这样设想构建的我国特色的学历学位转换体系，如下图 8-2 所示意。

从图 8-2 中可见，在 DQP 成员学校 1 和学校 2 之间，学生依据学习成果实现转学

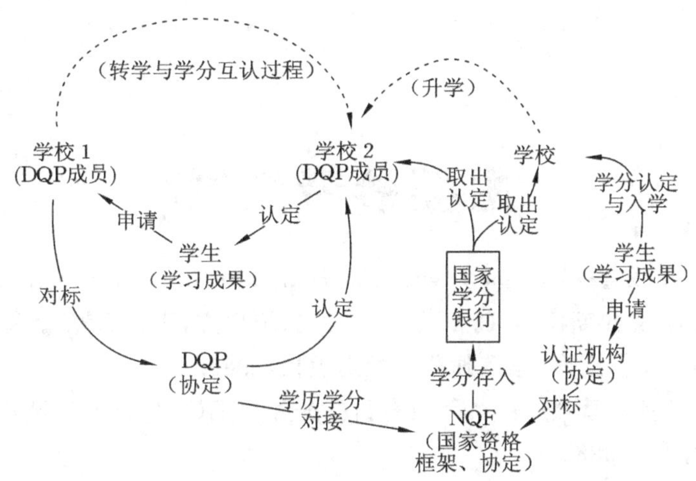

图 8-2　融合 DQP 和 NQF 的国家学历框架建设示意图

和学分认定是比较容易的，只需要两个学校都对标 DQP 协定，就可实现两学校之间对学生的学分互认和转学过程。但如果需要认定学生通过继续教育或社会培训等非学历学校教育取得的学习成果，则需要纳入国家资格框架（NQF）并建立国家学分银行，由学生向专业认定机构申请，通过 NQF 系统认定后，“存入”国家学分银行，如果学生存够学分，当需要获取学校学历或升学时，可以“取出”认定，兑换学校相应学分。

当然，要建立国家学历框架是一项宏大的系统工程，涉及对我国各类教育体系、各类证书体系的学历、学习成果和学分认定的顶层设计问题，需要国家教育行政主管部门牵头，在广泛深入调研的基础上，由多方合作建设、试点后再推广，并有相关立法和第三方质量监控来保障。

建立我国特色国家学历资格框架，是建设现代职业教育和终身教育体系的重要环节，这必将是指日可待的。

主要参考资料

[1] DQP(2.0 版)参考 https://www.learningoutcomesassessment.org/dqp/.

[2] (美)D.R.克拉斯沃尔,B.S.布鲁姆等编,施良方,张云高译.教育目标分类学 第二分册:情感领域[M].上海:华东师范大学出版社,1989.

[3] E.J.辛普森编著,施良方译.教育目标分类提纲(动作技能领域)[J].华东师范大学学报:教育科学版,1988.

[4] 洛林·W.安德森等编著,蒋小平,张琴美,罗晶晶译.布鲁姆教育目标分类学——分类学视野下的学与教及其测评 修订版[M].北京:外语教学与研究出版社,2009.

[5] 杨福家等著.博雅教育(第二版)[M].上海:复旦大学出版社,2014.

[6] 姜大源著.职业教育学研究新论[M].北京:教育科学出版社,2007.

[7] 姜大源著.职业教育要义[M].北京:北京师范大学出版社,2017.

[8] 赵志群著.职业教育工学结合一体化课程开发指南[M].北京:清华大学出版社,2009.

[9] 殷明,刘丹青,郑继昌.美国学历资格框架 DQP 述评[J].中国职业技术教育,2016(6):79-82.

[10] 翟树芹,殷明,郑继昌.基于 DQP 框架的物流管理专业学分制人才培养课程体系构建的研究[J].中国市场,2015(11).

[11] 殷明.教育目标分类在高职课程预期学习成果设计中的应用[J].当代职业教育,2017(12):91-98.

[12] 马国勤,刘丹青.OBE 导向的高职教学诊断与改进机制研究[J].职教论坛,2019(6):56-61.

[13] 何静,牛玉清.美国 DQP 学历框架中国化的探索与实践——以广东岭南职业技术学院工商企业管理专业为例[J].职业技术,2016(4).

[14] 赵昱,庞娟,杨传喜.成果导向的管理学课程教学模式探讨[J].高教论坛,2016(2):65-67.

[15] 张光.高校课程大纲的功能和要件:兼论我国大学课程大纲制度之现状[J].清华大学教育研究,2011(2):40-46.

[16] 徐涵.德国学习领域课程:职业教育教学体系的转变[J].比较教育研究,2015(1):99-100.

[17] 闫丹丹.浅析高职院校基于成果导向教育模式下教学方法的应用[J].黑龙江科

学,2015(6):127-132.

[18] 马彦利.当今美国高等教育质量评估的焦点:学生学习成果评估[J].复旦教育论坛,2012(10):79.

[19] 高慧云.高职院校工学结合课程学习成果评价体系的构建[J].北京财贸职业学院院报,2016(32):16.

[20] 巩建闽.基于成果的教育:学习成果设计探析[J].高等工程教育研究,2016(2):174.

[21] 澎湃.为高阶学习而评价——表现性评价及其在高等教育学习成果中的应用[J].高等教育研究,2015(11):55-63.

[22] 费利克斯·劳耐尔,赵志群,吉利.职业能力与职业能力测评—KOMET理论基础与方案[M].北京:清华大学出版社,2010.

[23] 李添甜,徐国庆.英国职业教育专业教学标准开发技术方案[J].职教论坛,2015(7):88.

[24] 理查德·詹姆斯.澳大利亚高等教育和国家教学标准[J].清华大学教育研究,2014(6):21.

[25] 马亿前.教学视角下的职业教育国家专业教学标准的开发[J].职教论坛,2016(4):19.

[26] 王贵成,夏玉颜,蔡锦超.成果导向教育模式及其借鉴[J].当代教育论坛,2009(12):17-19.

[27] 李光梅.成果导向教育理论及其应用[J].教育评论,2007(1):51-54.

[28] 胡伟,张玉金.成果导向型教学模式的开发、应用与推广[J].秘书之友,2008(11):26-28.

[29] 陈水斌,殷明."成果导向教学(OBE)"在高职课程的实践及效果的比较研究[J].广东水利电力职业技术学院学报,2016,14(2):39-42.

[30] 党占平.预期学习成果为本的课程体系构建[J].杨凌职业技术学院学报,2010,9(2):64-68.

[31] 赵丽丽.成效为本教育理论对我国高等教育改革的启示[J].山西高等学校社会科学学报,2014,26(7):67-69.

[32] 王瑞霞.布卢姆教育目标分类理论新发展及其教学意义[D].上海:华东师范大学,2007.

[33] 邹静.教学目标分类评析[J].高等师范教育研究,1992(5):26-30.

[34] 徐联恩,林明吟.成果导向教育(OBE)的教育改革及其在美国实践的经验[J].教育政策论坛,2005,8(2):55-74.

[35] L. Dodge. Brandman University Adopts the Degree Qualifications Profile[EB/OL]. https://www.wscuc.org/search/site/DQP,2012.01.

[36] Pat Hutchings. DQP Case Study: Point Loma Nazarenc University, San Diego,

California [EB/OL]. http://www.learningoutcomesassessment.org/wp-content/uploads/2020/08/DQP-2014.pdf,2014.01.

[37] W G. Spady. Outcome-based education: critical issues and answers [M]. Arlington,VA:American Association of School Administrators,1994.

[38] Harden R M,Crosby J R,Davis M H. An Introduction to Outcome-based Education [J]. Med Teacher,1999,21(1):7-14.

[39] 转引：Margery H. Davis. Outcome-based Education[J]. Journal of Veterinary Medical Education,2003,30(3):227-232.

后　　记

本书的出版正值我国高等职业技术教育改革发展进入深水区，需要难点突破的时期——构建现代职教体系，进行教育教学体系设计和配套机制改革成为关键。建立基于共同框架成果导向的课程体系，建立学分制教学体系等正是热点问题。本书是广东岭南职业技术学院的同仁们经历6年多的改革探索和实践积累的成果，是回应上述改革的有益尝试。本书各位作者都是高职教育一线的教师或管理者，他们在研究成果导向教育（OBE）、学历学位框架（DQP），以及进行课程体系改革、教学实践和学分制制度、质量保证体系建设等方面，有着深入的理论研究和丰富的实践探索。本书的出版汲取了大家的智慧，陆续写作近两年时间，终于得以付梓。

本书各章节编著的分工如下：

第1章，殷明、刘丹青；

第2章，牛玉清；

第3章，刘丹青、牛玉清；

第4章，翟树芹、刘丹青、殷明；

第5章，殷明、翟树芹、陈景发；

第6章，王颖、刘丹青；

第7章，刘丹青、阎旭东；

第8章，刘丹青；

全书统稿、修改、绘制图表，刘丹青。

尽管我们竭尽全力，但书中难免有不妥和不足之处，恳请读者谅解，并给予宝贵的批评、指正！

在此，我还要对在编写过程中默默为此书提供了案例却没有留下姓名的老师，以及研究成果被编入本书的各位作者，表示诚挚的谢意。另外，也要特别感谢编辑何军华、张华为本书的出版付出的努力，正是因为有你们耐心细致的审阅、修改，才有本书的出版。谢谢你们！

编著者

2020年9月